# MIJN WERELD

Luciano Pavarotti

en

William Wright

# MIJN WERELD

Uitgeverij Luitingh ~ Sijthoff

© 1995 Worldwide Concert Corp. and William Wright
All rights reserved
This translation published by arrangement with
Crown Publishers, Inc., New York
© 1995 Nederlandse vertaling
Uitgeverij Luitingh ~ Sijthoff B.V., Amsterdam
Alle rechten voorbehouden
Oorspronkelijke titel: *Pavarotti, My World*
Vertaling: Erica Feberwee
Omslagontwerp: Rob van Middendorp
Omslagfoto: Carlos Picasso

CIP/ISBN 90 245 2370 2
NUGI 642

# Inhoud

# Woord vooraf

## door William Wright

Af en toe lukt het een beroemdheid om uit de beperkingen van zijn specialisme te breken en de liefde van het grote publiek te veroveren. In de sportwereld denk ik daarbij aan figuren als Joe Di-Maggio, Billie Jean King of Michael Jordan. Rudolf Nurejev was over de hele wereld bekend en werd bewonderd door miljoenen mensen die nooit een balletvoorstelling hadden gezien. Zelfs saaie directiekamers hebben beroemdheden voortgebracht: mensen als Ted Turner, Lee Iacocca of Donald Trump. De opera schonk de wereld Enrico Caruso en Maria Callas. Tegenwoordig is er Pavarotti.

Bij het verwerven van zo'n enorme populariteit wordt de serieuze zangkunstenaar gehinderd door een in brede kring levende weerstand tegen de manier waarop opera wordt gezongen. Dit geldt vandaag de dag misschien nog sterker dan vroeger, nu in de populaire muziek – toch al zo sterk verschillend van het klassieke repertoire – door de elektronica voortdurend nieuwe effecten worden toegevoegd. Desondanks zijn die overmacht van de populaire muziek en de wijdverbreide afkeer van de klassieke manier van zingen geen obstakel gebleken voor Pavarotti's enorme populariteit.

Zijn charisma laat zich niet beperken door nationaliteit, cultuur, ras of leeftijd. Het gegeven dat taal geen barrière vormt bij het waarderen van muziek, is ongetwijfeld een deel van de verklaring. Een ander deel is het feit dat mensen van zeer uiteenlopende muzikale culturen – Chinezen, Maori's, Pakistani, om er maar een paar te noemen – zich voelen aangesproken door de persóón Pavarotti, waardoor hun belangstelling wordt gewekt voor een muzieksoort die hun anders vreemd zou blijven.

Pavarotti's vermogen om mensen ertoe te brengen – ik zou bijna zeggen te verleiden – zich open te stellen voor zijn kunst, vertaalt zich ook in het neerhalen van de gebruikelijke leeftijdsbarrières bij opera. Hij telt onder zijn fans niet alleen miljoenen kinderen die nog te jong zijn om een symfonie van Beethoven te kunnen waarderen, maar ook een heleboel mensen die zich normaliter te oud zouden voelen om zich nog aan een type muziek te wagen waarmee ze niet vertrouwd zijn.

Ik heb met Pavarotti nu twee boeken over zijn leven geschreven, dus ik mag gerust zeggen dat ik een behoorlijke kennis van dit fenomeen heb opgedaan. Toch was het opmerkelijk hoeveel mensen, zodra ze hoorden waar ik mee bezig was, onmiddellijk klaarstonden met hun verklaring voor Pavarotti's opmerkelijke charisma. Het lijkt wel alsof iedereen in dat opzicht een eigen theorie heeft ontwikkeld; theorieën die stuk voor stuk verder gaan dan alleen die prachtige stem. Misschien is dat zelfs wel opmerkelijker dan Pavarotti's populariteit: het feit dat miljoenen fans daadwerkelijk hebben nagedacht over de vraag wat hen zo aanspreekt in hun idool.

De meest genoemde verklaringen voor zijn enorme populariteit berusten op een aantal basisfactoren. Pavarotti is niet alleen een artiest van de bovenste plank, met een natuurlijk instrument van ongeëvenaarde schoonheid, hij beschikt bovendien over een zeldzame uitstraling, waardoor hij het publiek ook laat kennismaken met zijn persoonlijkheid, die al even prachtig is als zijn stem. De expressiviteit van zijn gezicht, van zijn hele manier van doen, is een kwaliteit die in het operatheater misschien niet altijd volledig tot zijn recht komt, maar die hem perfect geschikt maakt voor televisie en film. Dank zij de intimiteit van de camera ervaren mensen in de binnenlanden van Australië of in een dorpje in Noorwegen dit aspect van Pavarotti's magie duidelijker dan muziekliefhebbers met vaste logeplaatsen in de Metropolitan Opera. Sommige operazangers en -zangeressen zijn op hun best van een afstand, maar bij Pavarotti gaat er door die afstand een belangrijk deel van zijn krachtige uitstraling verloren.

Pavarotti is niet alleen geniaal in de manier waarop hij tijdens het zingen met zijn publiek communiceert, hij is bovendien opmerkelijk goed in staat om zijn vele beminnelijke kwaliteiten over het voetlicht te brengen in talkshows op de televisie. Hij is een warme, humoristische persoonlijkheid, die ondanks zijn roem met beide benen op de grond staat. Al die aspecten komen voor de televisiecamera's volledig tot hun recht. Daarnaast laat hij zich door sluwe ondervragers niet verleiden tot het doen van onbescheiden uitspraken. Bovendien denk ik dat in een tijd waarin extreme kleding of grove taal tijdens een televisie-optreden iemand van de ene dag op de andere beroemd kunnen maken, het publiek voor de verandering graag eens iemand ziet die zijn ontvangst bij David Letterman of Jay Leno dankt aan het feit dat hij gewoon goed is in wat hij doet.

Al deze factoren maken hem tot een artiest die zich perfect leent voor de moderne technologie. Vanwege dit uitzonderlijke charisma, gecombineerd met de recente mogelijkheden voor een rechtstreekse wereldwijde communicatie, zou Pavarotti wel eens een grotere schare bewonderaars kunnen hebben dan enige andere artiest in de geschiedenis. Attent gemaakt op de reusachtige omvang van zijn succes reageert Pavarotti verbijsterd, en misschien zelfs een beetje verlegen. Anderzijds heeft hij zich vast voorgenomen om er gebruik van te maken, en niet alleen om zijn rijkdom en bekendheid te vergroten.

Om te beginnen is hij zich bewust van zijn vermogen om het klassieke-muziekpubliek uit te breiden. Om dat doel te bereiken maakt hij regelmatig uitstapjes naar de wereld van de popcultuur. Dit doet hij door op televisieshows met een grote kijkdichtheid te verschijnen, en door af en toe concerten te geven met populaire artiesten. Het komt erop neer dat hij een overeenkomst sluit met het niet-operapubliek. 'Ik zing jullie muziek, als jullie naar de mijne luisteren.' Hij heeft jarenlang geweigerd om populaire muziek te vertolken, uit angst dat hij het niet goed zou doen. Hij realiseert zich nu dat een incidenteel uitstapje naar de top twintig, ook al zingt hij populaire nummers misschien met iets minder zwier dan Sinatra, een zeer doeltreffend middel is om de muren neer te halen die grote groepen mensen ervan weerhouden om van klassieke muziek te genieten.

Deze 'missiedrang' van Pavarotti ligt ten grondslag aan veel van zijn beslissingen. Toen hij in 1993 werd benaderd voor een tweede drie-tenorenconcert, was zijn reactie in eerste instantie negatief. Hij betwijfelde of hij en zijn twee collega's in staat zouden zijn om de spontane uitbundige sfeer die het concert van 1990 in de Thermen van Caracalla had gekenmerkt, te evenaren. Toen men hem erop wees dat hij daarmee een verbijsterende hoeveelheid mensen zou kunnen bereiken, een publiek dat vele honderden malen groter zou zijn dan tijdens het eerste concert, besefte hij de enorme stimulans die daarvan zou uitgaan voor de klassieke muziek en voor het zingen van opera, en hij veranderde van gedachten. Het concert in Los Angeles in juli 1994 werd live uitgezonden. De uitzending werd bekeken door naar schatting twee miljard kijkers, een aantal dat zal blijven groeien, zolang de uitzending wordt herhaald.

Het helpen van jonge artiesten is een andere manier waarop Pavarotti probeert zijn succes ten nutte te maken, en er zijn maar weinig artiesten die zoveel hebben gedaan voor nog onbekende zangers en zangeressen. Het hele jaar door, of hij nu een drukke agenda boordevol optredens afwerkt, of vakantie viert om krachten op te doen voor toekomstige verplichtingen, maakt Pavarotti bijna dagelijks tijd vrij om te werken met jong talent dat door zangpedagogen en coaches van andere artiesten naar hem wordt doorverwezen.

Het vocalistenconcours van Philadelphia, begonnen in 1980, is een uitgebreid project met geen ander doel dan het ontdekken en stimuleren van onbekend talent. Tijdens zijn tournees laat Pavarotti de staf in Philadelphia audities beleggen in de steden waar hij moet optreden. Tussen zijn verplichtingen door besteedt hij vaak lange dagen aan het luisteren naar jonge zangers en zangeressen, of dat nu in Parijs, Buenos Aires of Portland is. Ik zou geen andere artiest kunnen bedenken die op het hoogtepunt van een schitterende carrière zoveel tijd en energie steekt in de ambities van beginners.

Hij gebruikt zijn roem niet alleen voor doeleinden die hij de moeite waard vindt, hij is bovendien voortdurend op zoek naar nieuwe uitingsvormen voor zijn eigen talent. De meeste artiesten die eenmaal zo hoog zijn gestegen als Pavarotti in de jaren zeventig, worden – heel begrijpelijk overigens – voorzichtig, en verzetten zich tegen alles wat hun moeizaam verworven positie aan de top in gevaar zou kunnen brengen. In plaats daarvan kiezen ze voor een vertrouwde en lucratieve routine: een seizoen bij de Met, optredens in andere belangrijke operahuizen en af en toe eens een concert.

Zo niet Pavarotti. Onbevreesd als hij is, geniet hij van elke nieuwe uitdaging, van de hoofdrol in een romantische Hollywoodkomedie – op een moment dat zijn gewicht een record had bereikt – en een concert met popsterren in Carnegie Hall, tot een volledige produktie van *La bohème* in China. Deze voortdurende excursies buiten de traditionele wereld van de operaster kenmerken de vijftien jaar die zijn verstreken sinds het eerste boek dat hij en ik samen hebben gemaakt, en dat vooral het verhaal van zijn weg naar de top vertelde. Deze meer recente periode van zijn leven is rijk en opwindend geweest, niet zozeer vanwege zijn fenomenale succes, als wel vanwege zijn drang naar het onbeproefde, het onverwachte, het gewaagde. Dit alles zegt veel over het enthousiasme waarmee hij zijn uitzonderlijke positie beleeft.

In deze laatste jaren heeft Pavarotti ook een aantal drama's van persoonlijke aard meegemaakt. De angstaanjagende en verbijsterende ziekte van zijn jongste dochter was een gruwelijke beproeving voor hem en zijn familie. Zijn knie bezorgde hem tijdens het optreden steeds meer last, en uiteindelijk kon hij niet meer om een operatie heen. En dan was er natuurlijk zijn voortdurende strijd met zijn gewicht; een probleem dat hem meer ongemak bezorgt dan hij doorgaans laat blijken, en dat, naarmate hij ouder wordt, bovendien een stijgend gezondheidsrisico vormt.

Ondanks een reeks van triomfen heeft hij in zijn carrière ook momenten gekend die niet zo triomfantelijk waren. Zoals bijvoorbeeld het optreden in de Scala, waarbij hij werd weggehoond, en het playbackdebâcle bij het popconcert in Modena. Hij schrikt er echter niet voor terug om deze dieptepunten te bespreken, en dit doet hij open en filosofisch.

Als Pavarotti's co-auteur heb ik mijn uiterste best gedaan om juist die verhalen en anekdotes van hem los te krijgen, die hem laten zien zoals hij werkelijk is. Ik heb hem op zijn commentaar op elke ervaring gevraagd en om zijn gedachten over de dingen die hem het meest na aan het hart liggen: zijn familie en zijn vrienden, muziek, zingen, paarden, eten. Ik heb geprobeerd om aan de hand van anekdotes zijn onstuitbare drang om plezier te maken, zijn kwajongensneigingen, zijn onvoorspelbaarheid en zijn impulsiviteit duidelijk te maken. Ik ben erin geslaagd zijn toestemming te krijgen voor het opnemen van een aantal verhalen die, meestal indirect, laten zien hoe bescheiden hij eigenlijk is. Al deze kwaliteiten komen samen in een heel groot hart.

Ik heb geprobeerd om door de ogen van de lezer te kijken en zo het plezier en de opwinding weer te geven die je in Pavarotti's aanwezigheid ervaart, zowel tijdens de nerveuze geladenheid van een voorstelling als op meer ontspannen momenten, thuis in Italië. Omdat hij zo'n levensgenieter is hebben we samen geprobeerd om de lezer het geluksgevoel te laten proeven dat je ervaart wanneer je Pavarotti bènt.

Tijdens het afgelopen jaar, waarin ik hem regelmatig van nabij heb meegemaakt, zijn me regelmatig kleine dingetjes opgevallen die als het ware het wezen van Pavarotti blootlegden; een vrolijke opeenvolging van charmante details, de droom van iedere biograaf. Zoals bijvoorbeeld de manier waarop hij thuis naar de rinkelende telefoon grijpt, voordat een van de vijftien tot twintig aanwezige familie- en personeelsleden daar de kans voor krijgt (levenshonger), of het feit dat hij tijdens de lunch *rigatoni* van het bord van zijn vrouw steelt (nog meer honger), of een gesprekje met een bewonderende luchthavenemployée, terwijl er een gecharterd toestel op hem staat te wachten (door niets te verdringen interesse in zijn medemens). Maar bijvoorbeeld ook zijn weigering om iets onaardigs over een collega te zeggen, zelfs wanneer iedereen in zijn omgeving dat wel doet (loyaliteit en compassie). Of de snelheid waarmee hij zijn boosheid vergeet nadat iemand hem uit zijn doen heeft gebracht (het totaal ontbreken van rancune).

Dank zij zijn spontane aard produceert Pavarotti dit soort kleine openbaringen met een regelmaat die het voor een schrijver zeer de moeite waard maakt om in zijn nabijheid te zijn, en die voor ieder ander een bron van vermaak moet zijn. Het is absoluut niet zo dat hij met een doorlopende voorstelling bezig is. Hij is gewoon altijd zichzelf, altijd Pavarotti. Voor hem betekent dat dat hij probeert om van elk moment te genieten. Hij mijdt alles wat neigt naar routine, naar het voor de hand liggende. Hij houdt van een geintje, maakt zijn vrienden graag aan het lachen en komt soms op de proppen met stunts die ook degenen die hem al heel lang kennen verbaasd doen staan.

Een relatief onbeduidende gebeurtenis tijdens de reis naar China is voor mij een typisch voorbeeld van de spontane manier van optreden waardoor Pavarotti zich onderscheidt van de meeste andere artiesten; vooral van andere beróemde artiesten. Tijdens de tournee, die was georganiseerd met alle officiële pracht en praal van een staatsbezoek, werd hij uitgenodigd voor een uitvoering van een traditionele Chinese opera. Deze oude kunstvorm heeft hetzelfde gestileerde karakter als het Japanse Kaboeki-theater en vertoont weinig overeenkomst met de westerse opera. Gezeten op de eerste rij deed Pavarotti wat de meeste beroemdheden zouden doen, zich ervan bewust dat alle ogen op hen zijn gericht. Terwijl de Chinese zangers snerpten en knorden, keek hij vol verrukking toe. Hij applaudisseerde enthousiast, en toen de voorstelling was afgelopen poseerde hij gewillig voor foto's, en hij wisselde beleefdheden uit met de artiesten.

Maar Pavarotti deed nòg iets. Hij zei tegen de Chinese cast dat hij hun manier van opera zingen ook wel eens wilde proberen. Dit verbijsterende verzoek leidde ertoe dat hij volledig werd geschminkt en gekleed, een kwellend en inspannend proces dat vier uur in beslag nam. Bovendien moest hij muziek leren die hem totaal vreemd was, en hij moest zingen op een manier die zijn stem onherkenbaar veranderde. Maar niemand die het uiteindelijke resultaat zag en hoorde – en dat geldt zeker voor de Chinezen – zal deze voorstelling ooit vergeten. De bizarre gebeurtenis leverde rijk historisch materiaal op voor verzamelaars van opera-anekdotes.

Ik vraag me af of iemand als Jussi Björling of Maria Callas al die moeite zou hebben gedaan, met bovendien het risico zich volkomen belachelijk te maken. Eerlijk gezegd heb ik daar mijn twijfels over. Maar ik ben natuurlijk niet objectief. Bij een figuur als Pavarotti zie ik een verrukkelijk huwelijk tussen wat hij zelf wil, voor zíjn plezier, en wat wíj van hem verwachten voor het ònze.

Een ander onthullend moment was tevens een van de grappigste die ik met hem heb meegemaakt. We voeren in zijn slanke speedboot – niet te hard, maar keurig volgens de voorgeschreven snelheid – de haven van Pesaro uit, waar hij zijn vakantiehuis heeft. De ranke boot trok ieders aandacht, en Pavarotti, die in zijn kleurige Hawaïaanse hemd aan het stuurwiel stond, vormde een opvallende verschijning. Terwijl we een reeks boten met toeristen passeerden keken de opvarenden eerst naar de speedboot, en vervolgens naar de man aan het stuurwiel. Een korte aarzeling, toen wisten ze het zeker, en ze begonnen te roepen: 'Hé, Pavarotti!' 'Ciao, maestro!' 'Ciao, Luciano.'

Pavarotti glimlachte. 'Hé!' en 'Ciao, tutti,' riep hij als antwoord. Een eindje verderop in de haven passeerden we weer een stel boten, maar de mensen aan boord zagen hem niet. Wie schetst mijn verbazing toen Luciano hun aandacht begon te trekken. 'Hé!' 'Buon giorno,' riep hij. Alsof hij wilde zeggen, wakker worden! Je mist wat. Pavarotti komt langs.

En dat is nu precies wat ik met dit boek wil zeggen: 'Hé, word eens wakker! Pavarotti komt langs.'

# Woord vooraf

## door Luciano Pavarotti

Laat u niet te zeer meeslepen door wat Bill Wright in zijn woord vooraf heeft geschreven. Hij is een goede vriend van me, en hij houdt van mijn stem, dus ik ben bang dat zijn mening nogal gekleurd is. Wanneer ik dit tegen Bill zeg, verkondigt hij altijd nadrukkelijk dat hij in de eerste plaats schrijver en journalist is, en pas in de tweede plaats operafan, en in het verlengde daarvan Pavarottifan. En daar heeft hij ongetwijfeld gelijk in. Toch heb ik mijn ogen goed opengehouden om te voorkomen dat Bill me beter zou afschilderen dan ik ben.

Mijn voornaamste bijdrage aan dit project was natuurlijk het verstrekken van de informatie die Bill nodig had om het boek te kunnen schrijven; om te zorgen dat het werd uitgegeven; om met anderen te kunnen praten, zodat hij niet blind hoefde te varen op mijn verre van feilloze geheugen; en om het allemaal op papier te zetten in een Engels dat veel beter is dan het mijne. Maar daarnaast beschouwde ik het ook als mijn taak ervoor te zorgen dat het beeld dat we in dit boek van mij en mijn wereld geven, niet te voordelig, te mooi, te enthousiast zou zijn.

Dank zij de gave van mijn stem heb ik een heerlijk en ongebruikelijk leven. Van dit boek hoop ik vooral dat het alle opwindende ervaringen, alle plezierige gebeurtenissen die me dank zij dit grote geluk gegeven zijn, in woorden weet te vangen. Maar niet elke dag is even geweldig, en ik ben niet altijd even geweldig.

De mensen om me heen weten dat, en toch houden ze van me. Ik hoop dat de lezers hetzelfde begrip zullen opbrengen, dezelfde bereidheid om met het goede ook het minder goede te accepteren. Ik begrijp dat ik met onbekenden die me horen zingen niet dezelfde relatie kan hebben als met mijn dochters of met mijn naaste vrienden. Het zou dwaas zijn om dat te verwachten. Maar tegelijkertijd geloof ik dat de muur veel minder hoog zou kunnen zijn. Dit boek is bedoeld als een poging om die muur te slechten.

Ik moet toegeven dat ik aanvankelijk heb geaarzeld om dit boek te schrijven, en wel om twee redenen. Om te beginnen omdat ik nog steeds actief ben. Ik leef in het heden, en af en toe verdiep ik me natuurlijk ook in de toekomst. Maar veel tijd om over het verleden na te denken heb ik niet. En ten tweede omdat ik niet graag over mezelf praat, iets dat onvermijdelijk is als ik Bill de informatie wil geven die hij nodig heeft om te kunnen schrijven over gebeurtenissen waarvan hij zelf geen getuige is geweest.

Dit lijkt misschien valse bescheidenheid, maar zo is het echt niet bedoeld. Net als iedereen heb ook ik mijn gevoel van eigenwaarde, en ik ben trots op wat ik heb bereikt. Maar op het toneel, als ik zing, ontvang ik genoeg applaus om zelfs het hongerigste ego meer dan tienmaal te bevredigen. En wanneer ik niet zing, wanneer ik thuis ben om te ontspannen, dan wil ik niet praten over die keer dat ik in China zong, of over die avond waarop ik het seizoen opende in de Met, of over mijn diner met de koningin van Engeland.

Maar Herbert Breslin, mijn manager, heeft me ervan overtuigd dat ik over die dingen moet praten. Dat mensen die in me geïnteresseerd zijn dat soort dingen willen weten. En een nog betere reden om het boek nu te schrijven, is dat ik het moet doen voordat ik te oud ben om me nog iets te herinneren. Bill is er heel bedreven in geraakt om me terug te laten gaan in mijn herinnering. Eigenlijk heb ik er nooit zin in, en uit mezelf zou ik er ook nooit aan zijn begonnen, maar als hij me eenmaal aan de praat heeft vind ik het heerlijk om te vertellen over alle fantastische dingen die me zijn overkomen.

Ik heb één goede eigenschap die ik altijd graag vermeld: ik ben gelukkig, diep gelukkig met wat ik heb gekregen. Ik ben trots op dit gevoel van dankbaarheid, en volgens mij is het belangrijk om het vast te houden. Hoe vaak gebeurt het niet dat, wanneer iemand iets geweldigs in de schoot geworpen krijgt – een heleboel geld, een fantastische partner, een prachtig kind – hij er aanvankelijk innig dankbaar voor is, maar al snel aan zijn geluk gewend raakt en het als iets vanzelfsprekends gaat beschouwen? Zodra we ons echter niet meer bewust zijn van ons geluk, zodra we onze blik daarvan afwenden, ontdekken we altijd wel iets waar we minder gelukkig mee zijn. Ik doe erg mijn best om te zorgen dat mij dat niet overkomt.

Elke dag houd ik mezelf voor wat ik allemaal heb mogen ontvangen. Ik probeer me ervan bewust te blijven hoe ik me vijfendertig jaar geleden voelde, bij mijn eerste succes, toen het er voor het eerst op leek dat er een carrière als zanger voor me was weggelegd. Daarnaast zijn er andere factoren die me helpen die dankbaarheid vast te houden. Als zanger weet je nooit wanneer je je stem zult verliezen, en daardoor waardeer je des te meer de tijd dat je nog goed zingt. Ik dank God voor elk nieuw seizoen, voor elke nieuwe maand, voor elke nieuwe voorstelling.

Door me bewust te blijven van mijn geluk probeer ik niet alleen een goed mens te zijn. Dat besef maakt bovendien dat ik mijn leven zie door de ogen van een gewoon mens; een onopvallend mens zoals ik dat was gedurende de eerste vijfentwintig jaar van mijn leven. Door me díe Pavarotti te herinneren, en door alles wat er nu gebeurt door zijn ogen te zien, blijf ik met mijn beide benen op de grond staan, ook al is het om me heen soms een gekkenhuis. Maar wat nog belangrijker is, daardoor ben ik in staat om meer van mijn leven te genieten. In sommige opzichten ben ik verwend. Dat kan ook niet anders: ik ben opgegroeid als enig jongetje in een huis vol vrouwen. Maar in andere, en ik hoop belangrijker, opzichten ben ik juist helemaal niet verwend, en zo hoop ik te blijven.

Bill kent dat vermogen van me om de dingen te zien door de ogen van de onbekende, eenvoudige Luciano. We zijn het erover eens dat dit boek zoveel mogelijk vanuit dat perspectief moet worden geschreven. Al mijn avonturen van de afgelopen vijftien jaar, alle fantastische ervaringen die ik heb opgedaan door over de hele wereld en voor elk denkbaar publiek te zingen, al mijn ontmoetingen met de meest uiteenlopende mensen, van Madonna tot Gorbatsjov, van Chinese koelies tot Argentijnse gaucho's, ik hoop het allemaal te vertellen vanuit het gezichtspunt van een gewoon mens, een arme jongen uit Modena die dacht dat hij misschien wel een goede stem had.

Er is één ding dat me nogal nerveus maakt bij de gedachte dat ik een boek ga schrijven. Vroeger, toen ik jong was, waren boeken in mijn ogen een serieuze zaak. Nu ik er zelf een ga schrijven heb ik het gevoel dat ik iets heel diepzinnigs moet zeggen, iets dat de wereld zal veranderen. Maar zo ben ik niet. Ik bèn een heel eenvoudige jongen. Ondanks alles wat me is overkomen heb ik altijd geprobeerd om dat te blijven. En misschien heb ik wel geen keus.

Dit boek is in elk geval een poging duidelijk te maken wie ik nu ben, wie de persoon is die zich door dit ongebruikelijke bestaan heeft heen geslagen. Bij het vertellen van wat ik allemaal heb meegemaakt heb ik geprobeerd om open te zijn over alles – nou ja, bijna alles – en om mijn gedachten en mijn opvattingen eerlijk onder woorden te brengen, ook al weet ik dat de lezer het misschien niet altijd met me eens zal zijn.

Ik wil de mensen die in me geïnteresseerd zijn laten delen in al het plezier en alle opwindende ervaringen van de afgelopen jaren. Ik heb geprobeerd me voor te stellen wat ze graag willen weten, en ik heb ook geprobeerd onder woorden te brengen hoe ik denk over bepaalde dingen die belangrijk voor me zijn. Ook heb ik een poging gedaan om iets van de wijsheid door te geven die ik, als artiest en als mens, denk te hebben verworven.

Terwijl ik mijn verhaal vertel, ga ik de nare dingen van de afgelopen vijftien jaar niet uit de weg. Zo ben ik niet. Als ik de moeilijkheden en de onaangename gebeurtenissen uit mijn verhaal zou weglaten, zou dit niet langer een eerlijk boek over een gewoon mens zijn. Maar ondanks alle pijn, ondanks alle verdrietige dingen die me zijn overkomen – daarvoor blijft tenslotte niemand gespaard – slaat de balans tussen geluk en verdriet ver door naar de kant van het geluk. Niets dat me is overkomen heeft me duurzaam somber of depressief kunnen maken. Ik hou van mijn leven. En ik hoop dat u na het lezen van dit boek zult begrijpen waarom.

# I

## Het zingen van opera

Een belangrijk deel van dit boek gaat over mijn leven buiten de opera. Daarom wil ik eerst iets vertellen over het leven als operazanger. Want meer dan wat ook, is dat hetgene wat ik doe; is dat wat ik ben. Elk jaar organiseer ik een groot concours hippique in Modena, voor mijn internationale vocalistenconcours houd ik over de hele wereld audities voor jonge zangers, ik geef concerten en ik verschijn op de televisie om te praten of te zingen, en ik werk mee aan benefietconcerten voor doelen die me na aan het hart liggen, of waarvoor mijn vrienden zich inzetten. Daarnaast breng ik zoveel mogelijk tijd met mijn familie door, en ik probeer elk jaar ten minste een maand vakantie te houden in mijn zomerhuis in Pesaro, aan de Adriatische Zee.

Maar ondanks alle tijd die ik aan deze activiteiten besteed, vergeet ik nooit dat ik bovenal operazanger ben. Dat is altijd het belangrijkste voor me geweest, en dat zal het blijven zolang ik kan zingen. Ik koester een diepe liefde voor de opera. Ik houd van de muziek zelf, maar meer nog houd ik van de combinatie van muziek en drama die zo'n overweldigende indruk op het publiek kan maken; een indruk die met niets te vergelijken is.

Ik ben met opera opgegroeid. Mijn vader had een operastem, een tenor – deze heeft hij op zijn tweeëntachtigste trouwens nog – en mijn hele jeugd heb ik hem horen zingen. In mijn vorige boek heb ik al verteld dat ik als klein jongetje – ik denk dat ik een jaar of zes was – in het appartement van mijn ouders even buiten Modena op de keukentafel klom om te zingen en te verkondigen dat ik later tenor wilde worden. Ik weet zeker dat een heleboel Italiaanse jongetjes dat doen, zonder het overigens ooit te worden. Maar ik vind het de moeite van het vermelden waard dat althans één klein jongetje zijn grootspraak heeft waargemaakt.

Mijn hele opleiding is erop gericht geweest om niet zomaar zanger te worden, maar operazanger. Van meet af aan moest ik niet alleen leren om mijn stem te gebruiken, maar ook hoe ik een partituur moest lezen, hoe ik drama en karakter in de muziek kon leggen. Zoals alle aankomende operazangers, moest ik ook leren wat de belangrijkste rollen waren voor mijn type stem. Al in die eerste zes maanden serieuze zangles bij Arrigo Pola, waarin ik alleen maar toonladders zong en mijn stem oefende, wist ik waar ik uiteindelijk terecht wilde komen: op het operatoneel.

Toen maëstro Pola in Japan les ging geven, stuurde hij me naar een andere zangpedagoog, Ettore Campogalliani in Mantua, die ook mijn jeugdvriendin Mirella Freni als leerling had. Zij en ik gingen samen met de trein van Modena naar Bologna voor onze lessen, en tijdens de reis praatten we over weinig anders dan over de operacarrière die we allebei ambieerden. Uiteindelijk zou Mirella veel eerder dan ik internationale erkenning verwerven op het operatoneel.

In die moeilijke jaren op weg naar een professionele zangcarrière speelde ik regelmatig met de gedachte om het op te geven en weer verzekeringen te gaan verkopen, maar ik wist dat als het me zou lukken om vol te houden, ik operazanger wilde worden, en niets anders. Toen ik na een eerste plaats op een vocalistenconcours in 1961 werk begon te krijgen, lag dat dan ook uitsluitend in de operasfeer. En hoewel ik inmiddels regelmatig concerten en televisie-optredens doe, en hoewel ik actief ben geworden op diverse niet-muzikale terreinen, vormen mijn opera-optredens nog steeds het belangrijkste deel van mijn werk, en dat zal altijd zo blijven. Wanneer ik zeg dat ik operazanger ben, dan bedoel ik daarmee dus niet dat ik opera zing, of dat ik daarmee mijn brood verdien, nee, dan wil ik daarmee duidelijk maken dat operazanger is wat ik bèn.

Bovendien hebben veel van mijn activiteiten buiten het operatheater onder andere tot doel om meer mensen naar de opera te krijgen. Wanneer ik optreed met popartiesten, of wanneer ik in een talkshow te gast ben of me met hart en ziel op de organisatie van mijn springconcours stort, dan hoop ik andere mensen ervan te overtuigen dat ik geen museumstuk ben, geen overblijfsel uit de negentiende eeuw. Geen historische relikwie of een kunstenaar in een ivoren toren. Ik wil dat mensen die niets van opera weten zien dat ik ook een gewoon mens ben, net als zij; iemand die van sport houdt, van populaire muziek, van lekker eten en mooie vrouwen, maar die bovendien een passie heeft voor opera. Misschien is wat ik hoop over te brengen het idee dat je niet ouderwets, excentriek of merkwaardig hoeft te zijn om van opera te houden.

Ik ben erg blij dat opera aan populariteit wint. Dat geldt zeker in Italië. Toen ik aan mijn loopbaan begon zeiden de mensen hier al twintig jaar dat de opera op zijn retour was. De operahuizen, zelfs de Scala, zaten bij lange na niet vol meer, en het publiek dat nog wel naar de voorstellingen kwam, leek altijd uit dezelfde mensen te bestaan. Dat is tegenwoordig niet meer zo. De meeste voorstellingen zijn uitverkocht, het publiek wisselt voortdurend, en er zijn veel meer jonge mensen bij dan vroeger.

Dat stemt me erg gelukkig, niet alleen omdat ik van opera houd, maar ook omdat het repertoire zoveel belangrijke meesterwerken telt, waarvan sommige behoren tot de grootste composities ooit geschreven. Als kunstvorm is opera een zeldzame en ongewone creatieve uiting. In mijn ogen verwoordt en verklankt opera aspecten van het menselijk drama die op geen andere manier tot uiting gebracht kunnen worden, of in elk geval niet op zo'n schitterende manier. Daarbij komt nog dat het land dat zo'n belangrijke bijdrage aan deze vorm van muziek heeft geleverd, mijn vaderland is. Wij Italianen hebben in feite de opera geschapen. De opera zit ons in het bloed. Dat geldt in elk geval voor deze Italiaan, en voor vele anderen, en ik wil dat de opera overleeft en bloeit.

Daarom neem ik elk jaar toch altijd weer operawerk in mijn programma op, hoe druk ik het ook heb en hoezeer ik soms in verleiding word gebracht door nieuwe avonturen of voor de wereld van de opera weergaloze financiële aanbiedingen. Terwijl ik maar al te goed weet wat dat betekent: het repeteren is hard werken, het schminken een bron van ergernis, evenals het feit dat ik mijn veel te grote lijf in een ongemakkelijk kostuum moet persen. Het gegeven dat een weldoorvoede vent van middelbare leeftijd een twintigjarige hongerige artiest op een Parijse zolderkamer moet voorstellen, is natuurlijk ronduit lachwekkend.

Bovendien zijn er die verschrikkelijke zenuwen, niet alleen over je eigen prestaties, maar ook over de duizendenéén dingen die verkeerd kunnen gaan bij een operaproduktie en die iets prachtigs kunnen doen omslaan in een fiasco. De Opera met een hoofdletter O is een groots instituut, in elk opzicht. Behalve door het indrukwekkende schouwspel en de beroemde artiesten, wekt de Opera ook zoveel ontzag door de enorme risico's die eraan verbonden zijn. Er kan ongelooflijk veel misgaan. En wanneer een voorstelling niet bevredigend verloopt, is het instituut opera daarmee natuurlijk bepaald niet gediend. Integendeel, zoiets doet de goede zaak alleen maar kwaad.

Sommige vrienden, die het beste met me voorhebben, vragen me wel eens waarom ik opera blijf zingen. Waarom ik al die moeite nog doe. Waarom ik nog steeds rollen zing die ik al zo vaak heb gezongen. Waarom ik me afbeul door avond aan avond dezelfde opera op te voeren. Ze zeggen dat ik mezelf als operazanger heb bewezen; dat ik de belangrijkste rollen die geschikt zijn voor mijn stem, al heb gezongen.

Ze zeggen ook dat het publiek toch wel van me houdt. Dat de mensen die naar mijn concerten komen of mijn platen en video-cassettes kopen, er niet om geven of ik opera zing voor een publiek dat, vergeleken bij de aantallen die ik bereik met mijn concerten, mijn televisie-optredens en mijn platen, maar zeer beperkt is. Waarschijnlijk is het merendeel van mijn fans zich er zelfs nauwelijks van bewust dat ik opera zing, en misschien is het waar dat het de meesten ook niet veel kan schelen. Maar míj kan het wel schelen, mij kan het zelfs heel veel schelen. Niet alleen omdat ik van opera houd, en omdat ik het heerlijk vind om te doen, maar ook omdat ik mijn carrière aan de opera te danken heb.

De grote operahuizen stellen hun programma al lang van tevoren samen, en de meeste beroemde zangers weten precies waar ze over twee of drie jaar optreden. Daarmee nemen theaterdirecties natuurlijk wel een zeker risico, want iemand die bij het tekenen van een contract in 1994 schitterend zingt, kan in 1996 wel een stuk minder klinken. Maar het is een risico dat iedereen bereid moet zijn te nemen. Ook al klink je als een schorre kraai, dank zij je contract is een theaterdirectie verplicht je te laten zingen, en je er bovendien voor te betalen. Of je nu goed zingt of slecht, de betaling blijft hetzelfde.

Het is wel eens gebeurd dat zangers of zangeressen die niet meer bij stem waren, erop stonden aan hun contractuele verplichtingen te voldoen. Over het algemeen echter zal een artiest onder dergelijke omstandigheden vragen om van die verplichtingen te worden ontslagen. Daarmee stemt een operahuis doorgaans maar al te graag in, vooropgesteld natuurlijk dat de problemen reëel zijn. Ik vlei mezelf met de gedachte dat ik het moment zal herkennen wanneer het tijd wordt om te stoppen. Dat ik er niet op zal staan om als een schorre kraai te zingen simpelweg omdat ik een contract heb.

Wanneer ik ermee instem om een rol te zingen bij een bepaald operahuis, volgt de hele procedure van de uitnodiging tot de openingsavond een vast patroon. De moeilijkste beslissing is natuurlijk een rol aan te nemen die ik nooit eerder heb gezongen. Veel van dergelijke premières heb ik in San Francisco beleefd. Ik hou erg van het operapubliek daar. Het heeft kennis van zaken, maar het is nooit onredelijk. Bovendien werkte ik bij het instuderen van een nieuwe rol erg graag samen met de chefdirigent van de Opera van San Francisco, Otto Guth.

Ik heb altijd een coach nodig bij het leren van een nieuwe rol. Er wordt wel eens beweerd dat ik geen noten kan lezen, maar dat is niet waar. Ik geef echter de voorkeur aan het werken met een coach, omdat ik veel sneller en beter leer wanneer ik de muziek hóór dan wanneer ik een partituur moet lezen. Ik vind het prettig wanneer een goede musicus me de frasen één voor één voorzingt, precies zoals de componist die heeft bedoeld. Voor mij is dat de beste methode om de muziek in mijn hoofd te krijgen. Bovendien heb ik iemand nodig die naar me luistert en die me meteen waarschuwt wanneer ik iets verkeerd doe. Als ik alleen met een partituur aan het werk ga en er sluipt een fout in mijn vertolking, dan blijft die fout daar tot ik tijdens een repetitie word gecorrigeerd. Door het werken met een coach vindt die correctie meteen plaats.

Ik herinner me nog dat ik voor het eerst in *Aida* zong bij de Opera van San Francisco in 1982. Toen het tijd werd om met de repetities te beginnen, wist ik dat ik de rol van Radames nog niet volledig beheerste. Ik drong er bij de algemeen directeur, Kurt Adler, op aan om maëstro Antonio Tonini uit Milaan te laten overkomen, zodat die me zou kunnen helpen. Tonini was jarenlang een van de grootste musici en zangpedagogen van de Scala. Of, zoals ik tegen Kurt Adler zei: 'Tonini ìs de Scala.' Ik probeer meestal geen speciale eisen te stellen, maar dit was een belangrijk debuut voor mij, en voor San Francisco. Kurt stemde ermee in hem te laten overkomen, en volgens mij heeft zijn hulp een ramp voorkomen. Wanneer je niet helemaal zeker bent over de muziek – de noten, de tempi, de modulaties – kunnen er vreselijke dingen gebeuren op het toneel.

Vaak sluit ik contracten af voor rollen die ik al vele malen heb gezongen. Dat doe ik vooral bij opera's die me erg dierbaar zijn, of bij rollen waarvan ik het gevoel heb dat ze goed passen bij mijn stem en mijn persoonlijkheid. Bovendien ontbreekt soms de tijd om een nieuwe rol te leren. Drie van mijn favoriete rollen, die ik regelmatig en in verschillende operahuizen over de hele wereld heb gezongen, komen uit respectievelijk *La bohème*, *Un ballo in Maschera* en *L'Elisir d'amore*. Er zijn verschillende redenen waarom ik van deze drie opera's houd, en ze hebben elk hun eigen speciale betekenis voor me. *La bohème* is min of meer mijn visitekaartje geworden. Het was in *La bohème* dat ik voor het eerst op het toneel stond, en *La bohème* was bovendien mijn debuut in New York. *Un ballo* is een briljante opera, die veel minder vaak wordt uitgevoerd dan *La bohème*. De partituur bevat misschien wel het breedste scala aan muzikale stijlen voor een tenor. Ik heb vaak gezegd dat, als ik de rest van mijn leven nog maar één opera zou mogen zingen, het *Un ballo* zou zijn.

Van *L'Elisir* houd ik omdat ik mezelf herken in het karakter van de tenor, Nemorino. Hij is een eenvoudige plattelandsjongen, net als ik, maar beschikt over een grote natuurlijke intelligentie. Bovendien is de aria 'Una furtiva lagrima' uit het tweede bedrijf een van de grootste aria's voor tenor, die zich van alle andere aria's in het Italiaanse repertoire onderscheidt doordat er geen sensationele climax is. De muziek is heel ingehouden, wat het voor mij alleen maar moeilijker maakt om haar goed te zingen.

Een typisch voorbeeld van de gang van zaken bij het aangaan en uitvoeren van een operaverplichting, betreft mijn optreden in *Un ballo in Maschera* aan het Teatro San Carlo in Napels, in december 1994. In plaats van u mee te nemen op tournee en iets te vertellen over elke stad waar ik de afgelopen jaren heb opgetreden, geef ik liever een gedetailleerd verslag van deze ene ervaring.

In de zomer van 1992 kwam de directie van het San Carlo bij me langs in mijn zomerhuis in Pesaro om me uit te nodigen voor een optreden in zijn theater. Tijdens mijn vakanties aan zee streef ik ernaar volledig tot rust te komen en me los te maken van alle problemen die met mijn werk te maken hebben. Gedurende de rest van het jaar probeer ik mezelf uitdagingen te stellen, met als gevolg dat mijn zenuwen het soms zwaar te verduren hebben. In Pesaro is geen ruimte voor zenuwen. Daardoor is het de ideale plek om over toekomstige projecten te filosoferen.

De uitnodiging van het San Carlo sprak me wel aan. Napels is me altijd dierbaar geweest, iets wat bepaald niet voor alle Italianen geldt, zeker niet voor de Italianen uit het noorden. Ik hou van de schoonheid van de stad, van haar vitaliteit, en van de belangrijke plaats die Napels inneemt in de geschiedenis van de Italiaanse opera. Het was twintig jaar geleden dat ik er voor het laatst in een opera had gestaan. Na de problemen in de Scala, toen ik tijdens een voorstelling van *Don Carlos* mijn stem even niet onder controle had gehad, wilde ik dolgraag weer in Italië optreden. Het Milanese publiek had me uitgejouwd, en ook de recensenten hadden zich niet onbetuigd gelaten. (Dit onfortuinlijke optreden komt uitvoeriger aan bod in een hoofdstuk met een opsomming van nare dingen die me de afgelopen vijftien jaar zijn overkomen.) Napels leek me de ideale plek om mijn landgenoten te bewijzen dat ik nog steeds kon zingen.

Ik wist dat ik mijn reputatie niet met een concert zou heroveren, maar alleen met een grote opera in een van de grote theaters. Door voor Napels te kiezen probeerde ik niet om mijn vaderland via een achterdeurtje weer binnen te glippen, met minder risico dan bij een optreden in een stad als Milaan. De grootste Italiaanse kranten worden door het hele land gelezen, en in Napels zouden dezelfde recensenten in het publiek zitten die destijds mijn *Don Carlos* hadden gekraakt. Bovendien was ik me ervan bewust dat het Napolitaanse publiek minstens zo moeilijk te plezieren kon zijn als het Milanese.

Verdi wist al hoe lastig de Napolitanen konden zijn. Sterker nog, hij maakte zich boos over hun kritische houding. In een van zijn brieven schreef hij: 'Omdat ze Palestrina, Scarlatti en Pergolesi hebben voortgebracht, denken ze dat ze alles weten.' In tegenstelling tot Verdi ben ik van mening dat de inwoners van Napels, met zijn ongelooflijke operageschiedenis, zich wel degelijk experts mogen noemen. Behalve de door Verdi genoemde componisten hebben ook Rossini, Donizetti, Bellini en Verdi zelf er gewerkt. In zo'n stad kun je je als operazanger geen tweederangs voorstelling permitteren.

Het Teatro San Carlo stelt niet alleen zeer hoge kwaliteitseisen, het is bovendien het oudste operatheater in Europa dat nog als zodanig wordt gebruikt. Het werd gebouwd in 1737, eenenveertig jaar voor de Scala, en eenenvijftig jaar voor La Fenice in Venetië. Sinds zijn bouw is het San Carlo op twee jaar na (1874 en 1875) voortdurend in bedrijf geweest. Zelfs een verschrikkelijke brand in 1816 en de Tweede Wereldoorlog waren niet in staat om het zijn poorten te doen sluiten.

De muzikale geschiedenis van het theater is zelfs nog fantastischer. Rossini is acht jaar lang artistiek leider van het San Carlo geweest, en veel van zijn opera's beleefden daar hun première. Hij werd opgevolgd door Donizetti, die er zestien jaar lang de scepter heeft gezwaaid. Gedurende zijn tijd in Napels componeerde Donizetti zestien opera's voor het San Carlo – een voor elk jaar dat hij aan het theater was verbonden. Onder deze opera's waren *Roberto Devereux*, *Maria Stuarda* en een van de grootste opera's aller tijden, *Lucia di Lammermoor*. Stelt u zich eens voor: een werk als *Lucia* als 'opera voor dit jaar', van de hand van de muzikaal directeur zelf!

Mijn belangstelling werd echter vooral gevoed door één voorval uit de geschiedenis van het San Carlo: Giuseppe Verdi had in 1857 *Un ballo in Maschera* voor dit theater geschreven. Na het voltooien van het meesterwerk ontstonden er problemen met de Napolitaanse censor, een vertegenwoordiger van het huis Bourbon (Napels was op dat moment een koninkrijk, geregeerd door het huis Bourbon; vert.), die niet gelukkig was met een libretto dat eindigde met een koningsmoord. Verdi weigerde om het verhaal aan te passen aan de eisen van de censor. Geen van beide partijen was bereid water in de wijn te doen, dus trok Verdi zijn opera terug en ging ermee naar Rome.

De Scala wilde *Un ballo* graag hebben, maar Verdi stond erop dat de opera zo dicht mogelijk bij Napels zou worden uitgevoerd, om de censor een lesje te leren. Uiteindelijk werd deze grootse opera in Rome op de planken gebracht onder de titel die deze vandaag nog heeft. *Un ballo* is sindsdien natuurlijk veelvuldig in Napels uitgevoerd, maar ik voelde me erg geïnspireerd door het idee om de opera te zingen in de stad waarvoor Verdi deze had geschreven, waar hij zijn première zou hebben beleefd als die ene censor destijds geen roet in het eten had gegooid.

Ik hou van *Un ballo* om verschillende redenen. Niet alleen om de reden die ik hierboven al heb genoemd: namelijk dat de opera de tenor de kans geeft om verschillende zangstijlen te laten horen. De muziek is schitterend, van begin tot eind. Het verhaal is sterk, en de figuur van de tenor, Riccardo, is een goed mens die tot over zijn oren verliefd is op de vrouw van zijn vriend. Ik voel met hem mee. Niet omdat ik ooit verliefd ben geweest op de vrouw van een vriend, gelukkig niet, maar omdat ik weet hoe machtig de liefde kan zijn, en hoe de liefde een man ertoe kan brengen iets te doen waarvan hij weet dat het verkeerd is. Riccardo beseft dat wat hij zijn vriend heeft aangedaan, erg verkeerd is, en uiteindelijk accepteert hij zijn lot.

En dan was er nog iets dat me naar Napels dreef, ook al was het dan misschien een beetje sentimenteel. Zoals de meeste tenoren adoreer ik Caruso, en Napels is zijn geboortestad. Toen ik er in 1987 de televisiespecial *Pavarotti Returns to Napels* opnam voor de Amerikaanse PBS (Public Broadcasting Service; vert.) bezocht ik Caruso's geboortehuis, in een drukke dichtbevolkte wijk van de stad. Het ontroerde me hevig om zijn appartement te zien en de buurt waarin hij is opgegroeid. Het nieuwtje deed al snel de ronde dat een hedendaagse tenor naar de wijk was gekomen om zijn respect te betuigen aan zijn grote vakbroeder uit het verleden, en toen ik weer buiten kwam stond de straat zo vol mensen dat het me moeite kostte om bij mijn auto te komen.

De Napolitanen zijn er niet alleen bijzonder trots op dat ze de wereld Caruso hebben gegeven. Ze beroemen zich er bovendien op dat veel van zijn muziek in hun stad is geboren, vooral de traditionele Napolitaanse liederen. Net als ik hebben Napolitanen een diep respect voor ware grootsheid, en net als ik zijn ze sentimenteel van aard.

Tijdens dat laatste bezoek aan Napels had ik gelogeerd in hotel Excelsior. Toen ik erachter kwam dat Caruso graag in het naburige Vesuvio verbleef, nam ik me voor om bij een volgend bezoek in het Vesuvio te logeren; zo mogelijk in zijn suite. Het is moeilijk uit te leggen waarom ik dat wilde. Misschien bij wijze van eerbetoon, misschien uit sentimentele overwegingen. Misschien ook uit bijgeloof, omdat ik hoopte dat de grote Caruso me tijdens mijn verblijf iets over de kunst van het zingen zou leren.

Toen de directie van het San Carlo naar Pesaro kwam om me te vragen het seizoen '94-'95 te openen, stelde ik *Un ballo* voor. Omdat het de eerste opera van het seizoen zou zijn, moest het haast wel Verdi worden. Bovendien wilde ik dat het een opera uit mijn vaste repertoire zou zijn, een opera die ik kende en die ik al vaker had gezongen. Daardoor zou ik mijn optreden als een test kunnen beschouwen, om te zien of ik bezig was af te glijden. Bij een opera die ik goed ken, kan ik me volledig concentreren op het zingen zelf. Bij een nieuwe rol maak je je voortdurend zorgen over de muziek, de noten, en dan is de kans op fouten natuurlijk veel groter.

De directie van het San Carlo was zeer te spreken over mijn voorstel, maar ik wilde er toch nog even over denken en het idee met anderen bespreken. Ik heb vrij uitgesproken opvattingen over wat ik wel en niet wil doen, zelfs wanneer het gaat om optredens die pas drie jaar later gepland staan. Toch is het altijd verstandig om belangrijke plannen met anderen te bespreken. Die komen soms met argumenten waar je zelf niet aan had gedacht. De uiteindelijke beslissing ligt bij mij. Mijn manager, Herbert Breslin, voert de contractbesprekingen. Ik heb er een hekel aan om over geld te praten. Sterker nog, ik heb er de grootste problemen mee. Daarom ben ik dolblij dat in mijn beroep anderen dat van me overnemen.

Na enige tijd nam ik contact op met het San Carlo om te zeggen dat ik de uitnodiging graag zou aannemen. Herbert maakte de zaak financieel rond, de contracten werden opgesteld en ik zette mijn handtekening. Zodra de partijen het eens zijn schrijf ik de data in mijn agenda. Mijn agenda is mijn bijbel, mijn hele leven wordt erdoor bepaald. Ik probeer hem altijd bij de hand te houden, waar ik ook ben. Zodra een afspraak rond is noteer ik het tijdstip van mijn aankomst in de betreffende stad, de repetitiedata en de data van de voorstellingen. Bovendien zorg ik ervoor dat iedereen die het moet weten, deze gegevens krijgt. Maar het belangrijkste is dat ik de data zelf in mijn geheugen prent. Daar ben ik vrij goed in, en eigenlijk hoef ik mijn agenda niet zo vaak te raadplegen. Ik weet uit mijn hoofd wanneer ik waar zit.

In de daaropvolgende maanden werd ik van tijd tot tijd gebeld door het San Carlo, met voorstellen over de rest van de bezetting voor *Un ballo*. Daarbij kreeg ik de vriendelijke verzekering dat er met mijn voor- en afkeuren rekening zou worden gehouden. Ik heb bijna nooit problemen met andere zangers of zangeressen. In de loop der jaren heb ik samengewerkt met veel artiesten die de reputatie hadden verschrikkelijk lastig te zijn, maar mijn ervaringen zijn nooit anders dan plezierig geweest. Er werd bijvoorbeeld veel gepraat over de humeurigheid van Kathleen Battle, maar ik heb *L'Elisir d'amore* met haar gedaan in de Met, en ze was altijd bijzonder vriendelijk.

Waar ik soms wèl problemen mee heb zijn de capaciteiten van een andere artiest. Wanneer ik niet helemaal zeker ben van de vocale talenten van een collega, ben ik bang dat zo iemand een negatieve invloed heeft op de prestaties van de rest van de cast. Dan heb ik liever dat er naar een ander wordt gezocht. Maar wanneer ik de gelegenheid krijg om meteen in het beginstadium mijn zegje te doen en uiteindelijk toch met een bepaalde bezetting instem, hoort niemand mij daarna nog klagen, hoe bedroevend de prestaties van een collega ook mogen zijn. Niemand zingt nu eenmaal altijd op zijn of haar best. Andere artiesten lopen dat risico ook met mij. Collega's die nóóit goed presteren, probeer ik te vermijden.

In de twee jaar na de afspraak met het San Carlo zong ik opera's aan de Met, de Scala, in Wenen, Frankfurt en Tokyo. Ik gaf concerten in New York, Miami, Houston, Philadelphia, Chicago, Boston, Londen, Parijs, Berlijn, Oslo, Ravenna, Modena, Zürich, Tel Aviv, Honolulu, Seoul, Singapore, en nog een heleboel andere steden waar ik nu even niet op kan komen. Ik werkte keihard aan mijn concours hippique, en aan het vocalistenconcours in Philadelphia. Bovendien waren we bijna een jaar zoet met de voorbereidingen voor het tweede drie-tenorenconcert, dat in juli 1994 in Los Angeles zou worden gehouden. Maar tijdens al die activiteiten was ik ergens in mijn achterhoofd bezig om me in alle rust voor te bereiden op de voorstelling van *Un ballo in Masche-ra*, in Napels in december 1994.

De zomer voor *Un ballo* werkte ik voornamelijk aan de muziek van *I pagliacci*, die ik zou zingen op de openingsavond van de Met. Ik had de rol al eerder gezongen en opgenomen, samen met Riccardo Muti en het Philadelphia Orchestra, maar ik had hem nog nooit op het toneel gedaan. Toen Terry McKuen, de algemeen directeur van de Opera van San Francisco, er in 1976 op aandrong dat ik *Pagliacci* bij hem zou zingen, had ik geweigerd, omdat ik wist dat mijn stem er nog niet klaar voor was.

Nu, achttien jaar later, zou ik dan eindelijk de rol gaan zingen die onvergetelijk is gemaakt door zoveel grote tenoren. Ik moest er zeker van zijn dat ik de rol tot op de laatste zestiende noot kende, voordat ik ermee op het toneel van de Met verscheen. Gildo Di Nunzio van de Met, mijn goede vriend, die me vaak helpt bij het voorbereiden van een nieuwe rol, kon die zomer niet naar Pesaro komen, dus vroeg ik mijn vriend Leone Magiera om me vanuit zijn zomerhuis in Ancona te bezoeken zodat we samen aan de partituur van *Pagliacci* konden werken.

Blijkbaar hadden we niet hard genoeg gewerkt. Toen ik die herfst in New York arriveerde voor de repetities, zei Gildo na een repetitie dat hij een aantal passages in de partituur had aangestreept waar ik in de fout was gegaan.

Ik was er niet gelukkig mee. 'Waren het er veel?' vroeg ik.

'Een heleboel,' zei hij.

Ik knikte, maar dacht bij mezelf dat hij het misschien alleen maar zei om me duidelijk te maken dat ik het instuderen in het vervolg beter weer met hem samen kon doen. Hij woont maar een paar straten verderop, dus nodigde ik hem uit om naar mijn appartement te komen. We waren uren bezig met het verbeteren van mijn fouten. Het waren kleine dingetjes, maar hij had gelijk: ik had me hier en daar niet helemaal aan Leoncavallo's partituur gehouden.

Die herfst had ik me volledig geconcentreerd op *Pagliacci*. Maar zodra de openingsavond achter de rug was, haalde ik de partituur van *Un ballo* te voorschijn, en ik begon eraan te werken, hetzij alleen, hetzij samen met Gildo of een andere coach. Ik kende de rol op mijn duimpje, maar je geheugen kan de dingen soms aardig door elkaar halen. Bij het terughalen van zoiets uitgebreids en ingewikkelds als een operarol gebeurt het regelmatig dat je jezelf op een onjuistheid betrapt. Bovendien komen er bij het herlezen van de muziek en bij het in je hoofd prenten van de noten ook altijd weer nieuwe ideeën over de interpretatie bij je op. Nieuwe manieren om de muziek te presenteren. Zulke ideeën sla je op in je bovenkamer om ze later met de dirigent te bespreken, of je probeert ze uit tijdens een repetitie om te zien of jij en hij de vernieuwing kunnen waarderen.

Ik heb mijn voormalige secretaresse, Judy Kovacs, eens horen vertellen dat ik vlak voor een optreden misschien de indruk wek dat ik maar wat rondlummel – ik kijk televisie, ik telefoneer, ik kook risotto – maar dat ik met mijn hoofd al helemaal bij de voorstelling ben. Dat ik in gedachten onafgebroken de partituur afwerk. En daar had ze gelijk in. Ik ben eigenlijk altijd met mijn werk bezig, en Judy wist dat.

Het was niet meer dan normaal dat naarmate het vertrek naar Napels naderde, mijn gedachten steeds meer werden beheerst door *Un ballo in Maschera*. Ik maakte afwegingen hoe ik een bepaalde frase zou zingen, hoe lang ik een bepaalde noot zou aanhouden. Kortom, de duizenden details waaruit een operavoorstelling is opgebouwd, lieten me niet meer met rust. Wanneer ik niet naar een voetbalwedstrijd zat te kijken of met iemand zat te praten, was ik in gedachten bij Verdi's opera.

Ook het acteren hield me bezig. Ik had wat suggesties voor veranderingen ten opzichte van de traditionele manier waarop Riccardo wordt uitgebeeld, die ik aan de regisseur wilde voorleggen. Doorgaans geeft een regisseur je tijdens de repetities ruimschoots de gelegenheid om iets nieuws te proberen, maar je krijgt het meestal ook meteen te horen als hij het er niet mee eens is.

Ik vind het altijd een genot om in Napels aan te komen. Het is een prachtige stad, gelegen aan een schitterende weidse baai, met in het zuiden als een onmiskenbaar baken de al even schitterende Vesuvius. De legendarische vulkaan herinnert ons er voortdurend aan hoe kwetsbaar, hoe onvoorspelbaar en wreed het leven kan zijn. Ik reisde met Nicoletta, mijn secretaresse, en Larisa, mijn fysiotherapeute, en bij onze aankomst in hotel Vesuvio aan de Via Partenope, bleek dat onze kamers uitzicht boden op het lieflijke en beroemde vissershaventje van Santa Lucia. Net voorbij de haven verheft zich het middeleeuwse Castello dell' Ovo. Eeuwen geleden was Santa Lucia nog een afzonderlijk plaatsje, buiten de stadsmuren, maar tegenwoordig vormt het een wezenlijk deel van het hart van Napels. Het merendeel van de beste hotels in de stad bevindt zich hier, rechtstreeks aan het water.

De haven van Santa Lucia wordt bezongen in twee van mijn favoriete Napolitaanse liederen, 'Santa Lucia Lontano', en 'Santa Lucia'. Het was ongelooflijk om deze beroemde haven, die als inspiratie heeft gediend voor zulke prachtige muziek, vlak onder mijn hotelraam te zien liggen. Langs de haven bevindt zich een groot aantal restaurants die 's avonds feestelijk zijn verlicht en vol zitten met etende mensen. 's Zomers, als er buiten wordt gegeten, is Santa Lucia zelfs nog geliefder als uitgaansoord.

Ik vroeg me af of het wel zo verstandig was om telkens wanneer ik uit het raam keek te worden herinnerd aan de heerlijke Napolitaanse keuken. Uiteraard zijn de restaurants van Santa Lucia gespecialiseerd in zeebanket, en zodra ik naar beneden keek, drong zich de gedachte op aan die verrukkelijke kleine schelpdiertjes, *le vongole*, die je nergens zo lekker kunt krijgen als in Napels, vooral wanneer ze worden geserveerd op dampende *linguine* met wat tomaat, peterselie en knoflook. Fantastisch!

Ik verbleef in Caruso's suite, die werkelijk schitterend was. Een royale woonkamer met comfortabel meubilair – in een door mij zeer gewaardeerd royaal formaat – fraaie schilderijen, een piano waarop Caruso nog gespeeld zou hebben, en in het midden van de kamer een grote eettafel. De suite bevond zich op de vijfde verdieping, en wanneer ik op het balkon ging staan – zowel van de woonkamer als van de slaapkamer – kon ik achter Santa Lucia, voorbij het torentje van het Castello, de glinsterende baai met het beroemde eiland Capri in de verte zien liggen. Vanuit mijn hotelkamer leek het mythische eiland, zelfs op heldere dagen, altijd een beetje wazig, als een spookschip. De ramen van mijn slaapkamer boden bovendien een schitterend uitzicht op de Vesuvius in het zuiden.

Bij onze aankomst was het weer zacht en aangenaam voor november, en het rook overal verrukkelijk. Ik was op een streng dieet, maar één Napolitaanse pizza kon ongetwijfeld geen kwaad tijdens mijn verblijf hier. Ik voelde me geweldig, helemaal klaar voor Verdi.

Het interieur van het San Carlo is schitterend, nog helemaal in de oude stijl, maar achter het toneel is het theater danig gemoderniseerd. Rossini en Donizetti zouden het niet meer herkennen. Het is net een klein dorp, compleet met een koffiebar waar je altijd terecht kunt voor snacks, sandwiches, en die verrukkelijke Napolitaanse espresso, waarschijnlijk de beste in heel Italië. Mijn kleedkamer was klein maar comfortabel, en voorzien van een badkamer met douche.

Het theaterpersoneel was vriendelijk en behulpzaam. Zo te zien waren ze allemaal blij dat ik in Napels kwam zingen. Iedereen sloofde zich voor me uit en beloofde al het mogelijke te zullen doen om te zorgen dat het me aan niets zou ontbreken. We kwamen er echter al snel achter waarom Napolitanen beroemder zijn om hun charme en hun warmte dan om hun doelmatigheid.

Dat bleek bijvoorbeeld toen Nicoletta vroeg of er elke dag wat koud mineraalwater in mijn kleedkamer kon worden klaargezet. Ik moet het bij de hand hebben als ik zing. Maar er ging geen repetitiedag voorbij of het mineraalwater ontbrak. De eerste keer klampte Nicoletta iemand van het personeel aan, die zich weghaastte en er een ander op aansprak, die het vervolgens weer aan een ander doorgaf. Zo duurde het niet lang of er waren wel drie of vier mensen bezig voor één fles koud water.

Tot Nicoletta's niet geringe ergernis herhaalde deze procedure zich vervolgens dagelijks. Tegen de tijd dat de kostuumrepetities begonnen, bleek bij aankomst onveranderlijk dat mijn kleren nog niet klaarlagen. Het hele personeel rende opgejaagd in het rond om het euvel te verhelpen, maar het was elke dag hetzelfde liedje.

'Het lijkt wel alsof ze telkens weer verrast zijn door onze komst, Luciano,' zei Nicoletta. Het was inderdaad een vreemde kwestie. Er ging geen dag voorbij of ik moest een kwartier tot twintig minuten op mijn kleren wachten, waardoor driehonderd anderen weer op mij moesten wachten. Het zijn allerliefste mensen, die Napolitanen van de opera, en uiterst beminnelijk, maar als je iets gedaan wilt krijgen, zou je soms wensen dat ze wat meer op de Milanezen of de Amerikanen leken.

Het was ons al snel duidelijk dat er een wereld van verschil bestond met het werken aan de Met met zijn verbijsterend efficiënte personeel. De Met draait als een computerfabriek. Iedereen weet precies wat er van hem of haar wordt verwacht, en doet dat vervolgens, op het juiste moment. Dat moet ook wel in zo'n enorm theater, waar elke avond een andere voorstelling op de planken wordt gebracht, met een volkomen andere cast, andere decors, andere kostuums. Elke dag weer maakt de ene reusachtige produktie plaats voor de volgende, en op zaterdag moeten de decors na de matinee om vijf uur volledig worden afgebroken, en het toneel in gereedheid worden gebracht voor de avondvoorstelling die om acht uur begint. De efficiëntie in de Met is werkelijk verbijsterend.

Bij het San Carlo zouden ze alleen onze *Ballo* doen, een week of drie achter elkaar. Pas als onze zes voorstellingen erop zaten, stond er een andere opera op het programma. Zo verliep ook de rest van het seizoen. Dat is een veel minder ingewikkelde procedure, die lang niet zo'n perfecte organisatie vereist als de manier waarop er in de Met wordt gewerkt.

Ik legde Nicoletta de situatie uit, maar ze bleef geïrriteerd door de onzorgvuldigheid van de Napolitanen. Er werkten zeker tweehonderd mensen achter het toneel, zei ze, maar volgens haar zou het werk ook door honderd man kunnen worden gedaan. Nicoletta is net als ik van Italiaanse afkomst, maar het was haar een raadsel waarom er van al die tweehonderd mensen niet één was die kon zorgen dat mijn kostuum op tijd klaarlag en dat er wat mineraalwater voor me werd neergezet.

Bij een van de eerste kostuumrepetities scheurde ik vlak voordat ik op moest dramatisch uit mijn jak. In de afdeling waar zich de kleedkamers bevonden, zetelde dagelijks een dame achter een bureautje. Volgens mij was het haar werk om in dit soort noodgevallen hulp te bieden, en Nicoletta rende dan ook naar haar toe. Ze had wel een doosje met spelden, maar de goede zaten er niet bij. Twee man werd erop uitgestuurd om de officiële kleedster te gaan zoeken, maar hoewel je zo iemand toch zou verwachten in de buurt waar wij onze kostuums aantrokken, was ze nergens te vinden. Uiteindelijk kwam het tweetal terug met een aanzienlijk grotere doos spelden. Hoewel het om een heel gangbare soort ging, zaten de goede er echter weer niet bij.

Achter het toneel begonnen steeds meer mensen mee te doen aan de speldenjacht. Het leek wel alsof half Napels meezocht. Ten slotte vond iemand een kleermaker die wonder boven wonder de goede spelden had, die me tijdens de voorstelling niet in mijn vel zouden prikken. En zo kon dan eindelijk mijn kostuum worden gerepareerd.

Misschien hebben ze die tweehonderd man toch wel nodig.

Gelukkig verliep het instuderen van de opera, waar het uiteindelijk allemaal om ging, gladjes. Onze dirigent was Daniel Oren. Hij kwam uit Israël, maar had al regelmatig in Italië gewerkt. Daniel is een geweldige vakman. Hij werkt zeer professioneel en bezit het vermogen om een probleem razendsnel te signaleren en op te lossen. Een echte perfectionist. Ik probeer net zo te zijn, en ik vind het heerlijk wanneer ik die eigenschap bij collega's aantref.

Zijn taak werd vergemakkelijkt door het feit dat we een uitstekende cast hadden. Onze Amelia werd gezongen door de fantastische Bulgaarse sopraan Nina Rautio, een gevestigde naam in de

Europese operawereld. De rol van Renato zou worden gezongen door Paolo Coni, een knappe jonge bariton met een volle krachtige stem en een enorme uitstraling. Hij heeft een schitterende toekomst voor zich, en daar ben ik blij om want hij staat onder contract bij het artiestenbureau van mijn vrouw. Victoria Loukianetz had de volmaakte fysiek voor de rol van Oscar, de knappe page: een levendige kleine sopraan, met een stem die ze op Capri konden horen.

Wanneer ik met de overige leden van de cast aan een opera werk, ben ik volkomen serieus, en ik zet me volledig in om de voorstelling tot een zo groot mogelijk succes te maken. Ik denk dat iedereen die ooit met me heeft samengewerkt, dat weet. Maar ik hou er ook van om plezier te maken, en ik zorg dat ook anderen zoveel mogelijk plezier in hun werk hebben.

Op een stralende zonnige dag, toen er geen repetities waren, stelde ik Nicoletta en Larisa voor om een ritje te maken. Met Roberto, onze chauffeur, aan het stuur reden we de autostrada af in zuidelijke richting, naar het schiereiland van Sorrento, en over de hoge heuvels naar Positano en Amalfi. Zelfs in december is de rit langs de Amalfische kust een van de mooiste ter wereld. Nicoletta en Larisa waren er geen van beiden ooit geweest, en ze waren er verrukt van.

En wie kwam ons tegen het eind van de middag bij onze terugkeer bij het hotel tegemoet? Bill Wright. Hij was uit New York gekomen om met mij aan dit boek te werken. Bills aanwezigheid betekent dat er nog harder gewerkt moet worden, maar hij mag het gerust als een compliment beschouwen dat ik toch altijd blij ben hem te zien. Bill was ook blij. Hij heeft als jonge man een jaar in Napels gewoond, en hij kent de stad dan ook op zijn duimpje en is er net zo dol op als ik. Hij had een kamer genomen in het Vesuvio en vergezelde Nicoletta, Larisa en mij elke morgen naar de repetities. Wanneer ik niet op het toneel hoefde te zijn, werkten we in mijn kleedkamer aan dit boek.

De meeste mensen realiseren zich niet hoezeer het leven van een operazanger afwijkt van dat van anderen. Tijdens een pauze in de repetities voor *Un ballo* bijvoorbeeld wilden Bill, Nicoletta en ik op een dag een wat uitgebreidere lunch dan mijn gebruikelijke stukje fruit. We hadden trek in een echte maaltijd, maar ik wilde het theater niet uit. Het was een koude winderige decemberdag. Heel anders dan het zachte weer dat we hadden gehad, en ideaal weer om kou te vatten. Bovendien had ik toch al het gevoel dat ik iets onder de leden had. Zo vlak voor de openingsavond ben ik altijd extra bezorgd om mijn gezondheid.

Een van de vrouwen achter het toneel reikte ons de oplossing aan: het theater had een eigen restaurant. Niet de koffiebar, maar een echt restaurant met warme maaltijden, bedoeld voor het personeel van het theater. Ze zou ons er wel heen brengen. Dus wij achter haar aan, door de gangen achter het toneel, een trap af, langs enorme stapels decors. Uiteindelijk komen we bij een deur die toegang geeft tot een groot binnenplein. Ik sta stil. Dat is immers buiten. De vrouw kijkt me verbaasd aan als ik zeg dat ik niet naar buiten wil.

'Maar het is privé-terrein, signore Pavarotti,' zegt ze. 'We hoeven alleen maar even het plein over te steken. In het restaurant kunnen alleen mensen die voor de opera werken, komen eten.'

Ik leg uit dat buitenlucht zich niet stoort aan privé of openbaar, en dat ik door de kou last zou krijgen van mijn keel, zodat ik twee dagen later niet zou kunnen zingen. Nicoletta biedt aan om mijn hoed en mijn sjaal uit mijn kleedkamer te halen. Terwijl Bill en ik blijven wachten, ben ik ervan overtuigd dat de vrouw me voor gek verklaart. Ze begrijpt dat ik niet naar buiten wil, maar voor haar is het oversteken van een binnenplaats niet echt 'buiten'. Ik weet zeker dat plotselinge temperatuurwisselingen kunnen leiden tot gezondheidsproblemen. Wat ik niet weet, is hoe lang wind en kou erover doen om hun schade aan te richten.

Ik kom natuurlijk ook buiten wanneer ik 's avonds het theater verlaat, en wanneer ik van de auto naar de ingang van het hotel loop. Maar met de openingsavond voor de deur wil ik niet meer risico nemen dan absoluut noodzakelijk is. Dat is op zich al erg genoeg, want ik ben dol op frisse lucht. Ik zou het kunnen eten! Wanneer ik vanuit mijn appartement in New York uitkijk over Central Park, wil ik vaak dolgraag naar beneden voor een wandeling. Maar als ik een voorstelling op het programma heb staan, durf ik het niet. Als ik ziek word – al is het maar een beetje keelpijn – moet ik duizenden mensen teleurstellen, iedereen is boos op me, en ik krijg niets betaald. In dat geval zou ik me toch afvragen of die wandeling wel zo nodig was.

De dag voor de kostuumrepetitie was een rustdag. Ik zei tegen Bill dat hij de hele dag over me kon beschikken om aan het boek te werken. Maar toen ik die ochtend wakker werd, voelde ik me verschrikkelijk. Ik had overal pijn, vooral in mijn keel. De ramp die ik had gevreesd, was werkelijkheid geworden. Bill belde met de vraag hoe laat hij naar me toe kon komen, maar ik zei hem dat ik ziek was, en dat ik het de hele dag rustig aan zou moeten doen. Wat het ook was dat roet in het eten dreigde te gooien, hij begreep dat ik ervan af moest zien te komen. Anders zou ik de volgende dag niet kunnen zingen.

In Italië zijn kostuumrepetities eigenlijk volwaardige voorstellingen. De zaal zit vol, doorgaans met mensen die op de een of andere manier aan het theater verbonden zijn. Maar wat voor de artiesten nog belangrijker is, niet zelden is ook de pers aanwezig. Die avond zouden de recensenten van onze belangrijkste nationale kranten, zoals de *Corriere della Sera* en *Repubblica*, in de zaal zitten. Ik wilde hen laten zien dat mijn misser in de Scala, tijdens die beruchte voorstelling van *Don Carlos*, niet het eind van mijn carrière had ingeluid, maar dat ik gewoon een slechte avond had gehad. Daar zou ik echter niet in slagen als ik ziek het toneel opging en weer slecht zong.

Dus het was van het grootste belang om te zorgen dat ik dat ellendige gevoel kwijtraakte en me fit voelde. Ik vond het natuurlijk vreselijk dat ik Bill niet van dienst kon zijn. Hij was tenslotte helemaal voor mij uit New York gekomen. Maar ik was ervan overtuigd dat het absoluut noodzakelijk was om in mijn kamer te blijven en volledige rust in acht te nemen, zonder mijn stem of mijn hoofd te gebruiken. Misschien kon ik wat televisie kijken en een beetje slapen.

Ik had geluk. De volgende morgen voelde ik me een stuk beter, en mijn keel was in orde. Na een warme douche kleedde ik me aan en ging achter Caruso's piano zitten om wat te zingen. De stem was er. Sterker nog, hij klonk prima. Dank u wel, signore Caruso, of welke engel er die nacht ook over me heeft gewaakt.

Elke dag wanneer ik bij het theater arriveerde, stond er een kleine menigte te wachten om me toe te juichen. Op de dag van de kostuumrepetitie was de menigte aanzienlijk groter, en we baanden ons met moeite een weg naar binnen. De sfeer was enorm gespannen, opgewonden. Iedereen met wie ik de afgelopen maand had gewerkt, wist hoe belangrijk dit optreden voor me was, en ik las in hun ogen hoe ze allemaal met me meeleefden. Achter het toneel werd me door iedereen *in bocca al lupo* toegewenst, 'in de muil van de wolf'. Dat is de Italiaanse manier om iemand geluk te wensen, zoals ze in het Engels *break a leg* zeggen. Ik kan goed mijn zenuwen verbergen en even ontspannen en opgewekt lijken als anders, maar diep binnen in mij gebeurden er verschrikkelijke dingen terwijl ik naar mijn kleedkamer liep.

De kostuumrepetitie ging geweldig, en dat betekende een ongelooflijke opluchting. Ik was zielsgelukkig toen ik mijn kostuum
kon uittrekken en me kon afschminken. Hoewel de rit van het
theater naar het hotel maar tien minuten in beslag nam, liet ik Nicoletta via de autotelefoon een lekkere biefstuk bestellen voor
haar, Larisa, Bill en mij. Het eten moest bij onze aankomst in
mijn suite voor ons klaarstaan. Ik voelde me een stuk minder gespannen. Niet alleen was mijn stem goed in vorm voor de openingsavond, maar ik had bovendien nog anderhalve dag om mijn
keel tot rust te laten komen.

De volgende dag arriveerde Herbert vanuit India, en mijn
vrouw, Adua, en twee van mijn dochters, Giuliana en Cristina,
kwamen met de auto uit Modena. Mijn vrouw is altijd present op
mijn openingsavonden in Europa, maar deze keer was ze ook gekomen om haar cliënt, Paolo Coni, te horen. Haar aanwezigheid
is niet alleen een morele steun voor mij, maar ook een ideale gelegenheid voor haar om zaken te doen, omdat de hele operawereld
naar belangrijke openingsavonden komt.

Op de avond van de première bracht Roberto, mijn chauffeur,
Nicoletta, Larisa, Bill en mij om een uur of zes van ons hotel naar
het theater. Tijdens de rit kwamen we langs het Palazzo Reale en
de Castelle Sant' Angelo, die 's avonds altijd verlicht zijn, maar op
deze avond leek de verlichting uitbundiger en mooier dan anders.
Toen we vanuit het havengebied over het Piazza Municipio naar
het theater reden, zag ik lichten langs de hemel dwalen, en ik besefte dat Napels iets speciaals had georganiseerd voor deze eerste
avond van het operaseizoen. De enorme menigte bij de ingang van
het theater begroette me luidruchtig. Terwijl ik me een weg door
de massa baande, voelde ik me net een stierenvechter op weg naar
de arena.

Ik vind het prettig om alle tijd te hebben om me te schminken
en te kleden. Ik ben toch al nerveus, en dan is het afschuwelijk als
ik me ook nog moet haasten. Deze keer lagen mijn kleren keurig
klaar. Toen ik me eenmaal in de vreselijke laarzen had geworsteld
die bij mijn kostuum hoorden, was voor mijn gevoel het ergste
deel van de voorbereidingen achter de rug. Meestal ben ik ruimschoots voordat ik op moet al klaar. Maar ik vind het niet erg om
te wachten. Die laatste minuten ontvang ik liever geen gasten in
mijn kleedkamer en zit ik meestal wat te praten met mensen die
me heel na staan, zoals mijn familie of Herbert.

De openingsvoorstelling van *Un ballo* verliep voortreffelijk,
niet alleen voor mij, maar voor iedereen. Het publiek trok alle re-

gisters open bij het tonen van zijn waardering. De Napolitanen kunnen enorm kritisch zijn, maar ze kunnen ook geweldig enthousiast reageren, en dat lieten ze die avond zien. De spanning die in de afgelopen maanden was opgebouwd, begon langzaam maar zeker weg te ebben. Mijn familie en Bill gingen na de voorstelling naar de receptie die Daniel Oren en zijn vrouw in het theater gaven, maar ik liet me naar het hotel brengen, waar ik nog een lichte maaltijd nam en vervolgens meteen naar bed ging.

De volgende dag bleek uit de kranten dat ook het oordeel van de recensenten buitengewoon gunstig was. De *Ballo* van Napels mocht een groot succes worden genoemd. Ik was natuurlijk erg gelukkig dat ik mijn landgenoten had laten zien dat ik nog steeds kon zingen, en ik hoopte dat deze triomf de slechte indruk zou uitwissen die ik met mijn *Don Carlos* in de Scala had achtergelaten. Maar de blijdschap die ik voelde was meer het resultaat van wat er die avond in Il Teatro San Carlo was gebeurd tussen mij en zo'n tweeduizend Napolitanen dan van de gunstige recensies die de rest van het land een dag later in de krant las.

Een leven zoals het mijne draait voornamelijk om het optreden voor publiek, om het contact met dat publiek. Je moet het de mensen naar de zin maken en zorgen dat ze van je gaan houden. Een groot deel van het publiek komt met bepaalde verwachtingen naar het theater, en je moet altijd proberen daaraan te voldoen. Die verwachtingen kunnen gebaseerd zijn op eerdere voorstellingen waarin ze je hebben gehoord, op plaatopnamen, of gewoon op de verhalen die over je de ronde doen. Naarmate je reputatie stijgt, wordt het steeds moeilijker om aan die verwachtingen te voldoen. Goed zingen alleen is niet voldoende. Je optreden moet een sensatie zijn die overeenkomt met je enorme reputatie. En je mag hen niet teleurstellen.

Ik ben erg gelukkig dat ik daar meestal nog steeds in schijn te slagen. Wanneer ik van mijn publiek te horen krijg dat ik hen niet heb teleurgesteld, dan betekent dat voor mij op mijn beurt een enorme sensatie. Misschien wel de grootste sensatie die ik me kan voorstellen. Het publiek is mijn leven. Mijn publiek tevreden stellen, dat is de kern van mijn bestaan, de kern van wat ik ben. Maar ik vind het moeilijk om het gevoel dat ik daaraan ontleen, te beschrijven.

Misschien ben ik niet zo anders dan de meeste mensen. We willen ons allemaal optimaal ontplooien met wat ons gegeven is. We willen allemaal waardering voor onze inspanningen. Bij mij is dat verlangen misschien wat sterker ontwikkeld, omdat ik me er zo scherp van bewust ben dat mij iets speciaals gegeven is. Het ergste dat ik me zou kunnen voorstellen, is dat ik mijn gave zou verspillen, of niet op de juiste manier zou gebruiken. Het mooiste dat ik me kan voorstellen, is van anderen de verzekering krijgen dat ik mijn gave goed heb gebruikt.

De dag na de openingsavond moest ik naar Zwitserland voor een zakelijke bespreking. Toen ik 's avonds in hotel Vesuvio terugkwam, was Bill weer naar New York vertrokken. Hij had een briefje voor me achtergelaten en was vol lof over de openingsvoorstelling. Ik had gezongen 'als Pavarotti', schreef hij. En ik weet voor negenennegentig procent zeker dat hij dat als een compliment bedoelde.

# 2

## Avonturen op het toneel

Ik heb zoveel geweldige ervaringen opgedaan in de vijfendertig jaar dat ik nu op het operatoneel sta, dat ik nauwelijks alle gebeurtenissen kan terughalen die een bijzondere betekenis voor me hebben. Het was natuurlijk een enorm opwindende ervaring voor me om voor het eerst met orkest te zingen, in de *Bohème* in Reggio Emilia, in 1961. Tijdens de lange jaren waarin ik zang studeerde, had ik dat orkest er weliswaar altijd bij gedacht, maar het was een ongelooflijke sensatie toen ik het eindelijk echt hoorde. De *Rigoletto* van het jaar daarop, met Tullio Serafin in Palermo, was mijn eerste ervaring met een groot dirigent die zich geïnteresseerd toonde in mijn ontwikkeling.

Een andere onvergetelijke ervaring uit de beginjaren van mijn carrière was de eerste keer dat ik met Herbert von Karajan samenwerkte, toen ik in 1965 in de Scala de rol van Rodolfo zong. Alsof dat nog niet opwindend genoeg was voor een jonge tenor, ging ik later in datzelfde jaar op tournee door Australië met Joan Sutherland. Die tournee was een uitzonderlijk belangrijke ervaring voor me, want in die periode van samenwerking met Joan kon ik mijn techniek bijschaven, en ze leerde me hoe ik tijdens elk optreden optimaal kon presteren.

Een uitschieter in al mijn opera-ervaringen van de jaren daarna was *La bohème* in de Scala in 1979, met de ongelooflijke Carlos Kleiber als dirigent. Mirella Freni speelde de rol van Mimi. Met alle zangers en zangeressen gebeurt iets wanneer ze samenwerken met een echt grote dirigent. Dergelijke genieën zijn in staat om je dingen te laten horen in de muziek, die je nog nooit waren opgevallen, en ze maken je bewust van nieuwe mogelijkheden die het drama in zich bergt. Kleiber inspireerde me tot een nieuwe benadering van passages die ik al heel vaak had gezongen, maar dan op een andere manier. En lastige passages die me vroeger problemen hadden bezorgd, zong ik ineens moeiteloos.

Een voorbeeld: het is traditie om 'Che gelida manina' een halve toon naar beneden te halen, om de tenor de moeilijke hoge c aan het eind te besparen. Hoewel weinigen zich daarvan bewust zijn, hebben de meeste grote tenoren uit het verleden de aria aldus gezongen. Kleiber liet me het stuk in de oorspronkelijke versie zingen. Op de een of andere manier klom ik zonder inspanning naar de hoge C. Misschien vindt u het bijgelovig van me, maar ik ben ervan overtuigd dat ik werd geïnspireerd door de samenwerking met deze grote man, en door de manier waarop hij dirigeerde.

Een andere geweldige herinnering aan *La bohème* is verbonden met een liefdadigheidsvoorstelling, waarbij Montserrat Caballé de rol van Mimi zong. Na 'Che gelida manina' werd het publiek helemaal uitzinnig, en Montserrat die naast me op het toneel stond, stapte uit haar rol en begon met het publiek mee te klappen. Dat was een heerlijk moment voor me. De slechte noten in mijn carrière worden in alle kranten over de hele wereld breed uitgemeten, dus u moet het me maar vergeven wanneer ik ook graag wat over de goede vertel.

Het zijn niet altijd staande ovaties en legendarische optredens. Soms ben je bij een operavoorstelling al gelukkig wanneer je zonder problemen het slotakkoord haalt. Er zijn een heleboel factoren die ertoe kunnen leiden dat je niet optimaal presteert, en ziekte is natuurlijk het grootste obstakel. Bij een operazanger hangt de kans dat hij ziek wordt altijd als een zwaard van Damocles boven zijn hoofd; als een kwade geest die erop uit is om iets prachtigs dat iedereen gelukkig zou kunnen maken, te doen omslaan in een ramp die iedereen razend maakt. Een van mijn angstigste herinneringen aan ziekte is verbonden met mijn eerste optreden in Buenos Aires. Het jaar was 1987, de opera *La bohème*.

De reis begon zo prachtig. Ik had nog nooit aan het Teatro Colón gezongen, en ik wist dat het een van 's werelds grootste operahuizen was. Carusa had er gezongen, evenals de meeste grote zangers en zangeressen uit de geschiedenis. Een van hen, de legendarische sopraan Maria Caniglia, zei ooit eens tegen me: 'Een goede akoestiek in een klein theater is geen kunst, maar van de grote theaters ben ik de beste akoestiek tegengekomen in het Teatro Massimo in Palermo en het Teatro Colón in Buenos Aires.'

Buenos Aires heeft een enorme Italiaanse populatie – ik heb wel eens gehoord dat meer dan de helft van de inwoners van Italiaanse afkomst zou zijn – en de stad had een enorm feest gemaakt van mijn aankomst. In de belangrijkste straten hingen spandoeken, en overal stonden borden met 'Welkom, Pavarotti'. Ik vond de kennismaking met deze prachtige stad al geweldig, maar door alle lovende spandoeken en alle opwinding over mijn bezoek werd het helemaal een fantastische ervaring.

Leone Magiera, onze dirigent, was met de overige hoofdrollen al een paar dagen eerder gearriveerd. Mijn eerste dag in de stad was bedoeld om bij te komen van de reis. Ik werd pas de tweede dag op de repetities verwacht. Volgens mij was het de bedoeling dat ik in mijn kamer bleef om te rusten, en dat had ik ook eigenlijk moeten doen, dat weet ik, maar daarvoor was ik veel te opgewonden. Ik vroeg of ik een rondrit door Buenos Aires kon krijgen, een tocht langs de voornaamste bezienswaardigheden. Daarmee maakte ik een ernstige fout.

De stad was schitterend. Rijk aan mooie oude gebouwen, en met de breedste boulevards die ik ooit had gezien. Toen we langs ons theater kwamen, op de voornaamste boulevard, werd ik zo overweldigd bij het zien van deze operatempel, dat ik die meteen van binnen wilde zien. Toen we de zaal binnenkwamen was er een orkestrepetitie aan de gang, maar ik hoorde het nauwelijks. Ik was helemaal overdonderd door de schoonheid van het theater. Ondanks de duisternis – de enige lichtjes stonden op de muziekstandaards van de orkestleden – kon ik toch duidelijk de schitterende kleuren van de loges en het plafond onderscheiden. Waar ik ook keek, zag ik goud, geel en blauw.

Het metalen brandscherm was naar beneden, en in de orkestbak repeteerde Leone met zijn mensen de muziek van het eerste bedrijf. Iemand fluisterde me in mijn oor dat er achter het gordijn een toneelrepetitie werd gehouden. Hoewel ik pas de volgende dag bij de repetities werd verwacht, werd mijn komst opgemerkt door een groot deel van het theaterpersoneel. Verbazing alom, en ik zag dat zich bij de ingangen van de zaal groepjes toneelwerkers verzamelden.

Ik wilde de repetitie niet onderbreken, dus ging ik haastig zitten op de voorste rij, vlak bij Leone. Ik wilde alleen de schoonheid van dat schitterende gebouw op me laten inwerken, onder de klanken van Puccini's muziek. Maar op dat moment bereikte het orkest het punt waar ik moest inzetten met 'Che gelida manina', en ik ben bang dat ik me volledig liet meeslepen. Ik barstte los met mijn aria. Even was Leone verbijsterd, maar toen hij zich omdraaide en mij ontdekte, glimlachte hij naar me, en hij ging door met dirigeren.

Hans Boon, een medewerker van Herbert Breslin, vertelde me later dat hij achter in het theater had gestaan op het moment dat ik begon te zingen, en dat het voltallige theaterpersoneel vliegensvlug een plaatsje in de zaal had gezocht. De akoestiek was inderdaad zo geweldig als ons al was verteld, aldus Hans, en die beroemde aria, vanuit de orkestbak, was een van de mooiste dingen die hij ooit had gehoord. Voor mij was het ook een fantastische ervaring. Toen ik was uitgezongen, ontstond er een gekkenhuis. Het applaus van het orkest, de mensen van de kostuums en de toneelknechts, was niet alleen een reactie op mijn aria, het was tevens bedoeld als welkom in Buenos Aires.

Die ervaring bracht me in zo'n fantastische stemming dat ik meteen aan het werk wilde. Ik vroeg naar onze Mimi, Kallen Esperian, een van de winnaressen van mijn vocalistenconcours, die achter het gordijn met een toneelrepetitie bezig was. Ze kwam, en we zongen samen de rest van het eerste bedrijf met haar aria 'Mi chiamano Mimi' en ons duet 'O soave fanciulla'. Inmiddels leek het wel alsof heel Buenos Aires een plaatsje had gevonden in het theater, en toen we waren uitgezongen, barstte er een ovationeel applaus los.

Ik heb *La bohème* heel vaak gezongen, maar het is zelden zo'n ontroerende ervaring geweest als tijdens die spontane repetitie in het Teatro Colón. Later, bij het opnemen van mijn film *Yes, Georgio*, probeerde de regisseur daarin een soortgelijke gebeurtenis te verwerken. Er werd een scène geschreven waarin ik het Metropolitan Opera House via een achterdeur binnenkom, tijdens een repetitie, en begin te zingen. Maar zoals altijd wanneer je iets wat volkomen spontaan en natuurlijk tot stand is gekomen probeert te herhalen, werd het een gekunstelde en geforceerde bedoening.

Jammer genoeg heb ik zwaar moeten boeten voor deze sensationele ervaring in Buenos Aires. De repetitie ging goed, maar de dag voor de kostuumrepetitie voelde ik me afschuwelijk bij het wakker worden. Ik was behoorlijk ziek. Griep. Ik ben heel bijgelovig over dingen die eigenlijk niet op mijn programma staan. Het lijkt wel alsof ik elke keer dat ik me daaraan bezondig, ziek word. De rit door Buenos Aires had niet op het programma gestaan die eerste dag na een lange vlucht, laat staan een volledige repetitie met het orkest. Ik had op mijn hotelkamer moeten blijven om uit te rusten. Door zo drastisch buiten mijn boekje te gaan had ik de problemen over mezelf afgeroepen.

Mijn gezin was uit Italië overgekomen, en mijn vrouw, Adua, verzorgde me. Herbert was er nog niet, dus ik belde Hans Boon en vroeg hem naar mijn kamer te komen, zodat ik hem het verschrikkelijke nieuws kon vertellen. Hij vond me met mijn hoofd in een handdoek gewikkeld, met daarbovenop een warme kruik. Ik had een thermometer in mijn mond. Adua stond naast mijn bed en legde om de vijf minuten haar hand op mijn voorhoofd.

'Moet je me nu eens zien, Boonino,' zei ik. 'Ik ben zo ziek als een hond. Dit is dezelfde griep als die ik in Salzburg had. Daar ben ik toen veertien dagen mee zoet geweest.' Ik herkende alle symptomen. In de loop der jaren ben ik een griepexpert geworden.

Hans keek me verbijsterd aan. 'Maar, Luciano, dat zou betekenen dat al je optredens komen te vervallen. Over dertien dagen moeten we hier al weer weg.'

We zwegen allebei. Toen zei hij: 'Nou ja, wat kunnen ze ons doen? Het is duidelijk dat je ziek bent. Ze kunnen ons hoogstens vermoorden.'

Maar ik wist wat hij dacht. De stad stond op zijn kop ter ere van mijn eerste voorstelling hier. Het zou een ramp betekenen als ik mijn optredens moest afzeggen, bijna een internationaal incident. Ik zei dat hij mijn agenda moest pakken.

Met een blik op de data bedacht ik een plan, en ik legde het Hans voor. De volgende avond zou de kostuumrepetitie plaatsvinden, een volwaardige voorstelling waarvoor alle rijke sponsors van het theater waren uitgenodigd. De volgende dag was een rustdag, en de avond daarna de officiële openingsvoorstelling. Als ik de kostuumrepetitie oversloeg, zei ik tegen Hans, en we op die avond mijn invaller lieten zingen, had ik twee volle dagen, bijna drie, om op te knappen. Er was van meet af aan één voorstelling in het programma opgenomen waarbij mijn invaller het van me zou overnemen. Als ik die avond nu wel zou zingen, konden de sponsors die voor de kostuumrepetitie waren uitgenodigd, in plaats daarvan naar die voorstelling komen.

Het plan werkte. De directie van het theater slaagde erin de kaarten om te wisselen, en ik had twee dagen de tijd om me op het bestrijden van mijn griep te concentreren. Het valt alleen niet mee om beter te worden wanneer de druk zo groot is en je weet dat je geen andere keus hebt dan beter worden.

Om de crisis nog groter te maken kreeg onze sopraan, Kallen Esperian, dezelfde griep als ik. Ze werd verschrikkelijk ziek. Op de ochtend van de openingsvoorstelling voelde ik me een stuk beter, maar ik was er nog altijd niet van overtuigd dat ik zou kunnen zingen. Ik liep naar de piano in mijn kamer en probeerde mijn stem. Zo te horen was hij in orde. Ik belde Kallen om te vragen hoe ze zich voelde. Ze was nog steeds ziek, zei ze, en ze dacht niet dat ze zou kunnen zingen. Ik vroeg haar naar mijn kamer te komen. Dan zou ik haar na wat stemoefeningen zeggen of ze die avond wel of niet zou kunnen optreden.

Kallen kwam – ze zag er verschrikkelijk uit – en we gingen met-een achter de piano zitten. Ik kon duidelijk zien dat ze ziek was, en dat ze problemen had met haar keel. Maar ik hoorde ook dat haar stem daaronder in orde was.

'Je kunt vanavond zingen,' zei ik tegen haar. 'Geen probleem.'

Ze keek me verrast en enigszins paniekerig aan, maar ze zei dat ze het zou doen. Later op de dag kreeg ik bezoek van Hans Boon en een aantal leden van de cast. Ze waren behoorlijk van streek, want toen ze langs Kallens deur waren gekomen, hadden ze haar horen vocaliseren. Het klonk verschrikkelijk, zeiden ze. Haar stem was nauwelijks herkenbaar, en ze vonden het onverant-woord dat ik haar die avond wilde laten zingen.

Het is een enorm ingewikkelde operatie om een opera op de planken te brengen. Er zijn honderden mensen bij betrokken die allemaal hun eigen taak hebben, maar uiteindelijk zijn al die men-sen, en ook het publiek, afhankelijk van de conditie van twee of drie stel stembanden. Alle betrokkenen weten dat, en ze trekken zich de conditie van die stembanden dan ook persoonlijk aan. Ze leven intens met de hoofdrolspelers mee, alsof het hun eigen op-treden betrof. De hele voorstelling draait om een paar stemmen, en die behoren dan ook aan de hele groep toe. Ieder lid van het ge-zelschap deelt in jouw nervositeit.

Kallens collega's in Buenos Aires wisten hoe ziek ze de afgelo-pen paar dagen was geweest. Misschien beïnvloedde die weten-schap hun gehoor, en klonk haar stem hun daardoor anders in de oren dan ze van haar gewend waren. Ik hoorde ook wel een ver-schil, maar niets dat niet met stemoefeningen ongedaan kon wor-den gemaakt.

Aangezien ik al vanaf haar eerste auditie in Philadelphia ver-liefd was op Kallens stem en haar ontwikkeling als zangeres op de voet had gevolgd, had ik het gevoel dat ik haar stem beter kende dan haar collega's. Misschien verwachtte ik ook wel wat meer van haar omdat ze een van de winnaars was van mijn vocalistencon-cours.

Ik had er alle vertrouwen in dat Kallen het die avond prima zou doen. Meer vertrouwen dan in mezelf. De hele dag zong ik de aria waaraan ik bij uitstek de conditie van mijn stem kan aflezen: 'Una furtiva lagrima' uit *L'Elisir d'amore*. Als ik die aria kan zingen, dan weet ik dat mijn stem naar behoren functioneert. De resonan-tie verraadt de conditie van mijn stem. Volgens Adua heeft ze me die aria minstens twintig keer horen zingen die dag.

Ik was dan ook allesbehalve zeker van mezelf. De klok tikte

voort, en het werd tijd om naar het theater te gaan, maar ik was er nog altijd niet van overtuigd dat ik zou kunnen zingen. Ik weet dat ik met mijn twijfels iedereen om me heen – trouwens, iedereen in het hele theater – aan de rand van de waanzin breng. Meestal probeer ik iedereen het slechte nieuws te besparen, tot ik zeker weet dat een ramp onafwendbaar is, maar in dit geval was mijn toestand al geen geheim meer. Doordat de kostuumrepetitie was verschoven, wist iedereen in Buenos Aires dat ik ziek was.

Rond zes uur die avond voelde ik me goed, en ik vertrok naar het theater. Ik verkeerde in die merkwaardige toestand waarin je niet meer ziek bent, maar ook nog niet beter. Dank zij mijn pogingen om 'Furtiva' te zingen was ik er vrij zeker van dat de stem in orde was. Althans voor één aria. Of ik de hele opera zou kunnen zingen, was weer een ander verhaal. Terwijl ik mijn kostuum aantrok en me schminkte, kwam Hans de kleedkamer binnen.

'Je voelt je prima. Waar of niet, Luciano?'

Ik keek hem aan en zei: 'Ik ga op, maar als het bij de eerste hoge noot niet goed klinkt, is de voorstelling voorbij.'

Uiteindelijk ging het allemaal geweldig. Kallen en ik waren allebei uitstekend in vorm. Misschien gaf onze opluchting over het feit dat we konden zingen, ons optreden wel extra glans. Hoe dan ook, de mensen van Buenos Aires waren meer dan tevreden, en ze waren net zo enthousiast over Kallen als over mij.

Na de voorstelling voelde het hele gezelschap zich zo uitgelaten dat er werd besloten om het succes te gaan vieren in een populaire nachtclub, de Tango Club. Ik niet. Ik wist dat ik nog niet helemaal beter was, dus het zou niet verstandig zijn om mee te gaan. Ik zei tegen Kallen dat ze ook naar bed moest, maar dat had ze zelf al besloten. Eenmaal terug in het hotel begon ik medelijden met haar te krijgen. Ik had mijn gezin, maar Kallen was alleen. Ze had zo prachtig en zo moedig gezongen, en ik had haar als een stout kind naar bed gestuurd. Ik kreeg een idee. Ik belde de roomservice en bestelde een diner voor vier personen.

Vervolgens belde ik naar diverse hotelkamers, op zoek naar een paar vrienden van Kallen, om hun te vragen haar gezelschap te houden. Ik veronderstelde dat de meesten vanuit het theater eerst langs het hotel zouden gaan, om zich te verkleden voor de Tango Club. Elke keer als ik beet had, vroeg ik de persoon in kwestie of hij of zij met Kallen wilde dineren. Dan konden ze later alsnog naar de club gaan. Toen ik er drie bereid had gevonden, ontmoetten we elkaar in de lobby, en we namen samen de lift naar Kallens etage. Het wagentje met het diner liet niet lang op zich wachten. Ik duwde het naar Kallens deur en klopte.

Ze keek erg verrast toen ze mij zag staan, met drie collega's en een kar vol eten. 'Hier is je diner,' zei ik. 'En wat gezelschap voor aan tafel.'

Ik ben er geen voorstander van om zangers en zangeressen overdreven in de watten te leggen. Vooral jonge mensen moeten leren dat opera een zwaar beroep is. Maar Kallen verdiende beslist wat extra aandacht. Die ochtend was ze er nog van overtuigd geweest dat ze niet kon zingen. Ze had het alleen maar gedaan omdat ik tegen haar had gezegd dat ze het kon. Daar was veel vertrouwen voor nodig geweest, en leeuwemoed. Ze straalde toen ik het wagentje haar kamer binnenreed en de *cloches* van de borden nam. Daarna liep ik terug naar mijn kamer, linea recta naar bed.

Het lijkt wel alsof het merendeel van alle missers op het toneel me in Parijs is overkomen. Ik zou me bijna gaan afvragen of die stad me soms ongeluk brengt. Een van de ergste dingen gebeurde in 1984. Ik had net een nieuwe secretaresse, Giovanna Cavaliere. Het contract was getekend vlak voor mijn vertrek in oktober naar New York. In november kwam ze naar Parijs, waar ik *Tosca* zong. We verbleven in de Claridge Residences aan de Champs Elysées.

Voor een nieuwe secretaresse van een operazanger is de dag van de eerste voorstelling zoiets als de eerste echte werkdag. In Giovanna's geval werd die dag een complete nachtmerrie, voor ons allebei. Het begon met het eten. Voordat ik moet optreden, eet ik graag een stukje kip, en ik vroeg haar dan ook om ergens wat gekookte kip te gaan halen. In Parijs zijn er op bijna alle straathoeken de verrukkelijkste eettentjes, maar de kip waar ze mee terugkwam, was zo droog en taai dat hij niet te eten was.

Behalve kip had ze ook gekookte courgette meegenomen, een van de weinige groenten waar ik niet zo dol op ben. Normaliter zou ik er niet zo zwaar aan hebben getild, maar bij een nieuwe secretaresse ben je altijd extra kritisch, en ik begon me al zorgen te maken of ik misschien de verkeerde had aangenomen. (Later bleek dat ze fantastisch was.)

De grote problemen begonnen echter pas in het theater en lagen volkomen buiten haar schuld. Ik vind het altijd plezierig om ruimschoots van tevoren aanwezig te zijn. Dus gingen we om kwart over zes naar de Parijse Opéra, zodat ik een uur en drie kwartier de tijd had om me te schminken, wat te vocaliseren, en om vervolgens, gehuld in mijn kamerjas, te ontspannen tot ongeveer een kwartier voordat ik op moest. Om kreukels te voorkomen trek ik mijn kostuum altijd pas op het laatste moment aan.

Om ongeveer tien voor halfacht kwam de dirigent, James Conlon, die tegenwoordig artistiek leider van het gezelschap is, in mijn kleedkamer langs om me geluk te wensen. Ik vond het opmerkelijk dat hij zo ruim voor het begin van de voorstelling langskwam, maar veronderstelde dat hij nog meer te doen had. Een paar minuten later zei Giovanna dat ze het orkest kon horen spelen. Later vertelde ze me dat ze had verondersteld dat Conlon een laatste repetitie hield. Toen ik besloot dat het tijd werd om mijn kostuum aan te trekken, zei ik tegen Giovanna dat ze voor de deur van mijn kleedkamer moest gaan staan om iedereen tegen te houden die naar binnen wilde.

Plotseling hoorde ik haar roepen: 'U kunt niet naar binnen! Mr. Pavarotti staat in zijn ondergoed.'

Mijn deur vloog open, en de toneelmeester stormde naar binnen, terwijl Giovanna nog tevergeefs probeerde hem tegen te houden. 'Waar blijft u nou? Het doek is omhoog. U had allang op het toneel moeten staan, en u loopt nog in uw ondergoed.' En in Frans voegde hij eraan toe: 'Nous commençons.' We beginnen.

Ik keek hem aan en zei in mijn gebrekkige Frans: 'Nous arrêtons.' We stoppen.

Wat een afschuwelijke situatie. Ik raakte in paniek, maar later werd ik toch ook een beetje boos. Alle repetities waren om acht uur begonnen. In theaters over de hele wereld beginnen operavoorstellingen altijd om acht uur. De Parijse Opéra heeft veertienhonderd werknemers, maar niemand had ons verteld dat de voorstelling om halfacht zou beginnen, in plaats van om acht uur. Ik kon mijn oren niet geloven. Er was geen denken aan dat ik nog op tijd op het toneel zou kunnen komen, zodat de voorstelling zou kunnen doorgaan. Er zat niets anders op dan het doek te laten zakken en het publiek te vertellen dat er 'technische problemen' waren. De hele voorstelling werd opgeschort tot ik mijn kostuum aan had. Toen werd er opnieuw begonnen.

Volgens mij is dit een van de ergste nachtmerries van een artiest: je wordt op het toneel verwacht, het honderdkoppige orkest is aangeland bij de passage waar jij je eerste noten moet zingen, iedereen kijkt naar de plek waar jij zou moeten verschijnen, maar je staat nog in je ondergoed in de kleedkamer.

Er wordt me regelmatig gevraagd wat er in de loop der jaren allemaal is misgegaan op het toneel, en tot die *Tosca* in Parijs kon ik naar waarheid antwoorden dat er eigenlijk maar zelden iets misging. Tot op dat moment had ik altijd erg veel geluk gehad, maar die avond ging bijna alles verkeerd. Op het zingen na. Dat ging prima.

In het tweede bedrijf wordt de figuur die ik speel, Cavaradossi, Scarpia's studeerkamer binnengebracht na – onzichtbaar voor het publiek – te zijn gemarteld. Hij is zo toegetakeld dat hij niet op zijn benen kan blijven staan en zich op een stoel laat vallen. Tijdens de repetities had ik die stoel aan een nauwkeurig onderzoek onderworpen. Het was een sierlijk bewerkt houten stoeltje, dat er nogal teer uitzag. In elk geval te teer voor mij.

Ik liep naar de regisseur. 'Volgens mij is die stoel niet sterk genoeg,' zei ik zo zachtjes dat niemand het zou horen. 'Als ik daarop moet zitten, zak ik erdoor.'

'Maak je geen zorgen, Luciano,' zei hij. 'We hebben hem laten verstevigen met stalen pinnen.'

Ik maakte me nog steeds zorgen, maar tijdens de kostuumrepetitie was alles goed gegaan. Op de avond van de openingsvoorstelling werd ik door Scarpia's garde het toneel opgesleept en op de stoel gesmeten. De rol van Tosca werd gespeeld door Hildegard Behrens, een sopraan met een schitterende stem. Volgens het script moest ze naar me toe lopen en haar armen om me heen slaan, en zo hadden we het ook steeds gerepeteerd. Maar Hildegard is een bijzonder gedreven actrice, en ze liet zich blijkbaar nogal meeslepen door haar rol. Hoe dan ook, ze stormde het toneel over en stortte zich boven op me.

Naar die stoel wordt nog steeds gezocht.

Ondanks de stalen pinnen zakte hij volledig in elkaar, met als gevolg dat Hildegard en ik boven op elkaar op het toneel lagen te spartelen. Het publiek was zo verbijsterd dat niemand lachte. Om te beginnen kon de zaal niet zien wat er met die stoel was gebeurd, dus dacht het publiek waarschijnlijk dat het zo hoorde. Bovendien was de gardesoldaat die naast ons stond ook zo verbluft dat hij geen vinger uitstak. Het moet hebben geleken alsof Tosca en haar geliefde een worstelwedstrijd hielden op het toneel van de Parijse Opéra. Niemand schoot ons te hulp, en uiteindelijk krabbelden we zelf maar overeind en gingen we door met zingen.

Ik had medelijden met de arme Giovanna. Ze was de dag begonnen met taaie kip. Vervolgens had ze me in mijn ondergoed in mijn kleedkamer betrapt, terwijl ik op dat moment allang op het toneel hadden moeten staan. En op het eind van de dag zag ze haar baas op zijn rug op het toneel spartelen, met een sopraan boven op zich. Ik heb geprobeerd haar duidelijk te maken dat het niet altijd zo ging.

Soms laat een regisseur zich meeslepen door zijn enthousiasme en komt hij met een idee waarvan jij zeker weet dat je er een modderfiguur mee zult slaan. Gelukkig zijn de meeste van de regisseurs met wie ik werk, zich bewust van mijn beperkte bewegingsmogelijkheden, zowel als gevolg van mijn omvang als door de problemen met mijn knie. Een goed voorbeeld was de schitterende *Tosca*-produktie aan de Met, waarin ik de rol van de schilder Cavaradossi zong. Als het doek opgaat is Cavaradossi in een kerk aan een muurschildering van enorme afmetingen bezig. De decorontwerper had een verhoging voor me laten bouwen, en het was de bedoeling dat ik daarop ging staan schilderen. In het begin van de opera zou dat geen problemen opleveren, want zelfs met mijn slechte knie lukte het me nog wel om via het trapje op de verhoging te klimmen.

De moeilijkheid was echter dat ik tijdens het eerste bedrijf naar beneden moest komen voor mijn duet met Tosca, waarna ik me moest verbergen voor Scarpia's garde. De enige manier om beneden te komen was via het eerder genoemde houten trappetje: smal en steil, van het type dat je aan boord van een schip aantreft. Gezien de problemen met mijn knie bestond er een goede kans dat ik daarin niet zou slagen. Of dat ik sneller beneden zou zijn dan wenselijk was. Een mogelijke oplossing zou zijn geweest Tosca te vragen naar mij toe te komen zodat we ons duet op de verhoging hadden kunnen zingen. Maar het was wel bijzonder vergezocht om haar met haar lange gewaad een trap op te laten klimmen, naar een podium waar ze niets te zoeken had. Het was tenslotte niet haar schilderij. Al met al stonden we voor een enorm probleem.

Uiteindelijk vonden we de oplossing door mij aan een voorstudie voor het grote doek te laten werken: een tekening of een schets. Het was heel aannemelijk om deze voorstudie op een ezel op het toneel te zetten, zodat ik de verhoging niet op hoefde. Uit visueel oogpunt was het oorspronkelijke idee van de decorontwerper natuurlijk fantastisch – ik bezig aan een reusachtige muurschildering die voor iedereen in het publiek duidelijk zichtbaar zou zijn. Maar vanwege mijn beperkingen bleek het niet uitvoerbaar. Soms moeten decorontwerpers en regisseurs er wel eens aan herinnerd worden dat ze met mensen werken, en niet met acrobaten.

Wanneer ik aan een operaproduktie werk, maak ik onder het repeteren wel eens grapjes met mijn collega's, maar nooit tijdens een voorstelling. In het verleden werden er, getuige de verhalen, op het operatoneel regelmatig grappen uitgehaald. Caruso was er een meester in. Hij vond het heerlijk om streken uit te halen. Zo heeft hij bijvoorbeeld eens liefkozend de hand van een sopraan in de zijne genomen en er een worstje in gelegd.

Ik geloof wel dat ik gevoel voor humor heb, maar ik ben er ernstig op tegen om dit soort dingen op het toneel te doen. Daarvoor neem ik de opera en het zingen te serieus. Ik zou nooit iets doen dat een ander uit zijn concentratie zou kunnen halen, en ik raad mijn collega's aan om ook geen geintjes met mij uit te halen. Het zingen van een operarol is hondsmoeilijk, en zonder al dat kinderachtige gedoe zijn er al redenen genoeg waardoor het met een voorstelling fout kan lopen. In mijn ogen is zulk gedrag erg onprofessioneel, en het risico onaanvaardbaar.

Hoewel iedereen in mijn omgeving weet dat ik er zo over denk, zijn grappen me niet altijd bespaard gebleven. Vorig jaar herfst haalde een van mijn collega's op het toneel van de Met een grap met me uit die me volledig verraste. Bang voor mijn reactie hoefde hij niet te zijn, want hij, Jimmy Levine, was als artistiek leider van de Met op dat moment mijn baas. Die avond dirigeerde hij *Tosca*, een opera die we al vele malen samen hadden gedaan. (Blijkbaar zijn *Tosca* en Parijs mijn probleemgebieden.)

Ik had net mijn grote aria in het laatste bedrijf gezongen, 'E lucevan le stelle' in het laatste bedrijf. Cavaradossi schrijft een afscheidsbrief aan zijn geliefde Tosca voordat hij sterft voor het vuurpeloton. Het is een ontroerende aria van een uitzonderlijke muzikale schoonheid. Ik zong hem goed en werd beloond met een ovationeel applaus. Toen het publiek was uitgeklapt liet Jimmy het orkest weer inzetten.

De eerste noten klonken goed. Het thema van de aria wordt door Puccini even herhaald voordat hij vervolgt met Tosca's binnenkomst. Ineens drong het echter tot me door dat dit niet het vervolg op de aria was. Jimmy liet nogmaals de eerste akkoorden van 'E lucevan' spelen. Even was ik in verwarring gebracht en totaal de kluts kwijt. Ik vroeg me af of ik de aria misschien nog helemaal niet gezongen had. Wanneer je op het toneel uit je concentratie wordt gehaald, is je eerste gedachte dat je iets verkeerds hebt gedaan. Maar toen ik de brede grijns op Jimmy's gezicht zag, begreep ik hoe de vork in de steel zat. Jimmy wilde me laten bedanken voor het applaus door me de aria nogmaals te laten zingen.

Enige uitleg is hier wel op zijn plaats. De Met voert een zeer strak beleid ten aanzien van *encores*. Andere operahuizen zijn daar minder strikt in en laten ze soms wel toe als het publiek erop staat, maar bij de Met gebeurt zoiets nooit. Het Newyorkse publiek kan desnoods een uur blijven klappen, een *encore* zit er niet in. Vandaar dat ik zo in de war was. Maar ik riep mezelf tot de orde en zong 'E lucevan le stelle' nogmaals. Het publiek werd helemaal uitzinnig. Het had gezien dat mijn verwarring oprecht was, bovendien wist het dat *encores* bij de Met nooit worden gegeven.

Later, achter het toneel, sloeg Jimmy zijn armen om me heen. 'Het was een Halloween-grapje, Luciano.' Het was die dag 31 oktober.

Deze verrassende *encore* was zo ongebruikelijk dat *The New York Times* er de volgende dag een artikel aan wijdde, waarin Jimmy werd geciteerd: 'Ik wilde een Halloween-grap uithalen. Ten koste van Luciano, maar het publiek heeft ervan gesmuld.'

Waar ik op het toneel absoluut niet tegen kan, zijn tegenspelers of -speelsters die zo op zichzelf geconcentreerd zijn dat ze mij negeren. Dit is vooral afschuwelijk bij een sopraan op wie je wordt geacht verliefd te zijn. Hoe kan het publiek geloven dat er liefde in het spel is wanneer de sopraan voortdurend de zaal inkijkt, zonder haar tegenspeler een blik waardig te keuren?

Maar het zijn niet alleen ongeïnteresseerde geliefden die het dramatisch effect kunnen schaden. Wanneer de Conte di Luna voor het laatste trio in het eerste bedrijf van *Il trovatore* Manrico tot een duel uitdaagt, is hij vervuld van haat en van het verlangen hem te vermoorden. Maar als de bariton de tenor daarbij bejegent als een wildvreemde passant, ontbreekt natuurlijk elke spanning. Ik weet dat ik geen Laurence Olivier ben, maar ik probeer wel altijd om me te verplaatsen in het karakter dat ik speel, en om te reageren op mijn tegenspelers. Als dat omgekeerd niet gebeurt wordt het voor mij wel heel moeilijk om geloofwaardig over te komen.

Hoewel ik dus erg mijn best doe om zo goed mogelijk te acteren, gaan de opvattingen van anderen over de vraag hoe ze het drama het best over het voetlicht kunnen krijgen, me soms wel wat ver. In *I lombardi* bijvoorbeeld vindt de figuur die ik speel de dood, en hij keert in het laatste bedrijf terug als geest. Om het publiek duidelijk te maken dat ik gestorven was en dus een geest was geworden, wilde de kostuumontwerper me geheel in het wit hullen, als een soort engel, met vleugels van witte veren. Misschien had hij zich laten inspireren door *Angels in America*. Dat heb ik echter geweigerd. 'Geen denken aan,' zei ik. 'Waarom niet?' vroeg de kostuumontwerper. Ik keek hem aan. 'Als ik een engel ben, bent u Abraham Lincoln.'

# 3

## Niet zonder zakdoek het toneel op

Hoewel ik hartstochtelijk veel van opera houd en het heerlijk vind om operazanger te zijn, is ons wereldje wel erg klein, en ik heb altijd gehoopt om ook het publiek daarbuiten te bereiken. Mijn manager, Herbert Breslin, heeft me daarin van meet af aan gesteund. Herbert werd mijn manager in 1968, het jaar van mijn debuut aan de Met, en hij is voortdurend op zoek naar nieuwe en interessante mogelijkheden. Hij was ervan overtuigd dat ik mijn publiek zou kunnen 'oprekken' door het geven van concerten.

In 1973, toen ik eindelijk bekendheid begon te krijgen in de operawereld, hoorde Herbert het verhaal van een miljonair in Liberty in Missouri. Deze had bij zijn dood geld nagelaten voor het opzetten van een stichting die internationale artiesten naar zijn stad zou halen. Wat een fantastisch iets om je stad na te laten. Bovendien wordt daardoor ook menig artiest een welkome kans geboden. Omdat ik nog nooit helemaal alleen een avondvullende voorstelling had gedaan en omdat zulke concerten nu eenmaal erg veel problemen meebrengen, leek het Herbert verstandig om het idee in Missouri uit te proberen.

Er zijn een heleboel factoren die een concert tot zo'n gecompliceerde onderneming maken. Om te beginnen moet je zien dat je alle kaartjes verkoopt. Er moeten in een stad voldoende mensen zijn die je willen horen zingen om een concertzaal te vullen. Vervolgens moet je – in plaats van misschien drie of vier aria's te doen zoals in een opera – vijftien tot twintig aria's en liederen op één avond zingen. Dat is vijf keer zo moeilijk als opera. Bovendien moet je het helemaal alleen doen. Er is geen koor, geen sopraan met haar eigen aria's die je stem de kans geven om even tot rust te komen.

Het honorarium dat je als zanger krijgt voor een (uitverkocht) concert is veel hoger dan voor een optreden in een opera, maar het is dan ook veel meer werk. En de risico's zijn veel groter. Je kunt je achter niemand verschuilen en je bent erg kwetsbaar. Dat geldt bij een solovoorstelling veel sterker dan wanneer je met nog honderd anderen een opera doet. Bij een solovoorstelling kan er zoveel misgaan. Vandaar dat Herbert het verstandig vond om het niet meteen in New York te proberen, waar één gemiste kans misschien ook mijn laatste zou zijn. Uiteindelijk verliep het concert in Liberty heel goed. Het publiek had een heerlijke avond, en ik ook. Later in datzelfde jaar, 1973, deed ik een concert in Carnegie Hall. Ook dat werd een succes, en sindsdien ben ik concerten blijven doen.

Ik zal nooit vergeten dat het Herbert was, die me aanspoorde tot dat eerste concert, en daar zal ik hem altijd dankbaar voor blijven. Volgens mij ligt daarin ook een van de redenen dat Herbert en ik het samen zo goed kunnen vinden: we zijn altijd te porren voor nieuwe avonturen, we zijn voortdurend op zoek naar nieuwe uitdagingen. En dat is precies wat we nu al zeventwintig jaar doen samen.

Kort na het succesvolle concert in New York had ik mijn eerste optreden op de televisie, met Joan Sutherland vanuit de Metropolitan Opera. Het is een erg opwindende gedachte dat je stem door zoveel mensen tegelijk wordt gehoord. Niet zomaar drie- of vierduizend, maar miljoenen mensen. Daarbij ben je je er echter van bewust dat als je niet zo goed zingt, of als je een uitglijer maakt, dat ook door miljoenen mensen wordt gehoord. Daardoor wordt zo'n televisie-optreden ook een erg angstaanjagend avontuur. Gelukkig verliep het allemaal prima, en ik was ineens een gevestigde naam buiten de operawereld.

Opera is een groepsinspanning, en dat is een van de dingen die ik er zo heerlijk aan vind. Natuurlijk is het een geweldig gevoel wanneer je applaus krijgt voor je aria, of wanneer je in je eentje de waardering van het publiek in ontvangst neemt, maar in principe moet het artistieke effect van een opera komen van de hele groep, plus het orkest. Het gaat erom dat iedereen zijn beste beentje voorzet en goed met elkaar samenwerkt. Wanneer de mensen met wie ik zing goed presteren, maakt dat me net zo gelukkig als wanneer ik het in mijn eentje goed doe. Het is een kwestie van teamwork, net als in de sport. Individuele spelers maken de doelpunten, maar alle andere zijn net zo belangrijk voor het uiteindelijke resultaat. Al vanaf mijn eerste optreden in 1961 is dat de manier waarop ik over opera denk.

Hoewel ik dus dol ben op het teamwork van de opera, bezorgt een concert me ook een geheel eigen sensatie. Het is niet alleen een kwestie van mijn ego, dat wordt bevredigd. Op een concertpodium met alleen een piano – maar ook met een orkest – voel je je veel dichter bij je publiek. Er is geen drama, geen verhaal dat een scherm optrekt tussen jou en de zaal. Er is eigenlijk helemaal niets tussen jou en je publiek. Bij een operavoorstelling is het de opera die een band schept met het publiek. Wij artiesten zijn niet meer dan instrumenten die de artistieke visie van Verdi, Donizetti of Mozart tot uitdrukking brengen.

Op het concertpodium communiceert de artiest veel directer met zijn publiek, en ik ben dol op dat rechtstreekse contact. Hoewel ik weet dat sommigen hier schamper over zullen doen, voel ik dat contact in een stadion met vijftigduizend mensen even intens als tijdens een recital in een zaal met niet meer dan honderd zitplaatsen. Ik voel het zelfs wanneer ik op de televisie optreed, terwijl de aantallen dan zo groot zijn dat ik me er nauwelijks een voorstelling van kan maken.

Sinds die eerste solo-optredens heb ik concerten gegeven over de hele wereld, in Rusland en Zuid-Amerika, in Japan. China, Zuidoost-Azië en Mexico. Er zijn erg weinig landen waar ik niet heb gezongen.

Van al die vele verrukkelijke concerten zijn er diverse die me altijd extra zullen bijblijven. Een daarvan vond plaats in Rusland, in mei 1990. Michaïl Gorbatsjov zat op dat moment in de problemen en vertoonde zich niet in het openbaar. Naar men zei omdat hij bang was dat hij zou worden uitgejouwd en dat de kranten daarover zouden schrijven. Of erger nog, dat het op de televisie zou komen. Maar toen ik mijn concert gaf in Moskou kwam Gorbatsjov naar het theater, waar hij helemaal achteraan, ongezien, in een loge zat. Ik voelde me diep getroffen, en ook onze ontmoeting na de voorstelling heeft grote indruk op me gemaakt.

Ik ben niet sterk politiek georiënteerd. Ik vind dat ik er veel meer van zou moeten weten om er uitgesproken opvattingen over te mogen verkondigen. Maar ik geloof wel dat Gorbatsjov en Ronald Reagan de eer toekomt dat zij een eind hebben gemaakt aan de Koude Oorlog. Na zo lang onder een donkere wolk van angst te hebben geleefd was het voor ons allemaal een zegen dat er een eind kwam aan die vijandige situatie. Ik geloof niet dat het toeval daarbij een rol heeft gespeeld. In beide kampen waren er een heleboel invloedrijke figuren die er belang bij hadden om de spanning te handhaven. Omdat ik ervan overtuigd ben dat Michaïl Gorbatsjov de helft van de eer toekomt voor het teweegbrengen van deze enorme verbetering in de wereld waarin wij leven, vond ik het een opwindende ervaring om hem te ontmoeten.

Een ander concert dat altijd een van de mooiste in mijn herinnering zal blijven, vond plaats in 1991, in het Londense Hyde Park.

Het concert was voor bijna iedereen gratis, behalve voor de mensen op de voorste rijen. Wie vlak voor het podium wilde zitten moest daarvoor betalen. Verder kon iedereen in Londen het concert gratis bijwonen. Ik vond het allemaal erg opwindend, maar helaas goot het op de dag van het concert. De regen stroomde onafgebroken neer. We konden het concert niet afzeggen of uitstellen, want het zou live op de televisie worden uitgezonden. Dus het moest doorgaan. Het podium en het orkest bevonden zich onder een overkapping, maar het hele publiek zat in de open lucht. En als ik zeg het hele publiek, dan maak ik geen grapje. Op de eerste rij ontdekte ik de prins en de prinses van Wales, premier Major en zijn vrouw, en vele andere hoogwaardigheidsbekleders. Eigenlijk iedereen, behalve de koningin zelf.

Toen het concert begon hadden de meeste mensen hun paraplu's opgestoken, en vanaf het podium keek ik uit over een enorm veld met paraplu's. Maar na mijn eerste aria kwam er een aankondiging door de luidspreker, met aan iedereen het verzoek zijn paraplu in te klappen. De stem legde uit dat niemand verder kon kijken dan de paraplu voor hem.

Na die mededeling barstte er een ovationeel applaus los. Behalve de mensen op de voorste rij was iedereen blij dat de paraplu's naar beneden gingen. Net als iedereen klapte ook prinses Diana haar paraplu onmiddellijk dicht. Vanaf het toneel boden al die duizenden mensen die daar in de stromende regen zaten een ongelooflijke aanblik. Het gaf me een heel vreemd en ongemakkelijk gevoel om, terwijl ik droog en comfortabel onder de overkapping stond, een paar meter voor me de prins en prinses van Wales en de premier van Engeland te zien zitten terwijl het water van hen afstroomde.

Het concert was georganiseerd door Tibor Rudas, een belangrijke figuur in mijn leven, over wie later veel meer. Hij en Herbert zaten met hun vrouwen op de eerste rij, en werden net zo nat als de koninklijke gasten. Op een gegeven moment maakte ik een gebaar naar al mijn vrienden en naar de koninklijke toeschouwers om hun duidelijk te maken dat ik me erg bezwaard voelde door hun situatie. Ik hief mijn handen op en probeerde hen door mijn gezichtsuitdrukking duidelijk te maken hoe vervelend ik het voor hen vond.

Sommige mensen in het publiek waren zo verstandig geweest om regenjassen en waterdichte hoedjes mee te nemen. Anderen hadden geen keus dan zich drijfnat te laten regenen. Ik geloof dat ik de hele toestand als extra pijnlijk ervoer omdat ik zelf altijd als de dood ben om kou te vatten. Maar niemand scheen zich aan de regen te storen, en dat is wat de hele ervaring voor mij zo ongelooflijk maakte. Ik heb nooit een enthousiaster publiek gehad. De stemming was geweldig. Ik zong om hen een fijne avond te bezorgen, en zij waren vast van plan om een fijne avond te hebben.

In het verleden was ik na een operavoorstelling in Covent Garden wel eens uitgenodigd voor een diner op Buckingham Palace of voor andere formele ontvangsten. Bij die gelegenheden had ik Charles en Diana leren kennen, en ik mocht hen allebei erg graag. De prins is dol op opera, en wanneer hij een bepaalde voorstelling wil zien is bijna geen afstand hem te groot. Hij is bovendien goed bevriend met diverse operasterren. Zowel Charles als Diana is bijzonder aardig, en ik vind het erg spijtig dat ze zoveel problemen hebben gehad.

Vóór het concert in Hyde Park vroeg ik prins Charles of hij het goed zou vinden wanneer ik een lied aan zijn vrouw opdroeg. Hij gaf meteen toestemming. Tegen het eind van het concert gebaarde ik naar het orkest om even te zwijgen, en ik vertelde het publiek dat ik, met goedvinden van prins Charles, de volgende aria aan prinses Diana wilde opdragen. 'Donna non vidi mai' (Nooit zag ik een vrouw als zij), uit Puccini's *Manon Lescaut*. Het publiek reageerde uitzinnig op mijn mededeling. Engeland is dol op Diana.

Na afloop van het concert kwamen de prins en de prinses achter het toneel om me te feliciteren. Lady Diana had blijkbaar ook geen regenhoedje bij zich gehad, want ze was doorweekt, werkelijk drijf- en drijfnat. Haar blonde haar plakte aan haar gezicht. Maar zelfs op dat moment was ze beeldschoon, echt een prinses om te zien. Bovendien straalde ze van geluk en opwinding.

Bij zo'n lieftallige, vriendelijke, evenwichtige vrouw denk je onwillekeurig dat haar leven louter rozegeur en maneschijn zal zijn. Blijkbaar is dat niet zo. Maar ik geloof wel dat ik haar die avond gelukkig heb gemaakt. In de tent achter het toneel, die dienst deed als artiestenfoyer, vertelde ze me dat haar zelden zoiets aardigs was overkomen als die avond toen ik een aria aan haar had gewijd.

Na hun scheiding kwam Diana naar New York, en zij en ik werden allebei uitgenodigd voor een diner dat werd gegeven door Nelson en Leona Shanks. Hij is artiest en heeft zowel haar portret als het mijne geschilderd. Het diner werd gegeven in de National Arts Club, en er werd een limousine gestuurd die eerst mij zou afhalen, en daarna prinses Diana. Maar op het laatste moment besloot de Engelse ambassade om veiligheidsredenen dat de prinses met een diplomatieke auto naar het diner zou worden gebracht. Mijn auto raakte onderweg vast in de krankzinnige drukte. Er was blijkbaar iets gebeurd, want het hele verkeer stond stil. Toen ik eindelijk bij de Arts Club arriveerde, was Diana er al. Ik voelde me verschrikkelijk. Zelf probeer ik altijd op tijd te zijn, en ik vind het afschuwelijk wanneer anderen mij laten wachten. Voor de prinses van Wales had ik natuurlijk helemaal op tijd willen zijn.

Tijdens het diner bestelde iedereen iets anders, en de prinses koos gegrilde garnalen die er verrukkelijk uitzagen. 'Die garnalen smaken zeker uitstekend, prinses?' vroeg ik, en ze reageerde instemmend. Even later zei ik dat ze er werkelijk hemels uitzagen. Ze glimlachte en knikte enthousiast. Uiteindelijk kon ik me niet meer inhouden. 'Ik heb het nu twee keer geprobeerd, maar twee keer zonder succes. Dus nu vraag ik het u maar ronduit. Mag ik er een proeven?'

Ze werd vuurrood. 'Neemt u me niet kwalijk... Het was niet tot me doorgedrongen dat...' Toen glimlachte ze verlegen. 'Ik ben niet gewend mijn eten te delen,' zei ze. Als dat waar is, zou ze het bij mij thuis aan tafel niet gemakkelijk hebben.

Ik ben zowel met prinses Diana als met de prins van Wales bevriend, dus ik verdiep me niet in speculaties over hun problemen, zelfs privé niet. Wat ik wel kan zeggen, is dat zij volgens mij tegenwoordig een verdrietig bestaan leidt. Ik denk dat ze erg eenzaam is. Daarmee bedoel ik niet dat ze alleen is. Ze wordt ongetwijfeld voortdurend omringd door mensen, maar er is niemand bij wie ze eens lekker haar schoenen kan uitschoppen en bij wie ze echt kan ontspannen.

Dat is een van de ergste dingen die je kunnen overkomen wanneer je beroemd bent. Jaren geleden, toen mijn leven steeds gecompliceerder begon te worden met operavoorstellingen in verschillende steden, tournees, concerten en een VIP-behandeling overal, besefte ik ineens dat ik dat risico ook liep. Door al je verplichtingen zie je op den duur alleen nog maar mensen die voor je werken en die je helpen om bij je volgende afspraak te komen. Ik heb er alles aan gedaan om te voorkomen dat het mij zo zou vergaan, en volgens mij ben ik daarin geslaagd. De mensen om me heen vinden het tenminste niet erg wanneer ik mijn schoenen uitschop.

Bij een concert sta je als artiest onder enorme druk. Nog erger dan bij opera. Wanneer je deel uitmaakt van de cast van een opera en er gaat iets fout met je stem, of je wordt ziek, dan is er altijd iemand die je plaats kan innemen. Daar zorgt een theaterdirectie wel voor. Net als de artiesten zelf, weten de mannen en de vrouwen die aan het hoofd van de grote theaters staan hoe onvoorspelbaar de menselijke stem is. Mijn ziekte in Buenos Aires was vooral zo ernstig omdat de stad zo'n enorme happening van mijn optreden had gemaakt. Meestal kan er bij een opera wel iets geregeld worden wanneer je ziek wordt, maar bij een concert kan niemand je vervangen. Alles draait om jou, en er kan een heleboel misgaan.

Zo zou ik ooit een concert doen in Pittsburgh. Nicoletta en Larisa, mijn secretaresse respectievelijk fysiotherapeute, waren verantwoordelijk voor mijn bagage. Maar die keer waren ze vergeten mijn rokkostuum, het standaardtenue voor mijn concerten, in te pakken. Ze gingen er allebei van uit dat de ander daarvoor had gezorgd. Toen ze de fout ontdekten beseften ze onmiddellijk dat ik in alle staten zou zijn. Daarom besloten ze nog niets tegen mij te zeggen, maar eerst op zoek te gaan naar een oplossing.

Na enig nadenken kwamen ze op een idee. Andrea Griminelli, de fluitist, zou me tijdens het concert begeleiden, maar op dat moment zat hij nog in New York. Dus belden ze Andrea met het verzoek om langs mijn appartement te gaan en mijn rokkostuum te halen. Ze drukten hem op het hart om vooral niets tegen mij te zeggen.

Blijkbaar was hij dat vergeten, want toen ik hem aan de telefoon had om wat veranderingen in ons programma door te nemen en hem vroeg met welke vlucht hij in Pittsburgh aankwam, zei hij: 'Maak je geen zorgen, Luciano. Ik heb je rokkostuum bij me.'

'Wat heb je bij je?' Ik kon mijn oren niet geloven. Het concert zou over een paar uur beginnen, en mijn kleren waren er niet. Ik ben bang dat ik een beetje doordraaide. Andrea kon wel op het verkeerde vliegtuig stappen, mijn kleren konden in het verkeerde vliegtuig terechtkomen. Nicoletta was natuurlijk woedend op Andrea, ik was woedend op Nicoletta, iedereen was woedend op iedereen. Op de dag van een concert ben ik nu eenmaal altijd erg nerveus en prikkelbaar.

Ik heb echter één goede eigenschap. Hoe kwaad ik ook ben – op wie dan ook, en om welke reden dan ook – ik ben het ook zo weer vergeten. De volgende dag is het over, helemaal over. Nicoletta vindt dat ik daar wel eens te ver in ga. Ze kan er absoluut niet tegen wanneer ze ziet dat ik aardig ben tegen iemand die bijvoorbeeld tegen me heeft gelogen, of die me onheus heeft behandeld. Ze begrijpt niet hoe ik zulke dingen kan vergeten. Maar niemand is volmaakt, zeg ik dan tegen Nicoletta. Iedereen doet wat hij op een bepaald moment denkt te moeten doen. Mijn kleren waren op tijd in Pittsburgh, en alles kwam op zijn pootjes terecht. Misschien wilde Andrea me wel terugpakken voor de streek die ik hem tijdens een eerder concert in Pittsburgh had geleverd. Ik heb toen een afschuwelijke grap met hem uitgehaald, maar bij dat soort voorstellingen moet je soms wel eens iets doen om de spanning te doorbreken. Andrea bespeelt een prachtige gouden fluit, zijn kostbaarste bezit. Het is een erg waardevol instrument, en Andrea is er dan ook bijzonder trots op. Ongeveer een uur voor het begin van het concert kwam hij bij me langs in mijn kleedkamer met het verzoek of ik op zijn fluit wilde letten. Hij moest nog even weg, zei hij.

Toen hij terugkwam was de fluit verdwenen. Hij zocht mijn hele kleedkamer af, maar de fluit was nergens te vinden. 'Het spijt me heel erg, Andrea,' zei ik. 'Ik ben hoogstens een minuut weg geweest. Blijkbaar is hij toen gestolen.'

Het spreekt vanzelf dat Andrea helemaal buiten zinnen raakte. Ik liet hem een paar minuten lijden, toen haalde ik de fluit uit de mouw van mijn kamerjas. Dat was niet erg aardig van me. Mijn vriend Gildo zegt dat ik een gemeen trekje heb. Dat valt volgens mij wel mee, maar wat ik met Andrea heb uitgehaald was inderdaad een gemene streek. Het is voor een muzikant waarschijnlijk de ergste nachtmerrie om vlak voordat hij op moet, zijn instrument kwijt te zijn. Voor mij zou dat betekenen dat ik mijn stem kwijt was. Vreselijk. Maar ik kon Andrea zijn stem tenminste teruggeven.

Andrea heeft meer dan zeventig concerten met me gedaan, en we zijn in de loop der jaren goede vrienden geworden. Hij zegt altijd dat hij zijn succes aan mij te danken heeft, maar dan wijs ik hem erop dat hij het is die zijn fluit bespeelt, niet ik. Andrea is een intelligente, gezellige kerel, en iedereen mag hem altijd graag. Hij neemt zijn carrière heel serieus, en weet zijn kansen goed te benutten. Zijn succes is dan ook meer dan verdiend.

Net als ik heeft Andrea wel eens problemen met zijn kleding gehad. Voor een van onze concerten in Central Park arriveerde hij in spijkerbroek. Zijn kostuum voor het concert droeg hij in een kledingzak over zijn arm, maar toen hij de zak openritste, bleek dat zijn zwarte broek ontbrak. Het concert zou over een uur beginnen, en hij zat zonder broek. Het was ondenkbaar dat hij op het toneel zou verschijnen in de bovenste helft van zijn rokkostuum met daaronder een spijkerbroek. Dus hij liep met het probleem naar de mensen van de produktie. Die hadden wel een idee. 'Er staat hier een stel politiewagens,' zeiden ze. 'We vragen gewoon of de politie je naar je appartement wil brengen zodat je je zwarte broek kan halen.'

Andrea stapte in een politiewagen, maar de menigte die het park binnenstroomde was zo enorm dat de politiewagen nauwelijks vooruitkwam. Misschien zouden ze er uiteindelijk wel in slagen om het park uit te komen, maar bij hun terugkeer zou de drukte waarschijnlijk nog groter zijn. De politiemannen beseften dat er geen schijn van kans was dat ze Andrea op tijd bij het toneel zouden kunnen afleveren.

Dus maakten ze rechtsomkeert, en daar stond Andrea dan. Hij had geen idee wat hij moest doen, en ik kon hem ook niet helpen. Ik had alleen mijn eigen broek. De leden van het orkest hadden hun broek zelf nodig. De toneelknechts waren allemaal in werkkleding of in spijkerbroek. Nog een paar minuten, dan zou het concert beginnen, en Andrea zat verdwaasd en zonder broek in zijn kleedkamer. Toen kwam er een vriend langs om hem succes te wensen, maar Andrea had alleen maar oog voor zijn broek. Het was een zwarte, ongeveer in Andrea's maat. Voordat de man wist wat hem overkwam, was hij zijn broek kwijt, en had Andrea hem aangetrokken. Zo stond hij toch nog op tijd, en in rok, op het toneel.

Wanneer u ons glimlachend en stralend ziet buigen, moet u er maar eens aan denken dat we misschien tien minuten voor de voorstelling nog zonder broek zaten. We mogen dan een mooie stem hebben, of prachtig fluit kunnen spelen, we zijn ook maar mensen, en net als iedereen halen ook wij wel eens een stommiteit uit.

Wanneer er een concert voor televisie wordt opgenomen, maak ik me altijd zorgen over de cameraopstelling. Vanuit een bepaalde hoek lijk ik nog zwaarder dan ik al ben, en dat is wel het laatste waar ik behoefte aan heb. Op een keer zong ik keurig in mijn rokkostuum het requiem van Verdi. Kirk Browning, die het concert opnam voor de Public Broadcasting Service, stond met zijn apparatuur aan de zijkant van het podium, waarop ik samen met een sopraan, een mezzosopraan en een bas het requiem uitvoerde. Toen ik de opnamen die hij tijdens de repetities had gemaakt zag was ik geschokt. Ik was op dat moment bijzonder zwaar, en ik vulde het hele beeld. Van de anderen was niets meer te zien. De sopraan was verdwenen, evenals de mezzosopraan en de bas.

Ik zei tegen Kirk dat hij met zijn camera aan de andere kant van het toneel moest gaan staan. Daar was het nu te laat voor, zei hij. Ik hield vol. Op deze manier zou het lijken alsof Verdi zijn requiem voor één enkele tenor had geschreven. Uiteindelijk wist ik Kirk te overtuigen, en in de definitieve opnamen waren ook de andere artiesten zichtbaar.

Als mensen denken dat ik gelukkig ben met mijn gewicht, vergissen ze zich. Ik ben gelukkig òndanks mijn gewicht. Dat is iets heel anders. Wanneer ik me realiseer hoe ik eruitzie, vind ik dat afschuwelijk. O, mijn god! denk ik soms wanneer ik in de spiegel kijk. Vandaar dat ik me ook erg bewust ben van mijn uiterlijk wanneer ik gefotografeerd word. Als ik samen met anderen op de foto moet, al is het maar voor een luchtig kiekje, zet ik altijd iemand voor me. Anders neem ik de helft van de foto in beslag.

Voor televisie is het nog erger. Op een keer toen Kirk opnamen maakte tijdens een concert, bekeken we wat shots van de kostuumrepetitie. De knopen op mijn overhemd waren duidelijk zichtbaar, en bij sommige opnamen was ik veel te groot in beeld. De kijkers zagen wel drie of vier knopen van mijn overhemd en veel te veel buik. Bij een ander shot zoemde hij wat meer in zodat er nog maar twee knopen zichtbaar waren. Dat was tien keer beter, dus ik zei tegen Kirk dat hij dat stuk maar moest gebruiken.

Toen ik hem vlak voor het begin van het concert achter het toneel tegenkwam, stak ik twee vingers naar hem op. 'Denk erom, niet meer dan twee knopen!'

Tijdens een concert hanteer ik altijd een paar trucs waardoor ik me zekerder voel. Iedereen kent mijn witte zakdoek. Deze heb ik voor het eerst gebruikt bij mijn allereerste concert in Missouri in 1973, voor het geval dat ik zou gaan transpireren. Ik merk dat ik me een stuk beter voel wanneer ik hem bij me heb. Hij heeft een functie, maar bovendien brengt hij geluk.

Wanneer ik een concert geef met muziek die nieuw voor me is, is het belangrijk voor mijn zelfvertrouwen om de partituur bij de hand te houden. Ik herinner me mijn eerste grote concert in Madison Square Garden in 1985. Het zou live op televisie worden uitgezonden. De producer van PBS, David Horn, een aardige kerel, kwam tijdens een van de laatste repetities naar me toe, en hij maakte aanstalten om de muziekstandaard met mijn partituur erop weg te halen. Dat liet ik me niet gebeuren. 'Maar Luciano,' zei David. 'Je laat die standaard daar tijdens de voorstelling toch niet staan?'

Waarop ik in mijn beste Italiaans-Amerikaans zei: '*You take-a my stand, I kick-a your butt.*'

1981 was het jaar waarin ik kennismaakte met een bijzonder boeiende man, door wie er veel in mijn leven veranderde: Tibor Rudas. Tibor was achter in de vijftig. Hij was geboren in Hongarije, maar had jaren als producer gewerkt in de amusementswereld in Australië, later in Amerika. Geruime tijd had hij shows geproduceerd voor de casino's van Las Vegas, en op dat moment was hij op zoek naar artiesten voor Resorts International in Atlantic City. In het recente verleden had hij al mensen als Frank Sinatra, Dolly Parton en Bill Cosby naar Atlantic City gehaald. Mr. Rudas kwam bij Herbert met de vraag of ik in een resort in Atlantic City zou willen optreden. Voor zover ik later heb begrepen, heeft Herbert hem zijn kantoor uit gegooid.

Misschien moet ik u eerst iets vertellen over Herbert. Klassieke muziek en opera nemen een belangrijke plaats in zijn hart in. En ik neem een belangrijke plaats in zijn hart in. Hij is erg trots op wat ik heb bereikt, en hij is bovendien trots op zijn aandeel daarin, en terecht. Vanwege dat alles heeft hij soms wel eens de neiging om wat al te beschermend te zijn.

Bij zijn kantoor in New York wordt de deur platgelopen door mensen die me ergens willen laten optreden. Niet alleen voor elk nobel doel op deze aardbol, maar ook tijdens schoolfeesten, sportevenementen, recepties, ontvangsten. Zelfs bij de opening van een nieuwe pizzeria. (Hoewel ik daar niet heb gezongen, ben ik vorig jaar wel naar de opening van een pizzeria gegaan. Maar dat deed ik omdat de eigenaar een vriend van me is.) Ik doe heel veel liefdadigheidsconcerten. Het streven is om daar tien procent van mijn optredens aan te besteden. Maar zonder Herbert zou ik alleen maar liefdadigheidsvoorstellingen geven.

Mijn agenda stel ik samen met Herbert twee of drie jaar van tevoren vast. Wanneer ik wat tijd over heb, weet hij precies in welke aanbiedingen ik geïnteresseerd ben. Ik vertrouw hem volledig en laat het aan hem over om nee te zeggen tegen projecten waarvan hij zeker weet dat ze niet tot de mogelijkheden behoren. Bij het eerste gesprek is hij altijd de beleefdheid zelve. Hij hoort het hele voorstel aan, en pas dan geeft hij zijn reactie. Meestal zegt hij nee en legt hij uit waarom ik niet op het voorstel kan ingaan. Wanneer iemand dan toch blijft proberen hem over te halen – bijvoorbeeld door het noemen van indrukwekkende gasten, en verder met alle middelen waarvan succes wordt verwacht – is Herbert plotseling niet meer zo beleefd. Dat gebeurde toen hij Rudas zei zijn kantoor te verlaten.

Tibor vertelde me later wat Herbert precies had gezegd: 'Mr.

Pavarotti is een van de grootste zangers in de geschiedenis van de opera. En u wilt hem laten zingen in een goktent? Over mijn lijk!' Toen Rudas probeerde hem van gedachten te doen veranderen, zei Herbert hem dat hij kon gaan. Herberts manier om nee te zeggen is niet de mijne, maar iedereen heeft nu eenmaal zijn eigen stijl.

Ook Tibor Rudas, zoals we al snel merkten. Hij kwam diverse malen bij Herbert terug, elke keer met een hoger bod, en dat allemaal voor één concert. Hoewel zijn eerste bod al erg royaal was geweest, kreeg hij elke keer hetzelfde antwoord: 'Weg wezen.' Herberts kantoor ligt aan West 57th Street, in hetzelfde blok als Carnegie Hall. Hij zetelt met zijn hele staf in één grote zaal, zonder tussenschotten, zonder deuren. Het is net een kleine kranteredactie. Bij binnenkomst sta je meteen in de ruimte waar Herbert en zijn medewerkers zitten. Op een dag ging de deur open, en Rudas stak zijn hoofd naar binnen. Iedereen keek op. 'Honderdduizend dollar,' was alles wat Rudas zei.

Waarop Herbert hem vroeg om binnen te komen.

Nu moet u zich wel bedenken dat honderdduizend dollar in 1981 in de wereld van de klassieke muziek een enorm honorarium was voor één voorstelling. Het was meer dan ik ooit voor een concert had gekregen, en ook veel meer dan ik voor een operavoorstelling kreeg. Op het moment dat Rudas zijn aanbod deed stond ik in de Scala van Milaan in *Aida*. Herbert belde me meteen, en ik was diep onder de indruk en zei dat ik Rudas' voorstel graag nader wilde bespreken. Toen Rudas hoorde wat ik had gezegd, was zijn reactie dat hij de volgende dag naar Milaan zou vliegen. Ik begon deze man aardig te vinden, ook al had ik hem nog nooit ontmoet. De volgende morgen namen Rudas, zijn vrouw en Herbert de eerste vlucht naar Milaan, en ik zorgde voor plaatsen voor de *Aida* van die avond.

Vlak voordat ik op moet vind ik het niet prettig om mensen te ontmoeten die ik niet ken, dus we spraken af voor na de voorstelling. Nog voor het eerste bedrijf kwam Herbert bij me in mijn kleedkamer, en hij legde me uit wat Rudas had voorgesteld. Blijkbaar had ik hem door de telefoon niet goed begrepen, want ik had me niet gerealiseerd dat het resort in kwestie een casino was. Dus verzocht ik Herbert Mr. Rudas duidelijk te maken dat het me heel erg speet, maar dat ik niet kon optreden in een casino. Ik vond het afschuwelijk dat hij met zijn vrouw helemaal voor niets uit New York was overgekomen, maar ik had zijn voorstel verkeerd begrepen, en ik voelde er niets voor om op te treden in een gelegenheid waar alles om gokken draaide.

Herbert nam zijn plaats in de zaal naast Rudas in en fluisterde hem het slechte nieuws in zijn oor. Rudas drong erop aan om volledig open kaart te spelen en er geen doekjes om te winden, waarop Herbert hem vertelde dat ik erg gelukkig was met de financiële kant van het voorstel, maar dat ik er moeite mee had om in een casino te zingen. Tibor verklapte me later dat die mededeling aanvankelijk keihard was aangekomen. Maar met zijn gebruikelijke bescheidenheid vertelde hij me ook hoe het verder was gegaan: 'Toen kreeg ik een briljante ingeving.'

Hij vroeg Herbert of ik ermee zou kunnen instemmen om vlak bíj een casino op te treden. Dan zou Rudas speciaal voor mij een grote tent laten neerzetten.

Toen Herbert met dat voorstel bij me kwam, was ik – niet voor het eerst – diep onder de indruk van de vastberadenheid en de inventiviteit van deze man. Natuurlijk is het vleiend wanneer iemand je zo graag wil hebben, dat hij speciaal voor jouw optreden een tent laat neerzetten. En dat alleen omdat de locatie van zijn keuze je niet aanstaat. Maar het was veel meer dan dat. Ik hou van positieve mensen – p.p.'s noem ik ze, positieve personen – het soort mensen dat niet opgeeft, dat een 'nee' als een uitdaging beschouwt. Mensen die onmiddellijk de reden van dat 'nee' willen weten, en die hard en creatief nadenken over een manier om die reden uit de weg te ruimen.

Bovendien kwam er een andere gedachte bij me op. Deze tent die Rudas wilde neerzetten, zou misschien wel meer stoelen kunnen bergen dan een casino. Met die tent probeerde hij mijn bezwaren te ondervangen, terwijl hij bovendien zijn inkomsten vermeerderde. Ik begreep dat ik hier te maken had met een zeer intelligente man. Ik zei tegen Herbert dat ik erover zou nadenken, en ik ging het toneel weer op om de rol van Radames in Verdi's ongelooflijke opera te vertolken.

Wanneer ik een opera zing slaag ik er meestal wel in om al het andere uit mijn hoofd te zetten. Dat moet ook wel, anders zou ik niet kunnen optreden. Alleen al voor het zingen moet je volledig geconcentreerd zijn. En daarnaast moet je ook nog acteren. Zelfs wanneer alles goed gaat is het bijna onmogelijk om het allebei tegelijk te doen. Maar wanneer je met je hoofd ergens anders bent, wanneer je over een probleem loopt te piekeren, dan komt er van geen van beide iets terecht. Meestal lukt het me wel om mijn problemen uit mijn hoofd te zetten, maar niet altijd. Daarom heb ik in het verleden wel eens voorstellingen moeten afzeggen, wanneer ik met een groot persoonlijk probleem worstelde. Bijvoorbeeld tijdens de ziekte van mijn dochter Giuliana.

Zo'n enorm probleem was Rudas' aanbod natuurlijk niet, maar het was wel een belangrijk besluit. Ik wist wat de reactie in de klassieke wereld zou zijn wanneer bekend werd dat ik in Atlantic City ging zingen. Op het toneel was ik Radames, maar tussen de bedrijven door, in mijn kleedkamer, dacht ik na over de vraag of ik in een tent in New Jersey wilde optreden. Na het derde bedrijf van *Aida* zei ik tegen Herbert dat hij Rudas kon laten weten dat ik het deed.

Ik zal niet ontkennen dat ik me sterk heb laten beïnvloeden door het verbijsterend hoge honorarium. Zangers zoals ik hebben maar een beperkt aantal jaren waarin ze topgages verdienen. Ik was op dat moment zesenveertig, en bij tenoren gebeurt het vaak dat ze hun stem rond hun vijftigste beginnen te verliezen. Inmiddels is gebleken dat ik, net als mijn vader, tot de zeer gelukkigen behoor. Ik ben nu negenenvijftig, en mijn stem is nog steeds in vorm. Maar zekerheid heb je nooit. Op welke dag je 's ochtends wakker wordt met een stem die niemand meer wil horen, valt niet te voorspellen. Dus ik schaam me er niet voor dat Rudas' royale aanbod voor een belangrijk deel ten grondslag lag aan mijn beslissing om in Atlantic City te gaan zingen.

Maar het was beslist niet de enige reden waarom ik ja zei. Vanaf het moment dat ik succes begon te krijgen bij de opera was het mijn ambitie geweest om buiten dat kleine wereldje te treden en te zingen voor zoveel mogelijk mensen. Ik vond dat ik iets te geven had, maar ik vond het niet bevredigend om dat telkens weer aan hetzelfde publiek te geven. Ik zag het concert in Atlantic City als een manier om meer mensen te laten kennismaken met mijn muziek.

De produktiekosten voor een opera werden hoe langer hoe hoger, de druk op culture organisaties zoals PBS steeds zwaarder, en het was dan ook niet denkbeeldig dat het operapubliek nog kleiner zou worden. Die gedachte stemt me erg ongelukkig, want ik houd van opera. Rudas bood me niet alleen een groot publiek, maar bovendien een heel ànder publiek, samengesteld uit mensen die niet bij voorbaat operafans waren. Dat was wat ik wilde, en tot op dat moment had nog niemand me dat geboden.

Herbert ging weer bij het echtpaar Rudas zitten voor het laatste bedrijf, en hij fluisterde Tibor in zijn oor: 'We zijn het eens.' Rudas vertelde me later hoe gelukkig hij op dat moment was. Hij had nog nooit zo van een opera genoten, zei hij, als van het vierde bedrijf van *Aida* op die bewuste avond. Ik was ook erg gelukkig, deels vanwege de opwinding over dit nieuwe project, en deels omdat de *Aida* zo goed was gegaan.

Toen Herbert met Rudas na de voorstelling naar mijn kleedkamer kwam, leerden Tibor en ik elkaar dan eindelijk kennen. Iedereen was erg gelukkig. Nadat ik me had verkleed en afgeschminkt, nam ik Mr. en Mrs. Rudas en Herbert in mijn auto mee voor een late rit door Milaan om hen de belangrijkste bezienswaardigheden te laten zien en de plekjes die mij het meest dierbaar zijn. Vervolgens nodigde ik hen uit voor een verrukkelijk diner in een van mijn favoriete restaurants, Il Principe di Savoia.

Tijdens het diner leerde ik Tibor beter kennen. Hij was geboren in Boedapest, en vanaf zijn achtste had hij als jongenssopraan gezongen in het koor van de Hongaarse Staatsopera. Hij deed het zeven jaar lang en kreeg er zelfs voor betaald. Zijn ouders waren straatarm, dus ze hadden het geld dat hij mee naar huis bracht, hard nodig. Hij groeide min of meer op achter het operatoneel en was gefascineerd door alles wat hij daar zag: de decors, de kostuums, de belichting, de schmink. De meeste van zijn leeftijdsgenoten voelden zich aangetrokken tot aardrijkskunde en wiskunde, maar hij wilde alles weten over het theater. Hij was er weg van, maar op zijn vijftiende gebeurde er een ramp.

'Mijn stem veranderde niet,' vertelde hij. 'Hij verdween.'

In de maanden daarop viel het niet mee om aan voldoende eten te komen. Hij nam elk baantje aan dat hij kon krijgen. Samen met Bandi, zijn tweelingbroer, stortte hij zich op de acrobatiek, en ze ontwikkelden een nummer waarin ze acrobatiek en dans combineerden. Toen de broers een jaar of twintig waren, voegden ze een meisje aan hun act toe, en ze gaven zichzelf een schitterende naam: Sugar Baba en de Rudas Tweeling. Ze hadden veel succes met hun nummer en reisden door heel Europa. Tibor vertelde me iets over Hongaren dat de meeste mensen niet weten: net als de Roemenen zijn het bijna allemaal geboren acrobaten.

Tijdens de communistische bezetting van Hongarije in 1948, was Rudas met zijn act op tournee door Australië. Ze wilden geen van drieën terug, dus vroegen ze asiel aan in Australië. Dit kregen ze, maar het was niet zo eenvoudig. De nieuwe Hongaarse regering was er alles aan gelegen om al haar onderdanen uit het buitenland terug te halen, vooral wanneer ze bekend waren. Sugar Baba en de Rudas Tweeling waren in hun vaderland inmiddels erg beroemd. Maar dat waren ze ook in Australië, waar ze veel vrienden hadden gemaakt, onder andere bij de overheid. Diverse van die vrienden waren bereid het drietal te verbergen, tot de Hongaarse geheime politie hen zou zijn vergeten.

Na ongeveer een jaar waren hun mogelijkheden om op te treden in Australië uitgeput, dus braken ze het gezelschap op. Daardoor kwamen ze voor de vraag te staan hoe ze in hun onderhoud moesten voorzien. Tibors tweelingbroer, die een paar jaar geleden is overleden, ging in de confectie, en Tibor opende een dansschool waar hij jonge mensen zijn specialiteit leerde: een combinatie van acrobatiek en dans. Het duurde niet lang of de leerlingen stroomden in groten getale toe.

Maar zodra ze Tibors opleiding hadden voltooid, kwamen hun moeders bij hem klagen. 'Onze dochters hebben nu wel leren dansen,' zeiden ze, 'maar hoe moeten ze daarmee hun brood verdienen?' Ik had het wel kunnen begrijpen wanneer Tibor had gezegd dat dat niet zijn probleem was, maar zo was Tibor niet. Om werk te creëren voor zijn leerlingen begon hij dansgroepen te vormen, en dat niet alleen, hij zorgde ook voor betaalde optredens. Zijn dansers waren erg jong, tussen de twaalf en de vijftien. Het publiek was dol op hen, en hij had al gauw diverse groepjes van tien tot vijftien dansers die door heel Australië trokken met voorstellingen in de acrobatische dansstijl die Tibor had ontwikkeld. Rond 1960 had hij zeven groepen die in Australië en Zuidoost-Azië optraden. In 1963 had hij elf gezelschappen, met optredens tot in het Lido, in het verre Parijs.

Ik was gefascineerd door deze man. Op het moment dat Tibor zijn tienerdansgroepen in verschillende delen van de wereld presenteerde, begon ik in Europa aan mijn operacarrière. Wie had ooit kunnen denken dat we nog eens zaken zouden doen?

Voor een van zijn groepen regelde Rudas een optreden in het Dunes hotel in Las Vegas. Tijdens zijn verblijf kreeg hij het aanbod om de grote Vegasshows te helpen produceren. Hij nam het aanbod aan en werkte enige tijd uitsluitend in Las Vegas. Later deed hij ook projecten voor Disney, voor de Ice Capades, en voor de Shuberts. Het organiseren van extravagante spektakels was zijn specialiteit. Uiteindelijk vormde hij zijn eigen produktiemaatschappij, die niet alleen de shows organiseerde, maar ook zorgde voor de decors en de kostuums.

Die avond in Milaan vertelde Tibor dat hij meer met me wilde doen dan alleen dat ene concert in Atlantic City. Hij was vastbesloten, zei hij, om me voor het grootst denkbare publiek te zetten, groter dan enige operazanger ooit had bespeeld. Dat hij al geruime tijd belangstelling had voor de enorme mogelijkheden die klassieke artiesten naar zijn mening te bieden hadden, bleek uit het feit dat hij Zubin Mehta met de New York Philharmonic naar Las Vegas had gehaald.

Net als ik hadden de musici van de New York Philharmonic hun bedenkingen geuit tegen het spelen van serieuze muziek in een casino, maar dank zij een van zijn vele briljante ideeën had Tibor hen tot andere gedachten kunnen brengen. Hij beloofde elke muzikant honderd dollar in kwartjes voor de gokautomaten. Die gedachte sprak hun blijkbaar zo aan dat ze onmiddellijk overstag gingen.

Maar het resultaat was treurig. Terwijl Tibor en zijn vrouw na het concert met Mehta zaten te dineren, werden ze voortdurend gestoord door muzikanten met de vraag om een voorschot voor in het casino. De muzikanten verloren die avond een fortuin, zei hij. Of, anders bekeken, de opbrengst van het casino steeg met sprongen, dank zij de honderddertig leden van de New York Philharmonic.

Terwijl ik vol belangstelling naar Tibors opmerkelijke verhalen luisterde, waren er diverse aspecten van deze man die indruk op me maakten. Met zijn drie jaar vasthoudendheid had hij al bewezen hoe vastberaden en inventief hij kon zijn. Maar nu kwam ik bovendien onder de indruk van zijn ongelooflijke elan, zijn oorspronkelijke ideeën, zijn grote visie en zijn aanstekelijke enthousiasme. Herbert en ik waren bang dat hij misschien niet voldoende van opera wist, maar desgevraagd verzekerde hij ons dat opera een van zijn grote liefdes was.

We hadden nu kennis gemaakt met zijn scherpe vernuft, maar Georg Solti, ook Hongaar van afkomst, had me eens verteld dat je bij een Hongaar niet raar moest opkijken wanneer hij achter je een draaideur binnenging, maar er vervolgens eerder uit te voorschijn kwam. Als je met iemand zaken doet, moet je altijd een beetje op je hoede zijn. Aan het begin van onze relatie met Rudas besloten Herbert en ik dat het concert in Atlantic City een goede test zou zijn. Daarna zouden we besluiten of we verder met hem in zee wilden. In de afgelopen veertien jaar heeft Tibor bewezen dat hij een geweldige kerel is om mee samen te werken. Hij doet wat hij belooft, en hij is tegenover iedereen altijd even eerlijk. Ik ben nog nooit een draaideur met hem binnengestapt, maar dat lijkt me van zijn standpunt uit bekeken ook niet zo'n goed idee.

Na die bijzonder prettige avond in Milaan was het eerste dat ik hoorde dat Tibor bij terugkeer in Atlantic City van zijn bazen bij Resorts International had gehoord dat hij die tent wel kon vergeten. Dat zou veel te veel gaan kosten, zeiden ze, en ze geloofden niet dat Pavarotti of welke andere operaster dan ook zo'n reusachtige ruimte zou kunnen vullen. Bovendien zouden op mij niet de grote gokkers afkomen die ze met hun shows hoopten aan te trekken.

Rudas was ervan overtuigd dat het concert een groot succes zou worden, dus hij zei tegen de eigenaars van het casino dat hij alles uit eigen zak zou betalen. Niet alleen de tent, maar ook het toneel, de belichting, de geluidsinstallatie, vierduizend stoelen, en de duizendenéén andere dingen die nodig zijn om zo'n hoeveelheid mensen te herbergen. Maar als hij alles betaalde, dan betekende dat natuurlijk wel dat hij ook de eventuele winst in zijn zak zou steken. De manier waarop hij in actie kwam, bevestigde volledig mijn indruk van hem.

Ongeveer een maand voor het concert zette Tibor grote advertenties in de kranten van New York, Philadelphia en de omringende steden. Toen hij de telefoonlijnen en de verkoopkantoren openstelde voor de kaartverkoop, waren alle vierduizend kaarten binnen een uur verkocht. De snelheid waarmee dat was gebeurd bracht Tibor ertoe om de tent zodanig uit te breiden dat er nog eens vijfduizend stoelen in konden. Die tweede vijfduizend kaarten waren binnen een dag verkocht. Het was verbijsterend. De mensen stonden vier uur in de rij om een kaartje te kopen.

Het leek wel alsof iedereen in Atlantic City er zijn hele leven op had gewacht om een tenor te horen zingen. Ik was natuurlijk zeer aangenaam verrast dat de mensen van Resorts International het bij het verkeerde eind hadden gehad, maar ik kon het hun niet kwalijk nemen dat ze hadden getwijfeld aan mijn vermogen om zo'n enorm publiek te trekken. Eerlijk gezegd had ik me, toen Tibor zoveel riskeerde om zijn gelijk te bewijzen, aanvankelijk zorgen gemaakt dat híj het misschien bij het verkeerde eind had, en dat zíj gelijk hadden.

Toen de dag van het concert naderde, heerste er een ongelooflijke opwinding. Ik kreeg te horen dat er geen hotelkamer meer vrij was in Atlantic City. Hoewel zoveel opwinding niet goed is voor de zenuwen, ontleen ik er volgens mij ook energie aan. Bovendien word ik er extra door gestimuleerd om mijn uiterste best te doen. Hoe dan ook, het concert verliep fantastisch. Het publiek genoot, ik genoot, en Tibor genoot. Na een voorstelling probeer ik altijd iedereen te woord te staan die naar mijn kleedkamer komt. Die avond tekende ik meer dan drie uur lang programma's. Daarbij kwamen sommige gezichten me bekend voor. Volgens mij had ik twee uur eerder ook al een programma voor hen getekend.

Het was al erg laat toen ik het succes ging vieren met Tibor,

Herbert en een groep vrienden. Tibor sprak de hoop uit dat dit nog maar het begin was van onze relatie. Hij wilde me presenteren in stadions en conventiehallen over de hele wereld, aan een zo groot mogelijk publiek. Zijn droom, zei hij, was de opera uit handen van de elite te nemen en naar de gewone mensen te brengen. Hij was ervan overtuigd dat het publiek was gehersenspoeld. Dat hun was wijsgemaakt dat klassieke muziek bestemd was voor een kleine groep uitverkorenen. Hij beschouwde mij als zijn instrument om te bewijzen dat dat niet waar was. Hij wilde me laten optreden in zulke grote zalen dat iedereen het zich zou kunnen permitteren om een kaartje te kopen.

Ik ben het met hem eens dat een heleboel mensen nooit kennismaken met klassieke muziek omdat ze ten onrechte denken dat die niet voor hen is bedoeld. Volgens mij zouden veel mensen die denken dat ze niet van klassieke muziek houden er wel degelijk van kunnen genieten wanneer ze dat soort muziek maar vaker zouden horen.

Na onze jarenlange succesvolle samenwerking probeert Tibor soortgelijke projecten nu ook met andere artiesten te verwezenlijken. Hij heeft een World Youth Orchestra samengesteld, bestaande uit spelers van het beroemde Europese Jeugdorkest en spelers uit Rusland en Amerika. Het orkest heeft voor het eerst opgetreden tijdens een enorm concert in mei 1995, bij de Brandenburger Poort in Berlijn. Tibor loopt al rond met plannen voor een wereldtournee, waardoor hij hoopt de vrede in de wereld te bevorderen. Een man als Tibor denkt in het groot.

Die avond in Atlantic City waren we allemaal gelukkig en uitgelaten, en ik vond alles wat Tibor zei prachtig. Hij had op zeer overtuigende wijze bewezen dat hij in staat was om een groots evenement als dit gestalte te geven. Ik hou van mensen met dromen en grootse ideeën. Maar ik hou nog meer van mensen die hun dromen en grootse ideeën ook weten te verwezenlijken. Met dit eerste concert had Tibor me laten zien dat hij de daad bij het woord voegde. Die avond werd er niet alleen een zakelijke relatie geboren, maar bovendien een vriendschap. Dank zij Tibor heb ik vele fantastische en geweldige ervaringen beleefd, en ik heb dan ook nog nooit zelfs maar één moment spijt gehad van mijn beslissing tijdens die *Aida* in de Scala.

# 4

## Drie tenoren, in Rome en Los Angeles

Toen Placido Domingo, José Carreras en ik in 1990 ons eerste drie-tenorenconcert deden in de Thermen van Caracalla in Rome, hadden we geen van drieën ook maar enig vermoeden van de enorme populariteit van het gebeuren. Het concert werd georganiseerd ten tijde van het wereldkampioenschap voetbal, dat in dat jaar in Rome werd gehouden. Onze muziek was bedoeld als feestelijke omlijsting van de sport. Volgens mij vonden we alle drie het wk veel belangrijker dan ons concert. We waren er alleen om ons enthousiasme te tonen voor die geweldige sport.

Het idee om gedrieën een concert te geven was eigenlijk afkomstig van José. Placido en ik waren erdoor geïntrigeerd, maar we hadden nooit een moment of een geschikte gelegenheid kunnen vinden. Toen kreeg José leukemie, en na zijn wonderbaarlijke herstel leek een concert met ons drieën een fantastische manier om te vieren dat hij weer gezond was.

Zowel Placido als ik zijn erg dol op deze geweldige man, en het is een afschuwelijke gedachte dat hij er bijna niet meer was geweest. Volgens mijn omgeving ben ik uitzonderlijk bang voor ziekte en dood, en misschien is dat ook wel zo. Maar het idee dat een jonge vent als José, een man met zoveel talent, als gevolg van een ziekte de dood in de ogen heeft gezien, was afschuwelijk. Toen hij zijn ziekte had overwonnen en weer helemaal gezond was, was dat beslist iets dat gevierd moest worden.

Er was nog een reden waarom het idee van de drie tenoren me van meet af aan erg had aangesproken. In de pers waren regelmatig berichten verschenen over de slechte verhouding die zou bestaan tussen Placido en mij. Die verhalen waren volstrekt uit de lucht gegrepen. Placido en ik stonden op vriendschappelijke voet. Welke spanning er in het verleden ook mag hebben bestaan, die was op dat moment allang vergeten, en onze relatie was uitstekend. Ik kon geen betere manier bedenken om blijk te geven van die vriendschap dan een gezamenlijk optreden, een kameraadschappelijk uitbundig concert voor en met José.

Het idee om dit concert in Rome te geven tijdens het wk was afkomstig van twee Italianen, Mario Dradi, impresario, en Ferdinando Pinto, producer. Ferdinando heeft connecties met het Teatro dell'Opera in Rome en het Teatro Petruzzelli in Bari. In aanmerking genomen dat onze agenda's altijd al ruim van tevoren zijn volgeboekt, kwam het concert in een opmerkelijk korte tijd van de grond. De organisatoren kregen van alle kanten te horen dat het nooit zou lukken om ons drieën samen op het toneel te krijgen. Dat het onmogelijk zou blijken te zijn om een moment te vinden waarop we alle drie vrij waren, en dan ook nog tijdens het WK. Maar ze zetten door, en het is hun gelukt.

Ik denk dat zowel Placido als ik voor José vanuit de verste uithoek van de wereld naar Rome zou zijn gevlogen. Bovendien zijn we natuurlijk alle drie enorme voetbalfans, dus dat was een reden te meer om graag naar Rome te komen. Placido, die van Spaanse afkomst is, is zo gek van voetbal dat hij geen voorstellingen afspreekt wanneer Spanje een wedstrijd speelt.

We waren erg blij dat Zubin Mehta onze dirigent wilde zijn. Onze samenwerking en de verheugende omstandigheden zouden ons ongetwijfeld enorm inspireren, maar het was ook goed om een dirigent als Zubin te hebben, die met zijn hoge kwaliteitseisen zou garanderen dat ons optreden binnen de grenzen van het muzikaal respectabele zou blijven. Om alvast een begin te maken slaagden we erin om in december 1989 in Rome bij elkaar te komen voor een eerste gezamenlijke repetitie.

Een concert samen met andere tenoren was voor ons alle drie een nieuwe ervaring. Hoewel ik zowel Placido als José kende en bewonderde, had ik met geen van beiden ooit samengewerkt, niet in een opera, en zelfs niet bij een gala. Hoewel de mogelijkheden voor meningsverschillen legio waren – vanaf het allereerste moment moesten er talloze beslissingen worden genomen – verliep onze samenwerking geweldig. Om te beginnen probeerden we het eens te worden over de aria's die ieder van ons zou zingen. Dit had al de nodige problemen kunnen opleveren, want het was natuurlijk niet denkbeeldig dat twee van ons dezelfde aria of hetzelfde lied zouden willen zingen. Gelukkig werden we het over dit onderdeel van het programma bijna moeiteloos eens.

Veel moeilijker was de grote medley die we samen zouden zingen. Wanneer we samen op het toneel verschenen, moesten we ook samen zingen. Maar wat? Er bestaat geen muziek voor drie tenoren. Geen componist is ooit zo optimistisch geweest. Dus we moesten speciaal voor ons een medley laten samenstellen. Placido stelde voor dat zijn arrangeur dat zou doen. José en ik gingen akkoord, hoewel ik over een aantal arrangementen uiteindelijk niet echt enthousiast was. Ik vond ze onder andere te ingewikkeld voor een optreden waarvoor slechts beperkt gerepeteerd kon worden. Er werd wat heen en weer gepraat, maar ten slotte werden we het eens, en iedereen was tevreden.

Hoewel, tevreden is misschien niet het goede woord. We waren allemaal erg nerveus voor dit optreden, en door die medley werd onze nervositeit alleen maar groter. Het concert zou tegen het eind van de lente worden gehouden, en we waren ons er alle drie van bewust dat er voor die tijd eigenlijk diverse malen gerepeteerd zou moeten worden. Onze agenda's zaten echter volledig vol. Toen we in de lente naar Rome terugkeerden voor het concert, hadden we maar twee dagen om te repeteren. In de periode tussen onze eerste en tot dan toe enige repetitie en onze aankomst in Rome, hadden we alle drie hard aan andere projecten gewerkt.

Tijdens de korte repetitieperiode vlak voor het concert werd ons duidelijk hoe slecht we waren voorbereid. Maar we werkten als gekken. Het nieuws van onze primeur had inmiddels de ronde gedaan, en er waren plannen ontwikkeld om het concert voor een internationaal publiek uit te zenden. Dit was niet langer een vrolijke viering van José's herstel en van de wereldbeker; het werd een belangrijke muzikale gebeurtenis.

Volgens mij hebben de zenuwen ons nog veel dichter tot elkaar gebracht. Alle drie hadden we keihard gewerkt om, ieder op onze eigen manier, de klassieke top te bereiken, dus we begrepen als maar weinig buitenstaanders wat de anderen hadden doorgemaakt om zo ver te komen. We begrepen ook wat we riskeerden met een slordig, slecht voorbereid concert, een concert dat bovendien hoe langer hoe meer internationale publiciteit kreeg.

Tot overmaat van ramp werden we geconfronteerd met een aantal krankzinnige ideeën, waartegen we ons en bloc verzetten. Zo dacht een van de producers dat het de avond boeiender zou maken wanneer een jury ons tijdens ons optreden cijfers zou geven, zoals dat gebeurt bij de Olympische spelen. De hemel zij dank kwam dit idee niet erg ver. Ik vind competitie prima. Sterker nog, ik ben ervan overtuigd dat het de sfeer van gezonde competitie is geweest waardoor dit concert – en onze latere concerten samen – zo succesvol is geworden. De competitie tussen ons drieën maakt dat we allemaal ons beste beentje voorzetten. En wie profiteert daarvan? Het publiek natuurlijk. Maar het plezier van de avond zou zijn bedorven als we allemaal een cijfer hadden gekregen.

Het werd een onbeschrijflijke avond. In de belichting die was opgezet voor de televisiecamera's, waren de Thermen van Caracalla van een ongelooflijke schoonheid. Je zag architecturale details die in het zonlicht misschien onopgemerkt zouden zijn gebleven. Het publiek bestond uit vele zeer vooraanstaande figuren, die in Rome waren voor het WK, onder wie de koning en de koningin van Spanje. De avond was zacht en verrukkelijk, de Romeinse lucht aangenaam koel.

Nadat ieder voor zich zijn eerste aria had gezongen, wist ik dat alles goed zou gaan. Toen José midden in een aria een kus naar een overkomend vliegtuig blies, wist ik ook dat de toon van de avond ontspannen en vrolijk zou zijn. Hoewel ik voelde dat het publiek steeds enthousiaster werd, had ik geen idee van het enorme succes dat de avond zou blijken te zijn, tot we aan de medley aan het eind van het programma kwamen.

Deze bestond uit lichte muziek uit verschillende landen, om de internationale sfeer van het WK weer te geven. Bekende muziek, die wij voor een belangrijk deel nog nooit hadden gezongen, zoals 'La Vie en Rose', en liedjes uit de West Side Story. De medley duurde ongeveer twintig minuten en kende diverse passages waar we meerstemmig zongen. Het bleek niet zo moeilijk te zijn als we hadden gevreesd, en we genoten er enorm van om deze geliefde melodieën samen ten gehore te brengen. Ons plezier werkte aanstekelijk op het publiek.

Aan het eind van de medley zongen we samen 'O Sole Mio'. Het klonk goed. Tijdens de toegiften zongen we het nog eens, en deze keer maakten we er wat gekkigheid bij, met toestemming van Zubin. Ik begon, door de laatste 'O Sole' heel, heel lang aan te houden, maar daarna herhaalden Placido en José mijn schertsende vertolking, dus ik was niet de enige die overdreef.

Aan het eind van het concert reageerde het publiek uitzinnig. Ze gingen bijna op hun stoelen staan, zelfs de koning en de koningin, werd me later verteld. Voor ons alle drie is het concert in Caracalla een van de belangrijkste gebeurtenissen in ons leven geworden. Ik hoop dat ik niet onbescheiden ben als ik denk dat het voor het merendeel van de aanwezigen ook een onvergetelijke avond is geworden. Net als in Rome was het ook voor een heleboel mensen die het concert op de televisie zagen, voor het eerst sinds José's herstel dat ze hem weer hoorden zingen. Zijn optreden liet er geen twijfel over bestaan dat hij weer helemaal terug was, en nog altijd een even subliem artiest was als voor zijn ziekte. Eigenlijk waren we allemaal in topvorm, en we zongen met een uitbundigheid en een uitgelatenheid die je volgens mij maar zelden tegenkomt bij artiesten die samen optreden. We vierden de muziek, we vierden elkaar, en we vierden het leven.

Omdat we het concert gaven ten bate van José's stichting, waren we tevreden met een bescheiden gage. Een eenmalig bedrag, zonder honorarium voor herhalingen of royalty's van platen- en videoverkoop. We verwachtten niet dat het concert zo populair zou blijken te zijn en dat er überhaupt een plaat of video van op de markt zou komen. We vergeleken het hele gebeuren met een operagala met meerdere artiesten, of met een concert ter ere van een overleden collega. Dat soort evenementen is altijd een geweldige ervaring voor het aanwezige publiek, maar wordt door de buitenwacht eigenlijk nauwelijks opgemerkt.

We waren niet de enigen die in commercieel opzicht niet veel van Caracalla verwachtten. Maar na het concert hebben we allemaal onze mening moeten herzien. Ondanks het grote succes was mijn platenmaatschappij Decca, in Londen, niet bijster enthousiast om er een opname van uit te brengen. Uiteindelijk ben ik er, samen met enkele anderen, in geslaagd hen over te halen. Op dit moment zijn van die opname meer dan tien miljoen exemplaren verkocht, en hij loopt nog steeds geweldig. Het is de best verkopende klassieke opname in de geschiedenis, en een van de best verkopende platen aller tijden. Er is me verteld dat er tot dusverre maar twaalf albums zijn waarvan net zoveel exemplaren zijn verkocht. Het heeft er dan ook alle schijn van dat onze beslissing om akkoord te gaan met een eenmalig honorarium zakelijk gezien bepaald niet de verstandigste is geweest.

Het drie-tenorenconcert van Caracalla was zo'n succes dat we onmiddellijk werden overstroomd met aanbiedingen om het te herhalen. Het leek wel alsof elke stad ter wereld haar eigen drie-tenorenconcert wilde. Volgens mij hadden we met zes tot acht van dergelijke concerten per maand nog jaren zoet kunnen zijn. De Japanners boden ons bijvoorbeeld een ongelooflijk bedrag voor een herhaling van het concert in de Keizerlijke Tuinen van Tokyo. Maar we sloegen alle aanbiedingen af, in het besef dat dit het soort muzikale gebeurtenis was dat niet te vaak moet worden herhaald. Bovendien hadden we alle drie een uitzonderlijk drukke solo-carrière.

In 1993, drie jaar na Caracalla, drong Tibor Rudas erop aan om in Los Angeles weer een drie-tenorenconcert te doen, ter ere van het eerstvolgende WK. Tibor zou Tibor niet zijn geweest als hij ons geen uitzonderlijk royaal aanbod had gedaan: tien keer zoveel als we voor Caracalla hadden ontvangen, plus royalty's voor de platen- en videoverkoop. José en Placido wilden wel, maar ik bleef ertegen.

Mijn voornaamste angst was dat we het succes van het eerste concert nooit zouden kunnen evenaren. Het leek me bijna onmogelijk om diezelfde sfeer van spontaniteit en uitbundigheid die was voortgekomen uit onze nervositeit over ons eerste gezamenlijke optreden en uit ons geluk over José's herstel, nogmaals te creëren. Als we het concert herhaalden, zou iedereen denken dat het ook destijds al commercieel van opzet was geweest. Dat was niet alleen niet waar, het zou bovendien ons gebaar naar José hebben afgezwakt en bezoedeld.

Maar van ons drieën was José volgens mij nog het meest enthousiast over een tweede drie-tenorenconcert. Hij had een stichting in het leven geroepen voor leukemie-onderzoek, en bovendien had zijn ziekte hem een fortuin gekost. Toen ik me dat realiseerde begon ik me schuldig te voelen over mijn koppigheid om niet te willen meewerken, en ik stemde in met een herhalingsconcert. De datum werd vastgesteld op 16 juli 1994, op de vooravond van de finale in Los Angeles. Het concert zou *Encore!* heten.

Gedurende een heel jaar domineerde dit gebeuren onze gedachten. De stemming was meteen al heel anders dan bij het eerste concert. Dat hadden we gegeven in een uitgelaten stemming, omdat we iets te vieren hadden. Bij het organiseren van dit tweede concert, kwamen we allemaal met onze advocaten naar de besprekingen. Zodra we eenmaal op het toneel stonden was Caracalla een ontspannen, volstrekt informele happening geweest. Maar over dit tweede concert werd gesproken als over het muzikale evenement van de eeuw. Wanneer je het 'muzikale evenement van de eeuw' op je agenda hebt staan, is het moeilijk om nog aan iets anders te denken.

Om ons zekerder te voelen voor de grote dag regelden we het zo dat we bij een liefdadigheidsgala in Monte Carlo als het ware een generale repetitie hielden. Het gala zou worden gegeven voor een betrekkelijk klein publiek, en het zou niet op de televisie worden uitgezonden. Voor ons was het wat bij de opera een kostuumrepetitie heet. Dit proefconcert verliep uitstekend, en daardoor keken we alle drie met iets meer vertrouwen uit naar het gebeuren in Los Angeles. Wat omvang en ambitie betrof was er echter weinig verband tussen de twee concerten.

Tibor pakt alles wat hij doet groots aan, maar bij het concert in Los Angeles gooide hij werkelijk alle remmen los. Hij kreeg een volle week de beschikking over het Dodger Stadium, waar hij helemaal achteraan op het veld een enorme set liet bouwen. Op die manier zouden de goedkoopste plaatsen in het stadion, de niet-overdekte tribunes, onder het toneel verdwijnen. Het hele honkbalveld zou worden volgezet met stoelen voor de duurste zitplaatsen.

Voor het ontwerp van de set schakelde hij de ploeg in die de decors van de film *Jurassic Park* had ontwikkeld. Hun ontwerp was gebaseerd op het thema van een tropisch oerwoud, met aan weerskanten van het toneel een viertrapswaterval. De afscheiding tussen het tropische oerwoud en het toneel zou worden gevormd door dertig witte zuilen, gemaakt in Hongarije. Tibor gaf bovendien opdracht een podium te bouwen op ongeveer drie meter boven het veld, groot genoeg voor de dertig zuilen, vrachtwagens vol planten en bomen, het hele Los Angeles Philharmonic, een volledig koor en drie tenoren.

Omdat bij een deel van de zitplaatsen de afstand naar het toneel wel erg groot was, liet Tibor een reusachtig televisiescherm oprichten, bijna net zo groot als de watervallen, zodat ook de mensen op de verste plaatsen ons goed konden zien. Aangezien dit alles binnen een week klaar moest zijn, huurde Tibor zeshonderd man in, die hij vierentwintig uur per dag in ploegendiensten liet doorwerken. Toen ik vier dagen voor het concert in Los Angeles arriveerde, was het hele toneel inclusief de achtergrond al klaar. We maakten ons een beetje zorgen over de reusachtige watervallen. De meeste mensen ervaren het geluid van spetterend water als erg aangenaam, maar dat geldt niet voor een tenor die pianissimo probeert te zingen. Tibor stemde ermee in om de watervallen tijdens de muziek stop te zetten.

Toen we met Zubin begonnen te repeteren, kon dat al meteen op het kersverse podium. Terwijl ik met mijn twee collega's in de stralende ochtendzon van Californië repeteerde, keek ik uit over het lege stadion. In de verte stond Tibor in zijn bermudashort, een eenzame figuur, heel nietig in het enorme lege stadion. Hij leek zo kalm. Ik kon mijn ogen niet geloven. Terwijl zeshonderd mensen de laatste hand legden aan zijn enorme podiumconstructie, en terwijl zijn drie tenoren met een voltallig symfonieorkest aan hun optreden werkten, stond hij in zijn zaktelefoon te praten, en hij maakte een volmaakt kalme en ontspannen indruk. Ik had net gehoord dat hij afspraken had gemaakt dat het binnenkomende vliegverkeer voor Los Angeles tijdens het concert via een andere route naar het vliegveld zou worden geleid, zodat de toestellen niet te dicht in de buurt van het stadion zouden komen. Tibor is verbijsterend.

De laatste paar dagen voor het concert zijn een vage vlek in mijn herinnering. Ik logeerde bij mijn goede vriend Jerry Perenchio, op zijn schitterende landgoed in Bel Air. (Ik ken Jerry al jaren, en nog niet zo lang geleden heb ik bij het huwelijk van zijn zoon gezongen.) Mijn familie en een stel vrienden arriveerden uit Italië, en wanneer ik niet hoefde te repeteren zaten we met zijn allen rond Jerry's zwembad en probeerde ik me te ontspannen. Ik was vanuit Europa naar Los Angeles gevlogen, en als gevolg van het tijdsverschil had ik moeite met slapen. Dat betekende weer een zorg erbij. Ik voelde me prima, en mijn stem leek ook goed in vorm, maar ik hoorde dagelijks van alle kanten dat dit concert een historisch gebeuren van formaat zou worden, en dat droeg niet bepaald bij tot mijn ontspanning.

Het concert zou live worden uitgezonden, met het grootste publiek in de geschiedenis van de televisie. Tibor schatte dat er tussen de een en twee miljard mensen naar ons optreden zouden kijken. Omdat het programma over de hele wereld zou worden uitgezonden, zouden onze stemmen op elk uur van de dag wel ergens op aarde klinken. Het was nauwelijks te bevatten. Er waren met honderdzeven landen afspraken gemaakt om het concert uit te zenden, hetzij live, hetzij met een kleine vertraging. En dat terwijl er volgens Tibor in de hele wereld maar honderdtwintig landen waren! Hem kennende was ik ervan overtuigd dat hij liep te piekeren over de dertien landen die het drie-tenorenconcert níet uitzonden.

Op het laatste moment wilde een van mijn collega's een aria veranderen. Dit schiep om diverse redenen problemen, maar vooral vanwege de tijd om te repeteren en vanwege het feit dat de programma's al gedrukt waren. Ondanks alle verwarring die door deze verandering ontstond slaagde Zubin erin om het programma op een bevredigende manier aan te passen, en niets leek een succesvolle voorstelling nog in de weg te staan.

We hoorden welke prominente gasten het concert zouden bijwonen. Tibor had een heel blok stoelen vooraan als vip-plaatsen verkocht voor duizend dollar per stuk. Daarbij was inbegrepen een galadiner na de voorstelling, met ons en alle aanwezige Hollywoodsterren.

Dat idee had Tibor van Jane Nemeth, die de leiding had over mijn vocalistenconcours en die ooit een dergelijk diner had georganiseerd om geld in te zamelen voor de Opera van Philadelphia.

Hij liet achter het toneel, net buiten het stadion, een reusachtige tent neerzetten die plaats bood aan vijfhonderd gasten. Op die manier hoefden de gasten die na het concert het diner zouden bijwonen, niet eerst in hun auto te stappen om naar elders te rijden. Achter het toneel stond hun tafel al klaar. Ze konden er zo naartoe lopen. Dit bleek een bijzonder goed idee te zijn, te meer daar drie uur voor het begin van het concert het verkeer al over een afstand van vier kilometer vastzat: allemaal mensen die op weg waren naar het parkeerterrein van Dodger Stadium.

Terwijl ik me bij Jerry probeerde te ontspannen, hoorde ik Nicoletta aan de telefoon zeggen: 'Ja, Luciano is erg gespannen voor het concert, maar hij is minstens zo gespannen voor het WK.'

Daar had ze geen ongelijk in. Ik was erg opgewonden, want de finale zou worden gespeeld tussen Italië en Brazilië. Brazilië heeft altijd al een van de beste teams gehad, dus het zou voor alle Italianen een erg spannende wedstrijd worden. Ik zal echter niet ontkennen dat ik ook uitzonderlijk nerveus was voor het concert.

Het is moeilijk te beschrijven hoe je je voelt wanneer je live gaat optreden voor de helft van de wereldbevolking. Dank zij de moderne communicatiemiddelen kun je als artiest in een heel korte tijd een heleboel mensen bereiken. Door deze technische vooruitgang heb je er geen jaren meer voor nodig om naam te maken. Voor je het weet ben je wereldberoemd. Een fantastische zangeres als Cecilia Bartoli is binnen veel kortere tijd beroemd geworden dan ik. De keerzijde hiervan is dat een carrière tegenwoordig ook van het ene moment op het andere kan sneuvelen. Dank zij satellietverbindingen en allerlei andere moderne apparatuur kan een slechte voorstelling op hetzelfde moment over de hele wereld worden getoond.

Wie het concert op de televisie bekijkt, ziet drie zingende tenoren. Zo bijzonder is dat niet. Maar als artiest kun je je nauwelijks voorstellen dat miljoenen en nog eens miljoenen mensen je live op de televisie zullen zien. Dat je kleinste fout voorgoed wordt vastgelegd. Dat er miljoenen mensen naar je zullen kijken die al jaren van je houden, maar ook miljoenen die je misschien niet zo geweldig vinden. Er zullen mensen kijken die je reputatie kennen, maar die je nog nooit hebben horen zingen, en mensen die zelfs nog nooit van je hebben gehoord. Allemaal zullen ze hun oordeel vellen. Sommigen zullen razend enthousiast zijn, anderen teleurgesteld, en weer anderen zitten misschien te wachten op het moment dat de stier je op de hoorns neemt...

Die nervositeit was nu eenmaal onontkoombaar. Dat had ik geweten op het moment dat ik met dit tweede drie-tenorenconcert had ingestemd. Het goede nieuws was dat we dicht bij de opzet van ons eerste concert waren gebleven. Het grootste verschil was dat we in plaats van één twee medleys zouden zingen, een om de eerste helft van het concert te besluiten, en een bij wijze van finale. Tot mijn grote opluchting waren de medleys deze keer niet zo ingewikkeld als die in Caracalla. We zouden wel samen zingen, maar minder vaak meerstemmig.

Een ander voordeel was dat de samenwerking nu niet meer zo nieuw voor ons was als die eerste keer. Bovendien kende José Placido en mij nu een stuk beter, en volgens mij voelde hij zich ook beter op zijn gemak met ons. Het lenteconcert in Monte Carlo was ook om die reden een uitstekend idee gebleken.

Opdat we een plek hadden waar we ons konden terugtrekken terwijl de voorbereidingen in volle gang waren, had Tibor voor ons allemaal een grote caravan – bijna een compleet huis – bij het stadion laten zetten. Voor zichzelf had hij er ook een besteld. De caravans stonden in een kring, met in het midden een pleintje, bedekt met kunstgras. Omdat ze een heel eind van het toneel stonden had Tibor er bovendien voor gezorgd dat we allemaal ons eigen golfkarretje hadden om mee op en neer te rijden.

Eindelijk was het moment aangebroken om naar het stadion te vertrekken voor het concert. We waren gewaarschuwd dat het verkeer wel eens voor problemen zou kunnen zorgen, dus waren we al drie uur van tevoren in het stadion, waar we ons terugtrokken in onze caravans, in een poging nog zoveel mogelijk te ontspannen. Wie me in mijn kleedkamer kwam opzoeken deed verslag van de gebeurtenissen in het stadion. Frank Sinatra en zijn vrouw waren al bijna een uur voor de voorstelling gearriveerd, kreeg ik te horen, en zaten geduldig te wachten. In het VIP-gedeelte waren ook Gene Kelly, Bob Hope en Gregory Peck gesignaleerd. Ex-president George Bush en zijn vrouw Barbara bevonden zich onder het publiek, evenals Henry Kissinger. Weer even later kwam er iemand bij mijn kleedkamer langs die wist te melden dat hij Arnold Schwarzenegger, Tom Cruise en Whoopi Goldberg had gezien.

Itzhak Perlman, die het commentaar zou inspreken bij de PBS-uitzending, kwam even langs om me succes te wensen. In de enorme opwinding vooraf leek het wel alsof alle journalisten ter wereld ons wilden interviewen. En alsof alle vrienden die ik de afgelopen dertig jaar had gemaakt me een hart onder de riem kwamen steken. Te midden van al die drukte kon ik maar aan één ding denken: zou het concert goed gaan, zou ik goed zingen?

Het werd tijd om te douchen en mijn rokkostuum aan te trekken. De spanning was bijna op haar hoogtepunt, toen we een telefoontje kregen dat twee van mijn vrienden uit Italië, Panocia en zijn vrouw, bij de ingang van het stadion tot de ontdekking waren gekomen dat ze hun kaartjes in het hotel hadden laten liggen. Dat hotel stond in Beverly Hills, helemaal aan de andere kant van Los Angeles. Er was geen denken aan dat ze de kaarten nog konden gaan halen, zelfs niet dat iemand ze nog op tijd vanuit het hotel kon komen brengen. Ik kon mijn oren niet geloven.

Gezien het tijdelijke telefooncircuit viel het niet mee om erachter te komen wie ik moest bellen om te zorgen dat mijn vrienden tot het stadion werden toegelaten. Bovendien wisten we niet welke stoelnummers ze hadden. Het was werkelijk een ramp, waar ik op dat moment helemaal geen behoefte aan had. Mijn goede vrienden waren helemaal uit Modena overgekomen voor het concert. Ik had alles voor hen geregeld, inclusief goede zitplaatsen, en wat deed Panocia? Hij liet zijn kaartjes in het hotel liggen! Nicoletta ging met de telefoon aan de slag en slaagde er uiteindelijk in het probleem op te lossen. Panocia is misschien wel mijn beste vriend, maar op dat moment had ik hem kunnen vermoorden.

Een paar minuten later kwam Nicoletta terug bij mijn caravan met het nieuws dat de orkestleden in de rij stonden om souvenirs te kopen. Daar had Tibor voor gezorgd: er waren T-shirts, koffiemokken, zelfs kussens, allemaal met de titel van het concert erop, *Encore*, plus onze namen en de plaats en de datum. Nicoletta was verrast dat de muzikanten van het Los Angeles Philharmonic, met hun instrument onder de arm, in de rij stonden om souvenirs van de avond te kopen. Wat een eer!

Omdat het concert live op de televisie werd uitgezonden, moest het op exact het juiste moment beginnen. Toen het stadion was volgestroomd en het grote moment aangebroken, trok Zubin zijn witte strik recht en maakte zich klaar om op te gaan. Met een blik op de enorme mensenmassa zei hij tegen ons: 'Een gezellig zaaltje. De ideale ambiance voor kamermuziek.'

Ik kan u niet beschrijven hoe ik me voelde toen ik het toneel opliep voor mijn eerste aria. Ik wist dat de hele wereld via de televisie meekeek. Maar dank zij de uitgestrekte mensenmassa voor me had ik eerder het gevoel dat de hele wereld zich in Dodger Stadium had verzameld. De volgende dag stond er in de krant dat er zesenvijftigduizend mensen in het stadion waren geweest, maar mij hadden het er veel meer geleken.

Door alle publiciteit en door de grote druk van tevoren was ik bijna net zo zenuwachtig voor mijn twee collega's als voor mezelf. Maar nadat we alle drie onze eerste aria hadden gezongen, wist ik dat we uitstekend in vorm waren, en dat het concert een succes zou worden. Goed zingen alleen is echter nog geen garantie voor succes, zeker niet bij een ongebruikelijk concert als dit. Ondanks de ongelooflijke spanning moet je voortdurend de indruk wekken dat je staat te genieten.

Het is elke keer weer afwachten hoe een voorstelling zich zal ontwikkelen; of er een goede sfeer zal ontstaan. Maar toen we eenmaal een eindje op weg waren, wist ik dat de stemming erin zat. Tegen de tijd dat we bij de medley aan het eind van de eerste helft waren aangekomen, was ik volkomen ontspannen en kon ik er ook echt van genieten.

Onze eerste medley was een hommage aan Hollywood. Een van de liedjes was 'Moon River', als eerbetoon aan mijn kort tevoren overleden vriend Henry Mancini. Een paar maanden eerder had ik in Los Angeles nog meegedaan aan een concert ter ere van deze geweldige man en zijn ongelooflijke carrière als componist van filmmuziek. Op dat moment was me al duidelijk geweest dat het niet goed met hem ging, en ik ben erg blij dat Hollywood hem zijn diepe respect heeft getoond op een moment dat hij er nog van kon genieten.

Als eerbetoon aan de fantastische Gene Kelly zongen we 'Singing in the Rain' uit een van zijn grootste films, en voor Frank Sinatra deden we 'My Way'. Als afsluiting van elk lied wezen we op de ster die we eerden, en beide mannen stonden op en namen hun applaus in ontvangst. Ik vond het een overweldigende ervaring om in die verbijsterende ambiance op het toneel te staan en mijn respect te betuigen aan de helden uit mijn jeugd. Tijd om daarover na te denken kreeg ik echter nauwelijks, want er moest nog veel meer gezongen worden.

Achteraf vroegen veel mensen wat ik tijdens het concert toch in mijn mond had gehad. Ze hadden me zien kauwen, zeiden ze. Op kauwgom, leek het wel, maar ze konden zich niet voorstellen dat ik dat tijdens een rechtstreekse wereldwijde televisie-uitzending zou doen. En daar hadden ze gelijk in: zelfs als ik alleen thuis ben loop ik niet met kauwgom in mijn mond. Het spijt me dat mijn gekauw zo duidelijk zichtbaar was, en ik hoop dat het niemand van de muziek heeft afgeleid. Ik had een klein stukje appel in mijn mond gestopt omdat ik dacht dat dat goed was voor mijn keel. Om mijn keel gezond te houden tijdens een concert heb ik in de loop van de jaren al verschillende dingen geprobeerd: citroenen, sinaasappels, keelpastilles, het onvermijdelijke mineraalwater, maar op dat moment had ik besloten dat een stukje appel het beste zou zijn. Inmiddels ben ik van gedachten veranderd. Ik geloof niet dat het enig effect heeft gehad. Sterker nog, het was een afschuwelijk gezicht, en ik zal het nooit meer doen.

De tweede helft van het concert ging net zo goed als de eerste. Volgens mij waren we alle drie meer ontspannen en geïnspireerd dan bij ons eerste concert. Door de enorme ophef van tevoren waren we aanvankelijk wel nerveus, maar zodra we het toneel opgingen en begonnen te zingen, heerste er meteen een geweldige stemming. José verklaarde achteraf een deel van het succes van de avond tegenover een verslaggever van *Time Magazine* als volgt: 'Het publiek is dol op spontaniteit, en als echte Romanen zijn we alle drie dol op improviseren.' Ik denk dat hij daar gelijk in had. Bovendien zongen we goed.

Toen alle toegiften achter de rug waren stapte ik in mijn golfkarretje en reed naar mijn caravan, onder applaus en schouderklopjes van toneelknechts en leden van het orkest. Hoewel het binnenpleintje tussen de caravans niet erg helder verlicht was, ontdekte ik daar Herbert, die me wenkte. Hij stond te praten met een oudere, enigszins gebogen figuur met een Schots geruite gleufhoed op. Zodra ik bij mijn manager was aangeland trapte ik op de rem, en Herbert deed een poging om me voor te stellen aan zijn gesprekspartner. Er stonden echter zoveel mensen om ons heen die applaudisseerden en me geluk wensten, dat ik alleen het woord 'Hope' opving, zonder 'Bob'. Maar ondanks de hoed en ondanks de schemerige belichting wist ik bij het zien van dat fantastische gezicht meteen wie ik voor me had.

Ik sprong uit het karretje en greep zijn beide handen. 'Dank u wel, Mr. Hope,' zei ik. 'Dank u voor al het plezier dat u ons hebt gegeven.' Soms weet ik precies wat ik moet zeggen.

Zoals gebruikelijk na een concert zijn mijn herinneringen aan de nasleep nogal vaag. Ik weet alleen dat ik erg blij was dat het eindelijk voorbij was en dat alles goed was gegaan. Verrassend genoeg waren er geen ernstige fouten gemaakt. Ik was een paar keer in de war geweest met mijn tekst, maar ik denk dat het dank zij mijn accent niet erg is opgevallen.

Tijdens het diner na afloop zat ik met mijn vrienden uit Italië aan tafel. Ik had Panocia inmiddels vergeven dat hij zijn kaartjes had vergeten, en we hadden een geweldige avond. Er kwamen een heleboel mensen naar me toe om me geluk te wensen: onbekenden, oude vrienden, mensen die ik kende van de film of van de televisie. Het liefst had ik hen allemaal in mijn armen gesloten. U kunt zich mijn opluchting niet voorstellen dat het concert eindelijk achter de rug was, en dat alles goed was gegaan.

De volgende dag zaten José, Placido en ik samen voor de televisie om naar de finale van het WK te kijken. De wedstrijd was enorm spannend, maar ik was natuurlijk diep ongelukkig toen Italië verloor door die ene gemiste penalty. Verschrikkelijk!

Ik probeerde filosofisch op het verlies te reageren. 'Het is maar goed dat Brazilië heeft gewonnen,' zei ik tegen Nicoletta. 'Wij Italianen zijn zo rijk gezegend, en in Brazilië plegen ze om het minste of geringste zelfmoord.' Ik vond mezelf erg verstandig en was ervan overtuigd dat ik mezelf aardig in de hand hield. Maar toen ik enkele maanden later aan vrienden in New York vertelde hoe goed ik het verlies van Italië had opgenomen, werd het Nicoletta te gortig.

'Je hebt je misschien aardig weten te beheersen, Luciano,' zei ze, 'maar je hebt de eerste acht uur vervolgens geen woord meer gezegd. Tegen niemand. Het ging pas over toen we in het vliegtuig zaten.'

Misschien was ik inderdaad toch wel behoorlijk van de kaart, maar van die teleurstelling herstelde ik veel sneller dan van het drie-tenorenconcert. Om de een of andere reden kostte het me moeite om terug te keren naar het normale bestaan. Ik werd 's morgens wakker met hetzelfde zenuwachtige gevoel, dezelfde twijfel over mijn volgende stap, mijn volgende optreden, mijn volgende rol, als in de periode voor het concert in Los Angeles.

Vanuit Amerika ging ik rechtstreeks naar mijn buitenhuis in Pesaro, voor mijn jaarlijkse vakantie. Na dagen luieren en nietsdoen, op mijn terras zitten en uitkijken over zee, in mijn hangmat liggen en gezellig eten met mijn familie, was ik de spanning van de aanloop naar het tweede drie-tenorenconcert, die alles bij elkaar bijna een jaar had geduurd, nog niet kwijt. Uiteindelijk verdween het gevoel, maar ik heb er wel twee weken voor nodig gehad.

Het concert was een groot succes, van welke kant je het ook bekeek. Zelfs de recensenten, die altijd erg sceptisch zijn over dit soort groots opgezette spektakels, waren lovend in hun commentaar. Er werd heel wat geschreven over het enorme bedrag dat wij drieën voor die ene avond ontvingen. En het was ook een enorm bedrag. Maar wanneer ik word geconfronteerd met het verwijt dat we veel te veel betaald hebben gekregen voor één avond zingen, citeer ik graag Picasso. Wanneer die ervan werd beschuldigd dat hij een veel te hoog bedrag vroeg voor een tekening die hem

86

misschien drie minuten werk had gekost, zei hij: 'Pardon. Geen drie minuten. Dertig jaar en drie minuten.'

Er wordt ons vaak gevraagd of we ooit weer een drie-tenoren-concert zullen doen. Wat mij betreft, graag. Los Angeles heeft bewezen dat mijn twijfel of we de stemming en de sfeer van Caracalla zouden kunnen evenaren, ongegrond was. Twee miljard mensen hebben ervan genoten om ons samen te horen zingen, en wij drieën hebben ervan genoten om samen op te treden, dus waarom zouden we het niet nog eens doen?

# 5

## Het vocalistenconcours in Philadelphia

Tegen het eind van de jaren zeventig had ik als operazanger meer bereikt dan ik ooit had durven hopen. Ik had in alle grote operahuizen ter wereld gezongen. Van de rollen waarvan ik altijd had gedroomd, behoorden er inmiddels vele tot mijn repertoire. En voor de rest had ik nog alle tijd. Dank zij een reeks televisieconcerten had ik ook bekendheid gekregen buiten de operawereld. Mijn platen verkochten geweldig. Al met al kon ik tegen mezelf zeggen dat ik iets had bereikt. Maar wat moest ik daar vervolgens mee?

Die vraag bleef door mijn hoofd spoken. Zolang mijn stem nog goed was kon ik over de hele wereld opera blijven zingen, platen blijven maken, concerten blijven geven. Allemaal dingen die ik heerlijk vond, maar ik wilde meer. Ik wilde iets doen waarmee ik jonge zangers en zangeressen op weg zou kunnen helpen.

Ik had vaak gespeeld met de gedachte om een vocalistenconcours te organiseren. Tenslotte was ik nooit vergeten hoe belangrijk het voor mijn carrière was geweest dat ik in 1961 het Achille Peri-concours in Reggio Emilia had gewonnen. Dat had mijn hele leven veranderd. Vóór het concours was ik slechts een van de vele jonge zangers geweest die droomden van een carrière, maar even ver van dat doel verwijderd als de duizenden anderen die het maar niet lukte om een voet aan de grond te krijgen.

Een andere reden waarom het idee van een vocalistenconcours me aansprak, was het feit dat ik het altijd heerlijk heb gevonden om met jong talent te werken. Zelfs nu nog probeer ik, hoe druk ik het ook heb, altijd tijd vrij te maken voor de vele jonge mensen die voor advies naar me toe worden gestuurd. Ik geef hun altijd de gelegenheid om voor te zingen, en als ik tijd heb probeer ik hen daadwerkelijk te begeleiden. 's Zomers in Pesaro krijg ik regelmatig bezoek van mensen met wie ik door mijn werk te maken heb, en die me komen opzoeken omdat ze iets met me te bespreken hebben. Ze worden wel eens boos wanneer ik zo'n bespreking onderbreek om naar een jonge zanger of zangeres te luisteren, die met zijn of haar muziek onder de arm bij me aanbelt. Ik vind oprecht dat ik daar zoveel mogelijk tijd en ruimte voor moet vrijmaken. In een goedgeorganiseerd vocalistenconcours zag ik een mogelijkheid om jonge zangers op een meer structurele, systematische manier de helpende hand te bieden.

In januari 1980 kreeg ik in New York bezoek van een delegatie van de Opera van Philadelphia, met het verzoek om een opera te komen zingen. Ik zei dat ik graag weer in Philadelphia wilde optreden, maar dat ik een beter idee had. Waarom organiseerden we in plaats van een reeks operavoorstellingen niet een vocalistenconcours, waarna ik vervolgens met de winnaars een opera zou zingen? We konden jonge mensen uit de hele wereld uitnodigen om hun beste beentje voor te zetten tegenover een jury, waarin ook ik zitting zou nemen. Met de winnaars van het concours zou ik samen een opera op de planken brengen. Dat alles onder auspiciën van de Opera van Philadelphia.

De delegatie uit Philadelphia was erg verrast door mijn idee. Daar waren ze eigenlijk niet voor gekomen. Maar na onderling overleg stemden ze ermee in. Ik heb Philadelphia altijd een prettige stad gevonden. Het ligt vlak bij New York, maar heeft een totaal ander karakter. Zoals Modena totaal anders is dan Milaan. Ik kende de mensen van de Opera van Philadelphia al jaren en onderhield een plezierige relatie met hen.

Het operatheater van de stad, de Academy of Music, heeft een prachtige zangakoestiek. Dat is erg belangrijk voor jonge mensen die bij een auditie zo goed mogelijk willen klinken en al genoeg andere dingen hebben om zich zorgen over te maken. Philadelphia heeft bovendien een enthousiast operapubliek en een internationaal vliegveld. Ik was dan ook erg blij toen de delegatie met mijn voorstel instemde. Pas later begon het tot me door te dringen waar ik aan was begonnen.

De leiding van het concours werd in handen gegeven van Jane Grey Nemeth, een geweldige vrouw, tevens rechterhand van Margaret Everitt, de algemeen directeur van de Opera Company van Philadelphia. Jane werkt graag met zangkunstenaars, ze zit boordevol energie, en ze weet van wanten. Ik kende mezelf echter goed genoeg om te weten dat ik niet alles aan haar zou kunnen overlaten. Vanaf de allereerste dag ben ik in elk detail van het concours geïnteresseerd geweest, en dat is sindsdien niet veranderd. Hoewel Jane en ik het over bijna alles altijd eens waren, vrees ik dat ik haar wel eens aan de rand van de waanzin heb gedreven.

Ik hou er nu eenmaal niet van om dingen half te doen, en in

mijn ogen zou het half werk zijn geweest als ik het idee van het concours had gelanceerd en het vervolgens door anderen had laten uitvoeren. Het verwijt dat ik een overdreven zucht naar controle heb, is terecht. Maar alles wat ik doe is belangrijk voor me, vooral als het gaat om zingen en om getalenteerde jonge mensen die zich een plaats proberen te bevechten in de moeilijke wereld van de opera. Ook al had ik de leiding van het concours dan in bekwame handen overgedragen, dat veranderde niets aan mijn gevoel van betrokkenheid.

Ik had uitgesproken opvattingen over regels die we bij ons concours zouden moeten hanteren: wie er mee mochten doen, hoe ze zich moesten aanmelden en welke eisen we aan hen moesten stellen. Daarnaast wilde ik echter ook bij de kleinste details worden betrokken, zoals het ontwerp van het logo van het concours, en de kleur van de aanmeldingsformulieren. Ik wilde de affiches zien voordat ik ze goedkeurde, en ik wilde de perscommuniqués lezen. Dat zou gemakkelijk zijn geweest als ik in Philadelphia had gewoond, maar toen deze details geregeld moesten worden, zat ik in Japan, Madrid, overal behalve in Philadelphia. Dus het viel voor Jane niet mee om me bij alles te betrekken. Desondanks deed ze haar uiterste best om me de kans te geven overal mijn neus in te steken, zij het op afstand.

Ik wist mijn oude vriend, maëstro Antonio Tonini, zover te krijgen dat hij zich voor het concours inzette en ons liet profiteren van zijn enorme kennis van zang en opera. Hij had me gedurende een aantal jaren als leraar onder zijn hoede gehad, en ik hecht veel waarde aan zijn opvattingen over zingen. Daarom was ik erg blij toen hij ermee instemde om zijn steentje bij te dragen. Hij zou helpen bij het beoordelen van de aanmeldingen, en wanneer ik daarvoor niet in de gelegenheid was, zou hij de wereld overvliegen om jonge mensen te laten voorzingen.

Op 19 april 1980 kwamen uiteindelijk alle betrokkenen bij elkaar in het Barclay hotel in Philadelphia, waar we de plannen voor ons vocalistenconcours op een persconferentie wereldkundig maakten. We legden uit wat ons doel was, en deden ons best om de pers te overtuigen van onze behoefte aan publiciteit, zodat zoveel mogelijk zangers en zangeressen over ons concours zouden horen. We vertelden hun dat er niet alleen in Philadelphia audities zouden worden gehouden, maar over de hele wereld, voor iedereen die wilde meedoen.

We vertelden ook over de inspanningen die we ons zouden getroosten om veelbelovend talent op te sporen. We hadden een adviserend comité gevormd, bestaande uit vooraanstaande musici uit diverse landen, en hun gevraagd om jonge zangers en zangeressen aan te bevelen die in hun ogen geschikt waren om mee te doen. Bovendien stuurden we ons perscommuniqué naar zoveel mogelijk muziekscholen en kleine operagezelschappen. We deden echt alles om er zeker van te zijn dat iedereen die droomde van een zangcarrière over ons concours zou horen, waar ter wereld hij of zij zich ook mocht bevinden.

De aankondiging kreeg behoorlijk wat aandacht in de pers. Sommige journalisten richtten zich speciaal op mij en vroegen of mijn betrokkenheid betekende dat ik me terugtrok uit de operawereld. Toen ik hun verzekerde dat dat niet het geval was, leken ze verrast dat een artiest die nog midden in zijn carrière verkeerde zich met zo'n tijdrovend project bezighield. Verdiende ik soms een hoop geld aan het concours? Ze leken nog verbaasder toen ik hun vertelde dat ik er helemaal niets aan verdiende. Misschien is dat de reden waarom we zoveel aandacht kregen in de pers. Een tenor die iets voor niets deed, dat was een verhaal waard.

Hoe dan ook, al die aandacht hielp ons om het nieuws over ons concours te verspreiden. Daarnaast zette Jane een campagne op om dirigenten en zangkunstenaars over de hele wereld aan te schrijven, om er zeker van te zijn dat ze bekend waren met het concours, en om hun te vragen artiesten aan te bevelen die we voor een auditie zouden kunnen ontvangen. Kort na onze persconferentie ging ik met de Metropolitan Opera Company op tournee door de Verenigde Staten, en Jane regelde dat ik jonge mensen kon beluisteren in Texas, San Francisco en Boston. Ze begon bovendien audities te organiseren in Europa.

Het duurde niet lang of vrienden in de muziekwereld namen contact met ons op om jong talent aan te bevelen. Kurt Adler, de directeur van de San Francisco Opera, drong er bijvoorbeeld op aan dat we een jonge tenor uit IJsland auditie lieten doen. Bij mijn terugkeer naar Europa die zomer regelde ik een stop-over op IJsland. Het bleek echter dat de jonge tenor op dat moment in Europa zat, dus het zou gemakkelijker zijn om hem daar te horen.

Die zomer beluisterde ik stemmen in Londen, Parijs, en op diverse plaatsen in Italië. Jane kwam naar Europa om met agenten van jong vocaal talent te praten, maar die samenwerking verliep aanzienlijk stroever dan met anderen uit de muziekwereld. Deze agenten hadden allemaal jonge artiesten onder hun hoede die ze vooruit probeerden te helpen, maar ze waren bang dat ze zouden worden 'ontdekt' door het concours in Philadelphia. Misschien uit angst dat daardoor de eer van het ontdekken aan hun neus voorbij zou gaan. Maar het kan natuurlijk ook dat ze bang waren dat hun protégés niet zouden winnen.

Toch waren we vastbesloten om over de hele wereld de grootste jonge zangtalenten te vinden, en we wisten dat deze agenten daarbij een belangrijke steun konden zijn. Uiteindelijk kreeg Jane hen meestal toch over de streep. Ze bleek bovendien goed te zijn in het vinden van talent op minder voor de hand liggende plaatsen. Door het benaderen van consulaten en conservatoria slaagde ze er zelfs in veelbelovende jonge vocalisten in Turkije en Egypte op te sporen.

Tijdens de voorronden concentreerde ik me heel sterk op de stem. Dat was het belangrijkste. Daarbij deed ik mijn best om een zanger of zangeres zoveel mogelijk op zijn of haar gemak te stellen. Ik weet hoe verschrikkelijk de druk is bij een auditie, wanneer je moet zingen voor een jury wiens oordeel je kan maken of breken. Het is doodeng. Hoewel ik vind dat wie een professionele zangcarrière nastreeft moet leren om zijn zenuwen in bedwang te houden, ben ik tegelijkertijd van mening dat je niet kan verwachten dat iemand zichzelf meteen in het allereerste begin volledig onder controle heeft.

Omdat sommige van de deelnemers me dat achteraf hadden verteld, wist ik dat ik vanwege mijn reputatie in de operawereld nogal intimiderend overkwam. Vandaar dat ik erg mijn best deed om de deelnemers ervan te overtuigen dat ik ook maar een mens was, en dat ze bovendien allemaal op mijn sympathie konden rekenen. Zelfs als ik een stem niet mooi vond en er weinig toekomst in zag, had ik toch altijd wel een goede raad die ik zo iemand meegaf, of een suggestie om misschien iets anders te gaan doen. Niemand mocht aan een auditie de indruk overhouden dat ik niet in hem of haar geïnteresseerd was.

Die herfst vroeg Margaret Everitt van de Opera Company van Philadelphia of ik een liefdadigheidsconcert wilde geven voor het concours, hetgeen ik met alle plezier deed. Ons vocalistenconcours kostte de Opera veel tijd en energie. Bovendien had het gezelschap behoorlijke kosten gemaakt, dus het minste dat ik kon doen was wat geld bij elkaar zingen.

Die winter maakte Jane nog een trip naar Europa, voor bezoeken aan München, Zürich, Boedapest en Milaan. Overal ontdekte ze jong talent. Ze ging op stap met een rol affiches onder haar arm en probeerde ervoor te zorgen dat ze werden opgehangen op plekken waar veel jonge zangers kwamen: theaters, muziekscholen, en daarnaast op elke andere plek die ze kon bedenken.

In februari 1981, iets minder dan een jaar na onze eerste persconferentie, hielden we onze Europese halve finale in Modena. Zeventig zangers uit acht verschillende landen kwamen naar Italië om auditie te doen. Naast mij in de jury zaten Margaret Everitt, Antonio Tonini, Tibor Katona, Bruno Bartoletti, en Arrigo Pola, mijn eerste zangleraar die nog altijd heel actief is in het muziekleven van Modena.

De regionale audities die we inmiddels hadden georganiseerd, hadden allemaal een min of meer vast patroon laten zien. De meeste zangers waren afkomstig uit hetzelfde land, spraken dezelfde taal en kleedden zich ongeveer hetzelfde. Maar bij de halve finale kwamen er deelnemers uit heel Europa naar Modena, en ons concours werd echt een internationaal gebeuren. Er werden allerlei talen gesproken, het uiterlijk liep sterk uiteen, van donkere Grieken tot blonde Scandinaviërs, en ook de kleding van de deelnemers vertoonde onderling grote verschillen.

Volgens Jane kwam je de jonge artiesten door de hele stad tegen, waar ze in kroegjes en restaurantjes uitgelaten en opgewonden praatten over deze kans om tegenover elkaar in het strijdperk te treden. De restauranteigenaars, en trouwens de hele bevolking van Modena, vonden het bezoek van al deze buitenlanders ook een opwindende ervaring, en ze spanden zich geweldig in om de jeugdige zangers en zangeressen te verwelkomen. Zingen vormt een belangrijk deel van de traditie van mijn stad, en volgens mij voelden de mensen van Modena zich vereerd dat er zo'n belangrijk zangconcours in hun stad werd gehouden.

Onze pianist was mijn oude vriend, Leone Magiera. Hij is een uitstekend dirigent en een briljant begeleider, die voor sommige van 's werelds grootste zangers heeft gespeeld. Alleen al het feit dat onze vocalisten op de piano werden begeleid door een autoriteit als Leone, maakte de reis naar Modena de moeite waard. Zelfs al zou die hun verder niets opleveren.

Op de laatste dag van de audities organiseerden we een concert met de tweeëndertig beste zangers en zangeressen in het schitterende operahuis van Modena, het Teatro Comunale. Het concert was toegankelijk voor publiek, en het werd op de televisie uitgezonden. Tweeëndertig artiesten, dat waren er natuurlijk veel te veel, en het concert duurde viereneenhalf uur! Maar blijkbaar vond niemand dat te lang. Het publiek reageerde erg enthousiast en gaf onze jonge artiesten aan het eind van de avond een staande ovatie, hetgeen ons allemaal erg gelukkig maakte, vooral mij. Na afloop van de voorstelling gaf ik een diner voor alle deelnemers in een restaurant even buiten Modena.

Onze lijst van finalisten begon inmiddels te groeien. Daar waren we erg blij mee, hoewel dat groeiende aantal deelnemers ook een stijging van het aantal vliegtickets en van de overige onkosten betekende. Maar we hadden ons ten doel gesteld om jong talent op te sporen, dus deden we dat. Met al die audities over de hele wereld werd het zicht op het uiteindelijke aantal deelnemers aan de finale in Philadelphia ons enigszins ontnomen.

De Amerikaanse halve finale werd gehouden in New York, in maart 1981. De stad lag onder een dikke laag sneeuw, hetgeen de verwarring en de nervositeit nog groter maakte. Om een heleboel redenen voel ik intens mee met iedereen die een zangcarrière ambieert, maar het feit dat de stem zo'n teer en onvoorspelbaar instrument is, is van al die redenen een van de belangrijkste. Sneeuw maakt het er in dat opzicht bepaald niet gemakkelijker op, maar deze zangers waren allemaal erg dapper, en er zou een enorme aardbeving voor nodig zijn geweest om hen ervan te weerhouden voor ons te zingen.

De audities werden gehouden in de Goodman Hall vlak bij Lincoln Center. In de loop van een paar dagen werden negentig zangers uit tweeëntwintig staten en zeven landen beluisterd door Margaret Everitt, maëstro Tonini en mij. Mijn goede vriend, John Wustman, die me bij vele recitals heeft begeleid, verzorgde de begeleiding. Net als in Modena kregen alle deelnemers daardoor, ook als ze niet doordrongen tot de finale, tenminste de gelegenheid om met een pianist van topniveau te zingen.

We waren er erg op gebrand dat er audities werden gehouden in Zuid-Amerika, want we wisten dat de vele uitstekende jonge artiesten daar nauwelijks de kans kregen om hun talent te laten horen, in elk geval veel minder dan in Europa en de Verenigde Staten. Zelfs een jonge Caruso zou in Zuid-Amerika moeite hebben gehad om zijn weg te vinden in de wereld van de internationale opera. Daarom vloog maëstro Tonini naar São Paulo om daar audities af te nemen.

Ik was aangenaam getroffen, en ook enigszins geamuseerd, dat de audities in São Paulo een belangrijke sociale gebeurtenis voor de stad bleken te zijn. Een uitermate deftig publiek – vooraanstaande zakenlieden, politici, met juwelen behangen dames – kwam naar het finaleconcert van onze jonge deelnemers. Misschien creëerden we op deze manier een hernieuwde belangstelling voor de zangkunst, ook al zouden natuurlijk niet alle Braziliaanse deelnemers kunnen winnen in Philadelphia.

Ik vond het juist daarom zo grappig, omdat de chique uitgaanswereld in mijn leven nauwelijks een rol speelt en er in mijn ogen geen enkel verband bestaat tussen de mondaine elite en het zware werk van auditie doen en meedingen in een halve finale. Maar wanneer de elite van São Paulo zich graag chic wilde uitdossen om onze jonge zangers aan te moedigen, dan vond ik het prima. Van de kandidaten in São Paulo voegden zich zes deelnemers bij de groep die werd uitgenodigd om een maand later naar de finale in Philadelphia te komen.

Op dit punt wil ik graag iets vertellen over deze voorronden. Ook voor deelnemers die niet tot de finale doordringen is zo'n voorronde een positieve ervaring. Ze krijgen een kans om voor het plaatselijke operapubliek te zingen, iets dat anders misschien niet zo snel binnen hun bereik zou zijn gekomen.

Toen ik in 1994 bijvoorbeeld naar Portland in Oregon vloog voor een oudejaarsconcert, hield ik een auditie voor plaatselijk talent. Omdat ik niet veel tijd had, hadden we Robert Bailey, de directeur van de Opera van Portland, gevraagd om een aantal voorronden te beleggen met iedereen die wilde meedoen. Uit de deelnemers had Robert de mensen gekozen die voor mij zouden zingen. Maar ook degenen die niet werden gekozen, hadden in elk geval de kans gekregen om te zingen voor de directeur van het operagezelschap in hun regio. Zo'n kans is belangrijk in je begintijd. Ik weet uit eigen ervaring hoe moeilijk het is om zo iemand onder je gehoor te krijgen.

Het werd mei 1981, tijd voor de finale in Philadelphia. Het was inmiddels een jaar geleden dat we ons concours wereldkundig hadden gemaakt. Zevenenzeventig finalisten vlogen uit alle delen van de wereld naar Philadelphia. Jane had in samenwerking met het operagezelschap geregeld dat de deelnemers tijdens hun verblijf in Philadelphia bij gastgezinnen werden ondergebracht, iedere deelnemer bij een ander gezin.

Nu ik erover nadenk dringt pas tot me door hoe verbijsterend dat eigenlijk is. Zevenenzeventig gezinnen, dat zijn er een heleboel. Italië heb je daarmee een compleet dorp. Ik vind het ongelooflijk dat Jane en haar staf zoveel gezinnen hebben kunnen vinden die graag bereid waren om een volslagen vreemde in huis te halen; om hun gast rond te rijden, als tolk op te treden, en verder in alle opzichten voor hem of haar te zorgen. Volgens mij zegt dat nogal wat over de mensen van Philadelphia, en misschien wel over alle Amerikanen. Ik geloof niet dat Europeanen zo gemakkelijk vreemden in huis nemen, ook al kunnen die vreemden nog zo mooi zingen.

Om alle deelnemers in Philadelphia te begroeten organiseerden we op 17 mei, de openingsdag, een grote receptie als officieel welkom, en de volgende morgen hielden we een persconferentie voor de vele journalisten die ter ere van het concours naar Philadelphia waren gekomen. Tot onze verbazing waren daar ook journalisten en impresario's uit het buitenland bij. Na de persconferentie begon het echte werk.

De eerste artiest was een prachtig meisje uit Texas, Mary Jane Johnson heette ze. Voor mij was ze een typisch voorbeeld van het soort mensen dat we hoopten te vinden. Mary Jane had een prachtige stem en was net begonnen een carrière op te bouwen. Omdat ze getrouwd was en een kind had, twijfelde ze of ze zou doorzetten. Maar later vertelde ze me wat haar man had gezegd. Hij wilde niet dat ze op haar oude dag zou mijmeren over hoe het misschien had kunnen zijn. Daarom had hij erop aangedrongen dat ze naar Philadelphia ging, hoewel dat betekende dat ze hem en de baby alleen moest laten, iets dat nog veel vaker zou gebeuren als ze zou winnen.

Ik zat achter een tafel midden in de Academy of Music. Het theater was verduisterd om te voorkomen dat mijn aanblik de artiesten op het toneel zou afleiden en nerveus zou maken. Ik had een klein lampje om aantekeningen te kunnen maken, en er stond een microfoon op mijn tafel zodat ik zonder mijn stem te hoeven inspannen met de deelnemers kon praten. Later vertelde een van de meisjes me dat ze het griezelig had gevonden om vanuit de duisternis mijn stem te horen met aanwijzingen om zachter of langzamer te zingen, of om het nog eens te proberen, maar nu met wat meer gevoel. Ze had zich gevoeld als Judy Garland, zei ze, toen deze voor de grote Wizard stond. Ik kreeg zoveel commentaar op mijn spookachtige presentatie dat ik tegenwoordig tijdens audities de lichten in het theater maar laat branden.

Op die eerste lange dag van hard werken hoorden we heel wat deelnemers, ik denk wel een stuk of vijfentwintig. We waren het er allemaal over eens dat we het soort talent hadden gevonden waarop we hadden gehoopt. John Rockwell, een muziekrecensent van *The New York Times*, die tijdens die eerste dag aanwezig was, schreef dat de 'kwaliteit van de deelnemers erg hoog leek.' Dat was een geweldige stimulans, niet alleen voor de zangers, maar voor ons allemaal.

De organisatie van het concours deed haar uiterste best om de deelnemers zo in te delen dat ze niet te lang hoefden te wachten, maar het merendeel bracht uiteindelijk toch uren achter het toneel door voordat het hun beurt was. Met als resultaat dat ze nog zenuwachtiger werden dan ze al waren. We probeerden iets aan dit probleem te doen, maar daarnaast vertelde ik de deelnemers dat wachten en zenuwachtig zijn nu eenmaal onverbrekelijk met een zangcarrière verbonden waren.

Ik probeerde aan iedere deelnemer zoveel mogelijk tijd te besteden, en dat was ongetwijfeld de reden waarom het zo uitliep. Soms vroeg ik een zanger of zangeres om een andere aria te proberen, of om iets op een andere manier te zingen. Ik vroeg zelfs wel eens of iemand de volgende dag wilde terugkomen als ik de indruk had dat hij of zij niet honderd procent bij stem was. Ik kon Jane regelmatig op de klok zien kijken.

Zo verscheen er een jonge bariton op het toneel die in Italië schitterend had gezongen. Maar toen hij in Philadelphia zijn mond opendeed, wist ik meteen dat er iets mis moest zijn. 'Voel je je wel helemaal fit vandaag?' vroeg ik. 'Wil je niet liever even wachten? Waarom neem je niet een paar dagen rust? Dan zijn we er ook nog.'

Hij reageerde geschokt. 'Nee, nee, maëstro, ik voel me prima. Echt waar.'

Hij zong echter niet half zo goed als hij dat in Europa had gedaan, en hij kwam dan ook niet bij de winnaars terecht. Later hoorde ik dat hij zich die dag erg beroerd had gevoeld – hij had griep gehad – maar dat hij te trots of te bang was geweest om dat toe te geven. Jonge artiesten denken vaak dat ze maar één kans krijgen, dat ze ongeacht de omstandigheden moeten zingen. Ik vond het erg onverstandig van hem. Ik had hem een tweede kans geboden, maar hij had hem niet gegrepen. Als hij op mijn voorstel was ingegaan had hij een paar dagen later misschien een stuk beter gezongen en bij de winnaars kunnen horen. Ik was tenslotte niet het enige lid van de jury, en ik kon de anderen niet vragen zich uit te spreken voor een stem die ik me van een aantal maanden daarvoor herinnerde.

We probeerden er altijd rekening mee te houden wanneer iemand zich niet goed voelde, of misschien zelfs ziek was. Ook wanneer we vermoedden dat er slechts sprake was van plankenkoorts. Een jonge tenor had daar zoveel last van dat hij zich verstopte in de decoropslag toen het zijn beurt was. Jane was in alle staten, en ze was niet de enige. Iedereen wist dat de jongen een prachtige stem had, en een aantal vrouwen besloot hem te gaan zoeken.

Toen ze hem hadden gevonden sleepten ze hem letterlijk naar een repetitieruimte, waar ze hem lieten vocaliseren zodat hij zelf kon horen dat er met zijn stem niets mis was. Hij bleef echter doodsbang en was ervan overtuigd dat zijn stem hem in de steek zou laten, dus ze moesten hem het toneel op duwen. Hij zong schitterend en behoorde uiteindelijk zelfs tot onze winnaars, maar als die vrouwen hem niet waren gaan zoeken was zijn stem misschien nooit meer gehoord.

In één opzicht verschillen Jane en ik van mening over de omgang met jonge zangkunstenaars. Zij is erg beschermend en wil het liefst een soort moeder voor hen zijn. Ik leef ook wel heel intens met hen mee, en ik weet maar al te goed wat ze doormaken, maar om voor publiek te zingen moet je sterk en taai zijn. Het is prima om een artiest achter het toneel te bemoederen, en desnoods ook in zijn of haar dagelijks leven. Maar op het toneel moet iedereen het alleen doen. Dan kan ook een moeder je niet helpen. In mijn ogen is een groot internationaal zangconcours de gelegenheid om erachter te komen of je er klaar voor bent om moeders rokken te verlaten en aan de opbouw van een carrière te beginnen.

Tijdens de optredens probeerde ik bij iedere finalist een persoonlijk moment te creëren tussen mij en de kandidaat. Ik vroeg wat over henzelf, we praatten wat over en weer. Ik geloof dat ik een van de vrouwelijke deelneemsters bijna een hartaanval heb bezorgd, door na haar optreden met een blik op mijn lijst te zeggen: 'Hier staat dat je een mezzo bent.'

'Dat klopt, maëstro.'

'Nee, dat klopt niet. Je bent een sopraan. Kom morgen maar terug met een aria voor sopraan.' Het klinkt misschien bazig en eigengereid, maar ik heb nu eenmaal verstand van zingen en ik hou er in dat opzicht heel uitgesproken opvattingen op na. Als iemand een ernstige fout maakt, kan ik het niet laten om daar iets van te zeggen. Het meisje bleek inderdaad een sopraan te zijn, en inmiddels zingt ze belangrijke rollen.

Er was nog een jonge zanger die ik bijna een hartaanval bezorgde: een tenor uit de Filippijnen. Na zijn optreden vroeg ik hem de razend moeilijke aria 'Ah, mes amis' uit *La fille du régiment* van Donizetti te zingen. Het is een aria met negen hoge c's. Omdat maar weinig jonge tenoren zo krankzinnig zijn zich daaraan te wagen, trok ik er in 1972 in de Met zo de aandacht mee. De Filippijn was echter niet bang uitgevallen. Hij nam de uitdaging meteen aan en zong fantastisch. Ik vind het altijd erg bevredigend om mensen meer te laten presteren dan waartoe ze zichzelf in staat hadden geacht.

Mijn advies aan de deelnemers betrof niet alleen hun zang. Een van de sopranen was een prachtige jonge vrouw met een nog prachtiger stem, maar ze kwam langzaam het toneel op, met haar ogen naar de grond gericht, en tijdens het zingen stond ze met hangende schouders. Onze begeleider, John Wustman, bleek haar te kennen, en ik vroeg wat het meisje mankeerde. 'Ze stond erbij als een zak aardappelen,' zei ik.

Volgens John had ze gewoon een slechte houding. Dus ik nam haar apart en zei zachtjes dat iemand met zo'n prachtige stem als zij moest leren zich te presenteren. Ze moest zich aanwennen rechtop te staan en te laten zien dat ze er was. Na dat gesprek veranderde haar houding volledig. Aan dat soort problemen is zo gemakkelijk iets te doen. Tegenwoordig heeft ze de presentatie van een Callas, en ook zij zingt aan de grote operahuizen over de hele wereld.

Soms ontstond er verwarring doordat er zoveel verschillende talen werden gesproken. Omdat ik wist dat een van onze zangers meer in zich had dan hij liet zien, riep ik vanuit de orkestbak: '*Dai! Dai!*' Dat is Italiaans voor 'Vooruit! Zet hem op!', en het wordt vaak geroepen tijdens sportwedstrijden. Maar het klinkt net als het Engelse *die*. Dus de jongeman in kwestie dacht dat ik hem een operaversie gaf van 'Val dood'. Hij raakte helemaal van streek en wilde er al mee stoppen, maar Jane begreep het probleem en legde hem uit wat ik bedoelde.

Natuurlijk waren de deelnemers zonder uitzondering nerveus, maar we deden er alles aan om hen op hun gemak te stellen en om te zorgen dat ze zich thuis voelden. Ik maakte zoveel mogelijk grapjes, gaf sommige deelnemers een troetelnaampje en deed mijn best om iedereen zo goed mogelijk te adviseren. Twee van de sopranen waren hoogzwanger, en ik kon het niet laten om daar grapjes over te maken en te vragen wat voor hen op de eerste plaats kwam, de hoge c of de baby.

Audities afnemen is zwaar werk. Je moet je volledig concentreren en je voor honderd procent inzetten. Wanneer je ook maar één seconde afdwaalt met je gedachten, loop je het risico dat iets heel belangrijks je ontgaat. Dat kun je je beslist niet permitteren.

Je zou bijvoorbeeld een aanwijzing kunnen missen waaruit blijkt wat een zanger of zangeres verkeerd doet waardoor de stem niet op haar best klinkt. Elke stem is anders en openbaart zich op een onvoorspelbare manier.

Zo werkte ik een volle week. Het waren lange dagen, soms ook erg eentonig, met voor alle betrokkenen momenten van verveling.

Voor iedereen buiten de operawereld lijkt deze klassieke manier van zingen een specialisme waarin slechts weinigen geïnteresseerd zijn. Maar wie, zoals ik, dagenlang naar honderden jonge zangers en zangeressen zou luisteren, jonge mensen uit alle delen van de wereld, die zulke zware offers hebben moeten brengen om naar ons concours te komen, waar hun misschien slechts ontmoediging of een nederlaag wacht, zou daar anders over gaan denken. Kijkend naar deze jeugdige artiesten die zich zo vurig inzetten voor hun ambitie, ondanks alle risico's die ze daarbij moeten nemen – en dan zien we in Philadelphia alleen nog maar het topje van de ijsberg, namelijk de winnaars van de diverse landelijke en regionale voorronden – kom je tot de overtuiging dat opera en zang wel degelijk een belangrijke rol vervullen. Dan raak je doordrongen van het besef dat deze muziek heel diep in de mens geworteld is, en dat dat nog heel lang zo zal blijven.

Eindelijk was de laatste dag van onze audities aangebroken. Er moest een selectie worden gemaakt. Van onze zevenenzeventig deelnemers wilden we er ongeveer dertig uitkiezen voor het finaleconcert op zaterdag 23 mei. Uit deze dertig zouden we vervolgens onze winnaars kiezen. De dag voor het concert riep ik alle deelnemers bij elkaar om de namen van de uitverkorenen bekend te maken.

Voordat ik dat deed richtte ik me tot de hele groep, en ik vertelde hun iets dat ik oprecht geloof: namelijk dat iedereen die naar Philadelphia was gekomen, een winnaar was. Niet iedereen die bij de finale als winnaar uit de bus zou komen, kon erop rekenen dat hij of zij een zangcarrière tegemoet ging, maar het omgekeerde gold ook. Voor sommige deelnemers die niet bij de laatste selectie zaten kon een glanzende loopbaan zijn weggelegd. Het concours bood geen garantie. Alleen maar een kans.

Ondanks alle vriendelijke woorden voor de verliezers vind ik dit deel van een concours nog steeds afschuwelijk. Maar ik had van meet af aan geweten dat daaraan niet te ontkomen viel. Ik weet hoe pijnlijk het is voor de verliezers, maar voor de jury is het ook een moeilijk moment. Misschien is dat de reden waarom andere gevestigde artiesten zich niet aan dit soort dingen wagen: ze vinden het afschuwelijk om een ander ongelukkig te maken. Dat geldt voor mij natuurlijk net zo goed, maar ik vind het alternatief nog veel erger: namelijk dat een groot aantal goede stemmen misschien niet ontdekt zal worden. Ik maakte de negenentwintig namen bekend van de deelnemers die de volgende avond in het concert zouden zingen.

Toen we onze selectie bekend hadden gemaakt, leken de verliezers onze beslissing goed op te nemen. Ze wensten de winnaars geluk, er werd heel wat afgeknuffeld, en overal op het toneel zag ik lachende gezichten. Maar ik wist zeker dat we heel wat harten hadden gebroken.

Tot dusverre waren de meeste evenementen van het concours gratis toegankelijk geweest, maar voor het finaleconcert wilden we kaartjes verkopen. Maëstro Tonini en ik hadden een programma opgesteld van aria's waarin de winnende stemmen zo goed mogelijk tot hun recht zouden komen en waarvan we wisten dat we het publiek er een plezier mee zouden doen. Het concert verliep geweldig, en onze zangers gaven ons het gevoel dat we trots konden zijn op wat we hadden bereikt.

Maar het werk was nog niet klaar. Het moeilijkste kwam nog. Uit deze negenentwintig jonge artiesten moesten we aan het eind van de avond de uiteindelijke winnaars kiezen. Tijdens de optredens zaten maëstro Tonini en ik in het parterre achter onze tafels, met onze kleine lampjes aan, aantekeningen te maken. Ondertussen probeerden we ook een oogje te houden op de reacties van het publiek om ons heen.

Nadat de laatste deelnemer had gezongen verdwenen we achter het toneel voor een laatste bespreking. In de zaal heerste grote spanning. Ik liep het toneel op en vertelde het publiek dat Margaret Everitt de winnaars zou bekendmaken. Zodra hun naam werden afgeroepen, moesten ze op het toneel verschijnen. Uit negenentwintig deelnemers hadden we er negentien gekozen.

De pers had er moeite mee dat we negentien winnaars hadden. Ze hadden verwacht dat het er maar één zou zijn, of misschien één winnende tenor, één sopraan, één mezzo en één bas. Of anders de beste Italiaanse zanger of zangeres en de beste Wagneriaanse. Maar dat was niet onze opzet. We hadden dit concours georganiseerd om de beste zangers en zangeressen te vinden. Het zou onmogelijk zijn, en bovendien erg oneerlijk, om er één uit te kiezen en de rest vervolgens als onbelangrijk naar huis te sturen, terwijl ze net zo veelbelovend waren.

Negentien winnaars uit een groep van zevenenzeventig finalisten die naar Philadelphia waren gekomen. Dat lijkt misschien veel, maar de mopperende journalisten vergaten dat we tijdens de voorronden in het jaar dat aan het concours was voorafgegaan vijfhonderd zangers hadden opgeroepen! Bovendien zouden we, als we onszelf al te strikte regels oplegden, altijd gedwongen zijn om één winnende tenor en één winnende sopraan te kiezen, ook in een jaar zonder uitzonderlijk goede tenors, maar met vijf briljante sopranen. Ik besef dat een concours met zoveel winnaars nogal ongebruikelijk is, maar ik ben er nog altijd van overtuigd dat we daar goed aan hebben gedaan. Of, met andere woorden, elk alternatief zou erg verkeerd zijn geweest.

Na een jaar van hard werken door honderden mensen – de organisatie van het concours, al degenen die ons in andere landen hadden geholpen, de vele vrijwilligers en gastgezinnen in Philadelphia, en natuurlijk alle deelnemers – hadden we negentien zangers en zangeressen geselecteerd, van wie we dachten dat ze een goede kans maakten op een professionele carrière. We hadden de overige achtenvijftig deelnemers een kans geboden om met professionele musici op te treden buiten hun eigen stad – voor velen betekende dat tevens een buitenlandse stad –, om te worden gehoord door een jury van operadeskundigen, en om andere jonge artiesten van hetzelfde hoge niveau te ontmoeten en te beluisteren.

Ik was me er sterk van bewust dat het winnen van een concours nauwelijks enige betekenis heeft, wanneer je daarna niet de kans krijgt om op te treden. Daarom had het vanaf het begin al deel uitgemaakt van onze opzet dat onze winnaars de kans zouden krijgen om in een volwaardige operaproduktie op te treden, met mij in de tenorrol – uiteraard zonder honorarium. Bovendien zou een aantal van onze voorstellingen op de televisie worden uitgezonden.

Ik kende de operawereld goed genoeg om te weten dat onze produktie weinig aandacht zou trekken met een cast die uitsluitend bestond uit winnaars van de 'Pavarotti Philadelphia Vocal Competition'. Het operapubliek wil nu eenmaal gevestigde namen horen. Het vinden van getalenteerde zangers en hen helpen naam te maken, was het doel dat ons bij de oprichting van het concours voor ogen had gestaan. Maar vóór deze jonge mensen zelf naam zouden maken zouden ze meer aandacht krijgen als ze samen met mij of met een andere bekende artiest zouden optreden.

Er waren precies vijfentwintig jaar verstreken sinds ik het

Achille Peri-concours in Reggio Emilia had gewonnen. Door die eerste plaats had ik de kans gekregen om voor publiek en voor de pers te zingen. Daarom was het ook zo belangrijk voor me om onze winnaars diezelfde kans te geven. Als je iets wilt bereiken in de moeilijke wereld van de opera is daadwerkelijk optreden in een opera veel belangrijker dan een concours winnen. Ik loste mijn ereschuld in door op mijn beurt weer andere jonge mensen te helpen, net zoals ik zelf destijds was geholpen. Volgens mij kan ik naar waarheid zeggen dat ik mijn schulden vroeg of laat altijd inlos.

Het duurde nog een jaar voor we in staat waren onze operavoorstellingen met de winnaars te geven. Eind maart 1982 keerden we terug naar Philadelphia, om te beginnen met de repetities voor *La bohème* en *L'Elisir d'amore*. Gian Carlo Menotti was onze regisseur, en de vooraanstaande Italiaanse dirigent, Oliviero de Fabritiis, had de muzikale leiding. Maëstro Fabritiis was over de tachtig, en zijn gezondheid was niet zo best meer. Onze operavoorstellingen in Philadelphia zouden zijn laatste zijn.

Ik kan u niet zeggen wat een verrukkelijke tijd ik had door als een collega met onze jonge zangers te werken. Die ervaring zette me aan het denken over mijn eerste *Bohème*, jaren geleden in Reggio Emilia. Onze bezetting had destijds uit louter onbekende artiesten bestaan. Omdat we nog geen grote reputatie hoefden te beschermen, hadden we ons uitsluitend op onze zang kunnen concentreren. We waren intens gelukkig geweest, opgewonden over deze kans om voor publiek op te treden. En dat zag ik nu ook bij onze winnaars in Philadelphia. Ze waren zo enthousiast dat hun intense plezier in het werk aanstekelijk op mij werkte, en er heerste dan ook een fantastische kameraadschappelijke stemming.

Ik realiseerde me hoe ik dat gevoel miste in de wereld van de internationale opera, waar de spanningen en de druk altijd torenhoog opliepen. Terwijl ik met een cast van beginners aan de *Bohème* werkte, wilde ik dolgraag dat deze jonge mensen me zouden behandelen als collega, niet als operaster. In sommige opzichten deden ze dat ook wel, maar er bleef tot mijn verdriet toch altijd een onzichtbare muur bestaan. Ook al konden ze me dan niet als een van de hunnen behandelen, alleen al het samenzijn met deze jonge mensen, van wie de meeste aan het begin van een glanzende carrière stonden, gaf me hetzelfde gevoel van hoop en verwachting dat ik vijfentwintig jaar geleden had ervaren in Reggio Emilia.

De voorstellingen verliepen goed, en het publiek was telkens weer enthousiast. Bovendien gebeurde er nog iets geweldigs. Aangezien het in de operawereld heel ongewoon is dat een gevestigde zanger optreedt met een cast van beginners, besloten de mensen van PBS om onze *Bohème* op de televisie uit te zenden. De opnamen waren schitterend: het werk van mijn vriend Kirk Browning, misschien wel de meest getalenteerde en ervaren televisieregisseur van opera en andere klassieke muzikale evenementen. Kirks televisieversie van onze *Bohème* won de Emmy Award voor het beste klassieke televisieprogramma van het seizoen 1982-1983. En wat voor ons nog fantastischer was: het programma werd de meest bekeken opera in de geschiedenis van PBS.

Op 7 december 1983 huldigde de burgemeester van Philadelphia ons voor het winnen van de Emmy en voor onze bijdrage aan de stad Philadelphia. Hij sprak zijn dankbaarheid uit voor de internationale aandacht die we zijn stad hadden bezorgd, en voor het feit dat we de bevolking hadden herinnerd aan haar rijke culturele traditie. Op dat moment maakte ik iets bekend waarover volgens mij al heel wat gespeculeerd was, ook door onszelf: er zou in elk geval een tweede concours worden georganiseerd.

# 6

## Opera in de kathedraal

Voor het tweede concours lieten we meer dan duizend jonge mensen auditie doen, twee keer zoveel als voor het eerste. En voor de finale in september 1985 lieten we ook het dubbele aantal kandidaten naar Philadelphia komen. Dat betekende dat we vliegtickets moesten kopen en onderdak moesten zien te vinden voor honderdvijftig deelnemers uit achttien landen, van wie sommige zelfs uit China. Ik zong met de winnaars van dit concours in voorstellingen van *Un ballo in Maschera*, wederom *La bohème*, en het requiem van Verdi.

De finale van ons derde concours werd gehouden in de herfst van 1988, van het vierde in de herfst van 1992. Aan ons vijfde concours waarvan de finale zal worden gehouden in 1996, wordt op dit moment gewerkt.

Het programmaboekje voor ons vierde concours bevat diverse bladzijden met foto's van vorige concourswinnaars die inmiddels gevestigde namen zijn geworden in de operawereld. Zangeressen zoals Susan Dunn en Kallen Esperian zijn bezig aan een glanzende carrière en hebben hoofdrollen gezongen in de Scala en de Met. In het betreffende programmaboekje worden vijfenvijftig van onze winnaars genoemd, en sindsdien zijn er nog veel meer die naam hebben gemaakt. Maar vijfenvijftig is ook al een prachtig aantal, en we zijn er allemaal erg trots op dat we de wereld zoveel zangtalent hebben gegeven.

Niet alles rond het concours is altijd even gemakkelijk gegaan. Tijdens de presentatie van onze derde groep winnaars, in een produktie van *L'Elisir* gebeurde er zelfs iets verschrikkelijks. Een ramp waardoor de winnaars hun kans om op te treden dreigden mis te lopen. De manier waarop we het probleem uiteindelijk hebben opgelost, demonstreert denk ik onze vastberadenheid om deze winnende deelnemers hun kans te geven.

De repetities van *L'Elisir* gingen heel goed, met alle opwinding en inzet die ik inmiddels verwachtte van jonge zangers bij hun eerste kans op te treden in een professionele voorstelling. Ook de kostuumrepetitie in de Academy of Music verliep geheel volgens verwachting. Het concours en de daaruit voortvloeiende voorstellingen met de winnaars genoten inmiddels grote bekendheid, en dit jaar verwachtten we dan ook veel mensen van buiten de stad. Managers, impresario's en andere operaprofessionals kwamen uit het hele land om deze jonge artiesten te horen, en dat was precies waarop we hadden gehoopt. De media besteedden vooraf al enorm veel aandacht aan ons concours, en er zouden zelfs critici uit New York naar onze voorstellingen komen. Bovendien hadden diverse vrienden uit het hele land me beloofd dat ze de reis naar Philadelphia zouden maken. Ze dachten zeker, laten we maar eens gaan luisteren naar al dat talent dat Luciano denkt te hebben ontdekt.

Door al deze opwinding was ik op de dag van de eerste voorstelling behoorlijk zenuwachtig, niet zozeer voor mezelf als wel voor onze winnaars. Nemorino in *L'Elisir* is een van mijn favoriete rollen. Ik kan hem dromen, dus over mijn eigen optreden hoefde ik me geen zorgen te maken. Bovendien had ik het gevoel dat ik goed bij stem was, en dat is heerlijk wanneer je zoveel andere dingen hebt om je zenuwachtig over te maken.

Op de dag van de openingsvoorstelling, om ongeveer halfvier 's middags, kreeg ik Jane Nemeth en Margaret Everitt aan de lijn. Ze waren zo van streek dat ik nauwelijks begreep wat ze me probeerden duidelijk te maken. Eindelijk drong tot me door dat de Academy of Music gesloten was, en dat onze voorstelling zou moeten worden afgelast. Ik kon mijn oren niet geloven.

Die middag had het Philadelphia Orchestra een matinee gegeven in de Academy. Tijdens de pauze, toen het publiek de zaal uit was, had iemand een bouwkundig probleem in de grote zaal ontdekt. Zolang dat niet hersteld was kon het theater niet worden gebruikt. Later hoorde ik dat er al weken werd gewerkt aan de voorbereidingen voor het installeren van een lift. Daarbij was er een scheur in een van de balken van het plafond ontdekt. Die dag was het plafond tijdens het concert weer onderzocht, en toen was gebleken dat de scheur groter was geworden. Weliswaar maar een klein beetje, maar dat was voor de verantwoordelijke aannemer voldoende reden om aan de bel te trekken.

Onmiddellijk werd besloten dat, voordat de balk zou zijn gerepareerd, de zaal te gevaarlijk was voor publiek. Toen de zaal na de pauze weer volstroomde en iedereen zijn plaats weer innam, werd bekendgemaakt dat iedereen de Academy of Music moest verlaten. Volgens de verhalen verliet het publiek zonder paniek de zaal, maar u kunt zich de sensatie die hierdoor ontstond nauwelijks voorstellen. Het spreekt vanzelf dat het nieuws razendsnel de ronde deed door de stad.

Zodra Jane en Margaret het hoorden stapten ze onmiddellijk naar de directie van het theater. Daar kregen ze te horen dat onze operavoorstelling die avond onder geen beding doorgang kon vinden. Mijn twee vriendinnen wisten zich geen raad, en alvorens mij op de hoogte te stellen van de ramp bespraken ze de mogelijkheid om de opera ergens anders op te voeren. Margaret kwam echter tot de conclusie dat een dergelijke oplossing uitgesloten was. Toen ze me telefonisch op de hoogte brachten zei ik aanvankelijk niets. Ten slotte vroeg ik: 'Waarom zou het niet ergens anders kunnen?'

Ze begonnen over de decors en de kostuums, en over het probleem dat iedereen die een kaartje had gekocht – meer dan tweeduizend mensen – van een eventuele andere locatie op de hoogte zou moeten worden gesteld. Bovendien was er geen schijn van kans dat we de zangers, de zestig koorleden en het orkest op tijd zouden kunnen waarschuwen.

Ik pijnigde mijn hersens af. Ik ben dol op volwaardige operaprodukties, met schitterende decors en prachtige kostuums, en ik ben ervan overtuigd dat al die pracht en praal een wezenlijke rol vervult bij het totale effect. Maar tegelijkertijd realiseer ik me dat het bij opera uiteindelijk draait om de muziek, om de zang. Dit gold in ons geval des te meer, omdat het ons tenslotte om de presentatie van nieuw vocaal talent ging. De recensenten en de operaprofessionals kwamen niet naar Philadelphia om de zoveelste *L'Elisir* te zien. Ze kwamen om nieuwe stemmen te horen. Dat was duidelijk.

Ik wist dat het te laat was om hen nu nog af te bellen, of om de operavoorstelling naar een andere datum te verschuiven. Sterker nog, sommige van deze mensen waren al in de stad, en hadden me zelfs al gebeld om me succes te wensen. Ik betwijfelde of we hen ooit nog naar Philadelphia zouden weten te krijgen, wanneer bleek dat ze voor niets waren gekomen. Bovendien leverde een latere datum voor mij ook problemen op, gezien mijn drukke agenda.

Maar dat was nog niet alles. We waren van plan om de bezetting bij elke voorstelling te laten rouleren, zodat zoveel mogelijk winnaars de kans kregen om voor publiek op te treden. Dus de voorstelling van die avond zou voor de cast hun enige mogelijkheid zijn om op het toneel te staan. Ik kon me er niet bij neerleggen dat onze zangers en zangeressen, die zulke hoge verwachtingen van deze avond hadden, hun kans zouden mislopen. Waar hadden we anders allemaal zo hard voor gewerkt? Toch zeker om hen op het toneel te krijgen?

Ik nam een besluit. 'Ik wil dat iedereen over een kwartier in mijn suite is,' zei ik door de telefoon.

Toen alle betrokkenen er waren – Jane, Margaret, hun mede-werkers, de regisseur, de mensen van de decors en de kostuums, de technisch directeur – zei ik hun dat we een andere plek moes-ten zien te vinden om de voorstelling te houden, desnoods zonder decors en kostuums. Als er geen andere mogelijkheid was, moes-ten we de opera maar als concert opvoeren. Ik kreeg te horen dat er geen ander theater beschikbaar was – ze hadden ze allemaal al gebeld – en niemand wist een andere zaal die groot genoeg zou zijn voor meer dan tweeduizend mensen.

Toen Jane me bij mijn aankomst in Philadelphia een paar we-ken daarvoor naar mijn hotel had gebracht, had ik het uitzicht be-wonderd en het schitterende museum voor de schone kunsten een eindje verderop. En terwijl ik voor mijn raam stond had ik Jane gevraagd naar de grote kerk recht onder me. Het bleek de Petrus-en-Pauluskathedraal te zijn, de voornaamste katholieke kerk van Philadelphia, zetel van aartsbisschop Bevilacqua. Ik herinnerde me bovendien dat Jane me had verteld dat Riccardo Muti er nog niet zo lang geleden een voorstelling van Verdi's requiem had ge-geven.

'We doen L'Elisir in de kerk,' zei ik tegen het gezelschap in mijn suite.

Wanneer je vijfentwintig jaar in het theater werkt zoals ik, en betrokken bent geweest bij tientallen grote produkties met tiental-len en nog eens tientallen mensen, zowel op als achter het toneel, weet je dat er duizendenéén dingen mis kunnen gaan, hoe goed al-les ook is voorbereid. Soms zijn de problemen waar je op stuit heel groot, en dit was zo'n gelegenheid. Je leert echter kalm te blij-ven, je hoofd helder te houden, en alles op alles te zetten om een oplossing te bedenken. Sommige mensen zijn daar heel goed in, andere wat minder. Ik heb zeer kundige, intelligente mensen vol-ledig zien doordraaien in dit soort crises. Die middag zag ik om me heen in mijn hotelsuite beide types vertegenwoordigd.

Mijn vriendin Sandra McCormick zegt dat ik beschik over een soort röntgenapparaat in mijn hoofd dat me in staat stelt om rechtstreeks tot de kern van een probleem door te dringen. Ik weet niet of ze gelijk heeft, maar als ik inderdaad over zulke rönt-genstralen beschik, dan heb ik ze die middag in Philadelphia ge-bruikt om dwars door de honderden vragen en problemen die maar bleven opdoemen, heen te kijken en me te richten op die ene gedachte: onze winnaars moesten hun kans krijgen om te zingen, en het moest die avond gebeuren. Met die gedachte voor ogen werd alles ineens een stuk eenvoudiger.

We begonnen rond te bellen om toestemming te krijgen voor het gebruik van de kathedraal, maar de enige die we te pakken konden krijgen, was een priester die niet erg hoog in de kerkelijke hiërarchie van Philadelphia was ingedeeld. Hij zei dat bijna iedereen op vakantie was, inclusief de aartsbisschop. Helaas was hij niet gemachtigd om zo'n uitzonderlijk verzoek in te willigen, aldus de priester. Er werd wat heen en weer gepraat, en uiteindelijk smeekten we hem om van gedachten veranderen. Hij vroeg ons even geduld te hebben. Minstens tien minuten later – zo leek het althans – kwam hij weer aan de telefoon. Zijn antwoord was positief. Hij kon ons toestemming geven. Ik weet niet of hij een aardse of een hogere macht had geraadpleegd, maar zijn jawoord was voor ons voldoende. We kwamen meteen in actie. Het was inmiddels vier uur 's middags. Dat betekende dat we nog vier uur de tijd hadden.

Mijn suite werd het hoofdkwartier van de operatie. Ik had twee telefoonlijnen, die onmiddellijk in gebruik werden genomen om iedereen die bij de produktie betrokken was in te seinen dat we vier uur later Donizetti's *L'Elisir d'amore* in de Petrus-en-Pauluskathedraal zouden opvoeren. Iedereen die werd gebeld kreeg het verzoek om weer anderen te bellen, en zo deed het nieuws snel de ronde.

Jane en Margaret vertelden me dat de telefoon bij hen al roodgloeiend had gestaan voordat ze hun kantoor hadden verlaten om naar mijn hotel te komen. Het was voor de stad groot nieuws dat het publiek van de beroemde oude Academy of Music de zaal had moeten verlaten tijdens een concert van het Philadelphia Orchestra, en alle locale nieuwsuitzendingen op radio en televisie maakten dan ook melding van het gebeuren. Programma's werden zelfs onderbroken voor speciale bulletins, zo werd me verteld. Toen we de televisie in mijn kamer aanzetten konden we het met eigen ogen zien. We waren ervan overtuigd dat bijna de hele stad op de hoogte was van de problemen bij de Academy. Van degenen die kaartjes hadden voor onze voorstelling van die avond, belden er vele om te horen wat er zou gebeuren.

Voordat mijn beslissing was gevallen had niemand daar antwoord op kunnen geven, maar nu konden we de mensen zeggen dat ze naar de kathedraal moesten komen. We belden ook de radio- en de televisiestations, en die waren bereid om het nieuws onmiddellijk uit te zenden. Ik verzekerde me ervan dat iedereen werd ingelicht: het orkest, de mensen van het toneel en de belichting, de zaalwachters. Iedereen kreeg te horen dat hij onmiddellijk naar de kathedraal moest komen. Daar zouden de taken worden verdeeld om de voorstelling van die avond voor te bereiden.

Het opzetten van de belichting zou te veel problemen geven, dus besloten we om gebruik te maken van de reeds aanwezige belichting in de kathedraal. Eigenlijk zou er een podium moeten worden gebouwd voor het koor zodat het beter gezien zou worden, maar volgens de technici was daar geen tijd meer voor. We hadden tenslotte nog maar een paar uur te gaan.

We besloten om de kostuums en de schmink wel te gebruiken, dus werden er vrachtwagens gehuurd om alles van de Academy of Music naar de kathedraal over te brengen. Het was een afstand van nog geen drie kilometer, maar wel dwars door het centrum van de stad, waar het verkeer altijd razend druk is. Bovendien werd het werk bemoeilijkt door het feit dat het regende.

De telefoons stonden voortdurend roodgloeiend. We werden er stapelgek van. Op de president van de Verenigde Staten na belde iedereen om te vragen wat er aan de hand was. Daardoor kwamen we zelf toestellen te kort om alle noodzakelijke telefoontjes te plegen. Onze persvoorlichter, Carol Sargaula, was zo verstandig geweest om haar intrek te nemen in het Four Seasons hotel, zodat de pers op een andere plek te woord kon worden gestaan. Daardoor hadden wij onze handen vrij voor al het andere.

Nou ja, niet echt voor alles. Jane stuurde Miriam Lewin, een van haar medewerksters, naar de kathedraal om de activiteiten daar te coördineren. Een van de zijvertrekken van de kathedraal leek haar een geschikte ruimte voor de kostuums en de schminkbenodigdheden, dus regelde ze dat alles daarheen werd gebracht. De leden van het orkest arriveerden met hun muziekstandaards, evenals de zangers en zangeressen, de leden van het koor en de toneelknechts met hun spullen. Ten slotte arriveerde ook het eerste publiek, maar Miriam besloot hen nog niet binnen te laten. Ze moesten buiten wachten, in de regen.

Nu ik erop terugkijk, geloof ik dat Miriam misschien wel de zwaarste taak had van ons allemaal. Ze hing elke tien minuten aan de telefoon die ze in een soort keuken helemaal achter in de kathedraal had gevonden, om verslag uit te brengen, en meldde steevast dat de kerk was veranderd in een gekkenhuis. Niemand van de betrokkenen die bij de kerk arriveerden had enig idee wat er van hem werd verwacht of waar hij zich moest melden. Miriam en haar assistenten deden hun best antwoord te geven op al hun vragen. Een van haar problemen was de pers. De journalisten, die natuurlijk ook over onze plannen hadden gehoord, begonnen buiten de kerk samen te drommen. Het had een klassiek voorbeeld kunnen worden van journalisten die verslag kwamen doen van een ramp, maar de ramp daardoor alleen nog maar erger maakten.

Na enige tijd was het iedereen, zowel boven in mijn suite, als beneden in de kerk, duidelijk wat er moest gebeuren, en leek alles lekker te lopen. Vol spanning keek ik uit mijn raam naar de kerk beneden me, waar ik voortdurend mensen in en uit zag rennen, net als hierboven in mijn suite. Het was duidelijk dat er schot in zat, dus ging ik zitten om tot rust te komen en om me op de voorstelling voor te bereiden.

Jane herinnerde zich later hoe ze me doodgemoedereerd te midden van de totale chaos had zien zitten. Ze vroeg wat ik op dat moment had gedacht. Ik kan het me niet precies meer herinneren, maar zodra ik de zekerheid had dat onze vocalisten zouden optreden, dat de voorstelling definitief zou doorgaan, ontspande ik me, en het drong tot me door dat ik eigenlijk van deze hele situatie genoot.

Ik vond het geweldig om te zien hoe iedereen zich op het karwei stortte. Niemand wachtte af tot hem gezegd werd wat hij moest doen. Iedereen keek om zich heen en stak vervolgens uit zichzelf de handen uit de mouwen. Ik vond het fantastisch zoals iedereen zich met inspanning van al zijn krachten inzette voor hetzelfde doel. Zoals iedereen inspeelde op een situatie die niemand die ochtend bij het wakker worden had kunnen voorspellen. Het was voor iedereen een opwindend avontuur, en volgens mij genoten we er allemaal van: al die mensen die daar beneden rondrenden, die mijn kamer in en uit vlogen, die vrachtwagens vol kostuums door Philadelphia reden, beleefden er net zo'n intens genoegen aan als ik.

Toen kregen we de volgende klap. Miriam belde vanuit de kerk dat een hogere autoriteit in de katholieke kerk van Philadelphia de eerdere beslissing ongedaan had gemaakt, en dat de voorstelling geen doorgang kon vinden. Hij was er zelfs zo vurig op tegen dat hij de deuren van de kerk op slot had gedaan. Niemand kon er meer in en, wat nog erger was, de mensen die binnen waren konden er niet meer uit. Vanuit de keuken van de pastoor belde Miriam met de mededeling dat ze gevangen zat. Dit ging niet goed.

Blijkbaar had iemand bij de kathedraal van Philadelphia zich herinnerd dat de paus enkele jaren geleden een verbod had afgekondigd op het uitvoeren van niet-kerkelijke muziek in de katholieke kerken over de hele wereld. Muti had Verdi's requiem er wel uitgevoerd, maar als er iets kerkelijke muziek was, dan was dat het wel. Donizetti's vrolijke opera daarentegen is een verhaal over geld en jonge liefde. Kortom, zo wereldlijk als een opera maar kan zijn. Ik begreep het probleem. Iemand vroeg me of ik de paus kende. Nu had ik Zijne Heiligheid inderdaad ontmoet, ik had zelfs voor hem gezongen, maar ik geloofde niet dat ik hem goed genoeg kende om hem te vragen ons uit de brand te helpen.

We waren verpletterd. Van de eerste klap hadden we ons hersteld, maar ik was er niet zo zeker van dat we daar een tweede keer in zouden slagen. Niemand had ook maar enig idee wat ons te doen stond. De mensen van de kerk wisten hoe belangrijk dit voor ons was, vooral voor de jonge vocalisten, maar volgens mij ook voor de stad Philadelphia. Als de kerk eerst 'nee' zei, dan 'ja', en vervolgens weer 'nee', dan was het blijkbaar inderdaad 'nee'.

We moesten echter nog een laatste poging wagen. We belden de kerk en smeekten de autoriteiten om voor ons een uitzondering te maken. We vertelden over alle inspanningen die we ons de afgelopen uren hadden getroost om iedereen te waarschuwen, over de aankondigingen op de televisie, over al het materiaal dat naar de kerk was overgebracht, over alle mensen die zich daar hadden verzameld. Ik overwoog zelfs even om te zeggen dat voor de liefhebbers van de Italiaans opera de muziek van Verdi, Rossini, Bellini, Puccini en Donizetti religieuze muziek wàs. Maar dat vond ik te ver gaan.

Blijkbaar houdt God ook van opera, want we kregen bericht dat de kerkelijke autoriteiten weer van gedachten waren veranderd. Het was in orde. We hadden toestemming om onze voorstelling te laten doorgaan. Ik hoorde later dat iemand uit de organisatie van ons concours een prominent lid was van de katholieke kerk in Philadelphia. Blijkbaar had hij zijn invloed laten gelden. Ik weet niet precies wàt er is gebeurd, ik was alleen maar blij dàt het was gebeurd. Miriam belde om te zeggen dat de deuren weer open waren, en dat iedereen weer druk aan het werk was.

Volgens mij was dat het moment, waarop Jane me rustig zag zitten.

Al om zes uur begon zich een menigte te vormen voor de kathedraal. Het regende, maar niemand scheen het erg te vinden om in de rij te staan en drijfnat te worden, terwijl ze wachtten tot de deuren zouden opengaan. We besloten dat de mensen met kaartjes drie dingen te horen moesten krijgen: ongeacht wat ze hadden betaald, zouden ze naar volgorde van binnenkomst een zitplaats in de kathedraal krijgen. Wie het daar niet mee eens was kon zijn geld terugkrijgen. Die mogelijkheid verviel zodra men de kerk eenmaal binnen was. Met andere woorden, de kaartjes waren goed voor geld terug of voor een plaatsje in de kerk. Eenmaal binnen moest iedereen het verder zelf doen. Het bleek dat bijna iedereen ervoor koos om naar binnen te gaan, en er deden zich geen problemen voor. Het publiek toonde zich ongelooflijk begrijpend en coöperatief.

Het werd tijd om me te schminken en mijn kostuum aan te trekken. We hadden echter nog een probleem. De programmaboekjes die we hadden laten drukken, waren vergeten. Ze lagen aan de andere kant van de stad in de Academy of Music, waar de veiligheidsinspectie niemand wilde binnenlaten. Daarvoor was de situatie nog te gevaarlijk.

Nu denkt u misschien dat programma's niet van wezenlijk belang zijn bij een voorstelling, en in de meeste gevallen hebt u gelijk. Maar in dit geval waren ze erg belangrijk, omdat de winnaars van het concours hoopten dat ze de aandacht zouden trekken van een agent die hen zou willen vertegenwoordigen, of die hen misschien zelfs een aanbod voor een optreden zou doen.

Natuurlijk is er met voldoende vastberadenheid altijd achter de naam van een optredend artiest te komen, maar in het geval van onbekend talent zijn de meeste mensen niet zo vastberaden. Dus moet je het hun zo gemakkelijk mogelijk maken. Het feit dat alle namen van onze winnaars netjes zwart op wit stonden, met vermelding van hun woonplaats, kon het verschil maken tussen wel of niet gebeld worden door een impresario.

Een jonge produktieassistent kondigde aan dat hij naar de Academy zou gaan om de programma's te halen. Hij zou zich desnoods een weg naar binnen schieten. Ik weet niet of hij dat ook heeft gedaan, maar hij kwam terug met de programmaboekjes. We hadden die dag zoveel helden, dat ik hen onmogelijk allemaal kan noemen.

De opwinding steeg. Het televisienieuws liet beelden zien van de straat voor de kathedraal. Als ik uit mijn raam keek zag ik hetzelfde. De menigte groeide nog steeds en bestond niet alleen uit ons publiek. Het leek wel alsof heel Philadelphia zich op het plein voor de kathedraal verzamelde om te kijken wat daar gebeurde.

Ondanks alle aandacht in de media hadden we, zowel bij de ingang als bij de toneelingang van de Academy of Music ook nog grote borden laten plaatsen waarop stond dat de voorstelling van die avond was verplaatst naar de Petrus-en-Pauluskathedraal. We wilden er absoluut zeker van zijn dat alle bezitters van kaarten op de hoogte van de verandering zouden zijn. Ik wist dat er geen schijn van kans was dat we precies om acht uur zouden kunnen beginnen, dus zelfs de laatkomers die nietsvermoedend bij de Academy of Music arriveerden, zouden nog tijd hebben om naar de kathedraal te komen.

Ik begon ongeduldig te worden en wilde naar de kerk om onze vocalisten succes te wensen. Bovendien begon het stil te worden in mijn suite. Het was hierboven de hele middag een drukte van belang geweest – vandaar dat Jane mijn hotelsuite had omgedoopt tot 'crisiscentrum' – maar inmiddels vond de activiteit in hoofdzaak beneden plaats, en ik wilde erbij zijn. Ik had mijn kostuum al aan, ik was geschminkt, kortom, ik was helemaal klaar om naar beneden te gaan, maar Jane zei dat ze nog niet zover was. Ik begreep er niets van. Ze was anders altijd zo praktisch en efficiënt. Het was niets voor haar om niet klaar te zijn. Bovendien wist ze dat ik altijd op tijd wilde zijn, en dat ik het verschrikkelijk vond om op anderen te moeten wachten. Haar hele kapsel zat in de war toen ze uit de badkamer kwam, maar ik gaf haar niet langer dan vijf minuten. Als ze dan nog niet klaar was, ging ik alleen naar de lift.

Later vertelde ze me dat Miriam vanuit de keuken van de pastoor had gebeld met de vraag of Jane me misschien nog een poosje boven kon houden. In de kathedraal was het nog altijd een chaos, en Miriam was bang dat ik daardoor zo van streek zou raken dat ik zou weigeren te zingen. Ik vind het dwaas dat ze zich daar zorgen over maakten. Om te beginnen was het mijn idee om de voorstelling in de kerk te houden. Ik wist dat we een hele operaproduktie in vier tot vijf uur tijd van de ene plek naar de andere hadden moeten verplaatsen. Hadden ze nu werkelijk gedacht dat ik daarbij geen problemen had verwacht? Hadden ze nu werkelijk gedacht dat ik een moment als dit zou hebben gekozen om moeilijk te gaan doen?

De toestand op straat was ongelooflijk. Het goot, maar de kerk werd omringd door een enorme massa van zo te zien vele duizenden mensen. De deuren waren nog altijd niet opengezet voor bezoekers, dus de reusachtige menigte was een combinatie van publiek en nieuwsgierigen. Vanaf het moment dat Jane en ik in de lobby van het hotel verschenen tot het moment waarop we bij de kerkdeuren kwamen – een afstand van misschien honderd meter –

waren we omringd door verslaggevers, televisiecamera's, schijnwerpers.

Het hield het midden tussen het winnen van de wereldbeker en een natuurramp. Verslaggevers hielden microfoons onder mijn neus, stelden vragen die ik probeerde te beantwoorden, waarbij ik voortdurend benadrukte dat ik alle vertrouwen had in de goede afloop. Ik had haast om de kerk binnen te komen. Nat en koud weer zijn rampzalig voor mijn keel, dus wilde ik buiten in de regen mijn mond niet te vaak opendoen. Dan ging de hele voorstelling misschien alsnog niet door, althans niet met mij.

In de kathedraal heerste inderdaad grote verwarring, maar ik kon zien dat de dingen vorm begonnen te krijgen. De meeste vocalisten hadden hun positie voor in de kerk al ingenomen. Op een enkeling na waren ze allemaal al in hun kostuum. Het koor zat op een keurige rij stoelen achter de vocalisten, en de orkestleden hadden hun stoelen en standaards aan een van de zijkanten opgesteld. Iedereen leek er klaar voor. Toen we er zeker van waren dat er niemand meer ontbrak, besloten we de deuren open te doen. Terwijl de menigte binnenstroomde, besefte ik dat ik waarschijnlijk nooit meer zoveel gelukkige, opgewonden mensen zou zien die net uren in de regen hadden gestaan.

Onze dirigent was mijn goede vriend Emerson Buckley uit Miami. Hij had al vele van mijn concerten daar, en ook elders, gedirigeerd. Emerson zou een paar jaar later overlijden, en op dit moment was zijn gezondheid al slecht en dirigeerde hij vanuit een rolstoel. Maar zelfs in die conditie had hij desnoods een opera op Times Square kunnen dirigeren, op oudejaarsavond. Zijn manier van doen was altijd bruusk en kortaf, en terwijl hij zichzelf door het gangpad rolde, zei hij: 'Vertel me nou maar waar ik moet staan. Dan kunnen we beginnen.'

Die middag, tijdens alle opwinding in mijn hotelsuite, had Jane of een van de anderen gezegd dat de hele toestand haar deed denken aan een oude film met Mickey Rooney en Judy Garland, waarin ze geen theater kunnen krijgen, en hun voorstelling uiteindelijk in de schuur van hun grootvader moeten geven. Ook al ben ik dan in Italië opgegroeid, ik herinnerde me die film maar al te goed, en ik kon wel lachen om de vergelijking. Voor Emerson had dit hele gebeuren echter niets te maken met Judy Garland of de film. Hij was een professional die een taak te volbrengen had, en dat zou hij doen ook, ongeacht waar. Een heerlijke man.

De kerk stroomde vol, en in de zekerheid dat alle vocalisten, alle leden van het koor en het orkest op hun plaats stonden respectievelijk zaten, zette ik alle gedachten uit mijn hoofd en concentreerde me op de voorstelling die op het punt stond te beginnen. Ik herinner me dan ook weinig anders dan dat het allemaal geweldig goed verliep. Volgens mij zong iedereen op zijn best, ook ik, de muziek klonk fantastisch in die enorme kathedraal, en het publiek was zeer, zeer enthousiast. Het is onmogelijk om dat speciale gevoel te beschrijven na afloop van een dergelijke ervaring, maar ik weet zeker dat geen van onze jonge artiesten die voorstelling ooit zal vergeten, ook al zingen ze later misschien in de Met of de Scala. Ik hèb gezongen in de Met en de Scala, en ik zal die avond in Philadelphia zeker nooit vergeten.

We deden nòg een voorstelling in de kerk, en hoewel die volgens mij ook prima verliep bleef de opwindende ervaring van de eerste avond toch ongeëvenaard. De aartsbisschop, tegenwoordig kardinaal Bevilacqua, was inmiddels naar Philadelphia teruggekeerd en kwam naar ons luisteren. Hij was buitengewoon vriendelijk en sprak prachtige woorden: dat hij zo blij was dat hij ons in onze moeilijkheden had kunnen helpen, en dat hij er op zijn manier aan had kunnen bijdragen dat onze voorstelling doorgang had kunnen vinden. Bovendien speet het hem van alle moeilijkheden waarmee we te kampen hadden gehad, maar hij zag ook een positieve kant aan dit drama: het had ons allen nader tot elkaar gebracht.

Ik uitte vanzelfsprekend mijn diepe dankbaarheid jegens hem, en ik zei dat we het allemaal een fantastische ervaring hadden gevonden om een opera te zingen in zijn prachtige kathedraal. Maar ik voegde eraan toe dat ik er na die eerste voorstelling veel voor had gevoeld om hem gezelschap te komen houden op zijn vakantieadres.

De problemen waren echter nog niet voorbij. We moesten nog twee voorstellingen van *L'Elisir* doen, terwijl de Academy of Music door herstelwerkzaamheden gesloten bleef.

Jane ontdekte dat een theater aan Broad Street, iets voorbij de Academy, dat op onze openingsavond bezet was geweest, beschikbaar zou komen. Het was een aanzienlijk beter alternatief dan de kerk, want hier zouden we de opera kunnen uitvoeren zoals onze bedoeling was geweest: met de volledige decors, de belichting en een volwaardig toneel.

Het was echter het soort situatie waarin oplossingen alleen maar nieuwe problemen creëren. Zo had het theater bijvoorbeeld maar tweederde van het aantal zitplaatsen van de Academy. Een eenvoudige rekensom bracht de oplossing. We zouden drie voorstellingen geven in plaats van twee. Bovendien zouden op die manier nog meer van onze vocalisten een kans krijgen om op te treden.

Ik vind het heerlijk om, als ik met problemen word geconfronteerd, daar oplossingen voor te bedenken. Volgens mij ben ik er ook goed in. Ik vind het fijn wanneer vrienden met hun moeilijkheden bij me komen en me om raad vragen. Met een crisis zoals die in Philadelphia, wanneer je maar erg weinig tijd hebt om een oplossing te bedenken, gaat het er vooral om dat je kalm blijft en logisch blijft denken, maar het allervoornaamste is wel dat je je concentreert op wat belangrijk is, en dat je je niet laat afleiden door dingen die er eigenlijk nauwelijks toe doen. Uitdagingen zoals deze zijn goed voor ons allemaal. Ze geven ons het gevoel dat we leven. Mijn hersens gaan er in elk geval op volle toeren door draaien, mijn bloed gaat er sneller door stromen. Wanneer alles in het leven van een leien dakje zou gaan, zou het allemaal wel erg saai worden.

In het leven van een operatenor bestaat er natuurlijk geen schijn van kans dat alles van een leien dakje zal gaan.

# 7

## Een Italiaan in China

Mijn reis naar Beijing, in 1986, was een heel gecompliceerde aangelegenheid. Ter ere van de viering van mijn vijfentwintigste jubileum als operazanger was ik uitgenodigd om te komen zingen in de stad die mijn hele leven al mijn thuis is geweest: Modena. Kort voor dit jubileum, in juni 1986, zong ik *La bohème* in Philadelphia met de winnaars van mijn tweede vocalistenconcours.

De voorstelling in Philadelphia, gedirigeerd door Gian Carlo Menotti, was uitstekend, dus kwamen we overeen om die produktie mee naar Italië te nemen voor mijn jubileumconcert. Met dezelfde vocalisten en dezelfde regisseur. Omdat we het ons niet konden permitteren ook het hele orkest en het koor naar Italië te laten overkomen, zouden we daar worden begeleid door het koor en het orkest van Modena. Alleen al de vliegkosten voor onze vocalisten waren zo hoog dat er een extra inzamelingsactie onder de vrijgevige inwoners van Philadelphia moest worden gehouden.

Alle vocalisten van de cast in Philadelphia waren geweldig, en ik was erg trots op mijn bijdrage aan het ontdekken van deze jonge talenten. Ik vond hun presentatie aan het Italiaanse publiek de ideale gelegenheid om mijn kwart eeuw op het operatoneel te vieren. Bovendien sprak het idee me aan om mijn landgenoten erop te wijzen hoeveel getalenteerde zangers en zangeressen van Italiaanse opera door Amerika en diverse andere landen worden voortgebracht.

Het spreekt vanzelf dat de winnaars van het concours erg opgewonden waren over deze plannen. De meesten hadden nog nooit in een professionele voorstelling gestaan, en nu vlogen ze naar Italië om een van de populairste Italiaanse opera's te zingen. Terwijl we plannen maakten voor onze Europese reis van juni 1986 gebeurde er echter iets dat nog veel opwindender was.

Lang daarvoor had de Chinese minister van cultuur ons al eens uitgenodigd om met een van onze produkties uit Philadelphia naar Beijing te komen. De reis naar China zat al een jaar in de pen, maar we hadden er tot op dat moment weinig over gezegd om niet iedereen te moeten teleurstellen als bleek dat er niets van terechtkwam.

Uiteindelijk waren alle details uitgewerkt, en rond het begin van februari was alles in kannen en kruiken. Na onze voorstellingen in Modena zouden we naar Genua gaan en onze *Bohème* met de Opera van Genua uitvoeren. Daarna, eind juni, zouden we naar China vertrekken. Met het hele gezelschap. We zouden een jumbo tot onze beschikking krijgen zodat we de hele produktie – orkest, koor, decors, kostuums en onze twaalf vocalisten – konden meenemen. Er zou in het vliegtuig zelfs ruimte zijn voor familie en vrienden. U kunt zich niet voorstellen wat een enorme sensatie dit voor iedereen betekende.

Maar eerst moesten we onze plannen voor de produktie in Italië verder uitwerken. Het zou een lange gecompliceerde reis worden, voor de meesten van ons gezelschap op zich al opwindend genoeg. We ontmoetten elkaar in Modena voor de repetities, maar u zult wel begrijpen dat we aan weinig anders dachten dan aan onze reis naar China.

De twee voorstellingen in Modena waren voor mij een sensationele ervaring. Mijn geboortestad gooide alle registers open om onze opera en mijn jubileum te vieren. Ik was diep ontroerd.

De kaartjes waren al snel uitverkocht, en vele mensen waren teleurgesteld dat ze onze *Bohème* niet konden zien. Door onze drukke agenda en door de naderende reis naar China waren we niet in staat extra voorstellingen in te lassen. Maar de stad kwam met een geweldig idee om het toch iedereen naar de zin te maken. In het centrum van Modena werden diverse bioscopen afgehuurd, waar onze twee voorstellingen via een gesloten televisiecircuit live konden worden bekeken. Bovendien werden er grote luidsprekers geïnstalleerd op het schitterende plein voor de kathedraal, zodat iedereen die geen kaartje kon krijgen de voorstelling op het plein gratis zou kunnen volgen.

Ik vond het een geweldig idee van mijn stad. De bioscopen zaten vol, en het plein ook. Later werd me verteld dat het tijdens de voorstelling op het plein net zo stil was als in het theater. Er zijn mensen die zeggen dat de opera in Italië stervende is, maar die avond in Modena, in 1986, was hij springlevend.

Zelfs tijdens die prachtige ontroerende gebeurtenissen dachten we allemaal aan onze aanstaande reis naar China. Hoe meer we te weten kwamen over de bijzonderheden, des te meer steeg onze opwinding. Blijkbaar was er sinds de communistische machtsovername in China nooit meer een volledige opera uitgevoerd door een westers gezelschap. Ik weet niet of er voor die tijd wel westerse operaprodukties te zien zijn geweest. Roberta Peters heeft er een aantal concerten gedaan, maar ik geloof niet dat er ooit een volwaardige opera op de planken is gebracht door een westers gezelschap. Kortom, we hadden in een heleboel opzichten een primeur.

Na de voorstelling in Modena hadden we een paar weken vrij. Daarna ontmoetten we elkaar weer in Genua om te repeteren en vijf voorstellingen te doen, waarna we van het vliegveld van Genua naar China zouden vertrekken. Gedurende de weken voor ons vertrek lunchte ik regelmatig bij een van mijn favoriete restaurants, Zefforino's, dat wordt gedreven door de vijf gebroeders Zefforino en hun vader. De Zefforino's zijn goede vrienden van me, en het eten is er verrukkelijk. Tijdens de lunch kwam het gesprek regelmatig op mijn reis naar China, en ik vertelde mijn vrienden dat ik had gehoord dat bepaalde voedingsmiddelen daar nauwelijks te krijgen zijn. Ik was bang dat ik in al die tijd dat ik daar zou zijn – ongeveer twee weken – niets anders dan Chinees eten zou krijgen. Nu ben ik dol op de Chinese keuken, maar niet dagelijks als ontbijt, lunch en diner.

Ik wist eigenlijk niets over China of over wat we daar zouden aantreffen, en het viel niet mee om aan informatie te komen. Ik begon me zorgen te maken dat we misschien op hetzelfde eetprobleem zouden stuiten als Katia Ricciarelli en ik een paar jaar daarvoor in Moskou, toen we daar het requiem van Verdi zongen. Moskou had op dat moment grote voedselproblemen, en zelfs in ons eersteklas hotel was het eten erg slecht. We vergingen bijna van de honger.

Toen kwam er een vriend uit Italië langs, met verrukkelijke pastasaus. Ik kookte een enorm diner in mijn kamer en nodigde al mijn collega's uit, die net zo onder het Russische eten te lijden hadden als ik. Ik was echter wat te royaal geweest met mijn uitnodigingen. Een van de laatsten die arriveerde was mijn vriend Andrea Griminelli, de fluitist die tijdens mijn concerten optrad. Toen Andrea voor mijn deur stond moest ik helaas zo onbeleefd zijn om hem weg te sturen, want er was gewoon niet genoeg te eten. Andrea is jong en gezond, en ik vertrouwde erop dat hij het Russische eten wel zou overleven. Bovendien zou ik mijn onbeleefdheid in New York of Modena kunnen goedmaken.

Wat mijn verblijf in China betreft: ik was niet zozeer bang dat ik honger zou moeten lijden. Het was veel erger: ik was bang dat ik er misschien zwaarder zou worden. Dat ik er niet de voedingsmiddelen zou kunnen vinden die ik nodig heb voor mijn dieet:

vers fruit en verse groente. Ik had gehoord dat het Chinese eten boordevol dik makende ingrediënten zat, en dat was wel het laatste waaraan ik behoefte had.

Hoe meer we erover nadachten, des te stelliger raakten we ervan overtuigd dat het eten wel eens een groot probleem zou kunnen zijn. Samen met mijn secretaresse, Giovanna Cavaliere, beraadslaagde ik in het restaurant in Genua met de gebroeders Zefforino. Ze hadden een idee. We hadden voor de reis immers een enorm vliegtuig tot onze beschikking gekregen? Waarom namen we dan niet wat eten uit Italië mee? Dat leek een uitstekende oplossing, en we begonnen plannen te maken.

Ik ben bang dat we ons een beetje lieten meeslepen. De eerste punten op onze lijst waren fruit en groenten, maar hoe langer we overlegden, hoe langer de lijst werd. We legden de organisatie van dit voedselproject in handen van de Zefforino's en besloten dat twee van de gebroeders ons naar China zouden vergezellen om ons te assisteren bij het koken in onze hotelkamers in Beijing. Ik was er niet eens zeker van of we daar wel mineraalwater zouden kunnen krijgen, dus besloten we dat we dat ook maar beter konden meenemen. Tot mijn verbijstering hoorde ik later dat de Zefforino's vijftienhonderd flessen aan boord hadden laten brengen!

We namen ook grote hoeveelheden van de primaire Italiaanse produkten mee, waarvan we zeker wisten dat we ze in China niet zouden kunnen krijgen. Dingen zoals Parmezaanse kaas en *prosciutto*. Misschien gingen we wel wat te ver, want we bleven onze lijst maar uitbreiden. Maar ach, we hadden immers alle ruimte aan boord van onze jumbo? Volgens mij hadden we uiteindelijk zoveel eten bij ons dat we een heel Italiaans dorp een week lang hadden kunnen voeden.

We overtuigden ons ervan dat we mochten koken in onze hotelkamers. Zodra we hoorden dat dat geen problemen zou opleveren, werd er uitvoerig overlegd over de apparatuur die we zouden meenemen. De Zefforino's wisten welke potten en pannen ze nodig zouden hebben, en daarnaast namen we draagbare kooktoestellen mee, een oven, en zelfs een koelkast. Ik begon mijn vrienden ervan te verdenken dat ze heimelijk plannen koesterden om in Beijing een filiaal te openen. Maar we wilden natuurlijk niet het risico lopen dat we, eenmaal daar, zouden ontdekken dat er iets wezenlijks ontbrak, zodat we niet Italiaans zouden kunnen koken.

Vlak voor ons vertrek naar China moest er nog van alles worden geregeld, veranderd, voorbereid, en niet alleen wat betreft het eten. Vanuit Italië belde ik dagelijks met Hans Boon van het kantoor van Herbert Breslin, met de vraag of hij uit mijn appartement in New York wat spullen wilde meebrengen die ik verwachtte nodig te hebben. Ik had mijn hele familie uitgenodigd om mee te gaan naar China, en het verbaasde me niet dat iedereen mijn uitnodiging accepteerde. Iedereen behalve mijn moeder, die het al een te zware belasting voor haar zenuwen vindt om me in Modena te zien optreden. Als ze met me naar China had moeten vliegen om me daar te horen zingen, zou dat haar beslist een hartaanval hebben bezorgd. Mijn vader ging wel mee. Hij zou vanuit de coulissen de rol van Parpignol zingen in onze *Bohème*. Mijn vrouw, mijn zuster en mijn drie dochters keken vol verlangen uit naar de reis.

Ondanks ons toch al drukke programma, kreeg ik nog een extra idee. Ik regelde dat we met de hele cast naar Rome zouden vliegen om de pauselijke zegen voor onze reis te ontvangen. Ik ben erg bijgelovig, en ik vind dat je moet doen wat in je vermogen ligt om pech te voorkomen. Wat kon een betere verzekering zijn tegen pech dan de zegen van Zijne Heiligheid zelf? Het Vaticaan reageerde bijzonder welwillend, en we vertrokken met zijn allen naar Rome. Vanaf het vliegveld werden de dames van ons gezelschap naar een nonnenklooster vlak bij het Vaticaan gebracht, misschien met de bedoeling hen China en hun optreden daar een paar minuten te doen vergeten en een volkomen zuivere geestesgesteldheid te bereiken.

Ik werd in het Vaticaan naar een prachtige wachtkamer gebracht. Uiteindelijk ontmoette ons hele gezelschap elkaar weer in een enorme wachtruimte. Vandaar werden we naar een kleinere ruimte geleid, waar de paus op ons zat te wachten. Hij begon een zegening voor te lezen in het Latijn, maar blijkbaar was het niet de goede. Iemand uit zijn entourage nam hem het papier uit handen en gaf hem een andere tekst. Na de zegen overhandigde ik de paus alle eigen opnamen die ik thuis had kunnen vinden. Hij wenste ons een heel aangename en vruchtbare reis, en we vlogen terug naar Genua.

Toen Hans op de dag voor ons vertrek uit New York arriveerde, bleek dat de koffer met mijn Newyorkse spullen in Parijs was zoek geraakt. Er waren heel wat telefoontjes naar mijn vrienden bij Alitalia nodig om hem op te sporen. Maar de koffer werd snel gevonden en was nog net op tijd in Italië. Uiteindelijk besteeg het hele gezelschap – vocalisten, orkest, koor, enkele journalisten, familieleden en vrienden – het vliegtuig. Aan boord bevond zich ook een filmregisseur, DeWitt Sage. Herbert had met hem geregeld dat hij een documentaire zou maken over onze reis. Hij had twee producers bij zich, een filmploeg en een hoop apparatuur.

Er gingen in totaal driehonderd mensen in de 747, plus decors, kostuums, geluidsapparatuur voor de twee concerten die ik zou geven, en onze bagage. Het is verbijsterend dat het vliegtuig de lucht inkwam. Terwijl het reusachtige toestel zich in beweging zette en snelheid meerderde, keken we allemaal uit de raampjes, ons afvragend of we van de grond zouden komen. Het lukte, maar volgens mij hadden we iedere centimeter van de startbaan nodig. Toen waren we op weg naar China.

Ik slaap altijd uitstekend in een vliegtuig, maar ik herinner me dat we om twee uur 's nachts in New Delhi landden. We mochten het vliegtuig niet uit, maar alle deuren werden opengezet, en terwijl er een nieuwe bemanning en verse maaltijden aan boord werden gebracht stroomde de hete, vochtige Indiase lucht door het vliegtuig. Met het gevoel alsof ik een bezoek aan India had gebracht, viel ik weer in slaap.

De volgende dag, rond twaalf uur 's middags, landde ons vliegtuig in Beijing. Het vliegveld zag eruit als zovele andere, maar vanuit mijn raampje kon ik zien dat er een heleboel mensen stonden te wachten: fotografen, vrouwen met kinderen op de arm, mensen met bloemen. Toen ik uit het vliegtuig kwam begonnen ze te klappen, en er werd met spandoeken gezwaaid waarop in het Engels 'Welkom, Pavarotti' stond. De massa dromde om me heen, en een Chinese vrouw hield me een microfoon onder mijn neus en vroeg me in vloeiend Italiaans of ik blij was in China te zijn. Nu ben ik altijd blij als ik het vliegtuig weer uit mag, vooral na zoveel uren in de lucht. Ik ben altijd intens dankbaar wanneer ik weer met mijn beide benen op moeder aarde sta, het kan me niet schelen waar.

Maar dat zei ik natuurlijk niet. Ik vond het inderdaad opwindend om in China te zijn, zei ik in het Italiaans, en ik voegde eraan toe dat ik hoopte dat onze reis een succes zou zijn, en dat de mensen in China van onze voorstellingen zouden genieten. Mensen die me op de televisie hadden gezien, zeiden later dat ik er nogal versuft uit had gezien, alsof ik helemaal niet geslapen had. Ik had juist heel goed geslapen, maar ik was gewoon overweldigd, verdwaasd door het feit dat ik was waar ik was.

Ik werd onmiddellijk naar een aparte ruimte op het vliegveld gebracht voor een persconferentie. Dat overkomt me regelmatig, en ik heb er meestal ook geen problemen mee, maar deze keer was alles zo anders: de mensen om me heen die Chinees spraken, alle opschriften in het Chinees – we wisten zelfs niet wat de heren-wc was, terwijl dat in de meeste westerse landen nog wel duidelijk is – al die verschillende geuren van bloemen en bomen in de hete julilucht. Wanneer je voor het eerst in een land aankomt blijkt meestal dat het in een heleboel opzichten lijkt op wat je al kende, maar tijdens die eerste uren in China waren er tientallen kleine dingetjes waaruit duidelijk bleek dat we echt in een heel andere wereld waren.

We werden voorgesteld aan meneer Chien Wu, die tijdens de reis onze tolk zou zijn, en een bijzonder charmante dame van het ministerie van cultuur, mevrouw Hua. Met een enorme zwarte Mercedes werd ik naar mijn hotel gebracht. Tijdens de rit was ik gefascineerd door alles wat ik zag, maar wat me bij die eerste indrukken van Beijing vooral opviel was het enorme aantal fietsen. Ik heb er nog nooit zoveel bij elkaar gezien, zelfs niet in Nederland of Scandinavië. Het leek wel alsof iedereen in China op een fiets zat. Kleine kinderen, jonge vrouwen, oude mannen. Auto's waren er nauwelijks.

Ons hele gezelschap werd ondergebracht in het Fragrant Hills hotel, ongeveer drie kwartier rijden van het centrum van de stad. Het hotel lag in een groot park, ooit het keizerlijke jachtterein. Het was een smetteloos wit gebouw, ontworpen door de beroemde architect Pei. Het was voorzien van alle moderne gemakken, zoals airconditioning en een zwembad, allebei erg welkom in deze hitte. In de daaropvolgende dagen verzamelde ons gezelschap zich meestal rond het zwembad wanneer we niet repeteerden of de stad bekeken. Volgens mij waren we op dat moment de enige gasten in het hotel. Het personeel gaf ons het gevoel dat ze blij met ons waren, en we voelden ons er al snel thuis.

Terwijl we onze kamers in gebruik namen en onze koffers uitpakten, drong het pas goed tot ons door hoeveel eten en apparatuur we bij ons hadden. In mijn kamer was niet voldoende ruimte om onze keuken op te zetten. Mijn secretaresse, Giovanna Cavaliere, en Francesca Barbieri, de medewerkster van mijn vrouw, deelden de kamer naast de mijne, maar we vroegen hun te verhuizen zodat we daar onze keuken konden opzetten. Het was gelukkig geen probleem om voor Giovanna en Francesca elders in het hotel een kamer te vinden.

De hele organisatie van onze reis lag in handen van het Italiaanse reisbureau Ciao Mondo, dat een kantoortje inrichtte in de lobby van het hotel, waar ze ons bij al onze vragen en problemen van dienst konden zijn. Bovendien wisselden ze voor ons. We kregen geen echt Chinees geld, maar een soort toeristengeld dat er heel anders uitzag. Het was allemaal erg ingewikkeld, maar Ciao Mondo had alles goed georganiseerd, en wie met een probleem zat kon altijd in de lobby terecht: het reisbureau zorgde voor een oplossing.

De eerste avond gaf onze Chinese gastheer een grote officiële receptie voor ons hele gezelschap. We begonnen ons al echt thuis te voelen. Iedereen was alleraardigst en helemaal niet formeel, eerder ontspannen en vriendelijk. Adua vond dat de Chinezen wel iets van Italianen hadden, omdat ze zo vrolijk en zo hartelijk waren – alle gezichten straalden, en er werd veel gelachen – en omdat ze zo hun best deden om Engels met ons te praten.

De eerste dag hadden we vrij, maar het bleek dat DeWitt Sage en zijn filmploeg bijna dagelijks plannen met me hadden. Ze hadden geregeld dat ik masterclasses zou geven aan Chinese operastudenten, en er stonden bezoeken aan muziekscholen en tochtjes door de stad op het programma. Omdat ze wisten dat ik een hartstochtelijk sportliefhebber ben, waren ze ook bezig met bezoeken aan atletische evenementen en sportscholen. Daarnaast stonden er allerlei andere dingen op de agenda die de meeste buitenlanders nooit te zien krijgen. Voor de filmploeg zou dit alles interessant materiaal moeten opleveren, maar voor mij was het een geweldige gelegenheid om China beter te leren kennen. Ik was gefascineerd door alles wat ik zag, en ik genoot. Terwijl ik het filmprogramma afwerkte, maakte de rest van ons gezelschap, onder begeleiding van een gids, tochtjes die het reisbureau had georganiseerd. Kortom, het was voor ons allemaal een interessante tijd.

De tweede dag begonnen de repetities, die in het centrum van Beijing werden gehouden. Vaak duurde de rit van en naar ons hotel veel langer dan drie kwartier. Als we met onze machtige Mercedes achter een ossekar zaten konden we niet sneller dan de os. Er was zelfs een dag waarop we meer dan vier uur over de heen- en de terugweg deden: de ossekarren waren op diverse plaatsen met elkaar in de knoop geraakt.

Ik vond het niet erg. De auto was zeer comfortabel, en ik zat als een vorst op de achterbank. Bovendien was er altijd wel iets te zien. Ik beschouwde de langdurige ritten van het hotel naar het centrum van de stad als een extra kans om iets van China te zien, en om de mensen in hun dagelijkse bezigheden gade te slaan.

Ik was diep onder de indruk van de vele kleine tuintjes voor de huizen. Blijkbaar probeerde iedereen zelf wat groente te kweken. Dat deed me sterk aan mijn jeugd in Italië denken. In de oorlogsjaren waren we allemaal erg arm, en voedsel was schaars. Als je een paar tomaten of uien kon verbouwen betekende dat een enorme bijdrage aan de gezinspot.

Nog een overeenkomst was dat er in mijn jonge jaren meer paarden dan auto's waren geweest in mijn deel van Italië. Vlak na de oorlog zag je in ons dorpje aan de buitenrand van Modena hoogstens eens in de twee, drie uur een auto langskomen. Hier in Beijing was het in 1986 nog net zo. Er waren meer mensen die hun werk met paard en wagen deden dan met de auto. En er waren honderd keer zoveel fietsen als auto's.

Tijdens onze dagelijkse ritten van en naar de stad zag ik enigszins beschaamd de stalletjes met stapels schitterende meloenen langs de weg. Vanwege onze angst dat we geen vers fruit zouden kunnen krijgen hadden we kratten met meloenen uit Genua meegebracht. Er was echter geen ruimte voor al dat fruit in onze kleine koelkast, en in het warme weer begon het al te rotten voordat we het konden opeten.

Giovanna begon de omgeving van het hotel te verkennen, en ze vond een klein marktje in een nabijgelegen dorpje. Elke morgen kwam ze terug met verse groente, prachtige pruimen en kleine watermeloentjes. Ik was gefascineerd door de manier waarop ze haar aankopen meekreeg. In plaats van in plastic tassen waren ze verpakt in tuitzakken van grote vellen papier. Net zoals wij dat vroeger in Italië deden. Weer een overeenkomst met mijn thuis en mijn verleden.

We gingen meteen aan het werk met onze voorstelling van *La bohème*. Onze regisseur, Gian Carlo Menotti, die de oorspronkelijke produktie in Philadelphia had gedaan, was niet in staat geweest om de reis mee te maken, maar zijn assistent, Roman Terleckyj, zou Gian Carlo's regie hier in China opnieuw tot leven brengen. We hadden het koor uit Genua meegenomen, maar als reserves gebruikte Roman koorleden van een Chinees gezelschap dat westerse opera's zong. Hoewel ze vertrouwd waren met *La bohème* stuitte Roman toch op problemen. Telkens wanneer hij een of twee van hen vroeg om over het toneel te lopen en zo een natuurlijk straattafereel te creëren, begonnen ze allemáál over het toneel te bewegen. Ze waren niet gewend om als individu te worden geregisseerd.

Hij stuitte ook op problemen met de ambtenaar van het ministerie van cultuur die al onze repetities bijwoonde. De problemen waren niet groot, maar ze zeiden wel iets over de verschillen tussen onze twee werelden. Menotti, en nu dus Roman, liet in de straatscène in het tweede bedrijf een jonge jongen een woordenwisseling krijgen met een oude man. Volgens de Chinese ambtenaar moest die scène worden veranderd. In China gedroegen kinderen zich niet zo oneerbiedig tegenover oude mensen. Bovendien had Menotti een paar prostituées geïntroduceerd als onderdeel van zijn Parijse straatscène. Ook deze waren taboe voor de ambtenaar. Zulke vrouwen waren in het moderne China uit de maatschappij verwijderd, en de regering wilde niet dat het publiek zou worden herinnerd aan een verboden beroep.

Er was geen airconditioning in het theater, en het was uitzonderlijk heet. Gelukkig had iemand het lumineuze idee gehad om een paar van die kleine elektrische ventilatortjes mee te nemen. Het zijn dingetjes die op batterijen werken en die je in je hand kunt houden. Ik weet zeker dat die fantastische apparaatjes mijn leven hebben gered, want niet alleen hadden het theater en de repetitieruimte geen airconditioning, er was zelfs helemaal geen ventilatie. Zoals u zich kunt voorstellen, heb ik erg gauw last van de hitte. Maar in dit geval had iedereen er last van. Ondanks de gruwelijke hitte was het moreel echter uitstekend, en de repetities verliepen geweldig.

Er waren natuurlijk altijd kleine probleempjes, maar die waren soms wel grappig. Kallen Esperian, een van onze twee Mimi's, was nog nooit in het Verre Oosten geweest, en ze reageerde geschokt toen ze merkte dat ze hier niet op de wc kon gaan zitten, maar dat ze boven een gat in de grond moest hurken. Ik vertelde haar dat dit heel gebruikelijk was in het Oosten. Maar net als Kallen vroegen ook de andere jonge vrouwen in ons gezelschap zich bezorgd af hoe ze in hun negentiende-eeuwse kostuums met lange rokken en petticoats naar de wc moesten.

Net hersteld van deze schrik kwam Kallen op een dag weer helemaal van streek terug van de wc. Toen ik haar vroeg wat het probleem was vertelde ze dat de toiletruimte vol met naakte Chinese vrouwen was. Het gebouw waar we repeteerden was niet echt een theater, maar meer een school, geloof ik. We kregen te horen dat de vrouwen uit de buurt hier op dit uur van de dag kwamen douchen. Zo waren er in het begin meer dingen die ons vreemd voorkwamen, maar er bleek altijd een logische verklaring te zijn.

In mijn familie klaagden sommigen over allerlei ongemakken,

en ze vroegen mij of ik daar geen last van had. Natuurlijk was niet alles even comfortabel. Ongemakken zijn er altijd wanneer je een cultuur bezoekt die heel anders is dan de jouwe. Maar ik had me voorgenomen om mijn mond te houden en niets te zeggen, zelfs niet wanneer ik zeker wist dat geen Chinees me zou kunnen horen. Want als ik eenmaal begon te mopperen, dan was de kans groot dat het hele gezelschap het zou overnemen. Bovendien was al dat ongemak volstrekt onbelangrijk, zeker wanneer je het vergeleek met het belang van waar we als culturele ambassadeurs mee bezig waren.

Zoals de meeste mensen vind ik het plezierig wanneer bepaalde dingen in mijn werk altijd op een bepaalde manier worden gedaan. In Amerika of Europa kan ik eisen stellen. Daar is tenslotte alles mogelijk. Maar als wat ik graag wil niet mogelijk blijkt, dan zeur ik er verder niet over. Ik ben geen zeurderig type. Als iets me niet bevalt doe ik er wat aan, en als dat niet kan hou ik er verder mijn mond over. Als de leden van ons gezelschap van mij het sein verwachtten om te gaan zeuren, dan konden ze lang wachten. Daar zou ik wel voor zorgen. Zoals ik al heb gezegd duurde de rit naar ons hotel soms meer dan drie kwartier als we in het verkeer kwamen vast te zitten. Ik vond dat meestal niet zo erg, maar op een avond strandden we in de ergste regenbui die ik ooit heb meegemaakt. De auto wilde niet meer voor- of achteruit. Daar zat ik dan, op de achterbank van mijn Mercedes, in het midden van een Chinese straat die was veranderd in een rivier, en ik vroeg me af of we hier ooit weer uit zouden komen. Het leek me een curieuze manier om mijn vijfentwintigjarige carrière als operazanger te besluiten. Eindelijk kwam er redding opdagen. We stapten in een andere auto en wisten ons hotel te bereiken, waar ik meteen droge kleren aantrok. Verbazend genoeg vatte ik geen kou, waarschijnlijk dank zij het warme weer.

Elke dag als ik niet repeteerde, was ik op stap voor de documentaire. Bij de masterclasses die ik gaf aan jonge Chinese leerlingen, was ik verrast dat veel van hen westerse opera studeerden. Sommigen hadden uitstekende stemmen, en ze waren zonder uitzondering heel serieus over hun studie en hevig geïnteresseerd in alles wat ik te vertellen had. Het waren vrolijke, opgewekte jonge mensen, dankbaar voor zelfs de kleinste aanwijzing die ik hun gaf.

Op een dag werd ik meegenomen naar een Chinese operavoorstelling. Zoals u wel zult weten is een Chinese opera een fantastisch schouwspel, waarbij de schitterend geschminkte artiesten in

Ik weet dat ik geen groot acteur ben, maar ik doe er alles aan om de emoties van mijn rollen met meer dan alleen mijn stem uit te beelden. *(The Rudas Organization)*

Fietsen is mijn favoriete hobby. 's Zomers maak ik dagelijks een tochtje rond mijn huis in Pesaro. *(William Wright)*

Mijn vriend Tibor Rudas is een fantastische impresario die al twintig jaar mijn grote concerten zoals die in het Hyde Park, op Miami Beach en het drie-tenorenconcert in Los Angeles organiseert. *(Henry Grossman)*

Tijdens een repetitie ben ik niet onbeschoft tegen de dirigent, maar reageer ik op een noot die ik verkeerd zong. *(Henry Grossman)*

Ik trad op tijdens het benefietconcert van Sting voor de regenwouden in de Amazone, en hij zong samen met mij op mijn concert ter gelegenheid van het concours hippique in Modena. *(Sygma)*

Ik ben vergeten wat Joe Volpe, de directeur van de Met, mij hier vertelde, maar ik denk niet dat ik slecht gezongen heb. Tijdens mijn werk probeer ik mij onder alle omstandigheden professioneel op te stellen.
*(Henry Grossman)*

Werken met beroemde dirigenten is een enorme stimulans. Ik betreur het zeer dat ik niet vaker met Leonard Bernstein heb samengewerkt.
*(Henry Grossman)*

Riccardo Muti is zo'n dirigent die ervoor zorgt dat je bekende muziek met
een nieuwe, frisse blik ziet.
*(Henry Grossman)*

Toen ik Kallen Esperian voor het
eerst hoorde op de auditie van mijn
Philadelphia-concours, dacht ik al
dat haar stem op die van Tebaldi
leek. Hier zijn wij alle drie in mijn
huis in Pesaro. *(Giovanna Cavaliere)*

Ik zing *L'Elisir d'amore* graag met de fantastische sopraan Kathleen Battle. In Tokyo hebben we dit werk ook gezongen, zoals op deze foto te zien is. *(Judy Kovacs)*

Bij mijn concert op Miami Beach in januari 1995 was ik zo bang om een verkoudheid op te lopen, dat ik een windjack droeg in plaats van een smoking.
*(Claire Flamant)*

Voor ons zangers is het heerlijk om vroegere operasterren als vriendin te hebben, zoals Licia Albanese. *(Robert Cahen)*

In de zomer bestuurt Nicola, de
kleinzoon van mijn schoonzuster,
niet alleen de boot, maar hij re-
gelt zowat alles.
(William Wright)

Ik ben gek op tennis en weet dat
iedereen wel eens een bal kan
missen. Dat probeer ik uit te leggen aan John McEnroe.
(AP/Wide World Photo)

's Zomers zit ik graag aan mijn tafel met een glas mineraalwater en
regel ik mijn zaken.
William Wright

Als kind was ik al gek op paarden. Ik had echter weinig tijd
voor hen omdat ik te druk was
met mijn carrière. Ik pakte mijn
passie weer op in Ierland in 1979.
*(AP/Wide World Photo)*

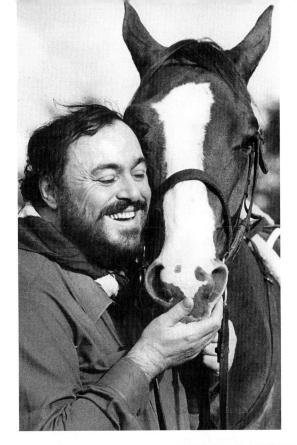

Na de lunch in Pesaro wist de on-
gelofelijke Nicola mijn dochter
Lorenza, mijn vrouw Adua en mij
bezig te houden.
*(William Wright)*

De belangrijkste reden voor het eerste drie-tenorenconcert was de enorme vriendschap die Placido Domingo en ik voelden voor José Carreras, die net genezen was van een verschrikkelijke ziekte.
(Henry Grossman)

Iedereen kan zeggen wat hij wil, maar Placido en ik zijn goede vrienden en we vinden het heerlijk om met elkaar te werken.
(Henry Grossman)

Er was een spontane en uitgelaten stemming bij ons eerste drie-tenorenconcert in Rome, 1990. Ik was bang dat we niet in staat zouden zijn om dat een tweede keer te evenaren. *(F. Origlia)*

Al maken we nog zo veel lol bij een optreden, we nemen alle drie ons werk zeer serieus. En als we dat niet doen, wijst Zubin Mehta ons daar wel op.
*(The Rudas Organization)*

Terwijl ik druk aan het repeteren was voor *Un ballo* in Napels, zaten Bill en Nicoletta te genieten van espresso's. *(William Wright)*

Juli is een warme maand in Peking, zeker in de theaters. Ik was daarom erg blij dat iemand ventilatoren met batterijen had meegenomen. *(AP/Wide World Photo)*

Ons schema liet een korte rustperiode toe, die we op het Tiananmenplein, het Plein van de Hemelse Vrede, konden doorbrengen. *(Hans Boon)*

Als ik reis vind ik het erg leuk om naar jong
talent te luisteren, zoals hier in Chili.
(Cynthia Lawrence)

De mensen in China waren zo open en vriendelijk
dat ze mij aan Italianen deden denken.
(AP/Wide World Photo)

Mijn concerten in Moskou in 1990 vonden tijdens de
spannende politieke omwentelingen plaats.
(Judy Kovacs)

Het grote voorrecht van mijn beroep: het ontmoeten van mooie vrouwen zoals Whitney Houston. *(Andrea Griminelli)*

Leone Magiera, Bryan Adams en ik repeteren voor het concert dat de finale van mijn concours hippique in Modena zal vormen. *(Claire Flamant)*

Eén van de beroemde gasten bij mijn concours hippique was de Dalai Lama. Hij zag wat ik allemaal moest doorstaan en nam daarom mijn polsslag op. *(Judy Kovacs)*

Het zangconcours dat ik in Philadelphia heb gestart, vereiste vele
uren luisteren naar jonge zangers
die auditie deden in steden over
de hele wereld.
*(Henry Grossman)*

Het winnen van een competitie
betekent nog niet dat ze het vak
beheersen. Daarom maakte ik de
winnaars duidelijk hoe je in een
opera moet optreden.
*(Trudy Lee Cohen)*

Zeven jaar lang was Judy Kovacs
mijn secretaresse. Ze is nu beeld-
houwster in Wenen en in 1994
kwam ze langs in Pesaro, op weg
naar het zuiden van Italië.
(William Wright)

Franco Casarini, wij noemen hem Pa-
noccia, is ongetwijfeld mijn beste
vriend en een nog grotere clown dan
ik. (Andrea Griminelli)

Ik heb een goede relatie met mijn
dochters. Toen Giuliana, hier samen
met mij in mijn hangmat, in 1980 ziek
werd brak voor ons een moeilijke tijd
aan. (Judy Kovacs)

Mijn medewerker is trots op deze
foto die hij nam op mijn boot in
Pesaro. *(William Wright)*

De prachtige Gabriella is mijn
enige zuster. *(William Wright)*

Twee dochters, Giuliana en Cristina, waren bij de première van
*Un ballo in Maschera* in Napels
in december 1994. Lorenza had
het te druk met haar boetiek in
Modena. *(William Wright)*

Mensenmenigten zijn een deel van mijn leven. Als ze er niet meer waren, zou ik mij zorgen gaan maken. *(Judy Kovacs)*

Ik geef toe dat ik van telefoneren houd. 's Zomers in Pesaro houd ik contact met mijn vrienden over de hele wereld. *(William Wright)*

hun weelderige kostuums zingen op een manier die in onze oren krampachtig en kunstmatig klinkt. Voor hen is deze muziek echter net zo beeldend, net zo schitterend als Puccini voor mij. De Chinese operatraditie boeit me hevig, want mijn leven speelt zich tijdens mijn optredens af in een vergelijkbare sfeer, en bovendien in een muzikale stijl die sommige mensen in Europa en Amerika ook vreemd en kunstmatig in de oren klinkt. De Chinezen deden, volledig gekostumeerd en geschminkt, een paar scènes speciaal voor mij, en toen ik na afloop het toneel opliep om hen te bedanken, vroeg ik in een impuls of ik het misschien ook eens zou mogen proberen.

Op dat moment besefte ik niet waar ik aan begon. Ik wist wel dat het een ingewikkelde procedure zou zijn, maar ik wist niet dat de mensen achter het toneel vier uur bezig zouden zijn om me te schminken en in een van hun kostuums te hijsen! Toen ik er eenmaal aan begonnen was, kon ik echter niet meer terug. En ik wilde ook helemaal niet terug, want ik vond het veel te interessant.

Toen ik eindelijk klaar was, zag ik eruit als iets dat de ingang van een tempel vol kwade geesten zou kunnen bewaken. We gingen het toneel op en deden een scène. De Chinezen zongen me toe, en ik antwoordde. Ik heb een heel goed gehoor, en volgens mij heb ik ook wel talent voor imitatie, dus ik improviseerde bij mijn antwoorden in hun stijl, zoals de Chinese opera mij in mijn oren klonk. Toen ik het gebeuren later op film terugzag moest een ander me vertellen wie van de zangers ik was. Mijn gezicht was zwart-wit geschminkt, en dank zij de hoofdtooi die ik droeg zag ik eruit als prinses Turandot.

De film die DeWitt Sage maakte van onze ervaringen in China, werd in de bioscoop uitgebracht onder de titel *Distant Harmony*. Het is een schitterende film geworden, die met grote artisticiteit en verbeeldingskracht is gemaakt. DeWitt Sage heeft daarin onze gevoelens en de sfeer tijdens deze uitzonderlijke belevenis perfect weten te vangen. Op een dag vroeg hij me mee te gaan naar Tian Anmen-plein, het plein van de Hemelse Vrede, om opnamen van me te maken op die beroemde plek. Dank zij de zwarte Mercedes ontstond er natuurlijk overal waar we gingen een enorme oploop. Ik neem aan dat ik ook een nogal opvallende verschijning was. Maar de mensen waren altijd erg beleefd en vriendelijk. Elke keer als ik me in het openbaar vertoonde was het een plezier om het Chinese volk te ontmoeten.

DeWitt wilde me iets laten doen op het plein, hij wilde actie, en hij vroeg of ik iets kon bedenken. Dat was niet zo moeilijk, zei ik.

Ik kon een rondje op de fiets rijden. Toen ik zijn verraste gezicht zag legde ik hem uit dat ik het heerlijk vond om te fietsen en dat ik het in Pesaro ook vaak deed. Ondanks mijn gewicht ben ik er erg goed in.

Een van de cameramannen hield een passerende student aan en gebaarde dat we zijn fiets wilden gebruiken. Later vroeg ik hem hoe hij de jongen zover had gekregen om zijn rijwiel af te staan. 'Ik heb hem vijf dollar gegeven,' zei de cameraman. 'Daarvoor zou hij me desnoods zijn grootmoeder hebben gegeven.'

Ik stapte op de fiets en begon het plein rond te rijden. Wat een heerlijk gevoel om in China op een fiets te zitten! Meegesleept door mijn enthousiasme trapte ik flink door, en toen ik zag dat DeWitt en zijn cameramannen moeite hadden om me bij te houden, ging ik nog harder rijden. Ze wilden maar één shot, maar ik had veel te veel plezier om meteen weer te stoppen. Ze begonnen als gekken achter me aan te rennen om me van die fiets te krijgen. We waren al laat, en met mijn wilde rit gooide ik het schema helemaal in de war. Maar dat kon me niets schelen. Ik genoot.

Later hoorde ik dat onze tolk, meneer Wu, bij mijn onverwachte escapade nog veel meer in paniek raakte dan de filmploeg. Het ministerie van cultuur bleek meneer Wu verantwoordelijk te hebben gesteld voor mijn veiligheid. Dus toen hij me op een fiets op mijn eigen houtje Beijing in zag rijden, kreeg hij bijna een flauwte. Maar er gebeurde niets ergs. Mijn Chinese solorit liep goed af.

Elke dag, ook als er gerepeteerd werd, was er wel tijd voor nieuwe interessante ervaringen. Mijn familie vermaakte zich ook fantastisch en bezocht alle bezienswaardigheden. Mijn dochters hadden gelezen over de Tombe van de Duizend Soldaten en wilden daar graag heen, maar aanvankelijk kregen ze te horen dat deze te ver van Beijing lag. Zonder dat wij het wisten werd er echter druk overleg gepleegd, en uiteindelijk stonden er twee vliegtuigen klaar om alle leden van onze groep die dat wilden, naar deze opmerkelijke plek te brengen. Dit voorval is tekenend voor de zorg en de aandacht waarmee onze Chinese gastheren ons omringden.

Terwijl de meesten van ons gezelschap een geweldige tijd hadden in Beijing en genoten van alles wat ze zagen, van de mensen die ze ontmoetten, van de bezienswaardigheden die ze bezochten, waren er ook die problemen hadden. Onze geluidsapparatuur was om de een of andere reden vastgehouden door de douane, en onze technici slaagden er niet in om de spullen los te krijgen. En toen DeWitt Sage en zijn ploeg opnamen begonnen te maken tijdens de repetities, kregen ze van de autoriteiten te horen dat daar geen sprake van kon zijn. Filmen tijdens de repetities was verboden. De ploeg was verpletterd. Ze legden uit dat ze helemaal uit Amerika waren gekomen om deze documentaire te maken, en dat opnamen van de repetities heel belangrijk waren voor hun film. De Chinezen hielden vol. Het was verboden, en daarmee uit. Dus vroeg de filmploeg of er iemand anders was met wie ze deze kwestie konden bespreken.

Ze werden naar een andere ruimte in het theater gebracht, waar een kettingrokende man op een kleine verhoging zat, zoals vroeger de keizers. Hij was degene die de beslissingen nam. Met de hulp van een tolk legden onze technici hem het probleem voor. De ambtenaar scheen niet van zins om van gedachten te veranderen, maar uiteindelijk zwichtte hij blijkbaar toch. Althans, de cameramannen gingen gewoon door met filmen, en niemand zei er nog iets van.

Maar daarmee waren de problemen de wereld nog niet uit. Op een gegeven moment kwam Emerson Buckley, onze dirigent, me vertellen dat de mensen uit Genua waren vergeten om een gitaar en een accordeon mee te brengen. Die hadden we nodig in het tweede bedrijf van *La bohème*. 'Er moeten hier in China toch wel ergens een gitaar en een accordeon zijn,' zei ik tegen Emerson. Uiteindelijk slaagde men erin de instrumenten op te sporen, maar kleine problemen die thuis binnen vijf minuten zouden zijn opgelost, namen hier een enorme omvang aan.

's Avonds dineerde ik meestal met mijn familie op mijn kamer. Elke dag was zo gevuld met ontmoetingen en allerlei bezoeken en ontvangsten, plus natuurlijk onze repetities, dat ik 's avonds behoefte had aan ontspanning. Als ik energie over had ging ik nog wel eens naar beneden, naar het grote buffet dat het hotel elke avond voor ons gezelschap had klaarstaan. Ik ontdekte dat veel van onze mensen niet zo dol op het Chinese eten waren. Dat gold vooral voor de Italianen, die vaak geen andere dan vaderlandse kost willen.

Toen ik op een avond de eetzaal binnenkwam zag ik een jonge bariton uit Rome helemaal alleen aan een tafeltje zitten, met in zijn ene hand een cracker en in de andere een flesje sinaasappellimonade. Hij keek zo ongelukkig dat ik hem op mijn kamer uitnodigde voor een bord pasta. Toen het tot me doordrong hoeveel leden van onze groep snakten naar iets vertrouwds in hun maag, begon ik elke avond anderen uit te nodigen: een soort roulerend diner. Op avonden dat we een voorstelling gaven nodigde ik met opzet de hoofdrollen uit, want die hadden hun krachten het hardst nodig. Er waren in de groep heel wat grappen gemaakt over het feit dat ik eten en koks uit Italië had meegenomen, maar achteraf waren de meesten blij dat ik het had gedaan.

Ik vond het echter wel gezellig om beneden te eten met de anderen, en ik wilde bovendien niet dat het hotel zou denken dat ik hun eten weigerde. De avonden dat we met de hele groep beneden dineerden waren altijd reuzeleuk. Op een keer stuurde ik onze koks uit Genua de keuken in om de Chinese koks te laten zien hoe ze pasta moesten klaarmaken. Een andere avond raakte ik verzeild in een wedstrijd bier drinken met Roman Terleckyj, onze regisseur, en een aantal van onze zangers. We begonnen wat te zingen, maar daarbij kregen we concurrentie van enkele leden uit het koor. De communistische partij is in Genua heel sterk vertegenwoordigd. Sommige koorleden waren lid van de partij en hieven partizanenliederen aan om hun verbondenheid met het Chinese hotelpersoneel te tonen.

De stemming in de eetzaal was meestal fantastisch. Toen ik er op een avond at met mijn zuster Lela en wat vrienden waren we zo uitgelaten dat we Italiaanse volksliedjes begonnen te zingen. De obers staakten hun werk, de koks kwamen uit de keuken om te luisteren. Zodra we uitgezongen waren begonnen ze allemaal enthousiast te klappen, en toen gebeurde er iets ongelooflijks. Een van de koks begon een Chinees liedje te zingen, en het werd doodstil in de eetzaal. Wij hadden als groep gezongen, maar hij deed het helemaal alleen. We verwachtten dat zijn collega's zouden invallen, maar dat gebeurde niet. Hij zong maar door, helemaal alleen, steeds maar door. Het leek wel alsof het lied geen einde had. Sommige van mijn vrienden begonnen te praten, maar ik zei dat ze stil moesten zijn. We raakten hoe langer hoe meer gefascineerd door deze opmerkelijke voorstelling. Op een gegeven moment kende de jonge kok de tekst niet verder en begon te lachen. Iedereen juichte. Wat een bravoure, wat een schitterend optreden. Hij had een zaal vol mensen weten te boeien met muziek die hun totaal onbekend was. Ik complimenteerde hem dan ook met oprechte bewondering met zijn optreden.

Wanneer ik tijdens mijn activiteiten in aanraking kwam met het Chinese volk, bleek de jeugd verrassend goed op de hoogte te zijn van de opera's die ik in de loop van mijn carrière had gezongen. Jong en oud kwam met cassettes voor de dag, met de vraag of ik er mijn handtekening op wilde zetten. Het was een verrassing voor me dat mijn muziek zo royaal voorhanden was in China, en ik zei dan ook tegen een van de mensen van Decca Records die met ons meereisden, dat ze hier blijkbaar goede zaken deden. 'We verkopen helemaal niets in China,' zei hij. 'Echt helemaal niets.' Alle cassettebandjes die ik te zien kreeg waren afkomstig van de zwarte markt, vertelde hij me.

Dat speet me natuurlijk voor Decca Records – en ook voor mezelf, want van wat er op de zwarte markt wordt verkocht krijg ik geen royalty's – maar ik vond het tegelijkertijd indrukwekkend dat zoveel jonge Chinezen al die moeite deden om mijn opnamen te pakken te krijgen. Bovendien kwamen er een heleboel met een exemplaar van het eerste boek dat Bill Wright en ik samen hebben geschreven. In het Chinees uiteraard, en gedrukt op heel goedkoop papier. Je moet het van achteren naar voren lezen, maar het was duidelijk *Pavarotti, mijn levensverhaal*, en ik tekende heel wat exemplaren.

Naarmate de eerste voorstelling van *La bohème* dichterbij kwam, leek de opwinding onder ons gezelschap en onder de Chinezen met wie we in aanraking kwamen groter te worden. De menigte die me begroette wanneer de auto me afzette bij het theater, werd elke dag groter, en onderweg viel het me op dat er steeds meer mensen naar me stonden te zwaaien. Meneer Wu hield ons op de hoogte van alles wat er gebeurde. Hoewel een groot deel van de kaarten was gegeven aan mensen die de partij wilde belonen, waren ze ook gewoon verkocht. Volgens meneer Wu hadden de mensen er vele uren voor in de rij gestaan. Hij vertelde ook dat er op straat een levendige ruilhandel werd gedreven in platen en boeken, en hij bracht verslag uit van wat er allemaal nog meer gaande was waar wij geen weet van hadden.

Eindelijk was het zover: 28 juni 1986, de avond van onze eerste *Bohème*. Het was zo heet dat het me verbaasde dat de schmink op onze gezichten bleef zitten. Maar alles verliep uitstekend. Het was een heel bijzondere ervaring voor me om de rol die ik de afgelopen vijfentwintig jaar al zo vaak had gezongen, en waar ik zo van hield, in Beijing voor een Chinees publiek te zingen. Veel van de kaartjes waren aan arbeiders gegeven, als beloning voor hun harde werk, was ons verteld, en ik besefte dat ze, warm en bezweet, rechtstreeks vanuit de fabriek op hun fiets naar het theater waren gekomen. Wat een verschil met het gebruikelijke deftige operapubliek.

Aangezien ik nog nooit in China had gezongen, en ook niemand had gesproken die dat wel had gedaan, had ik geen flauw idee hoe het publiek op me zou reageren. Ik wist dat er in China belangstelling bestond voor westerse muziek, zelfs voor Italiaanse opera. Maar ik wist ook dat veel Chinezen me vooral kenden vanwege mijn concerten die op de televisie waren uitgezonden. Dat ze nieuwsgierig naar me waren wilde nog niet zeggen dat ze mijn muziek waardeerden. Ik van mijn kant was blij geweest dat ik mijn nieuwsgierigheid had kunnen bevredigen en de kans had gekregen om een Chinese opera bij te wonen, maar het zou onoprecht zijn geweest wanneer ik na afloop in een uitzinnig applaus zou zijn uitgebarsten. Daarnaast was me verteld dat het Chinese publiek van nature nogal tam en gereserveerd is in zijn reacties. Ik neem aan dat degene die me dat vertelde, wilde voorkomen dat ik teleurgesteld zou zijn als ik in Beijing niet dezelfde warme ontvangst kreeg die ik in het Westen gewend was.

Vandaar dat ik absoluut niet was voorbereid op de reactie op onze *Bohème*. De eerste keer dat het publiek zijn gevoel liet blijken, kwam als een volslagen verrassing. Na mijn eerste hoge noot, tegen het eind van 'Che gelida manina' in het eerste bedrijf, barstte er een luid applaus los. De aria was nog niet eens afgelopen, maar ze konden niet wachten tot ik was uitgezongen, en applaudisseerden met hetzelfde enthousiasme dat ze aan het slot van de voorstelling zouden tonen. Zodra ze hoorden dat de muziek werd hervat werd het onmiddellijk weer doodstil, en ik kon mijn aria afmaken.

Zo ging het vervolgens bij elke hoge noot, gedurende de hele opera. Applaus is altijd heerlijk, maar bij dit publiek was het extra welkom, zelfs tijdens mijn grootste aria. Ik had er tot op dat moment tenslotte geen flauw idee van of het publiek van onze *Bohème* genoot of de voorstelling misschien wel afschuwelijk vond.

Toen ik er later over nadacht kwam ik tot de conclusie dat er nog een leuke kant zat aan deze reactie. Naar onze westerse maatstaven is het niet beleefd om tijdens een muziekstuk te applaudisseren. Maar deze mensen wisten niets over onze concertgebruiken. Hun reactie was volkomen spontaan. Ze vonden wat ze hoorden zo mooi dat ze onmiddellijk blijk wilden geven van hun waardering. Zodra ze echter hoorden dat ik verder zong, en met mij mijn collega's, hielden ze onmiddellijk op met klappen. Daardoor werd de muziek niet onderbroken. Voor artiesten is niets zo erg als een 'beleefd' applaus. (Nou ja, uitjouwen is erger, maar beleefd applaus is nauwelijks beter.) Volgt daar dan niet uit dat ònbeleefd applaus juist heerlijk is?

Onze Mimi's, Fiamma Izzo d'Amico en Kallen Esperian, zongen allebei geweldig. Ik was vooral weg van Kallens stem. Na haar auditie voor het vocalistenconcours zei ik tegen Herbert: 'Je moet haar horen. Ze heeft een stem als Tebaldi.' Herbert was het met me eens, en na haar Mimi die avond in Beijing nam hij haar onder contract. Mijn voormalig secretaresse en leerling, Madelyn Renée, was onze Musetta, en ook zij zong en acteerde uitstekend. Tijdens deze reis ontmoette ze de Italiaanse journalist die was overgekomen om verslag te doen van ons bezoek, en met wie ze later is getrouwd.

Aan het slot van de voorstelling reageerde het publiek uitzinnig, tot immense opluchting van ons allemaal. Het had zoveel geld en moeite gekost om ons hier te krijgen, en we waren allemaal zo opgewonden over dit uitzonderlijke project, dat het een enorme teleurstelling zou zijn geweest als er alleen maar beleefd was gereageerd.

Opera, mits goed uitgevoerd, heeft een enorm potentieel om emoties los te maken. Maar dan moeten die emoties er natuurlijk wel zijn. Het publiek moet iets in zich hebben dat door de voorstelling naar boven wordt gehaald. We hadden geen flauw idee welke emoties er schuilgingen in dit Chinese publiek, maar in dat opzicht bleek er weinig verschil te bestaan met het publiek in Milaan, Parijs en New York. Het applaus en de toejuichingen waarmee we die avond werden beloond, maakten een gezelschap van driehonderd Italianen en Amerikanen diep, diep gelukkig.

Toen ik een paar dagen later een recital deed was de reactie dezelfde. En ook daar begon het publiek voor elke hoge noot te klappen. Toen ik als toegift 'O Sole Mio' zong kon ik mijn oren niet geloven. Het leek wel alsof ik het Chinese volkslied had gezongen. Ik vertelde later aan iemand dat ze als Napolitanen op 'O Sole Mio' hadden gereageerd, misschien zelfs nog enthousiaster.

Inmiddels wist volgens mij heel China dat we er waren. Op een ochtend kregen we in ons hotel bericht dat we waren uitgenodigd om de lunch te gebruiken met de secretaris-generaal van de Communistische Partij, Hu Yao Pang. Onze Chinese vrienden verklaarden met nadruk dat dit een zeldzame, bijzondere eer was. Een eer die maar weinig bezoekende hoogwaardigheidsbekleders te beurt viel. Tot mijn verrassing bleven de Chinezen me ook na mijn fietstocht als een hoogwaardigheidsbekleder beschouwen.

De Mercedes bracht ons naar het gebouw waar de lunch zou plaatsvinden. Bij aankomst werden we omringd door journalisten en cameramensen. Meneer Hu, een heel klein mannetje, was bijzonder vriendelijk en ontspannen. Zoals veel hoge functionarissen in China was ook hij een kettingroker. De lunch was een formele aangelegenheid, en we zaten aan tafel met vele andere hoge functionarissen. Desondanks voelden mijn vrouw en ik ons enorm vereerd en gevleid, en we genoten. Als verliefde tieners in Modena hadden Adua en ik niet eens geld gehad voor een eigen auto. Hoe hadden we ooit kunnen denken dat we nog eens in een Chinees paleis zouden worden ontvangen door een van de twee of drie machtigste mannen in China?

Wat ons betreft was deze lunch al eervol en opwindend genoeg, maar tijdens de maaltijd nodigde meneer Hu me via een tolk uit om te zingen in de Grote Hal van het Volk. Ik moest wel begrijpen dat een dergelijke uitnodiging een enorme eer was. De Grote Hal van het Volk is de grootste zaal in heel China. Er kunnen tienduizend mensen in, en het is de plaats waar de top van de Communistische Partij en de regering bij elkaar komen om staatszaken te bespreken. De afgevaardigden zitten er aan langgerekte tafels, waarin voor elke stoel een microfoon is aangebracht. Voor de Chinezen is de Grote Hal van het Volk een van de belangrijkste gebouwen in hun land.

Ik ontdekte dat ik de eerste buitenlander zou zijn die er een optreden zou verzorgen. Aan de reacties van meneer Wu en mevrouw Hua merkte ik hoe bijzonder het was wat me overkwam, want ze waren duidelijk erg verrast en aangenaam getroffen dat hun regering me deze eer verleende. De keerzijde van de medaille was dat we hier absoluut niet op hadden gerekend, en dat we maar een paar dagen de tijd hadden om het kleine recital dat ik had voorbereid te veranderen in een van de grootste zaaloptredens uit mijn hele carrière.

Door de duizendenéén andere problemen hadden we geen tijd om onze geluidsapparatuur op te zetten, die eindelijk door de douane was vrijgegeven. Bij de meeste zalen waar ik optreed kost het ongeveer vierentwintig uur om de hele installatie op te bouwen, maar in dit geval hadden we maar zes uur de tijd, voor een veel grotere hal, die bovendien niet was ontworpen voor dit soort optredens. In die zes uur waren de Chinese technici druk bezig met het regelen van de belichting, en onze geluidsmensen zouden het toneel pas kunnen gebruiken wanneer de belichting in orde was. Dat leidde tot een frontale botsing tussen onze mensen en de Chinezen, en er was van beide kanten een hoop diplomatie nodig om de zaak te sussen en in het reine te brengen.

De kaartjes vormden natuurlijk ook een reusachtig probleem,

zowel voor onze mensen als voor de Chinezen. Ze moesten binnen enkele uren worden gedrukt en verspreid, maar op de een of andere manier lukte het allemaal. Op de avond van de voorstelling liep ik, zoals ik dat al zo vaak had gedaan, in mijn rokkostuum van mijn kleedkamer naar het toneel. Terwijl ik langs de technici en de toneelploeg kwam ontdekte ik mevrouw Hua, onze gids van het ministerie van cultuur. Ik stond stil, gaf haar een kus – dat brengt namelijk geluk – en liep vervolgens het toneel op om te gaan zingen voor tienduizend Chinezen.

Het concert, waarbij ik werd begeleid door een volledig orkest, verliep geweldig. Het publiek was fantastisch. Er werd weer voor elke hoge noot geapplaudisseerd, en aan het eind van mijn optreden stond de zaal heerlijk op zijn kop. Dit concert was een van de meest opwindende ervaringen in mijn hele carrière. Iedereen scheen het prachtig te vinden. Het was een schitterend hoogtepunt van twee heel bijzondere weken. Die avond vlogen we terug naar Europa.

Tijdens ons hele verblijf in Beijing vond ik de reactie van het Chinese publiek diep ontroerend. Ik geloof niet dat ik ooit zoiets heb meegemaakt. De Chinezen waren zo royaal in hun waardering en zo spontaan, zonder enige vorm van chauvinisme of jaloezie. Hun reactie kwam diep van binnen uit. Ze stelden zich helemaal open om ten volle te kunnen genieten van wat we hun te bieden hadden. Hoewel onze muziek velen van hen vreemd in de oren moet hebben geklonken, was er toch sprake van herkenning. Wat er gebeurde ging veel dieper dan het niveau waarop de verschillen tussen de ene cultuur en de andere zich afspelen. Ik vond het erg ontroerend, op een manier zoals ik dat nog nooit had ervaren.

Later hoorde ik dat het concert live op de televisie was uitgezonden, en dat er tweehonderd miljoen Chinezen naar hadden gekeken. Dat gaat werkelijk al mijn bevattingsvermogen te boven. Het is ongelooflijk.

Voordat we vertrokken moesten we een besluit nemen over onze apparatuur. Wat moesten we daarmee doen? Vooral met de koelkast? Ik besloot dat we die aan meneer Wu cadeau zouden doen. Hij was tijdens ons hele verblijf in China zo aardig en behulpzaam geweest. Maar tot onze verbazing wilde hij het cadeau niet aannemen. Op onze vraag naar de reden van zijn weigering antwoordde hij dat bij hem in de straat niemand een koelkast had, en dat zijn buren hem op een dergelijk bezit zouden aankijken. Dat verbaasde ons. We vermoedden dat er meer achter zat, maar hij hield vol en wilde ons cadeau niet accepteren.

Mijn vrienden plagen me wel eens als ik op tournee ga naar dit soort exotische bestemmingen. Ze beweren dat ik niets van het land zie, omdat ik in een afgeschermd wereldje van limousines en luxe hotels verkeer. En die zijn nu eenmaal overal hetzelfde. 'Hoe waren de limo's in Hongarije, Luciano?' zeggen ze dan. 'Anders dan in Chili?' Tot op zekere hoogte hebben ze gelijk. Maar ik probeer altijd uit dat afgeschermde wereldje te breken om het land waar ik ben echt te ervaren. En soms, zoals bij meneer Wu, laat het land zelf even zijn scherm zakken.

De Chinezen zijn een heel bijzonder volk, met een totaal andere mentaliteit dan wij. Op de hele wereld wil iedereen altijd beter, hoger, de een zus, de ander zo. Neem nou ons Italianen, de meeste van ons willen een groter huis, een nog dikkere auto. De Chinezen die ik heb ontmoet waren anders. Iedereen voorspelt dat, wanneer ik over tien jaar naar China terugga, de straten vol auto's zullen zijn. Ik ben daar niet zo zeker van. Ik ben er namelijk niet zo zeker van dat dat is wat ze willen. Natuurlijk willen ze het ook graag beter hebben, dat wil iedereen, maar misschien willen ze dat wel op hun eigen manier. En misschien heeft die manier niets te maken met een groot huis en een dikke auto.

Al met al was ons bezoek aan China een van de geweldigste ervaringen van mijn leven. Ik weet zeker dat ik die reis nooit zal vergeten, en mocht dat toch dreigen te gebeuren, mocht de Chinese ervaring op een droom gaan lijken, dan heb ik de videoband van *Distant Harmony* om me te herinneren aan de prachtige dingen die we hebben gezien, aan de fantastische mensen en de sensationele ontvangst.

Er zijn inmiddels alweer jaren verstreken, en de Chinese regering heeft me al diverse malen uitgenodigd voor een volgend bezoek. Ik heb die uitnodigingen echter altijd afgeslagen. Hoe succesvol een volgend bezoek misschien ook zal zijn, het zal nooit zo'n fantastisch spontaan gebeuren kunnen zijn als dat verbijsterende bezoek van 1986. Het is al een zeldzaamheid wanneer je zoiets één keer in je leven mag meemaken. Twee keer overkomt het je nooit.

# 8

## Het 'Pavarotti International'

Ik ben mijn hele leven lang al een enorme sportliefhebber, op het fanatieke af. Ik hou van alle sporten, maar voetbal is veruit favoriet. Zolang ik me kan heugen gebruikte ik in mijn jeugd elk vrij moment om te voetballen. Als ik niet op school zat of aan tafel met de familie, was ik buiten om met mijn vriendjes uit de buurt te voetballen. Op de middelbare school zat ik in het schoolelftal, en ik speelde in een buurtcompetitie.

Als ik niet aan het voetballen was, dan was er wel een andere sport die me bezighield. En als ik een wedstrijd speelde was ik voortdurend in beweging. Ik stond geen moment stil. Volgens mij had ik te veel energie. Mijn grootmoeder Giulia, een fantastische vrouw, zei altijd: 'Pas toch op, Luciano. Je bent in staat om een paard de stuipen op het lijf te jagen.'

Ik was geen slechte voetballer, maar ook niet zo goed dat ik ooit serieus heb overwogen om beroeps te worden. Desondanks ben ik tot op de dag van vandaag dol op voetbal. Net als muziek zit voetbal me in het bloed, en ik volg de verrichtingen van de beroepsclubs hartstochtelijk. Ik kan u misschien niet altijd vertellen wie er een week geleden in Covent Garden of de Scala heeft gezongen, maar ik durf te wedden dat ik weet hoe er in Florence of Madrid is gespeeld. Waar ter wereld ik ook zit, tijdens het voetbalseizoen bel ik regelmatig een vriend in Italië voor de uitslagen. Voetbal heeft zelfs een ingrijpende invloed gehad op mijn carrière. Het was de aanleiding voor het eerste drie-tenorenconcert dat José, Placido en ik samen gaven.

Ik ben ook dol op tennis, en tot ik last begon te krijgen van mijn knieën speelde ik regelmatig een partijtje. Toen ik niet snel genoeg meer was, heb ik een tijdje dubbels gespeeld, maar uiteindelijk moest ik er helemaal mee stoppen. Blijkbaar ben ik een erg agressieve tennisser. Ik speelde vaak met mijn goede vriendin Renata Nash en haar man. Wanneer ik haar partner was bij een dubbel, was ik niet van mijn plek te krijgen, aldus Renata. Het enige dat ik deed was haar aanmoedigen: 'Vooruit! Die moet je hebben!' Nu ik aan mijn knie ben geopereerd, hoop ik dat ik hem binnenkort zelf weer kan 'hebben'.

Een andere sport waar ik weg van ben is autosport. Ik was er vooral als jonge vent verzot op, maar helemaal over gaan zulke liefdes nooit. Toen ik *La bohème* zong in Buenos Aires in 1987, vond ik het een opwindende ervaring om de grote coureur Juan Manuel Fangio te ontmoeten. Dank zij mijn werk reis ik de hele wereld over en ontmoet ik een heleboel beroemde mensen, maar toen ik deze held uit mijn jeugd ontmoette was ik zo overweldigd dat ik bijna geen woord kon uitbrengen. In mijn jonge jaren was ik ook een grote fan van Fausto Coppi en Gino Bartali, twee Italianen die in de jaren veertig en vijftig – de tijd waarin ik opgroeide – het wielrennen in Italië populair hebben gemaakt. Maar zoals de meeste sportfanaten bewonder ik iedereen die uitblinkt in een sport, ongeacht welke.

Hoewel mijn eerste liefde in de sport wel altijd voetbal zal blijven, heb ik de afgelopen twintig jaar een nieuwe passie ontwikkeld die mijn liefde voor het voetbal bijna evenaart: paarden. Ik ben altijd gek geweest op dieren. Vroeger thuis hadden we geen huisdieren. Daar waren we te arm voor. Later, toen mijn carrière van de grond begon te komen en ik ging verdienen, was ik te veel op reis om een hond te hebben. Dat is nog steeds zo. Het zou niet eerlijk zijn tegenover de hond. Honden zijn intelligenter dan paarden, en meer op één persoon gericht. Paarden zijn blij als je er weer bent, maar ze missen je niet zoals een hond dat doet.

Ik heb in Modena tien paarden. Vroeger reed ik regelmatig, maar tegenwoordig doen mijn dochters dat. Als het me lukt om wat kilo's kwijt te raken, ga ik misschien zelf ook weer rijden.

Als klein jongetje had ik een oom die op het platteland woonde en een pony met een wagentje had. Ik weet nog dat ik thuis voortdurend liep te zeuren of ik erheen mocht, want ik was dol op die pony. Ik bleef zeuren, ook toen ik al niet zo klein meer was. Deze oom kocht en verkocht paarden op de veemarkten in de stadjes rond Modena. Ik vond het altijd reuzespannend om met hem mee te gaan en hem paarden te zien keuren, of om toe te kijken terwijl hij met andere kooplui onderhandelde. Ik was gefascineerd door paarden en wilde er alles over weten, maar ik vond het vooral heerlijk om bij ze te zijn.

Toen mijn carrière van de grond begon te komen en ik een gezin stichtte, raakte mijn liefde voor paarden een beetje op de achtergrond. Ik had nauwelijks tijd of gelegenheid om er aandacht aan te besteden. Maar dat veranderde in december 1979, toen ik een concert gaf in Dublin. Iemand bood aan om met me naar een stel opmerkelijke paarden te gaan kijken, en ik nam het aanbod gretig aan. Toen ik de prachtige dieren zag kwam mijn oude liefde ineens weer in volle hevigheid boven. Ik was meteen verkocht. Bij mijn vertrek uit Ierland mocht ik me de eigenaar noemen van twee paarden, die ik meenam naar mijn huis in Modena.

Een van de twee was een vier jaar oude ruin, Herbie, een uitstekend springpaard. Ik kocht hem voornamelijk voor mijn jongste dochter, Giuliana, die mijn liefde voor paarden deelt. Herbie was echter nogal speels, en Adua vond het dan ook maar niks. Hoewel Herbie zich tegenover Giuliana altijd als een heer heeft gedragen, geloof ik niet dat Adua ooit over haar angst heen is gekomen.

Het tweede paard dat ik uit Ierland meenam, was Shaughran, een reusachtig, ijzersterk jachtpaard. Van alle paarden die ik heb ontmoet, was hij een van de weinige die er geen problemen mee had om me op zijn rug te dragen. Shaughran was een erg zachtmoedig en goed opgevoed dier. Hij paste zich moeiteloos aan het stadsleven aan en stoorde zich niet aan stadse dingen zoals verkeerslichten en drukke kruispunten wanneer ik met hem door de straten reed.

Oorspronkelijk hielden we de paarden in een stal vlak bij ons huis, maar Adua klaagde over alle vliegen die erop afkwamen. Vroeg of laat kwamen die namelijk in huis terecht, aangelokt door al het lekkers daar. Dus lieten we een eind verderop een stal zetten. Het is een flink gebouw, want behalve mijn eigen paarden heb ik ook wat dieren van anderen in pension. Adua doet de administratie, en we denken allebei maar liever niet aan de ongelooflijke bedragen die we aan deze hobby kwijt zijn.

Sinds die ervaring in Ierland, toen ik me realiseerde hoeveel ik van paarden hield, probeerde ik zoveel mogelijk te rijden. Ik herinner me nog een uitstapje te paard in het Londense Hyde Park, dat een ongelukkige start had. Mijn vriendin uit New York, Sandra McCormick, was er met haar man en haar kinderen. Toen de kinderen hoorden dat ik wilde gaan paardrijden, smeekten ze hun moeder om mee te mogen. Hoewel ze me bezwoeren dat ze goed konden rijden, wilde ik hen niet zonder hun moeder mee hebben. Sandra vertelde me dat ze doodsbang was voor paarden, maar ze bekende tevens dat ze wel kon rijden. Ik herhaalde wat ik al eerder had gezegd. Of ze ging mee, of de kinderen bleven thuis. Bij het zien van de verlangende gezichten van haar kroost besloot ze maar mee te gaan.

Het was niet eenvoudig om een paard te vinden dat groot genoeg voor me was. Vanuit de stal waar we de paarden kwamen huren, werden wat collega's gebeld, en uiteindelijk werd er een enorm paard gevonden. Het dier was perfect, precies de goede maat, en zo te zien vond hij het geen enkel probleem om me op zijn rug te dragen. De moeilijkheden begonnen echter meteen bij ons vertrek. Om in het park te komen moesten we een druk kruispunt oversteken, waar van alle kanten auto's en bussen kwamen aanstormen. Het paard begon aan de oversteek, maar omdat het de kruising niet kende raakte het in paniek en bleef stokstijf staan. Net als het verkeer, goddank. Daar stond ik dan, midden op een Londens kruispunt, op een enorm paard waar geen beweging in te krijgen was.

Sommige automobilisten begonnen te toeteren, maar daar werd het paard alleen maar banger van, en het begon nerveus te dansen. Het steigerde zelfs een beetje, maar het lukte me in het zadel te blijven. Het was een afschuwelijke situatie, maar ik wist dat we van de auto's niets te vrezen hadden. Voor bijna iedere Engelsman geldt dat hij liever een medemens zou vermoorden dan een paard. Uiteindelijk werd mijn paard wat rustiger, en het bracht me veilig naar de overkant. De kinderen genoten van ons ritje, en volgens mij wist zelfs Sandra zich redelijk te amuseren, maar de aanblik van mij, midden in het verkeer, op een doodsbang dansend paard heeft haar ongetwijfeld niet geholpen om over haar angst heen te komen.

Ik prijs me gelukkig dat ik in de loop der jaren een hechte vriendenkring heb weten op te bouwen in de steden waar ik regelmatig optreed. En wanneer zulke vrienden erachter komen dat ik dol ben op paarden, brengen ze me vaak in contact met andere paardenliefhebbers. Bovendien bleken sommige van mijn vrienden net zulke paardenmensen te zijn als ik.

Ik vraag me vaak af wat het is dat me zo aanspreekt in paarden, en het valt niet mee om dat uit te leggen. Om te beginnen vind ik het grootse, edele dieren. Ze zien er prachtig uit, majestueus. Maar bovendien beschouw ik ze als een middel waarmee wij mensen in staat zijn terug te keren naar de natuurlijke staat der dingen; weg van alle kunstmatigheid die zo'n belangrijk deel uitmaakt van ons leven in de wereld van vandaag.

Paarden zijn zo eenvoudig, zo mooi. Het zijn prachtige scheppingen van de natuur, en volgens mij kan er een heel positief effect van hen uitgaan. Alleen al door hun aanwezigheid kom ik tot rust en besef ik hoeveel in de wereld nog mooi is en zuiver. Wanneer ik ergens een concert geef of een opera zing, met alle spanning en nervositeit vandien, vraag ik vaak aan vrienden of ze iemand kennen met een stal, die het goed vindt dat ik een kijkje kom nemen bij zijn paarden.

Hoe gespannen ik ook ben voor een concert of opera, als ik een mooi paard zie en vriendschap sluit met het dier, komt er onmiddellijk een zekere rust over me. Dan heb ik weer vrede met mezelf, ongeacht de uitdagingen die me in de dagen daarop te wachten staan. Ik heb wel eens gehoord dat mensen die gehandicapt zijn of erg ziek, of mensen die in een depressie verkeren, zich beter gaan voelen, zich als het ware verjongd voelen, wanneer ze met paarden in contact worden gebracht. Ik geloof het meteen.

Ik heb nog een theorie over paarden, die sommigen misschien nogal extreem zullen vinden. Volgens mij is het voor jonge mensen heel gezond en heeft het een goede invloed op hun ontwikkeling wanneer ze met paarden leren omgaan. Wanneer jonge mensen, die altijd op zoek zijn naar een uitlaatklep voor hun energie en hun enthousiasme, verliefd worden op paarden zoals dat mij is overkomen, lopen ze veel minder gevaar om het slechte pad op te gaan en aan de drugs te raken of tot misdaad te vervallen. Volgens mij raken jonge mensen daar alleen maar in verzeild, als ze zich vervelen en als ze geen plek hebben waar ze hun energie, hun enthousiasme kwijt kunnen. Omdat paarden zulke zuivere, onbedorven wezens zijn, hebben ze ook een zuiverende uitwerking op de mensen die met ze omgaan. Het is een extreme opvatting, ik weet het, maar toch geloof ik er heilig in.

Ik zie mijn liefde voor kunst, voor schoonheid, en mijn liefde voor sport in het paard bij elkaar komen. Ik vind het alleen al een genot om naar deze dieren te kijken. Door mijn enthousiasme maakte ik kennis met de diverse takken van de paardensport, en het duurde niet lang of springconcoursen waren daarbij mijn favoriet. Ik vind het van een ongelooflijke schoonheid om deze schitterende dieren over een hindernis te zien gaan. Je ziet meteen of een paard een echte springer is of niet. Als hij het in zich heeft kijkt hij recht voor zich uit. Je ziet hem de afstand schatten en de hoogte van zijn sprong berekenen.

Die hele actie vertoont grote overeenkomst met de aanloop van een tenor naar een hoge noot. Ook wij moeten vooruitdenken, onze krachten wegen en onze energie richten op het obstakel dat we moeten overwinnen. Deze vergelijking dringt zich voortdurend op wanneer ik deze prachtige moedige wezens op een hindernis zie afkomen en er vervolgens overheen zie springen. En diezelfde moed zie ik bij de ruiters. Deze dapperheid van mens en paard is bij uitstek wat het springen voor mij tot zoiets dierbaars maakt. Door samen met zijn paard het risico te nemen komt de ruiter heel dicht bij de natuur.

Voor mij levert deze sport, waar man of vrouw samen met hun rijdier iets heel moeilijks en misschien zelfs gevaarlijks doen, een fantastisch schouwspel. Naarmate ik me duidelijker bewust werd van mijn grote liefde voor deze tak van de paardensport, raakte ik ook meer geïnteresseerd in de wereld van het springpaard, in de diverse landelijke concoursen en natuurlijk in de internationale concoursen. Ik ontdekte een fascinerende nieuwe wereld, die ik bijna net zo hartstochtelijk begon te volgen als die van het voetbal.

In 1990 werd ik benaderd door een groep rijke, invloedrijke Mexicanen met de vraag of ik mijn naam wilde geven aan een concours hippique dat ze in Italië wilden organiseren. Het ging hier om zeer vooraanstaande figuren in de internationale paardenwereld, met een enorme hoeveelheid geld achter zich. Ze wilden dolgraag een internationaal springconcours in Europa organiseren. Het enige probleem was dat de overkoepelende organisatie voor dit soort evenementen slechts één officieel concours per land toestaat, en alle grote Europese landen hadden al een concours. Zo ook Italië, waar elk jaar in Rome een van de beroemdste en belangrijkste springconcoursen wordt georganiseerd. Dat was een probleem. Als ik me bij het concours zou laten betrekken, wilde ik dat het in Modena zou worden gehouden. Gezien mijn drukke agenda zou ik meer tijd aan het gebeuren kunnen wijden wanneer het dicht bij huis werd georganiseerd.

We kwamen erachter dat San Marino, een bergrepubliekje dat volledig door Italië wordt ingesloten, nog geen concours had. San Marino ligt niet zo ver van Pesaro, waar ik mijn zomerhuis heb, en het telt veel paardenliefhebbers onder zijn inwoners. Zo kwamen we op het idee om namens San Marino een concours te organiseren in Modena. Er werd enthousiast op ons voorstel gereageerd. Wij hadden een land nodig, en zij een concours.

Uit gesprekken met figuren uit de internationale paardenwereld bleek dat ons idee in goede aarde viel. Hoe meer concoursen, des te beter het is voor iedereen, luidt de stelregel daar. Zelfs de sponsors van het grote Italiaanse concours waren enthousiast over onze plannen en beschouwden ons absoluut niet als concurrenten. We werden van alle kanten aangemoedigd om door te zetten.

Paardenconcoursen zijn te verdelen in drie soorten, althans wanneer we ons beperken tot de voornaamste. Behalve springconcoursen zijn er dressuurwedstrijden (een klassieke vorm van rijden waarbij de paarden, soms op muziek, bepaalde bewegingen zo perfect mogelijk uitvoeren), en ten slotte zijn er driedaagse evenementen, zogenaamde samengestelde wedstrijden, waarbij zowel springen, als dressuur, als cross-country aan de orde komen. Paardenraces en polo zijn twee sporten apart, die nauwelijks iets te maken hebben met wat op de concoursen wordt vertoond. De drie voornaamste concoursonderdelen zijn allemaal olympische sporten.

De officiële naam voor ons concours is het Pavarotti International CSIO San Marino. Dat predikaat CSIO is erg belangrijk. De letters staan voor een Franse term die betekent dat we deel uitmaken van het internationale circuit van springconcoursen. De o is de belangrijkste letter omdat daaruit blijkt dat we officieel erkend zijn; dat we internationale erkenning genieten als een van de voornaamste internationale springconcoursen. Vanwege deze o zijn we in staat om de hoogst aangeschreven competitie in de sport te houden, de strijd om de landsbeker. Vandaar ook dat we een land buiten Italië moesten zien te vinden. Volgens de regels kan er maar één CSIO per land worden gehouden.

Om toestemming te krijgen voor ons plan om een springconcours namens San Marino te houden in Modena, moesten we een aanvraag indienen bij de International Equestrian Federation, de organisatie die de internationale regels bewaakt. Ik was blij verrast toen we toestemming kregen om ons concours in mijn geboortestad te houden. Hoewel het vooral mijn bedoeling was om mijn naam en mijn bekendheid in dienst te stellen van een sport die veel voor me betekent, zag ik dit concours tegelijkertijd als een mogelijkheid om iets te doen voor de stad waarvan ik houd. Het concours zou ongetwijfeld de aandacht van de media trekken, en als alles naar wens verliep zouden er daardoor drommen bezoekers naar Modena komen.

Om te beginnen gingen we op zoek naar een plek in de omgeving van de stad waar we het concours konden houden. In de stad zelf was geen terrein dat zich voor een dergelijk evenement leende, maar uiteindelijk vond ik buiten de stad, vlak bij mijn paardestallen, een geschikt stuk grond.

Voordat we met ons eerste concours aan de slag gingen was het belangrijk om een comité van aanbeveling te vormen. In Italië moet je dit soort beleidskwesties op de juiste manier aanpakken. Voor ons comité was het noodzakelijk om een aantal ministers uit de Italiaanse regering te benaderen, en natuurlijk uit die van San Marino. Daarnaast vroegen we de voorzitter van het regionale overlegorgaan van Emilia-Romagna, en van de gemeenteraad van Modena. Toen dat eenmaal rond was stelde ik een dagelijks bestuur samen, bestaande uit collega's en mensen die ik in de loop der jaren in de paardenwereld had leren kennen.

Het kostte aanvankelijk enige moeite om de medewerking van de stad Modena te krijgen. De mensen van mijn geboortestad hebben één merkwaardige eigenschap: ze houden niet van nieuwe dingen, of van dingen waarover veel ophef wordt gemaakt. Er wordt wel beweerd dat signore Ferrari, die de stad wereldberoemd heeft gemaakt met zijn schitterende auto's, in Modena pas na zijn dood populair is geworden. Er werd aanvankelijk sceptisch tegen het Pavarotti International aangekeken, maar geleidelijk aan is Modena het concours gaan zien zoals ik het zie: als een evenement waar de stad alleen maar veel baat bij kan hebben.

Nog niet zo lang geleden gebeurde er iets grappigs toen ik op een gemeenteraadsvergadering om meer steun van de stad kwam vragen, zelfs ook financiële steun. Ik deed mijn verhaal, waarop de burgemeester zei hoe blij hij was dat ik Modena als locatie voor het concours had gekozen. Dat dit een fantastische kans betekende voor de stad, en dat hij hoopte dat ons concours nog vele jaren zou worden gehouden. Toen hij was uitgesproken stond er een man uit het publiek op. 'Meneer de burgemeester,' begon hij, 'u zegt dat u blij bent dat het concours hier wordt gehouden, maar wat gaat u doen om dat project daadwerkelijk te steunen? Signore Pavarotti heeft gezegd dat hij hulp nodig heeft.'

Ik kon mijn oren niet geloven. Wat een geweldige kerel. Hij zei precies wat ik had willen zeggen, maar niet had gedurfd uit angst om de autoriteiten te beledigen. Ik zweer dat ik die man mijn leven lang nog nooit had gezien, en dat gold voor iedereen in onze organisatie. Zijn vraag had echter resultaat. Wie of waar hij ook is, ik wil hem bij dezen graag bedanken.

Het ligt nogal voor de hand welke landen je moet uitnodigen voor een internationaal concours. Om te beginnen in elk geval Engeland, Frankrijk, Duitsland, Nederland en Italië. Dat zijn de grote paardenlanden. Als gastheer moet je de deelnemers hun reiskosten binnen jouw land betalen, plus de transportkosten voor hun paarden. Vandaar dat de meeste landen de uitnodiging graag aannemen. Maar net als bij de meeste andere sporten hebben de topmensen altijd een razend drukke agenda. Het ene concours is nog maar nauwelijks afgelopen of ze moeten de oceaan alweer over naar het volgende. Ze zijn bijvoorbeeld zondag klaar in Canada, en vliegen dan op maandag of dinsdag terug naar Europa, waar ze op woensdag in Modena moeten zijn voor de eerste wedstrijd op donderdag.

We noemden ons concours het Pavarotti International, maar dat eerste jaar was de hele organisatie eigenlijk in handen van de Mexicanen. Ik gaf er alleen mijn naam aan opdat dit nieuwe concours zoveel mogelijk aandacht zou krijgen. Bovendien regelde ik de locatie. Het eerste jaar was het concours op zich een groot succes, maar we hadden ernstige organisatorische problemen, die op hun beurt weer leidden tot ernstige financiële problemen. Financieel gezien werd het concours dan ook een ramp.

In alle andere opzichten was het echter een doorslaand succes, in aanmerking genomen dat het ons eerste concours was. Ik genoot met volle teugen en was er trots op dat het vooral aan mij te danken was dat het evenement in Modena plaatsvond. Hoewel de Mexicaanse organisatoren ons met de nodige problemen lieten zitten, was ik aangestoken door het virus. Ik wilde doorgaan met het concours. Ik realiseerde me echter dat ik er een veel actievere rol in zou moeten spelen. Het concours droeg tenslotte niet voor niets mijn naam.

In de jaren dat ik inmiddels enthousiast de prestaties van beroemde springruiters volgde, had ik vele vrienden in de paardenwereld gemaakt. Een van mijn beste paardenvrienden is Henry Collins, hoofd van de National Association of Horse Show Foundation in New York, en in het verleden jarenlang hoofd van het CSIO in New York. Henry is een geweldige man. Hij weet alles wat er te weten valt over paardenconcoursen, vooral springconcoursen. Henry gaf me advies bij alles wat ik ondernam, en hij is buitengewoon behulpzaam geweest bij mijn inspanningen om het concours in Modena uiteindelijk zelf te runnen. Ik vroeg hem om zitting te nemen in mijn dagelijks bestuur, en dat deed hij. Terwijl ik op reis ben om over de hele wereld te zingen houd ik voortdurend contact met Henry om plannen te maken voor het volgende concours, en om te horen wat er gaande is in de paardenwereld.

Het opzetten van een concours zoals het Pavarotti International is zo'n reusachtig project, dat ik me tegenwoordig wel eens afvraag wat me ooit heeft bezield om eraan te beginnen. Voor veel mensen is het organiseren van zo'n jaarlijks concours op zich al een dagtaak, en ik hád al een meer dan volledige dagtaak. Bij het opzetten van zo'n nieuw evenement gaat het er vooral om de wereld duidelijk te maken dat je opzet serieus is, en dat je in het vervolg elk jaar een concours zult organiseren. Dank zij mijn bekendheid op een ander terrein was dat niet zo'n probleem. De media waren wel geïnteresseerd in een verhaal over een operazanger die met een concours hippique begon, en over goede publiciteit hebben we dan ook nooit te klagen gehad. Naarmate we een groter aantal sponsors kregen, waren we in staat om meer permanente faciliteiten op het concoursterrein te bouwen, die we de verzamelnaam Club Europa gaven.

Nog belangrijker dan publiciteit was, en is, geld. Paardenconcoursen zijn uitzonderlijk duur, en een manier om geld in te zamelen is zakenmensen zover zien te krijgen dat ze in ruil voor publiciteit je concours sponsoren. Het spreekt vanzelf dat mensen die toch al in paarden geïnteresseerd zijn in dat opzicht gemakkelijker over de streep te krijgen zijn. We hadden geluk, want het bleek dat een heleboel zakenmensen net zo gek waren van paarden als ik.

In het nabijgelegen Parma was het bedrijf Parmalat hard op weg een grote internationale organisatie te worden, dank zij een speciaal verwerkingsproces voor melk, waardoor die buiten de koelkast zes maanden vers blijft. De mensen van Parmalat grepen deze gelegenheid om hun naam nog meer internationale bekendheid te geven met beide handen aan, en wij waren dolblij dat ze onze sponsor wilden worden.

Een andere belangrijke sponsor vonden we in A. Testoni, een bedrijf in lederen kwaliteitsprodukten, gevestigd in Bologna. Er waren forse uitbreidingsplannen, met de bedoeling een tweede Gucci of Hermès te worden. Omdat ze in ons concours een mogelijkheid zagen hun naam bekendheid te geven, waren ze bereid ons royaal te steunen. Ons contact bij Testoni was Silvia Galli, een aantrekkelijke jonge vrouw, die met haar ideeën en organisatorische talenten zo'n indruk op me maakte dat ik haar enkele jaren later vroeg om directeur te worden van het Pavarotti International. Silvia's man was dierenarts, dus ze wist bovendien veel van paarden.

Het vinden van sponsors en het inzamelen van geld waren nieuwe activiteiten voor me, die me allebei uitstekend bleken te liggen. 'Luciano, ik zamel nu al jaren geld in voor paardenconcoursen,' zei Henry Collins eens tegen me. 'Hoe komt het toch dat jij zoveel meer succes hebt? Wat doe jij dat ik niet doe?'

Het antwoord was simpel, zei ik tegen Henry. Ik zong.

'Misschien moet ik dan ook maar gaan zingen,' aldus Henry.

'Dat zou niet hetzelfde zijn,' zei ik hem.

Henry gaf het niet op. 'Waarom zou ik niet kunnen zingen?'

'Dat hoor ik aan je manier van praten,' zei ik.

Een tweede reden waarom ik zoveel succes had bij het geld inzamelen was, dat ik mijn steun toezegde aan activiteiten van de sponsor, in ruil voor hun steun aan mijn concours. Toen Testoni nog niet zo lang geleden aan Fifth Avenue in New York een zaak met schoenen en lederen accessoires opende, ben ik met veel plezier naar de opening gegaan om mijn dankbaarheid te tonen voor hun steun aan mijn concours. De mensen van Parmalat vroegen me om een reclamespotje voor hen op te nemen. Ik vind dat ze een prima produkt hebben, dus ik was blij iets te kunnen terugdoen voor hun royale bijdrage aan het Pavarotti International.

Toen ik het zonder de brede ervaring van de Mexicanen moest stellen had ik iemand nodig om me te helpen het concours te organiseren. Henry Collins was vol lof over Raymond Brooks-Ward, uit Engeland, een zeer prominente figuur in de paardenwereld. Hij organiseerde alle grote concoursen in Engeland en deed bovendien een aantal hippische evenementen voor prinses Anne. Toen ik Raymond leerde kennen vond ik hem meteen sympathiek. We hadden over een heleboel dingen dezelfde mening, vooral over paarden, en we konden het uitstekend vinden samen. Met Raymond aan de leiding kon ik me met een gerust hart weer aan mijn zangcarrière wijden.

Omdat ik nog nooit eerder met Raymond had gewerkt vroeg ik mijn vriend Henry Collins, die hem goed kende en die hem regelmatig sprak over allerlei andere dingen, om de vinger aan de pols te houden of de voorbereidingen voor ons concours in Modena op schema lagen. Bovendien wist Henry precies hoe ik het wilde hebben, want hij was betrokken geweest bij de organisatie van ons eerste concours. Het bleek dat Henry vanuit New York bijna dagelijks met Raymond Brooks-Ward in Londen telefoneerde. Omdat ik, zoals gezegd, tijdens mijn reizen regelmatig contact had met Henry, waren we gedrieën eigenlijk voortdurend met elkaar in overleg.

Maar ongeveer vijf weken voor ons tweede concours – het was augustus, en ik zat in mijn vakantiehuis in Pesaro – kwam er een telefoontje uit Engeland met afschuwelijk nieuws. Raymond was plotseling overleden. Hij had een hartaanval gekregen, net toen hij op het punt stond om naar het huis van prinses Anne te vertrekken. Ik was volslagen verbijsterd. Raymond was een geweldige man geweest, en het nieuws van zijn dood schokte me diep. Bovendien wist ik me geen raad met het concours. Over een maand was het zover. Hoe moest dat nu met de organisatie? Ik belde Henry in New York. Omdat het weekend was kreeg ik hem uit-

eindelijk te pakken in zijn buitenhuis. Het enige dat ik kon uitbrengen was: 'Hij is dood. Hij is dood.' Ik was zo van streek dat
het niet eens bij me opkwam Henry te zeggen over wie ik het had.
Uiteindelijk vertelde ik hem het hele verhaal.

Henry reageerde geweldig: hij begon onmiddellijk te telefoneren om erachter te komen wat er nu precies was gebeurd. Hij belde het nummer van prinses Anne en kreeg de trieste details te horen, die echter weinig toevoegden aan wat we al wisten. Raymond
was gestorven aan een hartaanval. Maar Henry had ook bemoe-
digender nieuws voor me. Raymonds zoon, Simon, had heel
nauw met zijn vader samengewerkt. Sterker nog, hij had een belangrijk deel van het werk voor ons concours gedaan. Dank zij de
uitstekende manier waarop Raymond zijn activiteiten had georganiseerd was zijn zoon volledig op de hoogte van de gang van zaken in Modena. Henry vertelde me dat Simon Brooks-Ward bereid was om het werk van zijn vader af te maken en de organisatie
van ons concours op zich te nemen.

Dit bleek een prima oplossing te zijn. Simon deed zijn werk uitstekend, en het concours verliep zo soepel als ik had gehoopt. Tijdens de slotceremonie brachten we een prachtig eresaluut aan
Raymond, maar het succes van het concours was eigenlijk de
mooiste hommage die hij had kunnen krijgen. Raymonds plotselinge dood maakte me duidelijk welke rampen zich kunnen voordoen bij het organiseren van zoiets ingewikkelds als een internationaal concours hippique. Net als bij de opera zijn al die honderden mensen die erbij betrokken zijn onderling van elkaar afhankelijk, maar uiteindelijk staat of valt het hele gebeuren met een paar
mensen. Als een van de hoofdrolspelers ziek wordt, een ongeluk
krijgt of overlijdt, kan dat voor de anderen een ramp betekenen.
Er zijn momenten geweest in mijn carrière waarop ik door ziek te
worden, anderen in de grootste problemen heb gebracht. Nu ervoer ik aan den lijve wat een impresario soms moet doormaken.

In de vijf jaar dat we het concours nu organiseren zijn onze faciliteiten enorm gegroeid. Het eerste jaar hadden we diverse spring-
pistes laten aanleggen, wat stalruimte en tijdelijke tribunes voor
de toeschouwers. Bijna alle andere activiteiten vonden plaats in
tenten. Nu omvatten onze faciliteiten twee grote stallen, vijf wed-
strijdringen – waarvan twee met gras, de rest met zand – losrij-
bakken en paddocks, drie clubhuizen, permanente tribunes voor
vierduizend toeschouwers, diverse parkeerterreinen, kantoorge-
bouwen en enkele restaurants voor snacks en lichte maaltijden.

Toen ik eraan begon had ik er geen idee van hoe kostbaar de organisatie van een dergelijk concours is. Henry vertelde me dat het CSIO in New York jaarlijks twee miljoen dollar kost. In Italië zijn de kosten zelfs nog hoger, en het uitbreiden van onze permanente faciliteiten heeft natuurlijk ook elk jaar enorme bedragen opgeslokt. Zo moesten we recent diep in de buidel tasten om al het zand in de ringen te verversen. We hebben geen halve maatregelen genomen en het oude zand volledig laten vervangen door nieuw. Wilden we het goed doen, dan was dat de enige manier. Maar vraag me niet hoeveel dat heeft gekost.

Bij de bouw van de faciliteiten voor ons concours hebben we die van meet af aan opgezet als een aparte onderneming, waar gedurende de rest van het jaar ook andere evenementen kunnen worden gehouden, en waar rijlessen worden gegeven en paarden gestald kunnen worden. Op die manier verdienen we iets van de bouwkosten terug. Er stond op die plek al een uitstekend restaurant, en dat hebben we als het ware ingelijfd in het Club Europa-complex. Cesare's heet het, en als ik een beetje onbescheiden mag zijn: het is volgens mij het beste Italiaanse restaurant ter wereld.

Elk van de internationale paardenconcoursen heeft zijn eigen signatuur, en dat wilde ik het mijne ook meegeven. Vanaf het allereerste begin heb ik ernaar gestreefd om het concours niet al te exclusief op de deelnemende paarden te richten, maar om er een breed opgezette manifestatie van te maken, met aandacht voor het paard en de springsport in het algemeen. Bovendien organiseerde ik eromheen kunstpresentaties, verkooptentoonstellingen, en wat evenementen voor kinderen – allemaal activiteiten die erop gericht waren om het concours een meer algemeen karakter te geven, dit alles in dienst van het springpaard.

Het is altijd mijn ambitie geweest om mijn grote liefdes – zowel paarden als opera – onder de aandacht van een veel groter publiek te brengen. Om te proberen anderen er net zo enthousiast voor te maken als ik zelf ben. Een manier om mensen te bereiken, om hen ergens warm voor te laten lopen, is iets dat toch al algemeen leuk wordt gevonden, combineren met datgene wat je onder hun aandacht wilt brengen.

Van meet af aan had ik met het idee rondgelopen om mijn concours te combineren met een concert, waarbij ik samen met diverse andere bekende zangers uit verschillende muzikale disciplines zou optreden. Er bestaat geen enkel concours hippique waarbij ook een concert wordt gegeven, zeker niet in de vorm zoals ik dat voor ogen had: een combinatie van opera met lichte populaire muziek en rock. Ik besefte dat we met een dergelijk ongebruikelijk muzikaal evenement een goede kans maakten om op de televisie te komen, hetgeen nog meer publiciteit voor mijn concours zou betekenen.

U zult begrijpen hoe enthousiast ik was over het idee van een concert. Daarmee zou ik mijn twee liefdes bij elkaar brengen: paarden en muziek. Maar bovendien zou ik met een dergelijk nog nooit vertoond evenement een nieuw publiek trekken voor zowel het een als het ander. Paardenliefhebbers zouden muziek horen die misschien nieuw voor hen was, en muziekliefhebbers zouden geïnteresseerd kunnen raken in paarden.

Ik nodigde de beroemde Britse rockzanger Sting uit voor een optreden tijdens ons concert. We kenden elkaar, en ik mocht hem graag. Toen hij onze uitnodiging accepteerde waren we dan ook allemaal erg blij en opgewonden. Daarnaast vroegen we de beste zangers van Italië, Zucchero en Lucio Dalla. Ik verheugde me er enorm op om met deze razend populaire mensen op te treden. Hun publiek en het mijne waren totaal verschillend, maar ik weigerde me daarbij neer te leggen. Ik was ervan overtuigd dat sommige van hun fans warm zouden lopen voor klassieke muziek wanneer ze mij hoorden zingen. Al waren het er maar honderd, of zelfs maar vijftig, van de duizenden rockfans die naar ons kwamen luisteren, het zou in elk geval helpen om de door mij verafschuwde muren neer te halen. Het omgekeerde gold ook. Misschien zouden sommige van míjn fans tot de conclusie komen dat rockmuziek beslist de moeite van het beluisteren waard was.

Soms denk ik dat ik gek moet zijn geweest om aan dit concours te beginnen. Vanaf juni vorig jaar tot de show in september hadden we elke dag een vergadering. Soms begonnen we al om zes uur 's ochtends, en soms gingen we door tot drie uur 's nachts. Opera zingen en concerten geven is zwaar werk. In de zomer word ik geacht me te ontspannen en uit te rusten voor het volgende seizoen. In plaats daarvan werk ik me uit eigen vrije wil halfdood aan een vocalistenconcours en een concours hippique.

Meestal slaag ik erin om alles waaraan ik begin ook netjes af te ronden. Maar tijdens het tweede concours in 1992 bracht mijn gewoonte om te veel hooi op mijn vork te nemen me in de problemen. Dat was het jaar waarin ik playbackte tijdens ons concoursconcert met artiesten uit de popwereld. Ik had zoiets natuurlijk nooit mogen doen. Ik zit er echt mee in mijn maag, en ik wil graag uitleggen hoe ik tot deze stommiteit ben gekomen. Zoals veel misdadigers begon ook ik onschuldig. Geleidelijk aan raakte ik echter in steeds grotere problemen.

Ik had weer eens een verschrikkelijk druk jaar achter de rug, en toen ik eindelijk van mijn vakantie kon gaan genieten in Pesaro begonnen we plannen te maken voor de repetities voor het concert tijdens ons aanstaande concours. Gildo Di Nunzio kwam bij me langs, evenals Zucchero, die me zou helpen met het instuderen van een lied dat hij voor me had gecomponeerd. Ook Lucio Dalla had een nieuw nummer geschreven dat ik zou zingen. Mijn aandeel in het programma bestond dan ook uit muziek die ik niet alleen nog nooit had gezongen, maar die bovendien voor mij als zanger een totaal nieuwe ervaring zou zijn. Hoewel ik me op die uitdaging verheugde werd ik er ook nerveus van.

Ik herinner me nog hoe ik met deze rock 'n' rollsterren naar een klein stadje vlak bij Pesaro ging om te repeteren. We hadden veel plezier, en ik was geboeid door hun zorgeloze, gemakkelijke manier van leven, omringd door vrienden en mooie vrouwen. Hoewel we allemaal muziek als beroep hadden, leefden zij in een volledig andere wereld dan ik. In dat Italiaanse heuvellandschap leek die wereld me bijzonder prettig. Alle muziek werd opgenomen in een ontspannen sfeer, en volgens mij zong ik heel goed.

In september, vlak voor het concours, deed ik in Londen een voorstelling van *Tosca* in Covent Garden. Er waren op het laatste moment nog zoveel problemen en panieksituaties rond het concours dat ik voortdurend met Modena en New York aan de telefoon hing. Heen en weer geslingerd tussen de beproevingen van het concours en de beproevingen van Cavaradossi en Tosca, had ik weinig tijd om over ons popconcert na te denken.

Vier dagen voor de aanvang van het concours arriveerde ik in Modena, en volgens mij had iedereen in de stad, op de aartsbisschop na, onmiddellijk een probleem dat hij of zij bij me aan de orde wilde stellen. Het was een gekkenhuis. Toen de prominenten uit de paardenwereld begonnen te arriveren moest ik als gastheer optreden. En natuurlijk verwachtten ook de sponsors en hun families dat ik tijd aan hen besteedde, hetgeen ik met plezier deed. maar daarnaast hoorde het tot mijn taken om deel te nemen aan de openingsceremonie en had ik dagelijks diverse andere ceremoniële verplichtingen. Tenslotte verwachtte iedereen me op de tribune om de verrichtingen van de springruiters gade te slaan. Uiteindelijk had ik het concours zelf georganiseerd.

Ondertussen begon ik echter hoe langer hoe meer tegen het concert op te zien. Ik begon eraan te twijfelen of ik de liedjes nog wel goed in mijn hoofd had, en tijd om te repeteren was er niet. En dan was er nog iets. In de dagen voordat ik een opera of een concert moet zingen, vertroetel ik mezelf als een zieke baby. Ik vermijd het zoveel mogelijk om naar buiten te gaan, en àls ik het doe pak ik me in als een Eskimo. Als u een foto van me ziet met een muts diep over mijn gezicht getrokken en een sjaal om mijn mond, dan probeer ik niet geheimzinnig of grappig te doen. Ik bescherm gewoon mijn stem.

Tijdens het concours kon ik natuurlijk niet op die manier voor mezelf zorgen. Ik moest voortdurend buiten zijn, en er was geen schijn van kans dat ik mezelf kon beschermen, want ik moest me kleden als een normaal mens. Dit alles zeg ik niet als excuus, maar om duidelijk te maken hoe ik tot mijn verkeerde beslissing heb kunnen komen.

Vlak voor het concert herinnerde ik me ineens de opnamen die we van het programma hadden gemaakt. Ik informeerde of mijn aandeel daarin kon worden afgespeeld, terwijl de zangers en de rest van de musici live optraden. Dat bleek technisch gezien geen enkel probleem te zijn. En zo geschiedde. Ik liet me corrumperen door angst en technisch vernuft.

Maar ook nog door iets anders. Ik was ervan overtuigd dat ik de schijn zou kunnen wekken dat ik live zong. Dat ik mijn lippen precies gelijk met de muziek zou kunnen bewegen, zodat niemand zou merken dat mijn zang al een maand eerder was opgenomen. Dat was wel het stomste van mijn hele gedachtengang. Het concert werd in Italië live op de televisie uitgezonden, en blijkbaar kon zelfs een kleuter zien dat ik niet live zong, dat de muziek niet uit mijn mond kwam. Bij het maken van de videoband van het concert toonden de producenten hun mededogen door die opnamen weg te laten waarop een klein kind mijn bedrog kon doorzien. Maar tijdens de live-uitzending op de televisie had iedereen het in de gaten.

Volgens mij was er geen krant ter wereld die geen aandacht aan het schandaal besteedde. Ik was de O.J. Simpson van de concertwereld geworden. Dat is de prijs die je betaalt voor de roem: wanneer je als beroemdheid in de fout gaat wil de hele wereld er alles over weten. De kranten schreven nog dagen over mijn zonde, en ik geef toe dat ik kritiek verdiende. Het publiek heeft er tijdens een concert recht op om je te horen zingen, live, op datzelfde moment. In plaats daarvan had ik me laten leiden door hun recht om me de muziek correct en op de juiste manier te horen vertolken. Ik begrijp nu dat dat niet het belangrijkste is.

Ik heb maar één klacht over de manier waarop de pers kritiek leverde. In bijna alle verhalen over het playbackschandaal werd de indruk gewekt dat het om een concert van Pavarotti ging: 'Pavarotti betrapt op playbacken tijdens concert.' Volgens mijn vrienden in Amerika, in Engeland, en ook in andere delen van de wereld, werd nergens vermeld dat het geen gewoon Pavarotti-concert was. Dat ik in een ongebruikelijke setting optrad, en dat het concert bijna louter uit populaire muziek bestond; muziek die volledig nieuw voor me was.

Ik vind dat dat verschil maakt, en ik had graag gewild dat de kranten in hun gretigheid om over me te schrijven dat verschil ook hadden gesignaleerd. Het blijft verkeerd dat ik een opname heb gebruikt, dat zal ik zeker niet ontkennen, maar naar mijn mening zou het veel erger zijn geweest als ik had geplaybackt tijdens een concert met het soort klassieke muziek dat ik meestal zing. In dat geval hadden ze gelijk gehad om me voor het vuurpeloton te slepen. Toch waren er ook nu een heleboel die al bezig waren mijn necrologie te schrijven.

Als ik liederen uit mijn standaardrepertoire had geplaybackt, muziek die ik kon dromen, dan had ik daar maar één reden voor kunnen hebben: de angst dat ik tijdens een live-optreden niet goed genoeg zou zingen. Als je je dat als vocalist zou kunnen permitteren, zouden we na het verlies van onze stem allemaal nog jaren kunnen blijven zingen.

Ik heb sindsdien honderden optredens gedaan, over de hele wereld, dus ik denk niet dat er nog iemand is die gelooft dat ik me tot playbacken heb laten verleiden omdat ik mijn stem kwijt was. Ik hoop dat die episode is vergeten, en ik heb mijn lesje geleerd. Er is echter nog een reden waarom het hele gebeuren me spijt. Het concert in Modena was in veel opzichten een fantastisch evenement, maar vanwege mijn misstap had bijna niemand daar oog voor.

Het optreden van Zucchero en Lucio Dalla was geweldig, zoals altijd. Sting was ongelooflijk zenuwachtig omdat hij met mij 'Panis Angelicus' van César Franck zou zingen. Hij beweerde dat hij afschuwelijk zou klinken naast mij. Maar hij deed het fantastisch, en dat terwijl hij toch niet vertrouwd was met zulke muziek. Het publiek genoot. Niet alleen probeerden we allebei elkaars muziek zo goed mogelijk te vertolken, we creëerden ook een sfeer van respect voor de muziek van de ander, en het gevoel dat de kloof tussen klassieke en populaire muziek niet onoverbrugbaar hoeft te zijn. Ik ben bang dat mijn playbackschandaal de aandacht heeft afgeleid van deze verrukkelijke optredens en van dit fantastische aspect van het concert.

Voor het vierde concours in 1994 slaagden we erin om de Canadese rockster Bryan Adams te engageren. Bij het creëren van een dergelijke mengeling van artiesten en muzikale stijlen heerst er doorgaans een geweldige stemming. Iedereen geniet van de samenwerking en van het experiment. Omdat we allemaal uit verschillende disciplines afkomstig zijn, gedraagt niemand zich als een primadonna. Op één uitzondering na.

Ze zeggen wel eens dat operazangers zo lastig zijn, en dat ze de muzikale en technische leiding heel wat hoofdbrekens kunnen bezorgen. Volgens mij ben ik niet zo, en datzelfde geldt voor de meeste van mijn collega's. Er zijn er maar een paar die lastig zijn. Desondanks ervoer ik tijdens het organiseren van een van mijn concerten in Modena hoe een gefrustreerde impresario zich voelt. Meestal gaat alles redelijk goed, ook al zijn er natuurlijk altijd wel kleine probleempjes. Maar in 1992 hadden we iemand geëngageerd die zo lastig was dat ik vanaf dat moment meer begrip heb voor concertmanagers. Het ging om een beroemde Franse zangeres van populaire muziek. Ik zal haar naam niet noemen, anders beschuldigt ze me misschien van een wraakactie. Bovendien kan ik hem niet eens uitspreken. Bij aankomst in Modena had ze meteen klachten over het hotel waarin we haar hadden ondergebracht. Ze verhuisde naar een ander, maar dat bleek ook niet aan haar eisen te voldoen, dus ze verhuisde weer. In twee dagen tijd veranderde ze drie keer van hotel. Bovendien weigerde ze om naar de repetities te komen. Die had ze niet nodig, zei ze.

Er was afgesproken dat ze eerst met mij zou zingen, en daarna met een van de andere popsterren. Dat laatste weigerde ze. Ze zou alleen met mij zingen, zei ze, maar ze was het niet eens met het lied dat daarvoor was gekozen. Dat vond ze niet mooi. Ze werd steeds lastiger, en uiteindelijk, vlak voor de generale repetitie, kwam het tot een uitbarsting in haar kleedkamer, vlak voor de generale repetitie. Ze had me net laten weten dat ze het duet met mij niet wilde doen, dus ik stapte samen met de manager van het concours naar haar kleedkamer. We probeerden haar tot andere gedachten te brengen, maar ze bleef weigeren. We wezen haar op de omstandigheid dat de programma's al gedrukt waren, en dat het concert op de televisie zou worden uitgezonden. Ze stond aangekondigd in het programma. Iedereen rekende op haar optreden. Maar ze bleef weigeren. Ik zei dat ik haar opstelling niet professioneel vond. Daarop verweet ze mij onprofessioneel gedrag vanwege het lied dat ik haar vroeg te zingen. We bleven het proberen, maar wat we ook zeiden, het maakte geen enkele indruk. Uiteindelijk had ze er genoeg van. 'Ik wil dat u mijn kleedkamer verlaat.'

Ik weet niet wat me bezielde, want ik ben meestal erg beleefd. Hoe dan ook, ik weigerde haar kleedkamer te verlaten. Ze had me erg boos gemaakt.

'Begrijp ik het goed?' zei ze. 'Ik heb de heren gevraagd om mijn kleedkamer te verlaten, en de heren weigeren?'

Inderdaad, zeiden wij. Daarop stond ze op, ze wrong zich langs ons heen en liep de kleedkamer uit. Vandaar ging ze rechtstreeks naar haar hotel, ze pakte haar spullen en verliet Modena. We hebben nooit meer iets van haar gehoord.

Ik geloof niet dat ik ooit (zelfs maar bij benadering) zo onbeleefd ben geweest, tegen welke manager dan ook. Mocht ik toch ergens een manager ongelukkig hebben gemaakt, dan heeft Onze Lieve Heer me met deze dame willen straffen.

# 9

## In de drup

In één belangrijk opzicht verschilt mijn leven in niets van dat van andere mensen. Net als iedereen heb ook ik mijn problemen, zowel professioneel als persoonlijk. Wanneer je succes hebt in een moeilijk vak als het mijne, ben je geneigd te denken dat daardoor alle zorgen tot het verleden behoren, maar dat is natuurlijk niet zo. Dat geldt misschien wel voor je financiële zorgen, maar je merkt al gauw hoe onbelangrijk geld eigenlijk is, tenzij je het niet hebt, natuurlijk. Dan overheerst het al het andere. Zodra je financiële zorgen uit de wereld zijn en je je een zekere mate van veiligheid hebt verworven, blijkt al gauw dat er nog een heleboel andere problemen op je liggen te wachten.

Een van mijn belangrijkste drijfveren bij mijn werk als zanger is mijn verlangen om mijn publiek met mijn optredens gelukkig te maken. Ik krijg regelmatig brieven van mensen die me schrijven hoe verdrietig en ongelukkig ze zich in het verleden hebben gevoeld. Sommigen hebben zelfs met de gedachte gespeeld om een eind aan hun leven te maken. Maar toen zagen ze mij op de televisie. Ze hoorden me zingen, en ineens zag het er allemaal iets minder somber uit. Het duurde maar even, een paar minuten, maar daardoor kwamen ze tot het besef dat het leven misschien toch nog de moeite waard kon zijn. U kunt zich voorstellen hoe fijn ik het vind om zulke dingen te horen. Het is fantastisch om mensen die in moeilijkheden zitten of wanhopig zijn, de helpende hand te kunnen reiken, al is het maar even.

Voor veel mensen is dat het enige dat ze van me verwachten. Ze willen niet weten dat ook ik mijn problemen heb. Maar kan een mens wel zeggen dat hij echt heeft geleefd als hij het nooit moeilijk heeft gehad? Dat zou voor mij in elk geval niet gelden. Voor het geval dat u toch een van die mensen bent, die alleen de vrolijke opwindende verhalen over mijn leven willen horen, dan bent u gewaarschuwd. Dit hoofdstuk bevat alle narigheid waar ik bij een beschrijving van mijn leven, mijn carrière niet omheen kan: de crises, de akelige ervaringen, en de vele dingen die anders gingen dan ik had gewild. Ik heb ze bij elkaar gestopt in een *sacco di quai*, een zak vol narigheid. Als u alleen over de vrolijke dingen wilt lezen, over de dingen die wel goed gingen, dan kunt u dit hoofdstuk overslaan en doorbladeren naar het volgende.

De ergste dingen die me zijn overkomen waren van persoonlijke aard. Daarbij denk ik vooral aan de ernstige ziekte van mijn jongste dochter, Giuliana, en aan de dood van een van mijn oudste vrienden, Emilio Coughi. Ik had echter ook professionele problemen, zoals de rampzalige *Don Carlos* in de Scala, en het playbackschandaal bij het concert in Modena, maar daar heb ik het in het vorige hoofdstuk al over gehad. Dat waren de problemen die in de pers kwamen, en waarbij ik mijn kant van het verhaal uit de doeken wil doen. Niet om mezelf vrij te pleiten, maar om het scheve beeld dat is gecreëerd door de kranteartikelen enigszins te corrigeren.

Bovendien is er nog een reden waarom ik deze negatieve ervaringen niet ongenoemd wil laten. Boeken zoals dit ontaarden te vaak in een opsomming van triomfen, van het ene succes na het andere: 'En toen kreeg ik een ovationeel applaus in Barcelona...' Dergelijke verhalen worden gauw saai, en ze vertellen meestal maar een deel van de waarheid. Niemand heeft een volmaakte carrière. Of een volmaakt bestaan. Wie zou nog geloof kunnen hechten aan een boek dat die indruk probeert te wekken?

Om te beginnen die zwarte dag in 1993, waarop ik werd uitgejouwd in de Scala. Ik wilde al heel lang met Riccardo Muti werken. Volgens mij is hij een van onze grootste dirigenten, in elk geval een van de grootste dirigenten van Italiaanse opera. Toen ik in de lente van 1993 in Wenen zong, was Muti ook in de stad, en we maakten een afspraak om samen te dineren. Hij vertelde me dat hij Verdi's *Don Carlos* ging dirigeren aan de Scala, en hij bood me aan om de titelrol te zingen.

Het idee sprak me erg aan. Niet alleen zou ik daardoor de kans krijgen om met Muti te werken, ik zou bovendien een rol zingen die ik nog nooit had gedaan en die ik graag wilde leren. Mijn secretaresse, Judy Kovacs, had me er net van beschuldigd dat ik lui werd, en ze drong er voortdurend op aan dat ik iets nieuws zou aanpakken. Ze vond dat ik harder moest werken. Er was helaas één groot probleem aan Muti's voorstel. Tijdens de voorstellingen van *Don Carlos* zou ik *Lucia di Lammermoor* zingen aan de Metropolitan Opera met James Levine. De contracten waren al getekend, de bezetting was rond, kortom, alles was in kannen en kruiken.

Maar dat speelde pas vier maanden later. Ik belde Jimmy Levine, vertelde hem over de kans die me was geboden, en vroeg of hij me wilde ontslaan van mijn verplichtingen ten aanzien van de *Lucia*. Hij reageerde erg begrijpend en stemde ermee in. Misschien was wat er in de Scala gebeurde mijn straf voor het feit dat ik de Met zo heb behandeld.

Zoals gebruikelijk had ik het in die vier maanden eigenlijk veel te druk. Ik deed veel optredens, en tijdens de zomer in Pesaro, mijn rustperiode, waarin ik mijn nieuwe rol had willen leren, werd het merendeel van mijn tijd opgeslokt door vergaderingen over het concours hippique in september. Toen ik in Milaan arriveerde voor de repetities was ik dan ook niet voldoende voorbereid. Het resultaat was dat ik tijdens de openingsavond in de problemen kwam met mijn stem.

In de kranten stond dat mijn stem bij een hoge noot oversloeg. Dat is niet waar. Ik geef toe dat er iets verkeerd ging: *uno strisciamento*. Volgens mij een onvertaalbaar begrip. Het betekent dat je de controle over je stem verliest, en dat je gedurende een of twee noten klinkt als een kip die wordt gewurgd. Dat gebeurde echter niet bij een van de hogere noten. Die gingen goed. En juist op die hoge noten wordt een tenor beoordeeld, zowel ten positieve als ten negatieve.

Ik zal niet ontkennen dat het niet had mogen gebeuren. Maar volgens mij was het meer een gevolg van de onvoldoende voorbereiding op een nieuwe rol dan van de conditie van mijn stem op dat moment. Nu vraagt u zich misschien af welk verband er bestaat tussen onvoldoende kennis van de partituur en een lelijke noot. Ik hoor het u al zeggen: 'Als je een fout maakt in de partituur en een verkeerde noot zingt, dan betekent dat toch niet automatisch dat je die noot ook slecht zingt?'

Volgens mij bestaat er wel degelijk een verband tussen je muzikale voorbereiding en de kwaliteit van het geluid dat je produceert. Dat weet iedere zanger. Als je niet zeker bent van je volgende noot, als je niet zeker bent van het verloop van de melodie, dan heeft die onzekerheid enorme invloed op je stem. De onzekerheid in je hoofd wordt een onzekerheid in je keel.

Dat zeg ik niet om me voor mijn slechte zingen van die avond te verontschuldigen. De *loggonisti*, de mensen die in de Scala en in andere operahuizen in de balkonloges zitten en die leven voor de opera, hadden gelijk met hun boegeroep. Ze hadden goed geld betaald om me te horen zingen. Toen ik hun in ruil daarvoor geen goede zang bood, hadden ze alle recht om te klagen. Als ik enthousiaste reacties wil moet ik goed zingen. Als ik slecht zing, kan ik het tegenovergestelde verwachten.

Ik was het alleen niet eens met de recensenten die meteen begonnen te verkondigen dat hiermee mijn zangcarrière ten einde was. Dergelijke dingen overkomen me gelukkig niet zo vaak, maar sinds mijn allereerste optreden heb ik ze een paar keer meegemaakt, en het zal nog wel eens gebeuren. Een paar jaar geleden vroeg een verslaggever van *Playboy Magazine* me hoe vaak mijn stem oversloeg bij een hoge noot. Twee keer per jaar? Drie keer? Waarop ik antwoordde dat ik met drie keer per jaar echt aan een andere carrière zou moeten gaan denken.

Mijn stem slaat eigenlijk bijna nooit over. Dat durf ik met de hand op mijn hart te beweren. Wanneer ik denk dat die kans erin zit zing ik niet. Het is me ooit gebeurd bij mijn tweede voorstelling in de Met, na mijn debuut in 1968 met *La bohème*. Ik had op dat moment de A-griep, waardoor ik de hoogste noten niet helemaal haalde. Sindsdien heb ik geleerd om niet te zingen wanneer ik niet honderd procent fit ben. In dat opzicht was ook mijn optreden als *Rigoletto* in München, met Herbert von Karajan als dirigent, heel leerzaam. Na het tweede bedrijf zei ik dat ik niet verder kon. Maëstro Von Karajan kwam naar mijn kleedkamer met de mededeling dat het ons bijna een kwart miljoen dollar zou kosten als we de voorstelling staakten. Ik begreep de boodschap en ging weer het toneel op, maar tijdens *La donna è mobile* zong ik even niet zuiver.

Nu ik eenmaal zo'n grote naam heb kan ik me dergelijke fouten absoluut niet meer permitteren. Zelfs geen kleintje. Kranten over de hele wereld schreven over mijn stemprobleem in de Scala alsof het een belangrijke internationale gebeurtenis was. De critici vergeten dat alle zangkunstenaars af en toe met dit soort problemen kampen, in elk stadium van hun carrière. Wanneer je als een van de besten in je vak geldt doen de recensenten net alsof ze geen beroepsartiest ooit een slechte nooit hebben horen zingen, en als jou dat toch overkomt voorspellen ze meteen het eind van je carrière.

Gelukkig weten operaprofessionals en -managers beter. Ik heb sinds het Scala-incident heel wat optredens gedaan: operavoorstellingen in de Met, Covent Garden, San Carlo, concerten in de Verenigde Staten, Mexico, het Verre Oosten en Zuid-Amerika. Gelukkig kan ik zeggen dat ik daar niemand uit het publiek of van de recensenten heb horen zeggen dat mijn carrière voorbij is. Maar zoals in veel beroepen moet je je ook bij opera met elk optreden opnieuw bewijzen. Je reputatie is gebaseerd op je laatste voorstelling, of op de voorstelling van dat moment.

Als mensen weten hoe breed de pers mijn fouten uitmeet, begrijpen ze misschien beter waarom ik zo fel ben op de twee dingen die ik kan doen om zulke openbare uitglijers te voorkomen: ik probeer de partituur net zo goed te kennen als de man die hem heeft geschreven, en ik ben krankzinnig zuinig op mijn keel.

Gedurende mijn hele carrière heeft de pers me altijd erg welwillend behandeld. Als de recensenten je helpen naar de top te klimmen, hebben ze ook het recht om je naar beneden te halen. Ik heb alleen wel eens de indruk dat ze de laatste jaren vooral geneigd zijn tot het laatste. We leven in de tijd van de aanval, en wanneer je tot een bepaalde hoogte bent gestegen ben je extra kwetsbaar geworden. Zodra je dat niveau hebt bereikt, merk je dat er hele volksstammen klaarstaan om je neer te sabelen. Ik besef dat dit een strijd is die je als beroemdheid voortdurend moet voeren met de pers, en in zekere zin voel ik me gevleid dat ik er tegenwoordig ook bij hoor.

Bij het geven van een interview maak je je voortdurend zorgen dat je iets zult zeggen dat een verkeerde indruk wekt of dat je verkeerd zult worden begrepen. Trouwens, met een beroemde naam kun je al verkeerd worden begrepen zonder dat je iets zegt. Zo gaf ik bijvoorbeeld in november 1987 een concert in Napels. Vlak voordat ik het toneel opging hield ik achter het toneel mijn gebruikelijke speurtocht naar een kromme spijker. Dat doe ik altijd, om geluk af te dwingen. Die avond kon ik geen kromme spijker van normale afmetingen vinden, alleen een enorm gevaarte van misschien wel tien centimeter lang. Daar zou ik het mee moeten doen, dus ik stopte hem in mijn broekzak.

Toen ik op het toneel stond, raakte de spijker verstrikt in de stof van mijn broek, en er ontstond een bobbel. Ik zag het toen ik langs mijn kleren naar beneden keek. Lieve hemel, dacht ik. Het kan niet anders of iemand van de pers ziet het en denkt er vervolgens iets verschrikkelijks van. Morgen staat het in alle kranten.

Ik geloof niet dat ik aan achtervolgingswaanzin lijd, maar dank zij de pers zou je er soms wel last van krijgen.

Problemen in mijn carrière vallen totaal in het niet wanneer ik ze vergelijk met gezondheidsproblemen. Er wordt wel eens gezegd dat een goede gezondheid het enige is dat telt in je leven. Daar zou ik nog aan willen toevoegen dat dat ook geldt voor de gezondheid van je vrienden en je familie. Waarschijnlijk het ergste dat me de afgelopen vijftien jaar is overkomen, was de ernstige ziekte van mijn jongste dochter Giuliana, in 1984. En een van de moeilijkste aspecten daarvan was dat we heel lang geen idee hadden wat haar mankeerde.

Gedurende bijna een jaar maakten Adua en ik ons steeds meer zorgen over Giuliana. We wisten dat er iets niet in orde was, maar we wisten niet wat. Wanneer ze 's morgens wakker werd was ze vrolijk en levendig, zoals we dat van haar gewend waren. Maar naarmate de dag vorderde werd haar spraak steeds slepender, en 's avonds tegen zessen konden we haar nauwelijks meer verstaan. Ze klonk alsof ze dronken was. Aan het eind van de dag bracht ze alleen nog wat gebrabbel voort, waar wij geen touw aan vast konden knopen.

We hadden er geen idee van waardoor dit werd veroorzaakt. Uiteraard gingen we met haar naar een dokter in Modena. Onze huisarts was nog niet zo lang daarvoor overleden, dus we moesten naar een nieuwe dokter, iemand die we nog niet zo goed kenden en die ons niet kende. Ondanks alle tests en onderzoeken die hij deed stond hij voor een raadsel. Hij wist niet wat Giuliana mankeerde. We raadpleegden nog meer doktoren in Italië, maar ze hadden geen van allen zelfs maar een idee wat er aan de hand zou kunnen zijn. Daarop gingen we met onze dochter naar twee bekende neurologische klinieken, waarvan een in Zwitserland. Maar ook daar kon niemand ons helpen.

Het probleem werd ondertussen steeds erger, en Adua en ik waren bijna ten einde raad. We werden steeds onzekerder. Of liever gezegd, we raakten steeds meer in paniek. Uiteindelijk gingen we terug naar onze eerste dokter, en we bezwoeren hem iets te ondernemen. Maar hij zei dat er bij alle onderzoekingen die hij en de andere doktoren hadden gedaan, niets aan het licht was gekomen. Allemaal hadden ze Giuliana grondig onderzocht, en ze waren het erover eens dat haar lichamelijk niets mankeerde.

Uiteindelijk zei hij iets dat me erg boos maakte. Hij stelde ons voor om met Giuliana naar een psychiater te gaan. Ik was razend. Ik wist zeker dat onze dochter ziek was, erg ziek. Dat haar lichamelijk iets mankeerde.

'Volgens mij moet u zelf naar een psychiater,' zei ik. Daarop verlieten Adua en ik zijn spreekkamer, en we zijn nooit meer bij hem teruggeweest.

Ik stond op het punt om naar San Francisco te vertrekken voor een optreden, en daar kende ik een uitstekende arts, dokter Ernest Rosenbaum. Ernest was een groot operaliefhebber en een oude vriend van me. Om precies te zijn had ik hem leren kennen bij mijn eerste optreden in San Francisco, in 1968. Ik kreeg destijds een prachtige brief van zijn dochter, die me schreef dat ze dol was op popmuziek, vooral de Beatles, maar dat ze ook van opera hield. Ze schreef een heleboel aardige dingen, onder andere dat ze mij de beste tenor van de wereld vond. Omdat ze pas zeventien was nam ik aan dat ze niet alle tenoren van de wereld had gehoord. Maar ik was toch erg ontroerd door haar brief. Zo bekend was ik toen nog niet, en ik kreeg nog niet veel brieven.

Omdat ik destijds niemand kende in San Francisco en behoefte had aan gezelschap, belde ik de briefschrijfster op. Ik kreeg haar vader aan de telefoon, Ernie, en hoewel ik hem nog nooit had ontmoet vroeg ik: 'Uw dochter wil graag kennis maken met een Italiaanse tenor. Vindt u dat goed?'

Hij zei me even geduld te hebben. 'Ik vind het goed, maar mijn vrouw niet,' kreeg ik na een korte stilte te horen. Ik vroeg zijn vrouw te spreken en stelde haar voor om zelf met haar dochter mee te komen, als chaperonne. Op die manier kon ze zien dat mijn bedoelingen fatsoenlijk waren.

Blijkbaar hadden ze de nodige verhalen gehoord over Italiaanse tenoren, want behalve haar moeder kwam ook haar vader met het meisje mee. Zo heb ik Ernie Rosenbaum en zijn vrouw Isadora leren kennen. Als chaperonnes van hun dochter, om haar tegen mij te beschermen.

Ik had hen uitgenodigd voor een drankje in het Huntington Hotel, waar ik op dat moment verbleef. Al tijdens die eerste ontmoeting werden we goede vrienden. We maakten een afspraak om elkaar spoedig weer te zien, en dat werd al snel een gewoonte. Moeder en dochter kwamen 's middags vaak bij me langs, en dan keken we samen naar een film op de televisie. Burt Lancaster was favoriet, maar we waren ook dol op John Wayne. Ik was altijd al gek van Amerikaanse films geweest, maar op dat moment helemaal want ik probeerde op die manier mijn Engels te verbeteren. Soms gingen we naar de bioscoop, en uiteindelijk zagen we bijna elke dag wel een of meer films samen.

Ik was dolblij dat ik de Rosenbaums had leren kennen. Het was ineens alsof ik familie in Amerika had. Omdat ik een nieuwe taal moest leren had ik behoefte aan vrienden die geduld met me hadden en me ondanks mijn slechte Engels probeerden te begrijpen. Daarom was ik erg dankbaar voor onze vriendschap. Tot op de dag van vandaag spreken we altijd iets af wanneer ik in San Francisco moet zingen. Bovendien behandelt Ernie me als ik medische problemen heb tijdens mijn verblijf in Californië. Hij is een uitstekende dokter, en in de loop der jaren is hij de onofficiële arts van de Opera van San Francisco geworden.

Toen we ons in 1984 zoveel zorgen maakten over Giuliana, moest ik naar San Franciso om *Ernani* te zingen. Ik besloot om Giuliana mee te nemen en haar te laten onderzoeken door mijn oude vriend Ernie Rosenbaum. Dat zou niet zo eenvoudig zijn. Giuliana was overgevoelig waar het haar ziekte betrof, en het leek me beter om haar niet te vertellen waarom ik wilde dat ze met me meeging naar San Francisco. Ze zou me echter doorhebben zodra ik daar met haar een dokterspraktijk binnenstapte. Ik was bang om haar gevoelens te kwetsen: ze zou denken dat ik haar met een truc had meegelokt, of dat ik haar alleen maar mee wilde hebben om haar bij een Amerikaanse dokter te krijgen. Het was inmiddels zo duidelijk merkbaar dat ze niet in orde was dat Ernie volgens mij al een heleboel over haar toestand te weten zou kunnen komen door haar alleen maar te zien. Hij ging akkoord, en ik maakte een afspraak met de Rosenbaums om met ons te dineren in Lanzoni's, een heel populair restaurant vlak bij het operatheater.

Tijdens het diner spraken we over van alles en nog wat, behalve over Giuliana's ziekte. Ondertussen gaf Ernie als dokter zijn ogen goed de kost. Hij kon zien dat Giuliana moeite had met kauwen. Als ze niet praatte of at hing haar mond open, en ze was absoluut niet in staat om hem dicht te doen. Aan het eind van het diner nam Ernie me apart. 'Volgens mij weet ik wat je dochter mankeert, maar voordat ik er iets over zeg wil ik eerst met een paar collega's overleggen en nog het een en ander naslaan. Ik bel je morgen.'

Dat deed hij. Hij vertelde hij me dat hij met zijn broer Arthur had gesproken, een beroemd neuroloog en professor aan Harvard Medical School. Ernie had zijn broer de symptomen beschreven zoals hij ze tijdens het diner had waargenomen. Bovendien had hij hem verteld wat hij al van mij had gehoord: dat Giuliana regelmatig alles dubbel zag, en dat ze soms niet kon slikken. Hij zei tegen zijn broer dat Giuliana naar zijn mening leed aan myasthenia gravis, een zeldzame spieraandoening die leidt tot verlies van de controle over de gezichtsspieren.

Arthur Rosenbaum had hem gezegd dat Ernie daar waarschijnlijk gelijk in had. Alle symptomen wezen in die richting. Om zekerheid te hebben had hij Ernie voorgesteld de symptomen na te zoeken in het medische standaardwerk van Cecil en Lowe. Toen Ernie daarin de beschrijving van de ziekte had gelezen en de lijst met symptomen, was hij ervan overtuigd dat hij wist wat mijn dochter mankeerde.

'Luciano,' zei hij. 'Ik ben er voor negenennegentig procent zeker van dat je dochter lijdt aan myasthenia gravis.' En hij vertelde er meteen bij dat deze ziekte te genezen was.

U kunt zich niet voorstellen hoe Adua en ik ons voelden. Na al die maanden waarin we onze dochter steeds verder achteruit hadden zien gaan had het probleem nu tenminste een naam. Bovendien stemde het ons ongelooflijk gelukkig dat deze aandoening volgens Ernie te genezen was. Ik was er van meet af aan van overtuigd geweest dat Giuliana's probleem lichamelijk was. Mensen ontwikkelen niet zulke sterke fysieke symptomen zonder dat er een fysieke oorzaak is. Nu beweerden deze Amerikaanse doktoren hetzelfde, en wat belangrijker was, ze hadden het probleem tevens een naam gegeven.

Ik ben altijd in de medische wetenschap geïnteresseerd geweest, en ik vind het heerlijk om te lezen over nieuwe ontdekkingen en behandelingen. Sinds Giuliana's ziekte was die belangstelling alleen nog maar toegenomen. Ik had wat medische boeken bij me waarin ik de ziekte kon opzoeken. Zodra ik de beschrijvingen las wist ik dat Ernie gelijk had. Voor mij beschreven de boeken geen ziekte. Ze beschreven Giuliana. Ik was erg opgewonden. Dank zij Ernie zouden we dit afschuwelijke probleem nu misschien eindelijk kunnen oplossen.

Ik belde hem terug om te vertellen wat ik had gelezen, en dat ik er zeker van was dat hij gelijk had. Op mijn vraag wat ons te doen stond beloofde hij verdere stappen te ondernemen. Om te beginnen belde hij een vriend aan de University of California, dokter Robert Lazer, een beroemd neuroloog en expert op het gebied van spieraandoeningen. Ernie vertelde zijn vriend dat ik maar kort in de stad was, en dat we al een jaar lang bijna gek waren van bezorgdheid. Op Ernies vraag of dokter Lazer Giuliana meteen kon ontvangen, bleek die daar onmiddellijk toe bereid.

Ik had die avond een concert in de Hollywood Bowl in Los Angeles, en om op tijd te zijn voor de repetities vertrok ik al vroeg. Adua en Giuliana bleven achter om naar dokter Lazer te gaan. Ernest en Isadora Rosenbaum brachten hen naar de University of California, waar dokter Lazer zijn spreekkamer had. Nadat hij Giuliana had onderzocht, was ook hij van oordeel dat ze vrijwel zeker leed aan myasthenia gravis. Er was eventueel nog een test die hij kon doen, maar daar zag hij weinig reden toe, te meer daar de test nogal gecompliceerd was en hij zich voldoende zeker voelde van zijn diagnose.

Dokter Lazer was een fantastische dokter, die nog meer goed nieuws had voor Adua en Giuliana. Hij vertelde over een medicijn in de vorm van tabletten, dat erg veel succes had bij lijders aan deze aandoening. Het medicijn geneest de ziekte niet, maar vermindert de symptomen. Gelukkig was het in het ziekenhuis voorradig. Zodra Giuliana een paar pillen had ingenomen, trad er inderdaad onmiddellijk verbetering op. Ze voelde zich een stuk beter, en de symptomen waren tot de helft teruggebracht.

Adua en zij waren zo gelukkig dat ze op het vliegtuig stapten en nog op tijd voor mijn concert in de Hollywood Bowl arriveerden. Volgens mij zong ik beter dan anders, en na afloop van het concert bouwden we een klein feestje. Het was een erg gelukkige avond voor het gezin Pavarotti. We belden naar huis om mijn ouders en mijn andere twee dochters het goede nieuws te vertellen.

Ik belde Ernie in San Francisco om hem te vertellen hoe blij ik was dat Giuliana zich zoveel beter voelde. Ook al was het probleem dan nog lang niet opgelost. Ik zei tegen Ernie dat hij geniaal was, maar dat sprak hij tegen. 'Sommige doktoren zitten te slapen tijdens hun werk,' zei hij. 'Om een diagnose te kunnen stellen moet je zorgen dat je klaar wakker bent. Bij Giuliana heeft er duidelijk iemand zitten suffen.'

Ik vertelde hem dat er dan een heleboel mensen in een heleboel verschillende landen hadden zitten suffen, maar dat ik hem eeuwig dankbaar zou blijven omdat hij tijdens ons diner in Lazoni's klaar wakker was geweest.

Na onze terugkeer in San Francisco kwam Ernest met dokter Lazer naar ons hotel, waar we tijdens het ontbijt anderhalf uur lang de verschillende behandelingsmogelijkheden bespraken. Zowel Ernest als dokter Lazer verwachtten het meest van een keeloperatie. Het was geen zware ingreep, zeiden ze, maar hij bood geen absolute garantie op genezing. Ze vertelden ons ook dat de beste chirurg voor een dergelijke operatie in New York zat. Mijn besluit stond vast. Ik ging zo snel mogelijk met Giuliana naar New York.

Ondanks alle onzekerheid stemde het me opgewonden dat het probleem tenminste gelocaliseerd was, en dat we er iets aan gingen doen. Ook al bood de operatie dan geen volledige garantie, elke poging om Giuliana te genezen was een enorme stap in de goede richting. We hadden een jaar lang allerlei doktoren afgelopen die niets anders hadden kunnen doen dan ons de hand schudden, en toekijken hoe Giuliana's toestand erger werd. Natuurlijk vond ik het afschuwelijk en doodeng dat Giuliana geopereerd zou moeten worden, maar mijn hele gezin leed onder haar ziekte, en het leven van mijn dochter werd erdoor verwoest.

Ik kon aan niets anders meer denken dan aan de strijd tegen Giuliana's ziekte en aan de operatie die ze zou moeten ondergaan. Het was een van die perioden waarin ik te bezorgd was om zelfs maar aan zingen te dènken. Ik zegde een voorstelling van *Ernani* af en vloog met Giuliana naar New York, naar de chirurg over wie mijn vrienden in San Francisco me hadden verteld.

Daar werd Giuliana eerst aan een extra onderzoek onderworpen om er helemaal zeker van te zijn dat ze inderdaad leed aan myasthenia gravis. Dit was de test die dokter Lazer overbodig had gevonden. Eenmaal in New York stemden we er echter mee in dat ze het onderzoek toch zou ondergaan, maar dat bleek een enorme vergissing: Giuliana reageerde volkomen verkeerd op de test en raakte in een shock. Hoewel ze daarvan herstelde was dit toch een zware tijd voor ons allemaal. Om eerlijk te zijn was ik doodsbang. Deze test, en vooral haar verkeerde reactie daarop, maakten me nog eens extra duidelijk hoe ernstig ze eraan toe was, en hoe kwetsbaar haar conditie.

Tegen de tijd dat Giuliana eindelijk werd geopereerd, was ik geestelijk een wrak. Ze lag in het Columbia Presbyterian Hospital. We hadden de meesten van onze vrienden niet verteld wat er aan de hand was, maar veel van hen kwamen er toch achter en reageerden geweldig. Ze belden, of stuurden briefjes en bloemen. Placido Domingo was erg bezorgd. Hij kwam langs en belde regelmatig. Placido is net als ik: zijn gezin is het belangrijkste in zijn leven, en hij begreep dan ook precies wat ik doormaakte.

Giuliana's operatie verliep uitstekend, en de doktoren waren optimistisch over haar herstel. Na een paar dagen deden ze een test om te zien of er nog sporen van de ziekte waren achtergebleven. Er was niets meer te vinden. Ze zou de rest van haar leven medicijnen moeten slikken, maar voor het overige was ze volledig genezen. De operatie had niet succesvoller kunnen verlopen.

U kunt zich niet voorstellen hoe gelukkig ik was; hoe opgelucht we allemaal waren. Giuliana is nu een gelukkige, gezonde, knappe jonge vrouw. Ze heeft een cursus fysiotherapie gedaan, en bovendien is ze bevoegd om gymnastiekles te geven, net zoals ik dat vroeger heb gedaan. Ze praat niet graag over haar ziekte. Die is wat haar betreft verleden tijd. Maar ik zal die periode nooit vergeten. Ik was er destijds werkelijk van overtuigd dat mijn dochter zou sterven, en dat we niets deden om haar te redden. Dat is een verschrikkelijk gevoel voor een vader, waarschijnlijk het ergste gevoel dat je als ouder kunt hebben.

Ik zal ook nooit vergeten wat Ernie Rosenbaum voor ons heeft gedaan. Van alle doktoren die we hadden geraadpleegd was hij de eerste die Giuliana's symptomen herkende. Dank zij die ervaring ben ik erg enthousiast geworden over de Amerikaanse medische wereld, en wat minder over de medici in mijn geboorteland en de rest van Europa, waar niemand zelfs maar een idee had wat het probleem zou kunnen zijn.

Al voor Giuliana's ziekte was ik altijd gefascineerd geweest door de medische wetenschap en door alles wat met onze gezondheid te maken heeft. (Volgens sommige mensen ben ik geobsedeerd door mijn eigen gezondheid.) Zolang ik me kan herinneren heb ik artikelen gelezen over nieuwe behandelingen en geneesmethoden, en ik verdiep me regelmatig in medische boeken. Ernesto plaagt me wel eens met die interesse, en toen ik een keer in San Francisco was heeft hij door een paar vrienden aan de University of California een namaakbul voor me laten maken, voorzien van ieders handtekening. Daarbij werd me een eredoctoraat in de medicijnen verleend. Het was natuurlijk allemaal maar een grapje, maar een paar maanden later heb ik hem gebeld met de mededeling dat ik in grote problemen verkeerde, en zij ook: ik had een blindedarm verwijderd, en de patiënt was gestorven.

De dood van Emilio Coughi, een van mijn oudste en dierbaarste jeugdvrienden, in 1994 betekende een verschrikkelijke slag voor me. Emilio was een geweldige kerel. Als kleine jongens hadden we samen gevoetbald, en we waren allebei dol op muziek. Door de jaren heen waren we altijd intensief met elkaar in contact gebleven. Emilio's leven draaide in belangrijke mate om Modena's Rossini Koor, een fantastische groep muziekliefhebbers die bij elkaar komen om te zingen en concerten te geven. Ze zijn het levende bewijs dat de liefde voor de traditionele muziek ons Italianen nog altijd in het bloed zit. Als ik tijd had zong ik wel eens met het koor. Emilio was een van de meest actieve leden.

Van beroep was hij kapper, en als ik het maar enigszins kon vermijden liet ik niemand anders aan mijn haar komen. Maar Emilio was meer dan alleen mijn kapper en mijn goede vriend. Hij was het inlichtingencentrum voor Modena. Adua noemde hem de Figaro van de stad, omdat hij zo geïnteresseerd was in iedereen en omdat hij altijd precies wist wat er gaande was. Hij had honderden vrienden, die allemaal dol op hem waren. Hij behoorde tot mijn favoriete groep mensen, altijd vrolijk en optimistisch. Net als Tibor was hij een p.p., een positief persoon.

Zelfs toen hij kanker kreeg bleef hij vrolijk, ook toen het voor iedereen duidelijk werd – en ik denk ook voor hem – dat hij niet lang meer te leven had. Ik vond het een afschuwelijk idee dat mijn oude vriend stervende was, en hij was voortdurend in mijn gedachten. Een deel van mijn gevoelens werd ingegeven door eigenbelang. Emilio hoorde bij mijn jeugd en vormde een belangrijke band met mijn onbekende leven buiten de opera.

Zodra ik weer in Modena was ging ik altijd even bij hem langs in zijn zaak. Als er tijdens mijn afwezigheid iets was gebeurd dat de moeite van het vermelden waard was, wist Emilio ervan. Daar kon ik op rekenen. Na iedere reis – of ik nu in Beijing had gezongen of de koningin van Engeland had ontmoet – ging ik bij Emilio langs, hetzij thuis hetzij in zijn zaak, en dan voelde ik me weer een gewoon mens. Vandaar dat ik het heel erg vond voor mezelf toen hij ziek werd, maar ik vond het natuurlijk ook verschrikkelijk voor zijn vrouw en voor zijn gezin; voor iedereen die van Emilio hield.

Hoewel ik me in het laatste jaar van zijn leven voortdurend zorgen over Emilio maakte, lette ik erop om hem tijdens mijn reizen niet vaker te bellen dan anders. Ik wilde niet dat hij op het idee zou komen dat hij stervende was. Hij was pas achter in de vijftig, en zijn dood was een verschrikkelijke slag voor iedereen die hem kende. We missen hem allemaal heel erg.

We waren net over de schrik van Giuliana's operatie heen toen mijn moeder geopereerd moest worden. Ze had in de loop der jaren steeds meer last gekregen van een gewrichtsontsteking in haar knieën. Uiteindelijk werd het zo erg dat ze besloot om zich te laten opereren. De doktoren die haar onderzochten besloten dat ze dan maar beter meteen beide knieën kon laten doen. Voor iemand op haar leeftijd een ingrijpende gebeurtenis, maar voor mij was het ook heel ingrijpend. Er moest weer een lid van mijn familie onder het mes. Anderen beschouwen operaties misschien als iets dat bij het leven hoort, maar ik ben er doodsbang voor.

Net als bij Giuliana mochten we ook bij mijn moeder van geluk spreken. Ze doorstond de operatie glansrijk, en na langdurige fysiotherapie loopt ze inmiddels weer. Giuliana heeft haar kennis van de fysiotherapie gebruikt om met mijn moeder te oefenen. Daarnaast stond mijn vader altijd klaar om haar in die eerste maanden na de operatie te ondersteunen tijdens haar wandelingen. Hoewel ze een stok nodig heeft loopt ze heel goed, en ze is weer bijna net zo bruisend en sprankelend als voor haar operatie. Volgens mij stoort het haar dat ze niet meer zo vitaal is als mijn vader, die nota bene ouder is dan zij. Ze is zich er erg van bewust dat ze oud begint te worden, en het maakt haar woedend dat mijn vader op zijn tweeëntachtigste weigert om dat proces met haar te delen.

Uiteindelijk moest ook ik aan mijn knie worden geopereerd. Ik had er al een aantal jaren last van, maar toen het erger begon te worden ging ik ook steeds moeilijker lopen. Nog even en ik zou niet meer kunnen optreden. Dus stemde ik er ten slotte begin 1994 mee in om me te laten opereren. De operatie was een groot succes. Ik beweeg me weer veel gemakkelijker, en met veel minder pijn, en het lijkt wel alsof mijn knie steeds beter wordt. Na mijn *Pagliacci* in de Met, in de herfst van 1994, kreeg ik van mensen die de voorstelling hadden bijgewoond te horen dat ze me in geen jaren meer zo vlot over het toneel hadden zien bewegen. Ik hoop binnenkort weer te kunnen tennissen, maar ook als dat niet zou kunnen ben ik al heel tevreden dat ik nog steeds het toneel op kan.

# 10

## Televisie, film en andere waagstukken

Het geven van concerten maakte mijn bereik als artiest enorm veel groter, en de televisie breidde mijn publiek vervolgens nog veel verder uit. Mijn eerste grote televisieproject was een uitvoering van *La bohème*, die in 1977 vanuit de Metropolitan Opera werd uitgezonden door PBS. Dit was de eerste opera in het programma *Live from the Met*. Het was een verrukkelijke ervaring om deze opera, die me zo dierbaar was, niet alleen voor de paar duizend mensen in het theater, maar voor vele miljoenen kijkers in het hele land te zingen.

Korte tijd later deed ik een kerstconcert in de kathedraal van Montreal. PBS maakte er een televisieregistratie van, en het programma is nog heel lang elk jaar met kerst herhaald. Ik maakte nog een paar tv-specials, ik verscheen bij talkshows, en al snel begonnen mijn vrienden me te plagen dat ik zo vaak op de televisie kwam. Volgens sommigen tè vaak, zeker gezien het feit dat ik operazanger was. Het publiek zou ongetwijfeld al snel genoeg van me krijgen. Zelfs Rudolf Bing, de directeur van de Metropolitan Opera, maakte daar een onaardige opmerking over door te zeggen dat hij er genoeg van begon te krijgen om mijn gezicht overal tegen te komen.

Mijn antwoord op al die kritiek is dat je als artiest geen enkele zeggenschap hebt over het aantal herhalingen van een eenmaal gemaakte televisiespecial. Als mensen me op televisie zien, dan is dat misschien in een show die vier jaar daarvoor is opgenomen. Maar als de kijkers dat niet weten denken ze elke keer weer dat het om een live-optreden gaat. Nou ja, natuurlijk alleen als de opname nog niet al te oud is. Het kerstconcert in Montreal is inmiddels zo vaak herhaald dat het iedereen nu wel duidelijk moet zijn dat de zwaarlijvige zanger met de weelderige haardos een veel jongere Pavarotti is.

Net zoals mijn concerten aanvankelijk een nieuwe uitdaging waren, waren televisie-optredens dat ook. Ik doe ze graag, maar ik voel me altijd minder zeker van mezelf dan wanneer ik een opera zing. Voor de opera ben ik opgeleid. Goed opgeleid zelfs, gecoacht door de beste mensen in het vak. Ik sta inmiddels vijfendertig jaar op het operatoneel, dus ik weet wat ik kan en wat ik niet kan.

Het maken van films is weer een heel ander vak, waarbij ik me volledig laat leiden door professionals. Maar ook al werk je met nog zulke ervaren mensen, toch moet je voortdurend alert blijven. Zodra ze zich laten meeslepen door hun artistieke inspiratie bestaat er een kans dat ze je iets laten doen waarmee je voor gek staat.

Tijdens een optreden in Buenos Aires werd ik bijvoorbeeld gevolgd door een Europese regisseur die een televisiespecial met me wilde maken. Hij had gehoord over een klooster met zingende nonnen, die in Argentinië erg beroemd waren. Dus wilde hij een opname van mij met de nonnen. Tot zover geen probleem. Eenmaal bij het klooster bleek dat de regisseur mistmachines had meegenomen. Het effect van een stel zingende nonnen plus tenor in de mist was bijzonder vreemd en kunstmatig. Vervolgens moest ik een van de nonnen van achter een koorhek een roos overhandigen. Wat wilde de regisseur daarmee uitbeelden? Dat ik een poging deed om de non uit het klooster te lokken? Ik weet het nog steeds niet.

Weer terug in de stad vond de regisseur in een van de parken een vijver die hem wel aanstond. Ik werd in een boot gezet en moest een aria uit *Lucia* zingen. En weer moest er mist bij. De machines werden geïnstalleerd, en mijn boot verdween in de nevelen terwijl ik Edgardo's aria zong. Voor zover ik weet gaf Edgardo niets om varen, en er komt in de hele *Lucia* ook geen boot voor. Uiteindelijk kwam ik in verzet, maar dat had ik al veel eerder moeten doen.

Mijn grootste fout is waarschijnlijk mijn enige Hollywoodproduktie geweest: *Yes, Giorgio*, gemaakt in 1981. Nog niet zo lang geleden werd me er tijdens een persconferentie nog naar gevraagd: 'Klopt het dat sommige recensies nogal negatief waren?'

'Beste man, u vergist zich,' luidde mijn antwoord. 'De recensies waren zeer negatief. Sterker nog, ze waren vernietigend.'

Dat vond ik overigens terecht. Het was geen goede film. De humor was banaal, te voor de hand liggend. De figuur die ik speelde, Giorgio, was vals, onecht. Het was de bedoeling dat hij op mij leek, maar daar waren de filmmakers absoluut niet in geslaagd. Ik zou bijvoorbeeld nooit met eten gaan smijten tijdens een ruzie, zoals dat in de film gebeurde. Ik hou van een grapje, maar ik bekogel nooit iemand met eten. Nooit. Terwijl dat in de film een van de belangrijkste scènes was. De figuur van Giorgio leek wel een beetje op me, maar alleen oppervlakkig. In diverse wezenlijke opzichten was hij heel anders.

Volgens mij hadden ze hem òf veel meer op mij moeten laten lijken, òf ze hadden me een heel andere rol moeten laten spelen. Door de hoofdrol zo sterk op mij te enten, maar tegelijkertijd zulke duidelijke verschillen te creëren, was het resultaat dat de figuur die ik speelde vals en onecht leek. De producers hadden beslist een goede smaak wat de opnamen betreft, maar een uitgesproken slechte wat betreft het script. Bovendien was ik tijdens het draaien van de film erg, erg zwaar – ik denk zelfs dat ik sindsdien nooit meer zo zwaar ben geweest – en dat was in de ogen van het publiek ook geen aanbeveling.

In sommige opzichten was het echter een leuke ervaring om een film te maken. Zoals alle acteurs moest ook ik elke morgen al vroeg opstaan, en ik maakte lange dagen. Maar ik hoefde niet te zingen, want de geluidsband werd apart opgenomen. Daardoor werd de hele ervaring voor mij eigenlijk een soort vakantie. Ook al was het resultaat dan niet geweldig, ik ben toch blij dat ik het heb gedaan en dat de film is gemaakt. Of ik het ooit weer zal proberen? Dat weet ik niet. Misschien. Er zijn wel wat ideeën geopperd, en in sommige zie ik wel iets. Maar ik weet één ding zeker: ik zal niet met eten gooien.

Sommige van de televisieshows die ik heb gemaakt, waren lange interviews, zoals het gesprek met Peter Ustinov in mijn huis in Pesaro. Andere zijn op locatie gefilmde specials, zoals de documentaire over onze reis naar China, *Distant Harmony*, of het PBS-programma *Pavarotti returns to Naples*. En in sommige gevallen ging het om een combinatie. Zoals in *The Italian Tenor*. Daarin vervulde ik rol van verteller, ik zong wat, maar er werd vooral veel gepraat over de grote tenoren uit het verleden, en we lieten zeldzame opnamen zien van zangers als Gigli, Schipa en Caruso.

Ik vind het heerlijk om televisiefilms te maken, vooral als ik er niet in hoef te zingen. In dat laatste geval zijn er namelijk beduidend minder voorbereidingen vereist. Dat gold bijvoorbeeld voor *Pavarotti returns to Naples*, omdat we daarin reeds bestaande opnamen gebruikten. Enige jaren daarvoor had ik een plaat opgenomen met traditionele Napolitaanse liederen. Voor de film hoefde ik alleen maar door Napels te wandelen of erover te vertellen. Er waren zelfs opnamen waarbij ik helemaal niets hoefde te zeggen of te zingen, maar alleen werd gefilmd tijdens mijn verkenningstochten door de stad. Bij dit soort projecten valt de druk van de zorg om het zingen weg. Eigenlijk is het heel goed voor mijn stem wanneer deze hierdoor een week of twee rust krijgt.

Toen ik in mei 1987 in Napels arriveerde om de special op te nemen, waren David Horn, de producer van PBS, en Kirk Browning, de regisseur, al een paar weken bezig met de voorbereidingen. Ze werkten met een script dat was geschreven door Bill Wright. Bill had, toen hij uit dienst kwam, een jaar in Napels gewoond, en hij kende de stad op zijn duimpje. Dit drietal had de locaties uitgekozen. Ik hoefde alleen maar te zorgen dat ik in de juiste kleren op de juiste plaats aanwezig was, en daar kreeg ik vervolgens te horen wat er van me werd verwacht.

Dat bleek echter niet altijd zo gemakkelijk te zijn als ik had gehoopt. Op de tweede ochtend bracht mijn chauffeur me met de auto naar de locatie voor die dag, een van de hoogste punten op Posillipo, het schilderachtige schiereiland ten noorden van Napels, vanwaar je een spectaculair uitzicht hebt over de golf, met de Vesuvius op de achtergrond. We waren keurig op tijd op de plaats waar we de anderen zouden ontmoeten – ik zorg altijd dat ik op tijd ben – maar er was niemand. Geen cameraploeg, geen belichting, niets. Terwijl we nog in de auto zaten en ons afvroegen wat we moesten doen, kwam Kirk Browning aanrennen.

'Kom mee, Luciano,' zei hij met zijn gebruikelijke enthousiasme. 'We hebben een fantastische plek gevonden. Hier het pad af naar beneden. Het is maar een paar honderd meter lopen.'

Ik stapte uit de auto en volgde met mijn ogen waar Kirk naar wees. Langs de rotswand zigzagde een pad van keien naar beneden, waar zich diep onder ons een plateau boven het water bevond. Ik kon zien dat de cameraploeg daar zijn apparatuur had opgezet. Maar ik zag ook dat de meest directe manier om er te komen een afdaling van tientallen in de rots uitgehakte treden was. Mijn knie was op dat moment erg slecht, en ik had al moeite met lopen op vlak terrein. Trappen waren echt een probleem. Maar het was duidelijk dat er geen schijn van kans was om met de auto dichterbij te komen.

Ik zei tegen Kirk dat het me speet, maar dat ik met mijn knie al die treden niet af kon.

Kirk zei dat ik de treden kon vermijden door het pad te nemen. Ik keek nog eens. Dat zou een enorme wandeling naar beneden betekenen, en als we klaar waren zou ik ook weer naar boven moeten, terug naar de auto.

'Als ik dat doe zul je me straks in een mand omhoog moeten hijsen, en me vervolgens met mand en al naar het ziekenhuis moeten brengen.'

Kirk was teleurgesteld. 'Maar Luciano, het is zo'n fantastische plek. Je kunt er heel Napels zien liggen, met de Vesuvius op de achtergrond. Het is precies het beeld dat mensen voor zich zien wanneer ze aan Napels denken. Alles staat klaar, we kunnen meteen draaien. Het duurt maar twintig minuten.'

Konden we geen andere plek vinden? vroeg ik. Nee, ze hadden de hele omgeving afgezocht. Het was nergens zo mooi. Kon hij zijn schilderachtige beelden niet maken, en mij vervolgens uit het raampje van de auto laten kijken? Nee, ze wilden me ter plekke in beeld hebben. Tijdens ons heen-en-weergepraat had zich een oploop gevormd. Napolitanen zijn altijd tuk op sensatie, en sommigen hadden me herkend. Een jongen op een motorfiets was wel heel nieuwsgierig. Hij stond er met zijn neus bovenop terwijl Kirk en ik overlegden. Toen ik zijn motorfiets zag kreeg ik een idee.

Ik vroeg de jongen of ik voor een uur zijn motor mocht huren. Ik zou hem twintigduizend lire betalen, op dat moment ongeveer twaalf dollar. Hij keek erg verrast, maar ging meteen akkoord.

Kirks mond viel open toen ik op de motorfiets stapte, even met het gas speelde en aan de afdeling begon. Vanwege mijn gewicht denken mensen altijd dat ik dat soort dingen niet kan, maar ik ben heel handig met fietsen en motoren. Als je bent opgegroeid in het Italië van de jaren veertig en vijftig is het ondenkbaar dat je niet volledig thuis bent op motorfietsen en scooters. Met een beschaafd gangetje daalde ik de heuvel af, voorzichtig manoeuvrerend in de bochten, en zo kwam ik zonder problemen beneden.

Blijkbaar was iemand voor me uit gegaan om de filmploeg te vertellen dat ik weigerde beneden te komen. Al van een afstand kon ik hun ongelukkige gezichten zien, maar ze klaarden helemaal op toen ze me zagen aankomen. Volkomen verrast begonnen ze ineens te stralen. Te oordelen naar de verbijsterde gezichten zou je denken dat ik op een olifant zat. Het laatste gedeelte van het pad naar het plateau was een lang recht stuk, en iedereen haastte zich om langs de kant te gaan staan en me met applaus in te halen. Een van de cameramannen filmde mijn aankomst op het plateau, en deze opname werd later in de documentaire gebruikt.

Kirk kwam achter me aan rennen. Hij sloeg zijn armen om me heen en kuste me. Ik was blij dat hij zo blij was. Door mijn fysieke problemen ben ik wel eens een probleem voor een regisseur. Daar ben ik me van bewust. Maar volgens mij ben ik ook erg goed in het bedenken van oplossingen. Met de auto had ik er niet kunnen komen, op eigen kracht al evenmin. Dus moest er een andere vorm van transport worden bedacht. Heel simpel.

Ik vraag me alleen af wat die jongen bezielde. Hij ging er niet alleen van uit dat ik hem zijn motorfiets zou terugbrengen, hij vertrouwde er bovendien op dat zijn vervoermiddel niet zou bezwijken onder deze zeer zware tenor.

Mijn agenda gaf me niet meer dan vijf dagen om de hele televisiespecial op te nemen. Ondanks de haast hadden we erg veel plezier. Het weer was prachtig, en elke dag hadden we een ander deel van Napels als decor, allemaal even mooi en karakteristiek. Zuid-Italië in de lente. De citroenbomen staan in bloei, de zee wordt weer blauw. Ik weet zeker dat het een van de mooiste plekjes ter wereld is.

Onze chauffeur was een echte Napolitaan van een jaar of vijfenzestig. Hij heette Giuseppe en werkte niet voor een baas, maar was zelf eigenaar van de oude witte Mercedes waarmee we door Napels reden. Giuseppe was een geweldige kerel, een beetje gek, maar altijd vrolijk en spraakzaam. Gedrieën zaten we elke dag bij hem in de auto: mijn secretaresse Giovanna Cavaliere, Judy Kovacs – een meisje van Hongaarse afkomst maar opgegroeid in Wenen, die ik nog niet zo lang daarvoor in dienst had genomen om me te helpen met mijn dieet en mijn knie, en die later mijn secretaresse zou worden – en ik.

Al gauw waren we alle drie dol op Giuseppe. Hij vertelde ons uitvoerig over Napels en over de trieste, gruwelijke geschiedenis van de stad. Een opmerkelijk contrast met de opgewekte levenslustige mensen die we vanuit de auto zagen: zo *vivace* en *allegro* als je van Napolitanen zou verwachten.

Bill wist uit ervaring dat de mensen er bij koud en regenachtig weer grimmig en ongelukkig uitzagen, maar zodra de zon te voorschijn kwam 'begonnen de Napolitanen te stralen als kerstboomlampjes', aldus Bill. Tijdens ons verblijf in mei brandden de lampjes volop.

Tijdens onze ritten door Napels, op weg naar de zoveelste filmlocatie, werd ik soms zo meegesleept door de schoonheid van de stad en door het prachtige zonnige weer, dat ik losbarstte in een van de traditionele Napolitaanse liederen die onderdeel waren van onze televisiespecial. Giuseppe knikte dan altijd om aan te geven dat hij het lied kende, maar uit niets bleek dat hij het leuk vond als ik zong. Sterker nog, hij keek meestal nogal zorgelijk. Uiteindelijk vroeg ik hem waarom hij nooit eens iets aardigs zei. Genoot hij niet van mijn gratis concert?

'Maëstro,' zei hij. 'U bent een groot zanger, maar u weet niet hoe u onze Napolitaanse liederen moet vertolken.'

'Vertel op,' zei ik. 'Wat doe ik verkeerd?' Ik wist dat hij oprecht was, en ik wilde zijn kritiek graag horen.

Daarop begon Giuseppe de liederen te zingen zoals hij vond dat ze gezongen moesten worden. Hij had geen stem, maar het klonk fantastisch. Als echte Napolitaan kende hij ze woordelijk, en hij wees me op diverse passages waar ik het dialect verkeerd uitsprak. Ik wou dat ik kon zeggen dat mijn uitspraak in Giuseppes ogen het enige was dat niet deugde. Hij legde in elke zin veel meer emotie dan ik, hij wist precies welke noten hij moest benadrukken, welke hij wat langer moest aanhouden. Zijn vertolking was een openbaring voor me.

De Napolitaanse liederen zijn gezongen door alle grote Italiaanse tenoren: Gigli, Schipa, Caruso. Ik geloof dat mijn favoriete opname die van Giuseppe Di Stefano is. Maar de meest waarachtige vertolking hoor je bij de Napolitaanse mannen in de kroegjes en de eethuizen. De meesten hebben, net als Giuseppe, geen stem. Deze bewering zag ik hier weer eens bevestigd. Maar juist omdat ze het zonder een mooie stem moeten stellen leggen deze zangers al hun gevoel in hun interpretatie.

Er bestaat een hele school van dergelijke Napolitaanse zangers. Het zijn zulke trotse artiesten dat het wel lijkt alsof ze ervan overtuigd zijn dat een mooie stem een juiste interpretatie alleen maar in de weg staat. Dat een mooie stem afleidt van de zeggingskracht, van het gevoel. Veel van deze mannen hebben in hun jonge jaren waarschijnlijk een goede stem gehad, maar nu ze oud zijn is die verdwenen. Alleen de passie is gebleven.

Er gaat geen avond voorbij of de traditionele liederen worden gezongen in de eethuisjes aan zee, en vooral aan de haven van Santa Lucia, voor mijn hotel. Maar ook in Marechiaro, het romantische vissersdorpje even buiten Napels. Het is een heel bijzondere ervaring om de mannen te horen zingen. Maar wanneer deze zangers sterven is er geen nieuwe generatie om hun plaats in te nemen. Met hen sterft een grote Italiaanse zangtraditie, en dat maakt me erg verdrietig.

Uiteraard was Marechiaro, waaraan Tosti een van zijn beroemdste liederen heeft opgedragen, ook een van locaties in onze special. Kirk wilde me filmen op een hoog boven de zee gelegen terras, vanwaar ik naar beneden moest roepen naar een groepje vissers die met hun boot wegvoeren. De afspraak met de vissers was eerder op de dag al gemaakt, dus toen ik op het terras verscheen zaten ze enkele meters uit de kust in hun boot op me te wachten. Ik zwaaide, en ze zwaaiden terug.

Kirk legde me uit wat de bedoeling was, en wat ik moest zeggen. Ik moest naar beneden kijken, naar de vertrekkende vissers en roepen: 'Hé, *ragazzi*. Ik wil met jullie mee vissen!' Niet in het Engels, of in het Italiaans, maar in het Napolitaanse dialect. De man van de dialogen deed me de uitspraak voor, en ik herhaalde mijn tekst een paar keer tot ik dacht dat ik hem onder de knie had.

De camera's begonnen te lopen, ik zwaaide naar de vissers en riep mijn tekst. De mannen werden geacht glimlachend terug te zwaaien en dingen te roepen als 'Natuurlijk!' en 'Kom maar mee!' In plaats daarvan zeiden ze helemaal niets. Ze keken me alleen maar verbijsterd aan. Toen begonnen ze te lachen. Ze lachten steeds harder. Kirk liet de camera's stoppen.

Een paar leden van onze filmploeg zaten in een boot vlak bij de vissers, net buiten het blikveld van de camera. Ze roeiden naar de vissers toe en vroegen wat er aan de hand was. Mijn poging om dialect te spreken bleek wat anders te hebben opgeleverd dan de bedoeling was geweest. Ik had: 'Hé, jongens, ik wil op jullie pissen,' geroepen. De Napolitanen houden van een grapje, maar ook voor hen zijn er grenzen.

Voor sommige van onze opnamen moesten we echt in het hartje van de stad zijn. Toen ik over een markt moest lopen, vlak bij het station, werd ik bijna gek van de prachtige uitgestalde verse vis en al het andere lekkers dat daar te koop werd aangeboden. De mannen en vrouwen achter de kramen waren geweldig. Ze herkenden me allemaal en zeiden een paar vriendelijke woorden bij wijze van groet, maar ze maakten er verder geen ophef van, zoals sommige mensen doen. Hun werk ging gewoon door. Ze moesten zien dat ze hun vis aan de man brachten, en ze waren niet van plan om zich gek te laten maken door een operazanger.

Bill en Kirk wilden ook een opname van me maken terwijl ik de Spaccanapoli doorwandelde. De Spaccanapoli is de beroemde straat, eigenlijk meer een steeg, dwars door het centrum van Napels, een aaneenrijging van winkeltjes en kraampjes. Na de oorlog was daar het centrum van de zwarte markt, en er werd beweerd dat de politie de straat niet in durfde. Zelfs tegenwoordig heeft hij nog altijd de reputatie niet helemaal ongevaarlijk te zijn. Kirk en een aantal leden van onze ploeg waren er niet helemaal gerust op dat we met zulke dure filmapparatuur rondwandelden.

Maar we kregen te horen dat we ons geen zorgen hoefden te

maken. Over de verschillende scènes die we in de stad wilden opnemen, was vooraf door de ploeg overleg gepleegd met het stadsbestuur. Maar op elke locatie was bovendien een vertegenwoordiger van een ander soort overheid aanwezig. Hij zorgde ervoor, zo werd ons verzekerd, dat we geen problemen zouden hebben in de Spaccanapoli, of waar ook tijdens ons verblijf. *Napoli è sempre Napoli.*

Op onze laatste dag maakten we opnamen in Sorrento, dat ongelooflijk mooie stadje hoog op de rotsen aan de zuidpunt van de Golf van Napels. Daar zouden we de achtergrondshots maken voor twee liederen die ik vaak tijdens concerten zing: 'Torna Surriento', een van de beroemdste Napolitaanse liederen, en 'O Sole Mio', waarschijnlijk het allerberoemdste. We hadden een welbestede week achter de rug. Ik was aan een nieuw dieet begonnen, en volgens mij was het resultaat al zichtbaar. Dus afgezien van mijn knie voelde ik me prima.

Vanwege dit probleem werd er besloten dat ik niet met de anderen naar Sorrento zou rijden. De weg over de rotsen is erg bochtig, en de rit duurt meer dan een uur. Je kunt er niet echt opschieten, en wanneer je een vrachtauto tegemoet komt, moet je aan de kant gaan staan. Als ik al die tijd in de auto mijn been niet zou kunnen bewegen, zou ik daardoor nog meer last krijgen van mijn knie. David Horn had geregeld dat een boot me rechtstreeks over de golf naar Sorrento zou brengen, in de helft van de tijd.

Ongeveer een uur nadat de anderen waren vertrokken stonden David, Judy, Giovanna en ik in de haven van Santa Lucia klaar om te vertrekken, maar van onze boot was geen spoor te bekennen. David was in alle staten en begon te informeren wat er aan de hand kon zijn, maar van alle mannen in de haven kreeg hij een ander verhaal te horen. De boot was kapot, de eigenaar had een spoedgeval in de familie, de benzine was op. Op sommige momenten kan Napels ineens een mysterie worden. David probeerde een andere boot te huren, maar er was niemand die de tocht naar Sorrento wilde maken. Met de auto gaan had geen zin meer, aldus David. Dan zouden we veel te laat zijn, en bovendien konden we vast komen te zitten in het verkeer.

Ik had erg met hem te doen. Hij was degene die de cameramannen en al het overige personeel, kortom, de voltallige ploeg – en dat waren heel wat mensen – moest betalen. Het hele stel stond in Sorrento, klaar om aan het werk te gaan, maar tot ik er was konden ze niets doen. We hadden nog maar een paar uur voor de opnamen, want ik moest de volgende dag in Napels een concert geven, en de ochtend daarop zou ik naar Londen vertrekken. Het was onmogelijk om de agenda om te gooien. De zon bewoog richting horizon, en wij zaten op een kade in de haven van Santa Lucia, zonder boot.

David zei ons in de schaduw te wachten. Hij zou zien wat hij kon doen. We wachtten ongeveer een uur. Toen kwam er een grote boot de haven binnenvaren, rechtstreeks op ons af. Ik denk dat hij wel een meter of vijftig lang was, een grote boot met een boven- en een onderdek. Het was zo'n partyboot, erg in trek bij verliefde stelletjes die een avond op het water willen doorbrengen, met een diner en de mogelijkheid om te dansen. David stond op de voorplecht. Hij zwaaide. 'Reizigers naar Sorrento wordt verzocht aan boord te gaan.'

Eenmaal op het schip ontdekten we dat de boot een bar, een restaurant en een kleine dansvloer rijk was. Er was ruimte voor ten minste honderd passagiers, maar met slechts vier gasten aan boord – David, Judy, Giovanna en ik – werd er onmiddellijk koers gezet naar Sorrento. Met zijn zaktelefoon belde David de anderen om te melden dat we eindelijk onderweg waren. Erg snel gingen we niet. David maande de kapitein voortdurend tot spoed aan, maar dit was nu eenmaal een boot voor geliefden, niet voor mensen die haast hadden.

Vanwege al deze problemen kwamen we pas laat in Sorrento aan. Kirk Browning en zijn ploeg zaten in hotel Excelsior Vittoria op ons te wachten. Er moesten diverse scènes gedraaid worden, en ik wist dat ze inmiddels halfgek van het wachten moesten zijn. Zodra we de haven binnenvoeren kwam Kirk de kade oprennen, en hij zei dat het wachten iedereen inderdaad aan de rand van de waanzin had gebracht. Hij vertelde me welke kleren ik voor de eerste opname aan moest, en zei dat ik me wel kon verkleden in de lift die passagiers vanaf de haven naar het hogergelegen terras van het hotel bracht. Samen met mijn secretaresse stapte ik de lift in. Giovanna zou me onderweg helpen met verkleden. Kirk en de anderen gingen met de auto naar boven.

In de lift trok ik haastig een ander overhemd aan, en ik had nog maar net mijn broek dichtgeritst toen de liftdeur openging. De eigenaar van het hotel stond klaar om me te begroeten, met achter zich een enorme menigte, voornamelijk hotelgasten, die al drie uur stonden te wachten omdat ze hadden gehoord dat ik elk moment kon arriveren. Er klonk applaus toen ik de lift uit kwam, en mijn aankomst werd door een cameraman gefilmd. Stelt u zich het interessante beeldmateriaal voor als deze opname een paar seconden eerder was gemaakt: Pavarotti die zijn broek dichtritst terwijl hij met zijn knappe secretaresse uit de lift stapt.

De hoteleigenaar was een charmante dame, die het erg opwindend vond om me te ontmoeten. Ze vertelde me hoe blij ze was dat ik uitgerekend naar haar hotel was gekomen, want Enrico Caruso had hier vroeger regelmatig gelogeerd. Ze had zijn kamer zelfs als museum ingericht. Ik vroeg meteen of ik die kamer mocht zien, maar David en Kirk reageerden ontsteld en zeiden dat daar geen tijd voor was. Er moesten nog twee belangrijke scènes worden gedraaid, en we hadden nog maar tweeëneenhalf uur daglicht.

Later hoorde ik dat ze de hoteleigenaar – en iedereen die het maar wilde horen – hadden bezworen om niets over Caruso te zeggen. Ze wisten hoe ik hem bewonderde en waren bang dat hun werk vertraging zou oplopen als ik erachter kwam dat dit hotel een rol had gespeeld in zijn leven.

En terecht, want ik was vastbesloten om zijn kamer te bekijken. Misschien kwam ik hier wel nooit meer. Maar om te beginnen maakten we ter plekke onze eerste opname, op het terras van het hotel. Ik had de goede kleren aan, en ik hoefde niets te zeggen, dus de opname nam niet veel tijd in beslag.

Het enige dat ik moest doen, was over het terras naar de balustrade wandelen, om vandaar uit te kijken over de golf. Het was een zonnige dag, en het uitzicht was schitterend. Doordat het een beetje heiig was, was Napels niet goed te zien. Maar je wist dat het er lag. Zoals je wist dat daar ergens de rest van de wereld moest liggen, maar op deze ongelooflijke mooie plek, omringd door bergen, rotsen en zee, had je het gevoel dat hij heel ver weg was.

Vervolgens gingen we naar boven, naar de Caruso-suite. Ik vond het zo'n ontroerende belevenis dat ik tegen Kirk en David zei dat ze me daar moesten filmen. Niet zingend, maar rondlopend door de suite, kijkend naar de foto's van Caruso, naar de piano waarop hij had gespeeld, en naar de programma's en andere aandenkens uit zijn carrière.

Ze werden erg boos. Daar was geen tijd voor, zo werd me bezworen. De zon ging al bijna onder, en we moesten 'O Sole Mio' nog opnemen. Als we nog langer wachtten, werd het 'O Luna Mio', aldus Kirk. Ik beloofde hun dat de opnamen in de Caruso-suite niet lang zouden duren, en dat we meer dan genoeg tijd zouden overhouden voor de laatste scène. Ze gingen akkoord, en

Kirk begon onmiddellijk te filmen terwijl ik door de kamer liep. Ondertussen gingen David en de anderen alvast naar beneden om voorbereidingen te treffen voor de slotscène.

Tussen de opnamen door legde Kirk me uit wat de plannen waren voor het volgende shot, onze laatste opname in Sorrento. Toen ik hoorde wat de bedoeling was, bleek de ondergaande zon het minste probleem te zijn. Volgens het script van Bill Wright moest ik, onder het zingen van 'O Sole Mio', in een klein bootje wegroeien over de baai. Ik besefte dat dit beeld erg belangrijk was voor Bill. Voor hem was het de ultieme verbeelding van de Napolitaanse zang: de eenzame visser op het water, die helemaal alleen de prachtigste muziek maakte. Zonder orkest, zonder gitaar, uitsluitend de menselijke stem. Ik had het script maanden geleden al gelezen, maar toen had ik nog niet zulke problemen met mijn knie gehad. Inmiddels was ik helemaal vergeten dat ik in een klein bootje moest.

Bovendien was er nog een probleem. De volgende dag had ik een concert, en ik was bang dat ik door het water op te gaan last zou krijgen van mijn keel. Vochtige lucht is voor een zanger bijna net zo gevaarlijk als koude lucht. Ik wilde het risico niet nemen.

Ik zei tegen Kirk dat ik de scène niet kon doen, maar hij was onvermurwbaar. Dit was de laatste dag dat we konden filmen. Na het concert van de volgende avond zou ik uit Napels vertrekken, en ik kon voorlopig niet meer terugkomen. De scène was het hoogtepunt van de film. Weglaten was onmogelijk. Ik zei dat ik er niet over piekerde. Het was bepaald niet warm die dag, de zon was bijna onder, en als ik in een open boot het water op moest, zou ik zeker last van mijn keel krijgen.

De samenwerking met Kirk verloopt doorgaans probleemloos. Als hij ziet dat je ergens moeite mee hebt doet hij zijn uiterste best om een oplossing te bedenken. Ik vlei me met de gedachte dat ik net zo ben. Meestal vond hij al snel een uitweg, of ik bedacht een manier om hem terwille te zijn, zoals met de motorfiets op Posillipo. Vandaag leerde ik een andere Kirk kennen. Hij keek me streng aan en zei: 'Je gaat die boot in, Luciano.'

Verrast keek ik hem aan. Zo kende ik hem niet. 'Waarom?'

'Omdat... je van me houdt,' zei hij heel langzaam.

Ik begreep dat hij een grapje maakte. Maar ook dat dit zijn manier was om me te vertellen hoe belangrijk deze scène voor hem was. Voor mij was het echter minstens zo belangrijk om niet ziek te worden. Wanneer het erom gaat mijn stem te beschermen vlak voor een voorstelling, kan ik erg onredelijk zijn. Drommen mensen verwachtten me de volgende avond goed te horen zingen. Maar ik zou zelf mijn stem moeten beschermen. Een ander deed het niet.

Ik bleef ernstig kijken, maar zei niets. We gingen door met de Caruso-scène, en Kirk filmde alles wat ik vroeg. Ik merkte echter dat hij steeds onrustiger werd. We zeiden geen van beiden meer een woord over de volgende scène, en ik probeerde voor mezelf tot een besluit te komen.

Ik vind het afschuwelijk dat ik voortdurend zo in angst moet zitten over mijn stem. Eigenlijk ben ik impulsief van aard. Ik ben tenslotte Italiaan. Maar ik heb al te vaak spijt gekregen van mijn impulsieve gedrag. Het heeft er regelmatig in geresulteerd dat ik een voorstelling moest afzeggen, zoals de *Bohème* in Buenos Aires. Anderzijds, Kirk keek zo ongelukkig, David Horn zou ongelukkig zijn, en Bill het ongelukkigst van allemaal, als ik de scène niet deed.

Ik zei tegen mezelf dat de afspraken voor deze televisiespecial al geruime tijd geleden gemaakt waren. Ruim voordat er zelfs maar sprake was geweest van het concert. Dat idee was pas tot stand was gekomen na mijn aankomst in Napels. Voor mij heeft een live-optreden altijd voorrang op al het andere, want zoiets kun je nu eenmaal niet uitstellen. Maar het zou niet eerlijk zijn als ik met dit op het allerlaatste moment geregelde concert roet in het eten zou gooien bij een film waarvoor de afspraken al een half jaar geleden waren gemaakt.

Toen we klaar waren liep ik onmiddellijk de kamer uit. Kirk bleef nog even voor een paar close-ups van voorwerpen uit Caruso's carrière. Op het parkeerterrein van het hotel ontdekte ik iemand van de cameraploeg, die net in zijn auto wilde stappen. Hij was zo vriendelijk om me naar de haven te brengen. Op de pier ontmoette ik David Horn, die me de kleine roeiboot liet zien. Ik zou alleen maar even in de haven in de boot hoeven te zitten, voor een close-up. Voor de opnamen op het water zouden ze een stand-in gebruiken, die ze mijn kleren hadden aangetrokken.

Maar ik ben dol op boten, en op water, dus ik stapte in de roeiboot en zei tegen David dat hij die stand-in maar moest vergeten. Ik zou zelf alle opnamen doen. Daarop haalde ik een sigaar uit mijn jaszak. Als ik toch risico's nam met mijn keel, dan kon ik me net zo goed meteen aan al mijn verboden geneugten overgeven.

Met de brandende sigaar in mijn mond roeide ik een eindje het water op. Toen ik omkeek zag ik mijn auto met chauffeur in vliegende vaart vanaf het hotel naar de haven komen rijden. De auto scheurde de pier op, en ik was al bang dat hij het water in zou rijden. Op het laatste moment stond hij echter met een ruk stil en Kirk en Bill sprongen eruit. Zodra ze mij in de boot ontdekten begonnen ze te rennen. Kirk schreeuwde naar zijn cameramensen dat ze moesten beginnen met filmen. Al wuivend roeide ik verder het water op, terwijl ik Kirk achter me hoorde roepen: 'Grazie, Luciano, grazie, grazie.'

Het was al donker toen we eindelijk weer op onze partyboot zaten, terug naar Napels. Iedereen was blij, want we hadden alle opnamen die nodig waren. Mitch Owgang, de assistent-producer van PBS, had ervoor gezorgd dat er aan boord een buffet klaarstond. Bijna de hele ploeg maakte de terugreis met onze grote partyboot.

Er werd gegeten, de wijn vloeide rijkelijk, kortom, het werd een echte party. Aan het plafond hing een bol van kleine spiegeltjes. Iemand draaide aan de knop, zodat hij langzaam begon te draaien en de danszaal met bewegende lichtjes vulde. Er waren er heel wat die zich op de dansvloer waagden. Ik zat op de achtersteven, samen met Bill en David en een stel anderen, en we genoten van het zachte briesje en van de lichtjes van Napels die steeds dichterbij kwamen. Ik was in een veel te goede stemming om me zorgen te maken over de vochtige lucht.

David Horn vroeg me iets te zingen, maar ik weigerde en zei dat dat niet in mijn contract stond. In plaats daarvan vroeg ik hem iets te zingen. Hij ging akkoord en zong 'Strangers in the Night' van Frank Sinatra.

'Niet slecht,' zei ik. 'Nu is het mijn beurt.' Ik zong 'My Way'.

David reageerde met 'Foggy Day', en voor we het wisten waren we in een Sinatra-duel gewikkeld. We moesten het refrein van een lied kunnen zingen zonder een woord te missen. Wie als eerste in de fout ging, had verloren. David had het natuurlijk veel gemakkelijker. Hij is in Amerika geboren. Voor mij is Engels een vreemde taal. Toch won ik. Frank Sinatra is een vriend van me, maar dat was niet de reden dat ik de wedstrijd won. Ik ben een stuk ouder dan David, en ik zong Sinatra's liedjes al lang voordat ik Frank ontmoette. Ik leerde Sinatra voordat ik Engels leerde.

Het zou nog meer dan een maand duren voordat de televisiespecial klaar was. Eenmaal in New York hadden David en Kirk nog dagen nodig om het materiaal te bewerken. Later hoorde ik dat ze zelfs nog naar Napels waren teruggegaan voor wat extra achtergrondopnamen. Toen de film klaar was vlogen Bill Wright en Kirk Browning naar Pesaro om me het voltooide produkt te laten zien. Terwijl we in mijn woonkamer voor de videorecorder gingen zitten kon ik aan hun gezichten zien hoe benieuwd ze waren naar mijn reactie.

Over het geheel genomen vond ik de film prachtig. De meeste van de Napolitaanse liederen die erin voorkomen zijn zo bekend dat het bijna onmogelijk was om er een film omheen te maken zonder voorspelbare beelden. Toch zijn Bill en Kirk er naar mijn mening in geslaagd een boeiend produkt te maken, met een frisse benadering. De opnamen van Napels waren spectaculair, en ik zag er niet al te verschrikkelijk uit terwijl ik door de straten en de parken slenterde.

Er was maar één ding dat me stoorde: de openingsbeelden, waarin ik 'Chista paese di sole' (Dit is het land van de zon) zong. Bill had de openingsscène gebaseerd op de eerste woorden van dit lied, waarin een man na vele jaren naar Napels terugkeert en terwijl hij zijn bestemming nadert steeds verlangender wordt. Kirk had me gefilmd terwijl ik uit het raampje van een trein naar de prachtige beelden van Napels keek: de voornaamste gebouwen, de bougainvillea, de citroenbomen, de baai met Capri in de verte.

Ik kon niet precies zeggen wat het was, maar iets in die beelden stoorde me hevig, dus ik zei dat ze eruit moesten. Kirk keek me aan alsof hij op het punt stond om de hand aan zichzelf, of aan mij te slaan.

'Maar waarom dan, Luciano? Het is een van de beste scènes.'

Ik vertelde hem dat ik niet goed wist wat eraan mankeerde, maar dat de beelden me op de een of andere manier niet lekker zaten. Hij legde uit dat de film precies de goede lengte had voor een special van een uur. Als we er iets uit haalden, kwamen we in grote problemen. Dat zou betkenen dat ik nogmaals naar Napels zou moeten voor vervangende opnamen, waarmee we het gat konden vullen. Waarop ik zei dat ik daar de eerstkomende anderhalf jaar geen tijd voor had. We kwamen geen stap verder, maar ik voelde gewoon dat de openingsscène niet zo goed was als de rest van de film.

Dus vroeg ik Kirk en Bill of ze ergens in een restaurant wilden gaan lunchen. Ondertussen zou ik de scène nog eens bekijken en erover nadenken. Kirk en Bill vertrokken. Ik keek nog twee of drie keer naar de openingsbeelden, en ineens wist ik wat me er niet in aanstond: het was de manier waarop ik het lied zong.

Misschien kwam het door wat Giuseppe, mijn chauffeur, me had verteld, of misschien was het iets dat ik had opgepikt, gewoon door in Napels te zijn. Hoe dan ook, mijn vertolking van dat prachtige lied klonk me onoprecht in de oren. Ik besefte echter dat we voor de film een opname hadden gebruikt die ik jaren geleden voor Decca Records had gemaakt. Destijds had ik de opname goedgekeurd, en hij was op de plaat uitgebracht. Ik begreep dat het niet eerlijk zou zijn om de film tegen te houden alleen omdat mijn opvattingen over de vertolking van het lied inmiddels waren veranderd.

Kirk en Bill kwamen met sombere gezichten terug. Achteraf hoorde ik dat de lunch verschrikkelijk was geweest. Ze hadden geen van beiden veel gegeten of gezegd.

'Kop op, *ragazzi*,' ze ik. 'De film is prima. Ik vind alleen dat ik in de openingsscène niet goed zing. Maar dat is niet voor het eerst, en ongetwijfeld ook niet voor het laatst.'

# II

## De weg naar Singapore

Tijdens internationale tournees zijn er altijd problemen en ongemakken. Hoe mooi en luxueus de hotels ook zijn, het is er nooit
zoals thuis, waar de televisie precies staat waar je hem wilt hebben, en waar elke pot en pan in de keuken je vertrouwd zijn.
Maar al die verre reizen hebben ook vele fantastische aspecten,
zelfs wanneer je overal maar kort bent, zoals ik. De fijne dingen
maken de kleine ongemakken meer dan goed.

Bij mij komen de mensen altijd op de eerste plaats. Ik hou van
mensen. Tijdens mijn tournees registreer ik over de hele wereld
grote onderlinge verschillen tussen mensen. Ik zie afwijkende kleding, ongewone gebruiken, en ik maak kennis met exotische tradities. Maar tegelijkertijd raak ik er steeds meer van doordrongen
hoezeer we allemaal op elkaar lijken. Dat merk ik bij persoonlijke
ontmoetingen, maar ook tijdens mijn optredens. Van de Chinezen had ik bij uitstek verwacht dat ze totaal anders zouden zijn
dan alle volkeren waarmee ik tot op dat moment kennis had gemaakt. Als oosterlingen behoren ze niet alleen tot een volledig ander ras, maar ze leven bovendien onder een streng communistisch
regime. Daardoor is hun manier van leven fundamenteel anders
dan de onze. Maar toen ik 'O Sole Mio' zong bleken de Chinezen
even Italiaans als ik.

Er wordt wel eens gezegd dat muziek een enorme 'gelijkmaker'
is. Dat muziek mensen samenbrengt. Maar volgens mij zíjn we in
wezen al allemaal gelijk, zíjn we al allemaal samen. De verschillen
in cultuur, in tradities, drijven ons uit elkaar, en leggen de nadruk
op wat ons scheidt. Mooie muziek doet het tegenovergestelde.
Daardoor komen juist alle overeenkomsten tussen mensen naar
boven. Dat is voor mij een van de mooiste aspecten van het optreden over de hele wereld: het feit dat ik zie dat mensen in belangrijke opzichten overal gelijk zijn. Wanneer ik een concert geef in
Portland in Oregon en een paar dagen later in Mexico-Stad, en
weer een paar dagen later in Lima, de hoofdstad van Peru, ervaar
ik een sterke overeenkomst in de manier waarop mensen reageren. Ik registreer dezelfde gevoelens en emoties, hetzelfde verlangen naar iets dat hen uittilt boven het alledaagse.

Sommigen zullen misschien zeggen: 'Wie ben jij om dat te kunnen beoordelen? Als artiest kom je om de mensen te vermaken. Er zijn veel belangrijker dingen, waarin mensen wel degelijk van elkaar verschillen: gewoonten, tradities, nationalistische gevoelens.' Maar ik vraag me af of die dingen wel zo belangrijk zijn. Wat ik over de hele wereld van mijn publiek voel uitgaan – een golf van emoties in reactie op de schoonheid van de muziek, van het schouwspel – is misschien wel veel belangrijker. Misschien is dat wat het publiek doet reageren op mijn muziek, en wat zo een band schept tussen hen en mij, wel veel wezenlijker voor ons mens-zijn dan alle verschillen die ik hierboven heb genoemd.

Ik besef maar al te goed dat de menselijke natuur ook minder geweldige aspecten heeft, maar mijn werk is de muziek, en omdat muziek mensen gelukkig maakt zie ik vooral de goede kanten van mijn medemens. Gelukkig zijn deze goede kanten zo royaal aanwezig en bezitten ze bovendien zoveel kracht, dat ik daardoor minder bang ben voor het slechte in de mens, en ik zie de toekomst van de mensheid dan ook met vertrouwen tegemoet.

Voor mij is het mooiste aspect van mijn vele reizen het feit dat ik al die verschillende mensen over de hele wereld als één volk zie. Daarnaast brengt mijn werk ook een heleboel kleinere genoegens mee. Tijdens mijn reizen naar telkens weer nieuwe en interessante bestemmingen zie ik de schitterendste dingen, waarmee ik thuis waarschijnlijk nooit in aanraking zou zijn gekomen.

Tijdens mijn verblijf in Lima werd ik bijvoorbeeld uitgenodigd in het huis van Enrico Poli, een schatrijke Italiaan met een fantastische collectie Peruviaanse kunst. De collectie bestaat voornamelijk uit voorwerpen uit de tijd van de Inka's, maar hij heeft ook andere eeuwenoude kostbaarheden, eveneens uit de tijd van voor de eerste Europeanen. Schitterende gouden vazen, wapens, borden, juwelen, stuk voor stuk kunstig bewerkt en versierd met prachtige voorstellingen. Ik vond het een verbijsterende ervaring om in één ruimte te zijn met al deze kostbaarheden, om ze te kunnen vasthouden en bewonderen. Zulke dingen maken in een museum volgens mij lang niet zoveel indruk. Je moet ze zien in Peru, in het huis van deze verzamelaar. Ik prijs me dan ook gelukkig dat ik daar ben uitgenodigd.

Tijdens mijn reizen heb ik dus niet alleen oog voor paarden.

Wanneer ik in een nieuw land aankom, is er in de pers vaak al ruim aandacht aan mijn concert besteed. Aziatische en Zuidamerikaanse landen bijvoorbeeld vinden het altijd erg opwindend om

Europese en Amerikaanse artiesten te ontvangen. De kranten staan er vol van, het televisienieuws laat beelden zien van onze aankomst, van de repetities en ga zo maar door. In dat soort landen krijg ik vaak de kans om belangrijke mensen te ontmoeten, en ik word soms met het grootste eerbetoon verwelkomd en behandeld.

In Peru ontvingen we bijvoorbeeld een uitnodiging van president Alberto Fujimori om de lunch met hem te gebruiken in het presidentiële paleis in Lima. Herbert Breslin, Tibor Rudas en Nicoletta vergezelden me. Het liep allemaal erg plezierig; het eten was uitstekend, de conversatie ontspannen. Maar ik vraag me wel eens af of een dergelijke eer aan mij eigenlijk wel besteed is. Ik weet niets van de Peruviaanse politiek en heel weinig over het land en zijn problemen. Terwijl ik daar zat te eten met de president kon ik de gedachte niet van me afzetten dat er in Peru ongetwijfeld vele mensen waren die dolgraag de kans zouden willen krijgen om met hun president te praten.

In Peru vond mijn concert plaats op een renbaan. Het was de grootste geschikte ruimte die Tibor had kunnen vinden. Toen ik voor het eerst van de plannen hoorde was ik bang dat Tibor zich misschien had laten meeslepen door zijn verbeelding. Ik vroeg me angstig af of hij me soms van een rijdende truck wilden laten zingen, zodat iedereen op de tribune me goed zou kunnen zien. Het is niet zo dat Tibor een slechte smaak heeft, maar soms gaat zijn enthousiasme er met hem vandoor, en dan moet ik op de rem trappen.

Als Tibor Rudas een tournee organiseert, verplaatsen we ons meestal per privé-vliegtuig, en ik moet eerlijk zeggen, dat is een verrukkelijke manier van reizen. Behalve door Nicoletta, mijn secretaresse, word ik vergezeld door een aantal mensen van Rudas' organisatie. Tijdens mijn Zuidamerikaanse tournee van 1995 reisden we bovendien samen met onze dirigent, mijn oude en goede vriend Leone Magiera, en met een verrukkelijke jonge Amerikaanse sopraan, Cynthia Lawrence, afkomstig uit Colorado, maar inmiddels woonachtig in Minnesota. Cynthia was een van de winnaars van ons vocalistenconcours in Philadelphia, en ze is inmiddels een gevestigde naam in Amerika en Europa.

In ons reisgezelschap bevinden zich verder Martin, onze chauffeur, tevens bodyguard, en Thomas die de zorg heeft voor ons onderdak. Thomas controleert of het hotel in orde is, en of het management voor alles heeft gezorgd waar we om hebben gevraagd: mineraalwater, vers fruit en diverse andere levensmiddelen. Ik kook namelijk graag voor mezelf. Dat is de enige manier om me aan mijn dieet te houden. Zodra ik buitenshuis moet eten komt er niets van terecht. Thomas zorgt voor een aantal basisingrediënten: *arborio* rijst, Parmezaanse kaas, boter, fruit, mineraalwater, en eventueel wat kip.

Wanneer we in een stad arriveren, zijn twee medewerkers van Tibor, Shelby Goerlitz en Ian McLarin, ons al vooruitgereisd om zich ervan te overtuigen dat de organisatie van het concert in kannen en kruiken is. Veel van de voorbereidingen worden al geruime tijd van tevoren getroffen, hetzij per telefoon, hetzij tijdens eerdere bezoeken. Maar desondanks zijn ze altijd al een paar dagen eerder ter plaatse, om er zeker van te zijn dat alles overeenkomstig hun wensen is geregeld. Tegen de tijd dat ik arriveer is alles perfect in orde, zodat ik me alleen nog maar zorgen hoef te maken over mijn optreden.

Tijdens de tournee in 1995 werd ik in heel Zuid-Amerika ongelooflijk enthousiast ontvangen. Hier en daar was het enthousiasme zelfs zo groot dat ik mijn hotel niet uit kon, en op een gegeven moment kwam ik in opstand tegen deze gevangenschap. Met Martin, onze chauffeur, bedacht ik een plan om heimelijk het hotel uit te glippen, zodat ik privé wat kon winkelen.

We zeiden hierover niets tegen de speciale veiligheidsdienst die me bewaakte zodra ik het hotel verliet. Dat was een idee van de plaatselijke overheid, en er was geen ontkomen aan. Het is erg aardig wanneer mensen zo goed op je passen, maar dit soort veiligheidsmensen creëert door zijn aanwezigheid soms juist problemen. Wanneer de locale bevolking hen door de stad ziet lopen, begrijpt iedereen dat er een belangrijke persoon in aantocht is. Het resultaat is een enorme toeloop van nieuwsgierige mensen, en voor je het weet ben je het middelpunt van een reusachtige menigte. De mensen van de veiligheidsdienst worden geacht je te beschermen tegen de menigte, maar ze zijn vaak zelf de oorzaak van die menigten.

Ik wil geen Pavarottifestival elke keer dat ik mijn deur uitstap, maar dat was precies wat er in Zuid-Amerika gebeurde. Ik probeerde een manier te bedenken om de stad in te kunnen zonder voortdurend omringd te zijn door een lijfwacht. In de meeste hotels waar ik verbleef werd ik in de lobby opgewacht door een stel geüniformeerde bewakers. Zodra ze me uit de lift zagen komen, kwamen ze in actie.

In een van de steden waar ik optrad wilde ik dolgraag de straat op als gewoon mens. Dus maakten we een plan. Om de lijfwacht te omzeilen verlieten Martin, Nicoletta en ik het hotel via een trap aan de achterkant van het gebouw, die volgens mij alleen bij brand werd gebruikt. We slaagden erin de straat te bereiken zonder dat de veiligheidsmensen wisten dat ik weg was. Een paar minuten lang voelde ik me vrij. Een paar minuten, niet langer. Zodra we een winkel binnengingen, liep het spaak. We waren er nog maar net en ik had nog niets gekocht, toen mijn lijfwacht kwam binnenstormen.

Ik weet niet wie hun heeft verteld dat ik in die winkel was, maar ze hadden me meteen gevonden. Ze waren diep geschokt doordat ik hun niet had verteld dat ik uitging. Door de onstuimige manier waarop ze kwamen binnenstormen trokken ze natuurlijk erg veel aandacht. In hun kielzog kwam een menigte de winkel binnenrennen, en buiten stonden nog eens honderden mensen te wachten. Als een misdadiger gaf ik me aan mijn geüniformeerde lijfwacht over, en zonder dat ik iets had gekocht keerde ik terug naar mijn hotel.

Wanneer ik in andere landen grote massa's op de been breng, denk ik altijd dat het vooral nieuwsgierigheid van de mensen is. Ze willen die tenor wel eens zien, over wie zoveel ophef wordt gemaakt. En sommigen weten misschien niet eens dat het om een tenor gaat, maar willen gewoon weten wat al die andere mensen zo nieuwsgierig maakt. In Zuid-Amerika was de reactie op mijn komst zo uitbundig en zo massaal, dat die nauwelijks meer nieuwsgierig kon worden genoemd. Het publiek raakte bijna buiten zinnen bij het tonen van zijn genegenheid.

Uiteindelijk begon ik me af te vragen of ik nog wel dankbaar moest zijn voor zoveel enthousiasme, of dat ik me misschien zorgen moest maken over het gevaar dat daardoor ontstond. In Chili werd de toestand bijna onhoudbaar toen we een bezoek brachten aan de paardenraces. Terwijl we van de auto naar onze zitplaatsen liepen werden we omringd door zo'n onstuimige, hartstochtelijke menigte dat ik voor het eerst echt bang werd. Ik had wel eens verhalen gehoord over mensen die bij een rockconcert of een voetbalwedstrijd door een losgeslagen menigte waren doodgedrukt. Ineens bekroop de angst me, dat mij dat ook te wachten stond. Meestal stoor ik me niet aan ongemakken of vertragingen wanneer er een enorme menigte uitloopt om me te zien. Integendeel, ik vind het heerlijk wanneer mensen me hun affectie tonen. Bovendien stemt het me gelukkig als ik zie hoe mensen warmlopen voor muziek, sport, kunst, kortom, al die dingen waarmee de enkeling die erin uitblinkt anderen enthousiast kan maken.

Ik ben meestal ook niet bang, zelfs niet in heel grote menigten. Ik weet immers dat de mensen zijn uitgelopen om me hun genegenheid te tonen, en dat ze me niets slechts toewensen. Dat was ook de reden dat ik me niet op mijn gemak voelde met al die veiligheidsmaatregelen en bodyguards die de overheden in Zuid-Amerika nodig achtten. Tijdens onze tournee reden we op een gegeven moment ergens door het centrum van een stad – ik zal niet zeggen welke – met vóór ons de auto van de veiligheidsdienst.

Ik weet dat deze mensen gewapend zijn, in dit geval met kleine automatische geweren, en gezien de politieke onrust en soms zelfs het terrorisme in een aantal van deze landen begrijp ik de noodzaak daarvan. Dat neemt echter niet weg dat ik wapens haat. Ik ben er bang voor. Het zijn afschuwelijke machines, die in één ogenblik een eind kunnen maken aan zoiets prachtigs als een mensenleven. Hoewel ik begreep dat de geweren van de veiligheidsmensen waren bedoeld om mij te beschermen, vond ik het afschuwelijk om door zulke gruwelijke wapens te worden omringd.

Terwijl we aldus op weg waren naar een repetitie, hield de auto met de veiligheidsmensen totaal onverwacht stil. Onze chauffeur stond ook meteen boven op zijn rem, en wij vlogen met zijn allen bijna door de voorruit. Voor ons sprongen de veiligheidsmensen met hun geweren uit hun auto. Ik weet niet wat de reden was van al die paniek, maar terwijl ze om onze auto liepen hielden ze hun hele omgeving onder schot, ook ons! Hoewel ik niet wist wat er aan de hand was, vond ik dat ze daarmee beslist te ver gingen. Ze joegen me werkelijk de stuipen op het lijf, dus ik draaide het raampje open en riep dat ze daar onmiddellijk mee moesten ophouden.

Ze waren er helemaal niet over te spreken dat ik me met hun werk bemoeide, maar ik was er helemaal niet over te spreken dat er een hele batterij geladen geweren op me werd gericht. Martin sprong uit de auto en maakte de mannen duidelijk dat ik hun optreden angstaanjagend vond. Ze zouden proberen er rekening mee te houden, zeiden ze, maar ze voegden eraan toe dat wij de situatie in hun land niet begrepen. Ze hadden van hun superieuren opdracht gekregen om al het nodige te doen nodig om mij te beschermen. Of ik het nu leuk vond of niet, zij stonden borg voor mijn leven. Uiteindelijk stapten ze weer in de auto, en tot op de dag van vandaag ben ik er niet achter gekomen wat de oorzaak was van alle consternatie. Misschien was het wel gewoon een standaardmanoeuvre, die ze om de zoveel tijd herhaalden.

Behalve geweren is er nog iets waar ik zenuwachtig van word:

liften, vooral oude. Ik ben doodsbang dat ik vast kom te zitten. Tijdens een eerdere tournee door Zuid-Amerika vonden onze repetities plaats in een oud gebouw, waar we met een vrachtlift naar de repetitieruimte werden gebracht. Het ding was zo oud dat het eigenlijk in een museum thuishoorde. Tijdens onze tocht omhoog ging de lift steeds langzamer, en uiteindelijk zei ik tegen Martin: 'We staan stil. Wat doen we nou?'

'We staan niet stil, Luciano,' zei Martin. 'We gaan alleen heel langzaam.'

Op dat moment bleef de lift halverwege twee verdiepingen hangen. Ik begon om hulp te roepen. Meteen kwam er weer beweging in de lift, zij het heel langzaam. Toen we eindelijk uitstapten, stond de bewakingsdienst ons op te wachten met het geweer in de aanslag. Bij het horen van mijn geschreeuw hadden ze gedacht dat ik werd aangevallen. Met een zucht van verlichting stapte ik uit die afschuwelijke lift, maar ik stond onmiddellijk oog in oog met mijn andere grote angst: geweren. Misschien had ik hiervan moeten leren dat de ene angst de andere oproept. Dat zal best, maar zodra een lift blijft hangen, zet ik het op een schreeuwen.

Aan sommige problemen tijdens die tournee was ik zelf schuldig. Mijn ergste fout maakte ik in Chili, waar ik een enorme menigte toesprak en zei hoe heerlijk ik het vond om 'in Peru te zijn'. Er ging een gebulder op onder de duizenden Chilenen, maar het was goddank een gebulder van het lachen. Ze begrepen dat ik zo snel van land naar land reisde, dat ik soms niet meer wist waar ik was. Het was natuurlijk schandalig, maar volgens mij maak ik dergelijke fouten niet vaak.

In exotische landen moet je op alles voorbereid zijn. Er loert altijd wel een vorm van Montezuma's wraak – Pizaro's wraak, de wraak van de Inka's of wiens wraak dan ook – in wat je eet of drinkt. Hoewel we hier doorgaans zeer zorgvuldig mee omspringen, is er altijd wel iemand in ons gezelschap die het te pakken krijgt. In Bogotá, tegen het eind van de tournee, merkte ik dat ik niet kon ademhalen. De stad ligt erg hoog – ik geloof meer dan tweeduizend meter boven de zeespiegel – en ik raakte zo buiten adem dat ze me zuurstof moesten toedienen. Gelukkig niet tijdens mijn concert.

Als ik door een vreemde stad rijd, gebeuren er soms leuke dingen. In Mexico-Stad stond er een enorme zwarte Mercedes tot mijn beschikking, met Martin achter het stuur. Terwijl we door een arme wijk kwamen zag ik langs de kant van de weg een klein jongetje dat brood verkocht. Hij leek nog veel te klein om al te moeten werken – ik schatte hem niet veel ouder dan een jaar of vijf, misschien zes – en ik was ontroerd. Misschien had ik ook wel trek. Ik vroeg Martin te stoppen en me wat Mexicaans geld te geven. Toen de kleine jongen naar de auto toe kwam draaide ik het raampje open. Ik hield hem het geld voor en stak mijn hand uit naar het brood. Toen de jongen me aankeek verscheen er een verbaasde uitdrukking op zijn gezicht, en heel langzaam zei hij: '*Pavarotti!*'

Het is heerlijk wanneer een stadion vol mensen je naam roept. En het is ook leuk wanneer de president van het land je uitnodigt voor de lunch. Maar het feit dat dit kleine jongetje, straatarm, met een smoezelig gezichtje, en nog zo ongelooflijk jong, wist wie ik was, betekende meer voor me dan al het andere.

Wanneer ik in het buitenland ben vind ik het heerlijk om te winkelen. Ik moet er echter wel voor in de stemming zijn, en zelfs dan winkel ik niet als een normaal mens. Het gebeurt heel vaak dat ik ineens de aandrang krijg om iets te kopen. Soms raak ik erg gehecht aan zo'n impulsaankoop. Op een keer zag ik een schitterende Hermès-sjaal op het vliegveld van Parijs. Hij was ongelooflijk duur, maar ik kocht hem toch, en ik heb hem jarenlang dagelijks gedragen. Mijn toenmalige secretaresse, Giovanna Cavaliere, wist hoe dol ik op die sjaal was, en ze waste hem elke avond voor me in een speciaal wolwasmiddel. Ik moest erop kunnen rekenen dat mijn sjaal elke ochtend schoon op me hing te wachten.

Ik herinner me nog een merkwaardige winkelervaring die typerend is voor mijn koopgedrag. Enige tijd geleden maakte ik een reclamespot voor American Express. Er werden opnamen gemaakt in Abercrombie & Fitch, een zaak in het zuidelijkste puntje van Manhattan, vlak bij Wall Street. Ik was er nog nooit binnen geweest. De directie van het bedrijf had met de filmploeg afgesproken dat we het spotje 's avonds zouden opnemen, wanneer er geen publiek meer in de zaak was. Omdat ik optrad in de Met gingen we er pas tegen middernacht heen, toen niet alleen de winkel leeg was, maar ook de straten.

Eenmaal binnen ontdekte ik wat een heerlijke winkel het was, en ik zag een heleboel wat ik wilde kopen: fantastische sportkleren en andere mooie dingen. Op dat uur waren de kassa's natuurlijk gesloten, maar de manager was zo vriendelijk om er een voor me te openen. Ik kocht zoveel dat ik vrees dat ik de mensen van de filmploeg tot wanhoop heb gedreven met mijn kooprazernij. Ik winkel niet vaak, maar als ik het doe, is het vaak onder ongebruikelijke omstandigheden. Zo ook die keer.

Het gebeurt regelmatig dat ik vanuit de auto dingen zie die ik graag wil hebben. Ik weet niet hoe dat komt. Waarschijnlijk omdat ik op zulke momenten niet duizendenéén andere dingen aan mijn hoofd heb. Of misschien omdat een autorit een van de zeldzame gelegenheden is waarbij ik niet in een hotelkamer of een concertzaal ben, allebei plekken waar niets te winkelen valt. Zodra ik een glimp opvang van de gewone wereld wil ik er een stukje van kopen.

Op een keer was ik op weg naar het vliegveld van Londen, en ik had haast. Terwijl de auto door een buitenwijk van de stad reed ving ik in een etalage een glimp op van een ongelooflijk mooie stof. De winkel bleek open te zijn, en ik kocht voldoende materiaal om er twee kaftans voor mezelf van te laten maken. Ik was nog op tijd voor mijn vliegtuig, en innig tevreden met mezelf verliet ik Engeland.

Ik heb niet altijd zoveel geluk. Wanneer ik iets ga kopen weet ik meestal al bij voorbaat precies hoe het eruit moet zien. Ik heb ooit eens paar lage laarsjes gehad. Ik had ze gekocht in Londen, en ik was er weg van. Zowel vanwege het ontwerp als vanwege het comfort. Ik heb zelden zulke lekkere schoenen gehad, maar omdat ik ze dagelijks droeg waren ze na een jaar versleten. Dus besloot ik om meteen een aantal paar tegelijk te kopen. Helaas kon ik me niet meer precies herinneren in welke winkel ik ze had gekocht, dus toen we naar Londen terugkeerden om een opname te maken met Joan Sutherland voor Decca Records, liep ik stad en land af, op zoek naar mijn laarsjes. Ik ging naar alle zaken waarvan ik me herinnerde dat ik er ooit wel eens was geweest. Tevergeefs. Ik raakte danig gefrustreerd.

Op een dag toen we geen opnamen hadden was ik door een vriend op het platteland uitgenodigd. Hij liet me door een auto met chauffeur halen, en daar zat ik dan, met mijn secretaresse op de achterbank van een grote Bentley. Terwijl we door een klein dorpje reden, passeerden we een schoenmaker. Ik heb erg goede ogen, vandaar dat ik in de etalage van de winkel exact de laarsjes zag staan waarnaar ik op zoek was.

Ik zei tegen de chauffeur dat hij even moest stoppen. Giovanna verklaarde me voor gek. Hoe kon ik weten of het dezelfde laarsjes waren? Daar was ik van overtuigd, zei ik. 'Maar Luciano,' zei ze toen. 'Het is een schoenmaker. Die laarsjes zijn waarschijnlijk helemaal niet te koop.'

'Waarom staan ze dan in de etalage?' vroeg ik.

Giovanna had geen idee, maar ze hield vol dat dit niet het soort winkel was dat schoenen verkocht. Ik ben koppig, dat weet ik, maar dat geldt meestal ook voor de mensen om me heen.

Ik stapte de auto uit en liep naar de winkel. Ik had gelijk gehad. De laarsjes waren precies wat ik zocht. Zelfs de maat bleek te kloppen. Ik was natuurlijk dolgelukkig, maar tot mijn afschuw bleek de deur van de winkel op slot te zitten. En dat op een dood-gewone donderdagochtend! Niet te geloven. Ik mag dan opera-zanger zijn, maar ik weet zeker dat op donderdag over de hele we-reld alle winkels open zijn. Giovanna wees op een bordje: DON-DERDAG GESLOTEN. Ze herhaalde dat ik die schoenen beter kon vergeten.

Dat was te veel gevraagd. Ik was zo dicht bij mijn doel. Slechts enkele centimeters scheidden me van de laarsjes die ik zo graag wilde hebben, en waarvan ik zeker wist dat ik ze nergens anders meer zou kunnen vinden. Dit klinkt u misschien kinderachtig in de oren, maar u hebt geen idee hoeveel pijn ik in de meeste schoe-nen lijd.

Ik gluurde de donkere winkel binnen en dacht dat ik ergens achterin een lichtje zag. Ik wist zeker dat er iemand was. We klopten op de deur, en na lang wachten kwam er een man naar voren. Hij deed de deur op een kiertje en zei dat de winkel geslo-ten was. Ik legde hem uit dat ik uit Italië kwam; dat het wel heel lang zou duren voordat ik weer in de buurt was; en dat ik al we-ken op zoek was naar de schoenen die hij in zijn etalage had staan. Waren ze te koop? Inderdaad, ze waren te koop! Nog ver-bijsterender was dat hij er maar één paar van had, en uitgerekend in mijn maat.

Maar het meest verbijsterende komt nog. Hij zei dat hij me de laarsjes niet kon verkopen. Waarom niet? Omdat het donderdag was. Kunt u zich daar iets bij voorstellen? Ik bood hem aan het dubbele te betalen. Maar daar was hij niet in geïnteresseerd. We konden hem niet tot andere gedachten brengen. Bestaat er soms een godsdienst die voorschrijft dat donderdag een heilige dag is? We waren ten einde raad.

Uiteindelijk kreeg ik de laarsjes. Maar als u denkt dat ik de schoenmaker met een aubade tot andere gedachten heb weten te brengen, dan vergist u zich. Als ik eenmaal iets in mijn hoofd heb zet ik alles op alles om het voor elkaar te krijgen. Maar zingen is voor mij een te serieuze bezigheid om deze op een dergelijke ma-nier te misbruiken. Bovendien vroeg hij daar ook helemaal niet om. Mijn methode om de laarsjes te bemachtigen was veel eenvoudiger. Voordat we verder reden schreven we het adres van de schoenmaker op. Weer terug in het hotel schreef Giovanna hem die avond een brief, en ze sloot een cheque bij. Daarop stuurde de schoenmaker de laarsjes naar mijn adres in Italië.

Ook al verdien ik tegenwoordig meer dan genoeg, ik heb nog altijd gewoonten uit mijn arme tijd overgehouden. Ik heb er bijvoorbeeld een hekel aan om iets weg te gooien. In de loop der jaren heb ik mijn secretaresses regelmatig aan de rand van de waanzin gebracht door er tijdens mijn reizen op te staan om eten dat we niet hebben gebruikt, in te pakken en mee te nemen naar onze volgende verblijfplaats. Natuurlijk niet wanneer we ergens maar een paar dagen blijven, zoals tijdens onze tournee door Zuid-Amerika in 1995. Maar wanneer we ergens geruime tijd zijn, dat wil zeggen, een paar weken, dan stop ik de koelkast graag vol. Meestal zit er twee keer zoveel in als we nodig hebben. Wanneer het tijd wordt om verder te reizen, is er dan ook altijd eten over. Ik heb er een hekel aan om iets achter te laten.

Dat heeft me diverse malen in moeilijkheden gebracht. Op een keer reisden we van Europa naar New York, als onderdeel van een door Tibor georganiseerde tournee. We reisden met een privé-vliegtuig, maar de douane op de vliegvelden van New York heeft het te druk om zich met dat soort toestellen bezig te houden. Vandaar dat we op een vliegveld in North Carolina door de douane moesten. De Newyorkse douane ziet me regelmatig. Daar kennen ze me, en ze weten dat ik geen misdadiger ben. De douaniers op het vliegveld in North Carolina waren daar echter niet zo zeker van.

Terwijl we wachtten op toestemming om door te vliegen naar New York, verbaasde ik me erover dat Nicoletta en Larisa, mijn andere assistente, zo lang wegbleven. Ze waren met de douaniers meegegaan. Ik probeerde ondertussen in het vliegtuig een dutje te doen, maar ik wilde dolgraag naar New York, waar ik in een echt bed zou kunnen stappen. Het bleek dat de douane nieuwsgierig was naar twee grote dichtgeplakte kartonnen dozen. Mijn assistentes werd dan ook gevraagd wat er in die dozen zat.

Larisa, die als masseuse mijn slechte knie behandelde, vertelde de douane dat die dozen haar massagespullen bevatten. Toen ze echter op hun verzoek de dozen open maakte, bleek dat ze boordevol met eten zaten. Bij het zien van al het fruit en alle groente die we uit Europa hadden meegebracht, waren de douaniers verbijsterd en hevig geschokt. Wij wisten van de prins geen kwaad, maar in Amerika is het verboden om zelfs maar een appel in te voeren, laat staan twee grote dozen met eten! Het vlees dat we bij ons hadden, voornamelijk *prosciutto* en salami, was helemaal taboe.

De douaniers waren erg boos. Een van hen pakte een peer en zei: 'Weet u wel dat ik u hier een boete van honderd dollar voor kan geven, jongedame?' Honderd dollar per peer, wel te verstaan, en we hadden er misschien wel vijfentwintig bij ons.

Nicoletta schrok zich dood en beweerde dat het eten niet van hen was. Larisa viel haar bij en zei dat ze ook niet wist wat ze zag, en dat ze niet begreep hoe het eten in die dozen was gekomen. In een poging de douaniers een oplossing van het raadsel aan de hand te doen, veronderstelde ze dat het wel van iemand uit de Rudas-organisatie zou zijn, misschien wel van Mr. Rudas zelf. Het zijn slimme vrouwen, die twee, en ze gaan voor me door het vuur. Tibor heeft zijn organisatie, maar ik ook.

Nicoletta en Larisa hadden echter geen succes met hun list. De douaniers namen ons al ons eten af. Wat we gedaan hadden was streng verboden, en we realiseren ons inmiddels dat het erg aardig van de douane was om ons geen boete te geven. Voordat de douaniers mijn assistentes lieten gaan kregen ze wel een preek over het gevaar dat er op deze manier ongedierte en gevaarlijke plantenziektes het land binnenkwamen. Ik was me van dat gevaar oprecht niet bewust geweest, en ik vond het een afschuwelijke gedachte dat ik door mijn onwetendheid een ziekte had kunnen overbrengen naar een land dat me zo dierbaar is. Ik ben niet zo thuis in dat soort dingen. Als ik naar een perzik kijk, zie ik alleen maar een perzik.

Het zijn niet alleen verse produkten die je bij de douane in de problemen kunnen brengen. Soms neem ik etenswaren mee waarvan ik denk dat ik ze ergens anders niet kan krijgen. Dat geldt vooral wanneer ik Amerika verlaat. Veel van de fantastische nieuwe produkten die je daar in de winkels vindt, komen in andere landen nog in geen jaren op de markt. Bijvoorbeeld een bepaald soort poedermelk die ik in mijn koffie gebruik. Omdat ik het lekker spul vind en gemakkelijk in het gebruik, had ik er een heleboel van gekocht en dat in een plastic bus overgedaan. Dat leek me veiliger en beter vervoerbaar.

Ik hoef u niet te vertellen wat de douaneambtenaar dacht toen hij het witte poeder ontdekte. Hij was ervan overtuigd dat hij de grootste drugcrimineel sinds Manuel Noriega te pakken had. Het kan niet anders of hij was nieuw in het vak, want zelfs toen hij de poedermelk had geproefd bleef hij denken dat het cocaïne was. Ik kon mijn oren niet geloven. Hij wist waarschijnlijk helemaal niet hoe cocaïne smaakte en deed maar alsof hij er verstand van had. Hoe dan ook, hij was in alle staten en maakte een hoop stampei. Het heeft een hele tijd geduurd voordat we hem ervan hadden overtuigd dat ik geen gevaarlijke drugs bij me had. Appels en peren zijn één ding, cocaïne is weer een heel ander verhaal.

Tijdens een tournee gebeurt er altijd wel iets dat valt in de categorie 'ramp' of 'avontuur'. Een van de ergste dingen gebeurde aan het begin van mijn tournee door Azië in 1994. Ik had al een paar dagen moeite met slapen. Meestal slaap ik uitstekend en langer dan de meeste mensen, maar in die periode lukte het me niet om in slaap te komen. Door de lange vliegreis over de Grote Oceaan werd het alleen maar erger. Bovendien geloof ik dat ik een griep of een koutje onder de leden had. Bij mijn debuut in de Metropolitan Opera in 1968 had de Aziatische griep me bijna de das omgedaan, dus het leek niet meer dan billijk dat ik nu de Amerikaanse griep naar Azië bracht.

Na de oversteek over de Grote Oceaan namen we een paar dagen rust op het eiland Bali voordat we met onze concerten zouden beginnen. Het eiland was schitterend, en ik had geen enkele verplichting, maar desondanks begon ik me steeds beroerder te voelen. Bovendien kon ik nog steeds niet slapen. De concerten kwamen steeds dichterbij, en een lichte paniek dreigde zich van me meester te maken.

Tibor is net zo'n gezondsheidsfreak als ik, en hij heeft altijd een heleboel pillen bij zich. Bovendien is het ook in zijn belang dat ik uitgerust en goed bij stem ben tijdens mijn concerten. Toen hij hoorde wat het probleem was raadde hij me een bepaald soort slaappillen aan, waarvan hij beweerde dat ze bijzonder effectief waren. In wanhoop slikte ik de pillen, maar de ramp was niet te overzien. Ik heb drie dagen onafgebroken geslapen, en ook daarna kon ik nauwelijks wakker blijven.

Het was verschrikkelijk. Op een avond zouden er rituele Balinese dansen voor ons worden opgevoerd. De voorstelling was speciaal voor mij georganiseerd, en er waren veel belangrijke mensen bij aanwezig. Ik viel voortdurend in slaap, ten overstaan van iedereen. Het was een schande, maar ik kon er niets aan doen. Nicoletta porde me telkens wakker, maar zodra ze me even vergat en geboeid raakte door de dansers, was ik weer vertrokken.

Hetzelfde gebeurde de volgende dag, tijdens een groot feest in Hawaïaanse stijl, dat ter ere van mij werd gegeven. Alles was ongelooflijk mooi versierd met exotische bloemen, er stonden reusachtige schalen met eten, en overal brandden fakkels. Ik zat naast een van de belangrijkste mannen op het eiland, maar dat weerhield me er niet van om tijdens ons gesprek voortdurend in slaap te vallen. Nicoletta, die tegenover me zat, zag wat er gebeurde, maar wilde geen scène maken door een vooraanstaande figuur als mijn tafelheer in de rede te vallen. De arme man had net zo goed tegen een dode kunnen praten.

Ik was me ervan bewust dat ik voor zijn ogen zat te slapen, en ik schrok telkens even wakker. Ik wist ook maar al te goed dat wat ik deed verschrikkelijk was, en erg onbeleefd, maar ik kon niet anders. Mijn enige alternatief was opstappen en naar mijn hotelkamer gaan om in bed te kruipen. Er was niets dat ik liever zou doen. Dan zou iedereen echter mee moeten, want we waren met één auto gekomen. Daarmee zou ik dat prachtige feest helemaal hebben bedorven, en was ik nog slechter gemanierd geweest. Ik voelde me doodongelukkig, en ik geloof dat mijn gastheren die avond niet erg blij met me waren.

Toen de concerten begonnen was ik wel in staat om te zingen, maar tijdens het eerste deel van onze tournee voelde ik me allesbehalve fit. Ik had niet echt griep, maar het kostte me nog steeds moeite om wakker te blijven, en ik voelde me gewoon niet goed. Het was net een langdurige hardnekkige kater van een slaappil. In Maleisië toonden onze gastheren begrip voor mijn probleem, en ze stuurden een Chinese dokter naar me toe, iemand die ze van harte konden aanbevelen. Het bleek inderdaad een geweldige man, niet alleen als dokter, maar ook als mens. Hij gaf me iets waardoor ik me een stuk beter voelde. Vanaf dat moment viel ik ook niet meer in slaap tijdens het eten.

Tijdens ons verblijf in Maleisië had ik op een gegeven moment een paar dagen vrij tussen twee concerten. Van de schatrijke eigenaar van een resort ergens op een eiland in de Indische Oceaan kreeg ik een uitnodiging om die vrije dagen bij hem te gast te zijn. Behalve het hotel was er niets op het eiland, dus ook geen dokter. Dat baarde me zorgen, want ik was nog altijd niet helemaal hersteld van de slaappillen en van mijn ziekte. Voor het geval ik me weer niet lekker zou gaan voelen, vroeg ik mijn Chinese dokter om met ons mee te gaan. Deze had wel oren naar een paar vrije dagen.

De narigheid begon op het vliegveld vanwaar we aan onze laatste etappe naar het eiland zouden beginnen. Onze gastheer had gezorgd voor een helikopter. Nu moet u weten dat ik panisch ben voor helikopters. Nog meer dan voor liften. Die hebben tenminste nog kabels. Het is zelfs zo erg dat ik het vliegen in helikopters zoveel mogelijk probeer te vermijden. Tegen de mensen van Tibors organisatie die zorgen voor mijn reisarrangementen, zeg ik altijd: 'Denk erom. Geen helikopters.'

Ik vind dat niet zo onredelijk van mezelf. Het is al erg genoeg dat ik voortdurend in vliegtuigen moet zitten. Helikopters zijn voor mij net een stap te ver. Ik lees te vaak over ongelukken. Bovendien vind ik die manier van vliegen afschuwelijk. Eerst ga je vanaf de grond recht omhoog. Dan hang je een paar minuten stil, alsof het ding een besluit probeert te nemen of het al dan niet terug zal vallen. En tegen de tijd dat er eindelijk beweging in komt ben ik al veranderd in een soort gelatinepudding. Dat is een van de vele redenen waarom ik nooit president van een land zou willen zijn. In die functie zou ik voortdurend met helikopters moeten vliegen.

Het resort was geweldig: zeer luxueus, maar tegelijkertijd simpel en rustiek van opzet. Het verder volstrekt verlaten eiland bestond uit een schitterende wildernis, een dicht oerwoud vol prachtige vogels en bloemen. Er werd ons verteld dat er zelfs nog een tijger op het eiland leefde. Volgens onze dokter luidde een oude Chinese zegswijze: 'Eén heuvel, één tijger.' Hij legde me uit dat die uitdrukking een ecologische betekenis had. Namelijk dat één heuvel slechts één tijger kon voeden.

Dat baarde me zorgen. Wanneer een tijger die in de heuvels leefde behoefte had aan gezelschap, kon hij afdalen naar het dal. Maar wat deed een tijger op een eiland? Die moest wel erg eenzaam zijn. En dat maakte zijn humeur er waarschijnlijk niet beter op. Ik was in gedachten net met het slechte humeur van deze eilandtijger bezig, toen Nicoletta me probeerde over te halen om een eindje te gaan wandelen. Vanuit het hotel liepen diverse paden het oerwoud in, en zolang we maar niet te ver gingen kon het absoluut geen kwaad, zei iedereen. Ik kan u verzekeren dat we niet te ver gingen.

Onze gastheer had ons gezelschap ondergebracht in losse bungalows, niet te ver van het hoofdgebouw, maar omringd door oerwoud. De kamers waren erg comfortabel, en boven de grote bedden hingen klamboes. Na een uitstekend diner met onze gastheer ging ik naar bed. Het was nog altijd warm, en er hing een verrukkelijke bloemengeur in de lucht. Ik geloof dat het jasmijn was. Bloemen met een sterke geur bezorgen me soms last met mijn keel. Er is een leliesoort waar ik heel slecht op reageer. Rozen kunnen soms ook een verkeerde invloed op me hebben. Verkeerde bloemen kunnen me het zingen zelfs onmogelijk maken, dus ik moet er altijd erg voorzichtig mee zijn.

Ik was er echter van overtuigd dat ik van deze verrukkelijke geur geen last zou krijgen. Liggend in bed luisterde ik naar de geluiden van het oerwoud – vogels, insekten, viervoeters – maar ze stoorden me niet, en ik maakte me geen zorgen dat een van die lawaaimakers mijn kamer zou binnenkomen. Het was al erg genoeg dat ik bang moest zijn voor bloemen. Ik weigerde om me ook nog bang te laten maken door dieren. Daar lag ik, omringd door de rijke schoonheid van de natuur. Mijn angst voor de helikoptervlucht en voor de tijger waren vergeten. Ik voelde me heel vredig, één met de natuur. Het duurde niet lang of ik viel in slaap.

Om een uur of zes werd ik wakker. Meestal slaap ik lang en diep, en toen zeker, na die pillen. Maar ik had verschrikkelijke dorst. Waarschijnlijk ben ik daar wakker van geworden. Mijn bungalow had een kleine koelkast, dus ik deed het licht naast mijn bed aan en liep naar de keuken om wat mineraalwater te pakken.

Tot mijn afschuw ontdekte ik op de grond naast de koelkast een slang. Hij was niet echt reusachtig, maar ook bepaald geen kleintje, misschien zestig centimeter lang. Doordat hij heel langzaam over de grond bewoog kon ik zien dat hij leefde.

Nu ben ik voor slangen nog veel banger dan voor helikopters en tijgers. Ik geef eerlijk toe dat ik in paniek raakte, en ik mag van geluk spreken dat ik geen hartaanval kreeg. De slang bewoog zich bij me vandaan, dus ik liep heel langzaam achterwaarts naar de telefoon. Ik nam de hoorn van de haak en draaide heel langzaam, om de slang niet van streek te maken, het nummer van de receptie. 'Waarmee kan ik u van dienst zijn, Mr. Pavarotti?' klonk het vrolijk en met een Engels accent.

'U moet snel hierheen komen,' zei ik, en ik deed mijn uiterste best om het niet uit te schreeuwen. 'Er zit een slang in mijn kamer.'

'Wat voor kleur heeft hij?' vroeg de man achter de balie, een stuk minder vrolijk.

'Zwart met geel.'

Volgens mij is het bij dit soort noodgevallen de taak van het hotelpersoneel om de gasten te kalmeren, zelfs wanneer de toestand ernstig is, dus ik rekende erop dat hij de slang zou bagatelliseren.

Ik kon mijn oren dan ook niet geloven toen hij in plaats daarvan begon te gillen.

'Grote genade! Dat is de ergste soort. Ze zijn erg giftig. Denk erom dat u zich niet beweegt! Ik stuur meteen iemand naar u toe!'

Daarop belde ik Nicoletta om haar te vertellen wat er aan de hand was, maar ik zei dat ze beter niet naar me toe kon komen, uit angst dat de slang haar zou bijten. Toen ze veronderstelde dat ik het gevaar overdreef vertelde ik haar precies wat de receptionist had gezegd. 'Nicoletta,' zei ik. 'Deze slang is zo giftig, dat je al doodgaat als hij alleen maar naar je kijkt.'

Er kwamen een paar mensen van het hotel met speciale slange-stokken. Ze doorzochten de hele kamer, maar toen ze hem niet konden vinden zeiden ze dat hij wel naar buiten zou zijn gegaan. Ik stond erop dat ze overal keken – in de kasten, onder het bed, in mijn schoenen, in de badkamer – op elk plekje waar een slang zich zou kunnen verstoppen. Uiteindelijk was ook ik ervan overtuigd dat de slang was verdwenen, maar ik was een zenuwinzinking nabij.

De mensen van het hotel boden uitvoerig hun excuses aan. Ze vertelden me dat het heel ongewoon was dat een slang een van de kamers binnendrong. En bij deze supergiftige knaap was dat blijkbaar helemaal zeldzaam. Ik neem aan dat ze de waarheid spraken. Anders zouden ze niet veel gasten hebben die regelmatig terugkwamen, en gezond en wel weer vertrokken.

Weer belde ik Nicoletta, en ik vroeg haar naar mijn kamer te komen om me te helpen die 'slangdicht' te maken. Ze vond het belachelijk, maar we stopten samen handdoeken onder alle deuren, we sloten de ramen stevig af, en we maakten elk kiertje dicht waardoor een slang mijn kamer zou kunnen binnenkomen. Uiteindelijk ging ik weer naar bed, maar deze keer was ik minder enthousiast over de schoonheid van de natuur.

Hoewel ik erin slaagde om van de resterende dagen van mijn verblijf te genieten, bleef ik me zorgen maken over die zwart met gele slang. Zodra ik iets zwarts of geels op de grond zag liggen dacht ik: 'Daar heb je hem weer!'

Om bij de voordeur van mijn bungalow te komen moest ik een veranda over die het huisje in tweeën deelde. Het middengedeelte van deze veranda was niet overdekt. Elke keer als ik naar mijn kamer terugging kneep ik hem voor dat open gedeelte, uit angst dat de slang daar misschien op me lag te wachten om in mijn nek te springen. Nicoletta verklaarde me voor gek.

'Loop jij dan maar voorop,' zei ik tegen haar. 'Stel je voor dat deze gek gelijk blijkt te hebben.'

Tijdens onze tournee door Zuid-Amerika in 1995 hadden we wat problemen met het vinden van goede hotels en restaurants. Ik weet zeker dat ze er in overvloed zijn, maar wij hadden gewoon meer dan eens pech. De laatste stad die we bezochten was ook de ergste. Het was een stad in Chili – niet Santiago – en het eten was er verschrikkelijk. Het was niet alleen niet lekker, we werden we er ook allemaal ziek van. Echt allemaal. Toen we Chili verlieten en in noordelijke richting naar Miami vlogen, waar het volgende concert zou plaatsvinden, was ons privé-vliegtuig afgeladen vol, en we voelden ons als schipbreukelingen op een reddingsvlot.

Toen we na een lange vlucht in Florida arriveerden voor het grote strandconcert op 22 januari 1995, kwam mijn vriendin Judy Drucker, die samen met Tibor de organisatie van het concert in handen had, ons in Miami van het vliegtuig halen. Ze bracht ons regelrecht naar ons onderdak voor ons verblijf daar. Ons gezelschap was ondergebracht op Fisher Island, een exclusief vakantie-eiland in Biscayne Bay, vlak bij Miami Beach, maar daarvan gescheiden door water. Je moet er met een klein bootje naar toe. Een brug mag er niet gebouwd worden vanwege alle grote schepen die via deze route de haven van Miami in- en uitvaren. Omdat er voortdurend mensen heen en weer willen, gaat er elke vijftien minuten een veerboot, waarop ook auto's de oversteek kunnen maken.

We voeren het kanaal over, en toen we met de auto van de pont kwamen was het alsof we een sprookje binnenreden. We betraden een totaal andere wereld, een tropisch paradijs: prachtige uitgestrekte gazons met palmen, een golfbaan, een watertje, en op de achtergrond de oceaan. De gebouwen stonden ver uit elkaar en waren opgetrokken in een smaakvolle Spaanse stijl. Ik zei dat ik het prachtig vond, en veronderstelde dat dit het eiland was waar Bill Wright zijn winters doorbracht. Herbert wist me echter te vertellen dat ik het bij het verkeerde eind had. Bill woonde in Key West, hier ruim honderdvijftig kilometer vandaan.

Fisher Island is niet echt een hotel, meer een complex van luxueuze appartementen en villa's, waarvan sommige te huur zijn, soms zelfs voor een dag, zodat het wel iets van een hotel heeft. Frank Weed, de manager, had vijftien suites voor onze groep in gereedheid laten brengen. Ik was ondergebracht in een spectaculaire villa, een laag bouwwerk dat rechtstreeks uitkeek op de oceaan. Voor de openslaande glazen deuren lag een breed terras met een gazon, en meteen daarachter de oceaan.

De villa had een grote woonkamer, met een fantastisch uitzicht op een woud van palmen, waarachter de zee zich uitstrekte. Er waren twee piano's: een Yamaha-vleugel om op te spelen, en een antieke piano om naar te kijken. Er stonden overal verse bloemen en manden met fruit. Aan de wanden hingen olieverfschilderijen. Alles glom en zag eruit alsof het fonkelnieuw was. Ik liep de keuken in, die bleek te zijn uitgerust met de modernste apparatuur – zo te zien nog nooit gebruikt. Toen ik de kastjes opendeed vond ik daar alle potten en pannen die ik nodig had om mijn risotto te koken.

Ik was dolblij dat het hier allemaal zo mooi was en zo goed georganiseerd. Na Zuid-Amerika was dit wel het andere uiterste. Ook de koelkast bleek goed gevuld. Judy had hem volgestopt met alles wat ik lekker vond: onder andere fruit en diverse soorten kaas. Ik was overweldigd en liep terug naar de woonkamer, waar Judy en de anderen in afwachting waren van mijn reactie op mijn huis in Miami. Ik spreidde mijn armen en zong uit volle borst: 'God Bless America...'

# 12

## Op het strand

Judy Drucker is een van mijn oudste vriendinnen in de Verenigde Staten. Ik ken haar al sinds mijn eerste optreden daar, toen ik samen met Joan Sutherland in Donizetti's *Lucia di Lammermoor* aan de Opera van Miami zong, in 1965. Dat is inmiddels dertig jaar geleden. Ongelooflijk. De tenor die eigenlijk Edgardo zou zingen had op het laatste moment afgezegd, en er werd wanhopig naar een vervanger gezocht. Joan Sutherland en haar echtgenoot, de dirigent Richard Bonynge, hadden me horen zingen in Covent Garden. Ze waren erg te spreken over mijn stem, en Joan vond het bovendien prettig dat ik langer was dan zij.

Miami was echter niet geïnteresseerd. Naast de wereldberoemde Joan Sutherland wilden ze een bekende tenor op het toneel hebben. In Europa begon ik net een beetje werk te krijgen, maar in Miami had nog nooit iemand van me gehoord. Trouwens, er had nog nergens iemand van me gehoord. Joan en Rickie deden hun uiterste best om Miami over te halen me een kans te geven. Toen alle andere tenoren die werden benaderd de uitnodiging afsloegen, had de directie geen andere keus dan mij in te huren.

Daar wist ik allemaal niets van, totdat Bill Wright research ging doen voor ons eerste boek om mijn geheugen wat op te frissen. Ik wist alleen dat ik in Europa een telefoontje uit Miami kreeg met de vraag om te komen zingen. Op dat punt in mijn carrière kon het me geen zier schelen waaròm ze me belden. Ik was alleen maar dolgelukkig.

Toen mijn debuut in Miami een succes bleek, was er niemand meer die zich nog herinnerde dat ik bepaald niet de eerste keus was geweest. En Joan Sutherland was veel te aardig om me te vertellen hoe ze voor me had moeten knokken. Ze vertelde het echter wel aan Bill, die erop stond dat we de juiste toedracht in ons boek vermeldden. Zo kwam ik er uiteindelijk achter. Ik wil niet ondankbaar lijken tegenover de mensen in Miami, maar volgens mij illustreert deze gang van zaken een belangrijk punt, namelijk hoe moeilijk het voor onbekende zangers is om de kansen te krijgen die ze zo nodig hebben. Zelfs met de aanbeveling van een beroemde en gerespecteerde zangeres als Joan Sutherland had ik mijn kans om voor het eerst in Amerika op te treden uitsluitend te danken aan het feit dat alle gevestigde namen het lieten afweten toen Miami een vervanger nodig had.

Op dat moment kon het me niet schelen waarom ik de rol kreeg aangeboden. Het was een geweldige ervaring. U kunt zich niet voorstellen hoe opwindend het voor me was om mijn eerste reis naar Amerika te maken, en om daar samen met een van de grootste sopranen aller tijden te zingen in zo'n meesterwerk van een opera. Alles was nieuw en boeiend voor me: het tropische klimaat, de prachtige stad Miami, de over elkaar heen lopende snelwegen, de mengeling van Cubanen en Amerikanen.

Wanneer ik erop terugkijkend glimlach ik om mijn eigen onwetendheid. Toen ik op een dag naar de repetitie kwam zag ik bijvoorbeeld de leden van het koor arriveren. Ik kon mijn ogen niet geloven toen ik al die dure auto's zag: de ene Cadillac, Lincoln, Mercedes na de andere kwam het parkeerterrein oprijden. Er was zelfs een Rolls Royce bij. In Italië had ik me aanvankelijk helemaal geen auto kunnen permitteren. Dat veranderde pas toen ik mijn eerste hoofdrol in een opera zong en ook ander werk als solist begon te krijgen. Toen schafte ik me het goedkoopste autootje aan dat er te krijgen was: een Fiat 500, of zoals wij dat noemden, een *topolino*.

'Ik heb nog nooit zoveel mooie auto's gezien,' zei ik verbaasd. 'Worden koorleden in Amerika zo royaal betaald?' Ik kreeg te horen dat het koor uit vrijwilligers bestond. Er zaten doktoren bij, advocaten, maar ook veel zakenmensen. Koorwerk betaalde helemaal niets.

Hoewel ik toen nog erg slecht Engels sprak was iedereen alleraardigst voor me, en ik had een fantastische tijd. Dank zij die geweldige kennismaking met Amerika, en omdat Miami me daar mijn eerste kans heeft gegeven, heeft de stad altijd een speciaal plekje in mijn hart gehouden.

We werkten hard aan onze *Lucia*, en tijdens de repetities raakte ik bevriend met enkele leden van het gezelschap. Zo leerde ik ook Judy kennen. Ze had zang gestudeerd aan het Curtis Institute in Philadelphia en zong in het koor van onze opera. Ze was erg levendig en enthousiast en lachte graag – allemaal dingen waar ik van hou – en zo werden we vrienden. Dat zijn we inmiddels al dertig jaar.

Terwijl ik bezig was een carrière als operazanger op te bouwen deed Judy hetzelfde, maar dan als impresario. Als een van de slechts twee vrouwelijke impresario's in de Verenigde Staten heeft ze enkele van 's werelds topartiesten, onder wie Vladimir Horowitz en Jascha Heifetz, naar Miami Beach gehaald. Toen ik bekend werd in Amerika en een concertzaal kon vullen, liet ik me graag door Judy naar haar stad halen, als onderdeel van de reeks concerten die ze organiseerde. Ik heb in de loop der jaren in Miami heel wat optredens voor Judy gedaan, en het deed me plezier om haar het ene succes na het andere te zien boeken.

Begin 1994, toen ik al jaren grote concerten gaf, namen Tibor Rudas en Herbert Breslin contact met Judy op over een wel erg ongebruikelijk concert dat Tibor me in Miami wilde laten doen. Het concert zou niet alleen ìn Miami Beach worden gehouden, maar ook òp Miami Beach. Tibor wilde een concert op het strand organiseren, gewoon op het zand. Hij dacht daarbij aan een evenement dat vergelijkbaar zou zijn met het concert in het Londense Hyde Park. De stoelen vooraan zou hij verkopen, maar in de open ruimte daarachter, op het zand, kon iedereen die dat wilde het concert gratis bijwonen. Ze hoefden alleen maar een plaid mee te nemen.

Het concert zou op zondagmiddag om vier uur moeten beginnen, wat voor een dergelijke gebeurtenis een erg ongebruikelijk tijdstip is. Op dat uur zou iedereen nog kunnen genieten van de schoonheid van Miami Beach, met de hotels aan het water, en daarachter de oceaan. Tijdens het concert zou het langzaam donker worden, waardoor er een volledig ander effect ontstond. Tibor heeft werkelijk de meest fantasierijke ideeën.

Hij had het plan al met mij besproken, en het sprak me erg aan. Vooral het idee dat een heleboel mensen het concert voor niets zouden kunnen bijwonen. Tibor schatte dat er ruimte zou zijn voor zo'n honderdvijftigduizend mensen. Aan slechts vijf procent daarvan zou hij een kaartje verkopen.

Denkt u alstublieft niet dat ik iets tegen het verkopen van kaartjes heb. Ik begrijp dat dat nodig is. Er moet tenslotte iemand betalen voor het toneel, de belichting, het orkest, het koor, en zelfs de tenor. Maar ik vind het afschuwelijk dat ik daardoor voornamelijk optreed in operahuizen en concertzalen waar alleen rijke mensen toegang hebben; dat mijn publiek hoofdzakelijk uit de elite bestaat. Behalve misschien wat mijn stem betreft hoor ik zelf bij geen enkele elite, en zo denk ik ook niet. Het is een gevolg van de enorme produktiekosten dat live-optredens zijn voorbehouden aan een financiële bovenlaag.

Ik weet hoeveel een kaartje voor een operavoorstelling in de in de Met of in Covent Garden moet kosten. Daarom vind ik het ook zo leuk om televisie te doen. Daarmee bereik ik alle mensen, of ze nu geld hebben of niet.

Live-optredens zijn erg kostbaar. En dat wordt elk jaar erger. Tibors idee leek me een oplossing voor dat probleem. Door de stoelen vlak bij het toneel voor goed geld te verkopen verdiende hij genoeg om de kosten te dekken, en verder kon iedereen in het zand gaan zitten en gratis naar het concert komen luisteren. Tibor is een genie. De meeste mensen accepteren de realiteit als iets waarbij ze zich moeten neerleggen. Maar Tibor laat zich niet beperken. Hij schept zijn eigen realiteit.

Toen ik in januari 1995 Zuid-Amerika rondvloog om concerten te geven in diverse operahuizen en concertzalen, werd ik beetje bij beetje op de hoogte gehouden van de voorbereidingen die in Miami Beach gaande waren. Die informatie kwam via de mensen van Tibors organisatie die met ons meereisden, en af en toe belde Judy om me te vertellen hoe spannend ze het hele gebeuren vond.

Het strandconcert zou worden gehouden ter hoogte van Tenth Street. Dat is midden in Miami's South Beach, waar de laatste jaren de restaurants en straatcafés als paddestoelen uit de grond zijn geschoten. Het strand is op dat punt erg breed, zodat er negenduizend klapstoelen konden staan, met aan weerskanten ruimte voor mensen die gratis op het zand konden plaats nemen. Tibor en Judy zouden het podium gebruiken dat hij had laten bouwen voor het drie-tenorenconcert in Los Angeles. Ik vroeg of hij de watervallen ook liet overbrengen.

'In Miami hebben we geen watervallen nodig,' luidde zijn antwoord. 'Daar heb we de oceaan.'

Het podium was enorm; groot genoeg voor een volledig symfonieorkest, een reusachtig koor, palmbomen, de rest van alle decoraties, en drie tenoren. Er was maar één probleem. Zubin Mehta was zo weg van het podium geweest, dat hij het podium had geleend voor een reusachtig openluchtconcert met de Israeli Philharmonic in Bombay. Er zou echter tijd genoeg zijn om het podium na afloop van dat concert per schip van India naar Miami over te brengen. Ik vond het een charmant idee: een podium dat over de oceanen reisde, van het ene massale concert naar het andere.

Toen belde Judy, en ze klonk erg van streek. Volgens het milieudepartement van de staat Florida lag de plek waar ze haar klapstoelen wilden opzetten te dicht bij de plaats waar de schildpadden hun nesten hadden. Ik vond het een fascinerende wetenschap dat sommige schildpadsoorten hun kroost op het strand van Miami Beach grootbrachten. Toen Judy enige tijd later terugbelde, bleek dat het probleem was opgelost door het zitgedeelte een klein eindje te laten opschuiven.

Bij een volgend telefoontje zei ze verbaasd: 'Tjonge, Luciano, je vriend Tibor zorgt wel goed voor je.'

'Hoe bedoel je?'

'Zijn mensen belden vandaag met de eisen waaraan je caravan moet voldoen. De woonkamer moet bepaalde afmetingen hebben, de badkamer idem dito... Het is werkelijk verbijsterend, Luciano!'

'Ik ben blij dat te horen, Judy,' zei ik. 'Je zou toch niet willen dat ik klem kwam te zitten in een klein caravannetje, terwijl er honderdduizend mensen zitten te wachten tot ik ga zingen?'

In de weken die voorafgingen aan het concert in Miami concentreerde ik me volledig op mijn optredens in Zuid-Amerika. Maar terwijl we van Peru naar Chili reisden, en van stad naar stad, hoorde ik steeds meer over de voorbereidingen in Florida. De decorbouwers in Miami hadden besloten dat het noodzakelijk zou zijn om onder de negenduizend klapstoelen een houten vloer op het strand te leggen. Alleen het hout kostte al bijna vijftigduizend dollar. Ongelooflijk!

Volgens Judy was dat nog niets. Na afloop van het concert zou er een diner worden gehouden, ook op het strand. De tent waarin dat diner zou plaatsvinden, kostte tachtigduizend dollar. De reden van die enorm hoge kosten was de stalen verstevigingsconstructie onder de houten vloer, omdat die anders zou bezwijken onder het gewicht van alle tafels, stoelen en mensen. Het doel van het diner was om geld in te zamelen voor Judy's Concert Association of Florida. Een rijke Braziliaanse projectontwikkelaar, José Isaac Pères, had aangeboden om de kosten van het diner te betalen: tenminste een kwart miljoen dollar.

Dat betekende dat al het geld dat Judy incasseerde door het verkopen van couverts, naar haar concertserie zou gaan. Mr. Pères had bovendien aangeboden om het diner te houden op de plek waar hij een appartementencomplex ging bouwen, dat Il Villaggio zou gaan heten. De enorme bedragen die met het concert gemoeid waren moeten beslist een financiële injectie van formaat zijn geweest voor de stad en voor de vele mensen die er werkten.

Het volgende nieuws uit Miami was, dat het stadsbestuur Judy en Tibor verplichtte tot het inhuren van strandwachten die zich zouden moeten opstellen tussen het publiek en de oceaan.

'Stel je toch eens voor, Luciano,' zei ze. 'Het lijkt wel alsof ze bang zijn dat de mensen zo in hoger sferen zullen raken door je zang, dat ze het water inrennen en verdrinken.'

Dat was natuurlijk maar een grapje. Judy had zoiets nog nooit meegemaakt, en ze was helemaal opgewonden door alles wat er gebeurde. Naarmate het strandconcert dichterbij kwam, werd die opwinding alleen maar groter. Dat gold trouwens ook voor mij.

Vervolgens kwam de stad tot de conclusie dat de toegangswegen naar het concert de verkeersstroom niet aan zouden kunnen, en dat er bovendien niet voldoende parkeerruimte in de directe omgeving was. Er zouden pendelbussen worden ingezet tussen de grote parkeerterreinen in de omgeving en het strand. Die service zou zich niet tot Miami Beach beperken, maar zich ook uitstrekken tot Miami, dat diverse kilometers verderop ligt, aan de andere kant van de baai. Bezoekers van het concert zouden hun auto's op een van deze parkeerterreinen zetten, en vervolgens per bus naar het concert komen. South Beach zou worden afgesloten voor al het overige verkeer, zodat de bussen geen problemen zouden hebben om het concertterrein te bereiken.

Met al die strandwachten, parkeerterreinen en een speciale verkeersstrategie was het duidelijk dat het concert een heleboel mensen zeer intensief bezighield. Iedereen zette zich in om dit ongebruikelijke muzikale evenement tot een succes te maken. Omdat zoiets nog nooit was vertoond moest er bij voorbaat worden ingespeeld op dingen die mogelijk verkeerd zouden kunnen gaan, en er moesten oplossingen worden bedacht voor problemen waarmee nog niemand ervaring had.

Toen kreeg ik in mijn hotel in Santiago weer een telefoontje van Judy. 'Ik heb je podium, Luciano.' Ze vertelde dat ze die dag naar de grote zeehaven van Miami was gegaan en het podium had ingeklaard. Tegen de mannen bij de douane had ze gezegd: 'Geef op. Dat is mijn podium!'

Toen het vervolgens op het strand in elkaar werd gezet, voorspelden de technici problemen. Ze waren ervan overtuigd dat het met orkest, koor en al in het zand zou wegzakken. Judy belde Tibor, die op dat moment in Californië zat, en vertelde hem over de crisis. Er moest iets gedaan worden om te voorkomen dat het podium in het zand zou wegzakken, zei ze. Tibor was het niet met haar eens en zei dat ze zich nodeloos zorgen maakte. Judy hield vol dat er echt een probleem was, en er werd wat heen en weer gekibbeld, tot Tibor uiteindelijk in de hoorn riep: 'Ik heb het drietenorenconcert in het Dodger Stadium georganiseerd, dus vertel mij niets over podia. Daar weet ik alles van.'

Het mooiste verhaal was Judy's telefoontje over haar audities voor bedrijven die draagbare toiletten leverden. Ze was er een hele dag zoet mee geweest, vertelde ze.

'En wie is de winnaar geworden?' vroeg ik.

'Het model "Crowd Pleaser",' zei ze. 'Het heeft acht toiletten èn airconditioning. Werkelijk fantastisch.'

Het bedrijf bleek echter niet voldoende Crowd Pleasers in huis te hebben, dus Judy had daarnaast nog vijfenzeventig Porta Potti's besteld. Volgens Judy mocht ze zich nu een expert op het gebied van openlucht-wc's noemen, en konden ze haar in dat opzicht op de Juilliard School of Music niets meer leren.

De laatste week voordat we naar het noorden zouden vliegen leek het wel alsof ik al in Miami zat, vanwege alle verslagen die ik kreeg over de voorbereidingen van het concert. Maar toen we allemaal ziek werden in Chili was dat het enige dat ons nog bezighield.

Alle narigheid was echter op slag vergeten toen we eenmaal in Miami waren. Na een goede nachtrust in de prachtige onderkomens die Judy voor ons op Fisher Island had geregeld, waren we weer helemaal opgeknapt en kon het genieten beginnen. Op mijn eerste dag in Florida rustte ik voornamelijk uit, en ik nam het programma van het concert door met Leone Magiera. Maar al snel moest er echt gewerkt worden. Judy had een persconferentie belegd, en bovendien hielden we audities voor mijn vocalistenconcours in Philadelphia.

Daarvoor had Judy het Dade County Auditorium gehuurd, op een flinke afstand van Fisher Island. Zolang Judy haar plannen voor een nieuw operahuis nog niet heeft gerealiseerd dient het Auditorium als Miami's operatheater, en het is een goede zaal om stemmen te beoordelen. Een stem die in een kleine ruimte goed klinkt is lang niet altijd een succes in een grote operazaal. Maar de locatie voor onze audities had nog een extra betekenis voor me. In dit theater had destijds mijn eerste Amerikaanse optreden plaatsgevonden, in *Lucia di Lammermoor*.

Terwijl ik door het middenpad liep naar het bureau dat halverwege de zaal voor me was neergezet, vond ik het een vreemde gedachte dat ik dertig jaar geleden op datzelfde toneel had gestaan, op het punt om voor het eerst te zingen voor en te worden beoordeeld door het Amerikaanse publiek. Nu bevond ik me aan de andere kant van het voetlicht, om jonge zangkunstenaars te beoordelen die, net als ik destijds, aan het begin van hun carrière stonden. De herinnering aan mijn eigen strijd om erkenning is mijn motivatie voor het vocalistenconcours.

Terwijl ik daar in januari 1995 in dat theater in Miami zat, voelde ik die motivatie weer heel intens, want ik herinnerde me in volle hevigheid de verschrikkelijke angst, maar ook de verwachtingen die ik had gevoeld toen ik voor het eerst dat podium opging; dezelfde angst, dezelfde verwachtingen die op dat moment de jonge mensen achter het toneel beheersten. Daar was ik van overtuigd.

De audities begonnen, en ik deed wat ik altijd doe: zodra een zanger of zangeres uitgezongen is probeer ik hem of haar van advies te dienen. Soms vraag ik een kandidaat om nog iets anders te zingen, maar het gebeurt ook wel dat ik helemaal geen commentaar geef, en een artiest alleen maar bedank en doorga met de volgende. Er is me wel eens gevraagd of geen commentaar een negatief oordeel inhoudt. Dat hoeft niet. Het betekent alleen dat ik niets verkeerds hoor, of in elk geval niets waarvan ik denk dat het beter zou kunnen. Ik heb diverse deelnemers laten doorgaan naar de volgende ronde van het concours zonder iets anders te zeggen dan 'Dank u wel'. Doorgaans probeer ik echter wel een woord van advies of bemoediging te geven. Ik wil dat iedere deelnemer blij is dat hij naar de auditie is gekomen.

Bij de voorronden die Judy al voor mijn komst had gehouden, had ze zich laten bijstaan door twee geweldige operazangers van de Metropolitan Opera, die tegenwoordig in de omgeving van Miami wonen: de schitterende bariton Thomas Stewart, en zijn vrouw, de topsopraan, Evelyn Lear. Gedrieën hebben ze een hele dag keihard gewerkt om een eerste selectie te maken uit tientallen deelnemers, zowel uit Florida als uit andere zuidelijke staten.

Ze hadden hun werk fantastisch gedaan. Ik kon mijn oren niet geloven toen ik hoorde hoeveel kwaliteit er bij deze jonge mensen zat. Jaren geleden, toen we nog maar net met het vocalistenconcours waren begonnen, had ik tegen mijn oude vriend Emerson Buckley, die in Miami woonde, gezegd dat ik daar audities wilde organiseren. 'Waarom zou je?' vroeg hij. 'Daar woont geen zangtalent.'

Emerson is inmiddels overleden, maar ik weet zeker dat hij het met me eens zou zijn dat hij het bij het verkeerde eind had. Ik vond het fascinerend dat een groot aantal van de veelbelovende talenten die op die dag auditie voor me deden, leerlingen waren van Emersons weduwe Mary, die vroeger als Mary Henderson bij de Met heeft gezongen.

Jane en ik hebben de ervaring dat sommige delen van de wereld meer zangtalent voortbrengen dan andere. Dat wijst doorgaans op de aanwezigheid van een goede zangpedagoog, iemand die weet hoe hij dat talent tot ontwikkeling moet brengen, zodát ook de rest van de wereld ervan kan genieten.

Ik geloof dat het hele programma ongeveer drie uur in beslag nam. Tijdens hun optreden gaf ik alle deelnemers een cijfer. Wie boven een bepaald cijfer uitkwam zou naar de halve finale mogen in New York. Toen iedereen aan de beurt was geweest riep ik ze allemaal op het toneel. Twaalf jonge mannen en vrouwen gingen in een rij voor het voetlicht staan. Ik vertelde hun dat ik de namen zou afroepen van degenen die naar New York gingen. Terwijl ik naar hen keek besefte ik hoe dapper ze allemaal waren. Wat een fantastisch stel.

Ik riep de eerste namen af en zag dat de rest de gelukkigen meteen van harte begon te feliciteren. Weer las ik een naam, en toen nog een. Mijn Engels is nog steeds verschrikkelijk, en ik had moeite met de uitspraak van sommige namen. Bovendien moet ik, als ik eerlijk ben, bekennen dat ik dat ook een beetje overdreef om de spanning op te voeren. Uiteindelijk, na de vijfde naam, zei ik: 'En alle anderen!'

Want ik hoefde niet op mijn lijstje te kijken om te weten dat al deze geweldige jonge artiesten voldoende hadden gescoord om naar New York te mogen. Het leek me alleen leuker om hen nog een paar minuten in spanning te houden. Anders gezegd, het zou niet half zo leuk zijn geweest als ik had gezegd: 'Iedereen gaat door naar de volgende ronde. Tot dan.' Bovendien weet ik dat het voor jonge artiesten een kwelling is om op het toneel te staan, in angstige spanning of je naam zal worden afgeroepen. Maar dat soort kwellingen hoort erbij wanneer je een zangcarrière ambieert. Dus hoe meer ervaring je ermee hebt, des te beter is het.

De dag daarop was het zaterdag, de dag voor het concert. Ik vroeg Bill Wright om naar mijn villa te komen, met de belofte dat ik een lunch voor hem zou klaarmaken. Bill was de dag tevoren uit New York aangekomen, en ik had hem al wel gezien bij de audities, maar we hadden nog geen kans gehad om te praten. Toen hij bij mijn villa arriveerde gingen we eerst een poosje op het terras zitten om te genieten van het warme zonlicht dat de oceaan deed schitteren. Daarna gingen we naar de keuken, zodat ik aan mijn risotto kon beginnen. Bill complimenteerde me door te zeggen dat ik er goed uitzag. 'Dank je,' zei ik. 'Ik ben afgevallen, en ik voel me geweldig.'

Bill vertelde me over alle voorbereidingen van het concert. Hij was naar het strand geweest, zei hij, om te kijken hoe het podium, de belichting en de geluidsapparatuur werden opgezet. 'Ze bouwen hier in het zand Dodger Stadium na,' zei hij.

Terwijl hij op het strand was, waren er een paar kleine vliegtuigjes overgekomen, voorzien van streamers met daarop 'Welkom Pavarotti,' gevolgd door de naam van een hotel of restaurant. Vanaf mijn terras kon ik de vliegtuigjes ook zien, en dat gaf me echt een kick. Ik heb een heerlijk leven, maar het gebeurt me niet elke dag dat ik door vliegtuigen word begroet.

Bill vertelde ook dat South Beach in de directe omgeving van het concert zou worden afgesloten voor het verkeer, dat alle bars en restaurants aan de waterkant hadden toegezegd om hun muziek zachter te zetten, en dat de vliegtuigen via een andere dan de gebruikelijke route over het strand naar Miami Airport zouden worden geleid. Er werden vijftig kraampjes met verfrissingen opgezet, en er zou honderd man extra politie bij het concert aanwezig zijn.

Zowel in Miami als in Miami Beach hingen overal grote affiches van het concert, aldus Bill, en de burgemeester van Miami Beach had op de televisie verklaard dat dit concert naar zijn mening het belangrijkste evenement in de geschiedenis van Miami Beach zou worden! Niet alleen in cultureel opzicht, nee, het belangrijkste evenement uit de geschiedenis van de stad. Aan enthousiasme geen gebrek. Alles wat Bill me vertelde deed me natuurlijk veel plezier, en ik vond het allemaal erg interessant, maar ik werd er ook nerveus van.

Toen we aan tafel gingen voor de lunch voegde Nicoletta zich bij ons. Samen brachten we Bill verslag uit over de concerten in Peru en Chili. We waren bijna klaar met eten toen Herbert arriveerde om ons naar de orkestrepetitie te brengen, die in een zaal van het Convention Center werd gehouden. Herbert had al gegeten, maar hij kwam nog wel even bij ons aan tafel zitten.Ik begon me ineens heel merkwaardig te voelen. Er was iets niet in orde met me. 'Ik voel me niet goed,' zei ik dan ook.

Het drietal keek me aan alsof ik had aangekondigd dat ik mezelf van kant ging maken. Dat gold in elk geval voor Bill en Herbert. Nicoletta blijft altijd heel kalm. Ze heeft me al zo vaak alarm horen slaan dat ze niet eens meer reageert. In plaats daarvan wacht ze rustig mijn volgende mededeling af. Ik zei dat ik geen grapje maakte, en vroeg Nicoletta om een handdoek te halen die ik om mijn schouders kon slaan. Met de handdoek om me heen stond ik op van tafel, en ik liet me op een van de twee banken in de woonkamer vallen. Bill vroeg of ik alleen wilde zijn, zodat ik wat kon rusten. Ik zei van niet. We moesten immers over een paar minuten naar de receptie.

Dus gingen Bill en Herbert zwijgend op de bank tegenover me zitten. Met gesloten ogen bad ik dat, wat er ook in mijn binnenste gaande was, het voorbij zou gaan. In gedachten zag ik een vliegtuig boven Miami Beach hangen met de boodschap: 'Niet ziek worden, Pavarotti!' achter zich aan. Blijkbaar ben ik een paar minuten in slaap gevallen, want het volgende dat ik me herinner, is dat Nicoletta zei dat het tijd was om te gaan. Ik stond op, trok mijn jasje aan, sloeg mijn sjaal om en liep naar de auto. Ik voelde me nog altijd heel merkwaardig, maar ik kon niet precies zeggen wat er aan de hand was.

Toen we bij de repetitieruimte waren aangekomen liep ik de grote zaal binnen, die was gevuld met het voltallige Florida Symphony Orchestra en het University of Miami Chorale. Judy vertelde me dat de ouders van deze studenten uit het hele land waren overgekomen om hun kinderen met mij te zien optreden. Ik werd ontvangen met applaus en zo hartelijk begroet, dat ik me op slag iets minder beroerd voelde.

De repetitie verliep uitstekend, maar ik zong slechts *mezza voce*, zoals meestal bij repetities. Alleen de hoge noot aan het eind van 'O soave fanciulla' zong ik op volle sterkte, om er zeker van te zijn dat mijn stem in orde was. Het klonk prima. Ik was goed bij stem, het moreel was goed, ik wenste alleen dat ik me niet zo merkwaardig voelde. Het was net alsof er een reusachtig zwaard boven mijn hoofd hing. En om het allemaal nog erger te maken had ik het gevoel alsof dat zwaard boven heel Miami hing. Ze leiden het verkeer voor je om, ze doen al die ongelooflijke moeite, de hele stad kijkt ernaar uit dat je gaat zingen. En wat doe jij? Je wordt ziek.

Toen we tijdens de repetitie bij 'O Sole Mio' waren aangeland voelde ik me bijna weer normaal. Bij het tweede couplet, wanneer ik even stil ben en het orkest een paar maten alleen speelt, gebaarde ik naar Leone Magiera om het orkest te laten zwijgen. 'Waarom laten we het koor hier niet zingen?' vroeg ik.

Verwarring en bezorgdheid alom. Het koor had dit lied niet gerepeteerd, zo werd me verteld. Ze kenden het niet. 'Natuurlijk kennen jullie het wel,' zei ik. 'Iedereen kent "O Sole Mio".'

'Maar ze kennen de woorden niet, althans niet in het Italiaans.'

'Dan zingen ze toch gewoon "lalala",' zei ik. 'Het gaat om de muziek.'

Het koor deed wat ik vroeg, en volgens mij vonden ze het heerlijk. Iedereen straalde. Ik ben alleen bang dat ik hun dirigent nogal van streek heb gemaakt. Hij vroeg om een kopie van de tekst, zodat de leden van het koor die nog voor de volgende dag konden leren. Het was niet mijn bedoeling om hem dwars te zitten, maar het klonk zo mooi, zo natuurlijk ook, wanneer ze allemaal meezongen. Ik hou er niet van om alles altijd volgens een vast stramien te doen. Bovendien vergat ik door deze kleine variatie in ons programma hoe ik me voelde.

Na afloop van de repetitie bleek echter dat ik nog steeds niet in orde was. Ik liep naar de kleedkamer die me was toegewezen, en riep Herbert en Judy bij me om hun te vertellen hoe beroerd ik me voelde. Wanneer je zo zwaar bent als ik maak je je voortdurend zorgen over je hart. Judy zei dat ze een dokter zou laten komen.

Ze was naar de repetitie gekomen met een vooraanstaande advocaat uit Miami, Stanley Levine, die lid was van het bestuur van haar stichting. Hij wist een uitstekende arts, dokter Stuart Gottlieb, een van de beste in de stad. Judy belde hem meteen. Hoewel het zaterdagmiddag was en dokter Gottlieb op de golfbaan bleek te zijn, kreeg ze hem toch bijna onmiddellijk te pakken. Wat zouden we moeten beginnen zonder zaktelefoons en piepers?

Toen de dokter ermee instemde om naar mijn villa te komen, zodat hij me daar kon onderzoeken, drukte ik hem op het hart om tegen niemand te zeggen waar hij heen ging, of wat hij ging doen. Bovendien zei ik dat hij beter niet met een dokterstas kon komen aanzetten, maar dat hij zijn spullen in een strandtas of een attachékoffer moest doen. Ik wilde niet dat iemand zou zien dat ik doktersbezoek kreeg. Omdat ik me zorgen maakte over mijn hart zei dokter Gottlieb dat hij een paramedicus en een ECG-apparaat zou meebrengen. Ik vond het allemaal prima zolang de paramedicus maar in sportkleding kwam en niet in uniform.

Er werd toch al zoveel over het concert van de volgende dag geschreven. Ik kon me de opwinding bij de media al voorstellen, als ze dachten dat ik ziek was geworden en misschien niet zou kunnen zingen. Voor de pers zijn dingen die fout gaan altijd interessanter dan dingen die goed gaan. Wat het ook was dat me mankeerde, ik wilde ervan af zonder een enorme sensatie te veroorzaken.

We gingen terug naar mijn villa op Fisher Island, en ik kroop meteen in bed. De dokter bleek niet alleen een paramedicus bij zich te hebben, maar bovendien zijn vrouw en de assistent-brandweercommandant van Miami Beach. Hij onderzocht me grondig.

Ik vertelde hem dat de pijn ergens tussen mijn maag en mijn borst zat, en dat ik volgens mij leed aan een hartaanval of aan indigestie. 'Ik heb het gevoel alsof de hele wereld op me drukt.'

'Hebt u wel vaker last van dit soort pijn?' vroeg de dokter.

Ik moest toegeven dat dergelijke aanvallen niet ongebruikelijk waren. 'Mijn omvang spreekt boekdelen,' zei ik. 'Ik ben dol op eten.'

Ik zei dat ik geloofde dat ik ook koorts had. De dokter had zijn thermometer vergeten, dus ik opperde dat hij zijn hand op mijn voorhoofd zou leggen. Zijn vrouw stond naast mijn bed. 'Ik ben moeder,' zei ze. 'Als mijn kinderen koorts hadden, kuste ik hen altijd op hun voorhoofd.'

Ze gaf me een lange kus. 'Inderdaad, een beetje warm,' luidde haar oordeel.

De dokter was het ermee eens dat ik wat verhoging had. Volgens hem leed ik aan een lichte griep, en hij wilde me een antibioticum voorschrijven. Ik vertelde hem dat ik altijd mijn eigen antibiotica bij me had, en die waren volgens dokter Gottlieb ook prima. Hij schreef me iets voor tegen de maagklachten. Die avond viel ik zonder problemen in slaap, en ik had een goede nacht.

De volgende morgen bij het wakker worden was ik me er onmiddellijk van bewust dat dit de dag was van het concert. Toen herinnerde ik me dat ik de dag daarvoor ziek was geweest. Hoe voelde ik me nu? vroeg ik me af. Ik controleerde mijn borst, mijn maag. Niets, geen pijn. Ik kon het gewoon niet geloven, maar ik voelde me geweldig. Onmiddellijk belde ik dokter Gottlieb om hem dat te zeggen en om hem te bedanken. Bovendien scheen de zon, en er was geen wolkje te bekennen.

Uiteraard hield ik me die dag heel rustig, tot het tijd werd om naar South Beach te rijden, waar het podium was opgezet. Een paar weken daarvoor had ik Judy gevraagd wat ze zou doen als het regende. 'Dan maak ik mezelf van kant,' had ze zonder aarzelen geantwoord. Volgens de weersverwachting werd het koel voor de tijd van het jaar, maar het zou wel droog blijven. Pas de volgende dag werd er regen verwacht. Ik vond het angstig dichtbij en zou me een stuk geruster hebben gevoeld als ze hadden gezegd dat de regen pas de volgende maand werd verwacht.

Het was echter een ongelooflijk mooie dag. In de schaduw was het wat fris, maar waar het publiek zat, in het zonnetje, was het verrukkelijk warm; Florida op zijn best. Omdat ik optrad in de schaduw was ik er echter niet gerust op dat ik niet alsnog ziek zou worden. Dat kan altijd gebeuren. Je voelt je prima als je het toneel opgaat, en tijdens de voorstelling word je ineens beroerd. Wanneer het zal toeslaan, en hoe snel het volledig bezit van je neemt, laat zich nooit voorspellen.

Daarom besloot ik dat ik me goed warm zou kleden, hetgeen betekende dat ik het concert niet in mijn traditionele uitmonstering kon doen. Leone en zijn orkest, maar ook het hele koor zouden in formele kledij verschijnen. En Cynthia Lawrence, de sopraan, had speciaal voor dit optreden een mooie lange witte jurk gekocht. Ik daarentegen droeg in plaats van mijn rokkostuum een anorak, een wollen Gucci-sjaal en een lage hoed met een smalle rand. Ik besefte hoe belachelijk deze uitdossing was voor een concertvoorstelling, maar het leek me belangrijker om gezond te blijven zodat ik het hele programma zou kunnen uitzingen, dan dat ik gepast gekleed ging.

Ik zal nooit vergeten wat ik zag toen ik die avond het toneel opging. Op de klapstoelen recht voor me zat een ongelooflijke menigte van negenduizend mensen, en aan weerskanten daarvan en daarachter strekte zich een massa van honderd- tot honderdvijftigduizend mensen uit die het concert gratis zouden bijwonen. Een zee van mensen, zo ver als ik kon kijken, en om het effect nog dramatischer te maken werd deze reusachtige menigte begrensd door de echte zee. Het toneel wees naar het noorden, dus van achter mijn rug wierp de zon haar stralen op dit verbijsterende tafereel en op de oceaan die blauw glinsterde in het late middaglicht. Op de voorste rij kon ik Tibor, Herbert, Bill, Judy en Nicoletta zien zitten. Er was me verteld dat de gouverneur van Florida er zou zijn, evenals Nobelprijswinnaar Elie Wiesel, Sylvester Stallone, en Gloria Estefan.

Het publiek begroette me hartverwarmend, en ik beantwoordde hun gebaar door op mijn gebruikelijke wijze mijn armen hoog in de lucht te gooien. Toen de menigte eindelijk bedaarde vond ik dat ik een verklaring moest geven voor mijn vreemde kledij, dus ik maakte een gebaar alsof ik het koud had. Ik zette mijn kraag op, sloeg huiverend mijn armen over elkaar en zei in de microfoon: 'Koud hier.' Het publiek begon te klappen en te juichen.

Toen ik mijn eerste aria inzette wist ik dat mijn stem in orde was en dat alles goed zou gaan. Ik was zo opgelucht dat ik niet meer ziek was, en bovendien goed bij stem, dat ik volgens mij beter zong dan anders. Het publiek scheen dat ook te vinden.

Cynthia zong voortreffelijk, zoals ze dat ook tijdens onze hele tournee door Zuid-Amerika had gedaan. Ik vind het altijd fascinerend om te zien hoe het publiek reageert op een uitzonderlijk goede, maar onbekende stem. Aanvankelijk zijn ze beleefd, maar niet overdreven enthousiast. En dat begrijp ik ook wel. Ze zijn tenslotte gekomen om mij te horen, en niet voor een sopraan van wie ze nog nooit hebben gehoord. Maar het is net als wanneer je een vriend van je voorstelt aan andere vrienden. Omdat ze jou aardig vinden willen ze die 'nieuwe' ook aardig vinden. Maar dat laten ze niet meteen blijken. Cynthia oogstte een donderend applaus na haar tweede aria.

We sloten het gedeelte voor de pauze af met het eind van het eerste bedrijf van *La bohème*. Ik zong 'Che gelida manina', Cynthia zong 'Mi chiamano Mimi', en samen deden we het duet waarmee het eerste bedrijf wordt besloten: 'O soave fanciulla'. Mijn hoge c aan het eind voelde zo goed en zo zeker, dat ik hem waarschijnlijk langer aanhield dan van me werd verwacht. Het publiek was intens gelukkig. Cynthia was gelukkig. Ik weet zeker dat Tibor, Judy en Herbert gelukkig waren, maar de gelukkigste van allemaal was ik.

Na de pauze was de zon bijna achter de hotels aan de waterkant verdwenen, en terwijl de tweede helft van het concert zijn loop nam begon het te schemeren. De belichting werd steeds mooier, vooral boven de oceaan. De hele aanblik was zo sprookjesachtig, dat het me soms moeite kostte om mijn aandacht bij het zingen te houden. Toen de zon onder was gingen de lampen op het toneel aan. Deze nieuwe belichting voegde een prachtig visueel effect toe aan de muziek. Ondersteund door het orkest en het koor creëerden Cynthia, Leone en ik onze eigen schoonheid door middel van de muziek, terwijl ondertussen ook de natuur haar beste beentje voorzette.

In de tweede helft verlieten we even het Italiaanse repertoire. Ik zong 'Dein ist mein ganzes Herz', en Cynthia het Vilja-lied uit *Die lustige Witwe*, allebei van Franz Léhar, gevolgd door 'My Man's Gone Now' uit *Porgy and Bess*. Ik bracht ons terug in Italië met twee aria's uit *Manon Lescaut*. Tegen de tijd dat we bij de toegiften waren was het volkomen donker. Miami Beach bood een wonderschone aanblik met de lichten van de restaurants en hotels aan de ene kant, en aan de andere kant de toneellampen die hun stralen tot ver op de oceaan wierpen. Toen ik 'O Sole Mio' inzette als mijn tweede toegift, zong het koor zonder tekst mee, zoals ik had gevraagd, met alleen 'lalala'. Het klonk geweldig, en ik geloof niet dat iemand heeft gemerkt dat ze geen tekst zongen. Waarschijnlijk waren de koorleden bang voor hun uitspraak van het Italiaans, en zongen ze liever 'lalala' goed dan de Italiaanse woorden verkeerd.

Na mijn laatste toegift hief ik mijn armen op om de menigte tot zwijgen te brengen. In een korte toespraak vertelde ik dat dit concert een ongelooflijke ervaring voor me was geweest. Hoewel ik de hele wereld wel zou willen bedanken, sprak ik speciaal mijn dank uit aan de inwoners van Miami Beach voor het feit dat ze me hadden uitgenodigd en dit strandconcert mogelijk hadden gemaakt. Ik bedankte Judy Drucker en de organisatie van Tibor Rudas voor de inzet waarmee ze de plannen voor dit concert hadden ontwikkeld en ondanks alle moeilijkheden hadden weten te verwezenlijken. En ik bedankte het publiek dat me zo duidelijk het gevoel had gegeven dat ik welkom was. Toen was het voorbij.

Terwijl ik het toneel afkwam, hadden zich daarachter al zoveel mensen verzameld dat het niet meeviel om mijn caravan annex kleedkamer te bereiken. Sylvester Stallone had me voor het concert al laten weten dat hij me na afloop een paar minuten wilde spreken. Ik vond het prima, maar ik wist uit ervaring dat er tientallen mensen zouden klaarstaan die me wilden gelukwensen en hun opwachting wilden maken in mijn kleedkamer. Voor Stallone was dat echter geen probleem. Hij zette zijn lijfwachten op wacht voor de caravan, zodat we binnen ongestoord konden praten.

Het diner dat Judy na het concert had georganiseerd was net zo spectaculair van opzet als Tibors concertarrangementen. De tent was gevoerd met iets dat leek op witte zijde, en er hingen zelfs kroonluchters. Op elke tafel stond een bloemstuk, bekroond door een dikke man met een baard, gekleed in rokkostuum. Daardoor kregen de mensen van Miami toch een indruk hoe ik er op het toneel uitzie wanneer ik me wel speciaal voor de gelegenheid heb gekleed.

Er waren ongeveer tachtig tafels voor de gasten, en op een verhoging stond een lange tafel voor mij, Judy, Tibor, de gouverneur van Florida, de burgemeester van Miami Beach, en diverse andere hoogwaardigheidsbekleders. Ik hield wederom een korte toespraak, evenals Judy, de burgemeester, de voorzitter van Judy's raad van bestuur, en José Pères, de gastheer van het diner.

Na een dag waarop alles verrassend goed was gegaan, ging er nu iets verschrikkelijk verkeerd. Onmiddellijk na het concert was Tibor kwaad op me geworden omdat ik hem niet persoonlijk vanaf het toneel had bedankt. Hij was zo woedend dat hij niet naar het diner wilde komen. Toen Bill Tibor op de ochtend na het concert ging interviewen voor dit boek, werd hem aan de hand van een reeks van voorbeelden duidelijk gemaakt dat ik een ondankbare afschuwelijke man was.

Ik voelde me vreselijk, want het hele concert was van meet af aan Tibors idee geweest. Hij had als enige ervaring met het organiseren van evenementen op deze schaal, zoals Judy maar al te bereidwillig toegaf. Tibor had haar geïnstrueerd hoe ze het moest aanpakken, en hoewel ze dat uitstekend had gedaan, was alle kennis en ervaring met dit soort massale openluchtconcerten van hem gekomen. Ik weet zeker dat Judy het bij een volgende gelegenheid alleen kan, maar deze eerste keer zou ze het zonder Tibor niet hebben gered.

Hem kwamen dan ook de meeste eer en dank toe voor dit concert, en hij was terecht boos op me. Het bedanken van iemands organisatie is niet hetzelfde als het bedanken van iemand persoonlijk. Het enige dat ik als excuus kan aanvoeren, is dat het niet meevalt om alles precies goed onder woorden te brengen wanneer je zonder aantekeningen een gehoor van tienduizenden mensen toespreekt. Ik was blij dat Tibor me na een paar dagen vergaf. Volgens mij weet hij maar al te goed hoe dankbaar ik hem ben.

Ik mocht dan tekort zijn geschoten, er was in ieder geval iemand die Tibor zijn waardering wel duidelijk liet blijken. Aan het eind van het concert kwam hij achter het toneel de burgemeester van Miami Beach tegen. 'U moet me maar vergeven wat ik ga doen,' zei de burgemeester. 'Maar u hebt zoveel voor onze stad gedaan, dat ik het gewoon niet kan laten.' Daarop pakte hij Tibor beet, hij trok hem naar zich toe en kuste hem op zijn voorhoofd.

Maandag 23 januari, de ochtend na het concert, pakten we onze koffers om naar Rio de Janeiro te vertrekken. Judy kwam afscheid nemen, en ze gaf me een prachtige Gucci-sjaal cadeau. Mijn griep was helemaal over, en ik was klaar voor de lange vlucht naar Zuid-Amerika. Het leek nog pas gisteren dat we in Miami waren gearriveerd, maar voor ik er erg in had zaten we alweer in de lucht. Beneden me zag ik de stad steeds kleiner worden, en ten slotte was er niets meer, alleen de oceaan.

Toen we onze intrek hadden genomen in ons hotel in Rio – eigenlijk Ipanema – belde Judy. Het hoofd van de politie in Miami Beach had op de televisie verklaard dat zich tijdens het concert niet één geval van dronkenschap of wangedrag had voorgedaan, en dat er dan ook niet één arrestatie was verricht. Zoiets was nog nooit gebeurd bij een groot openbaar concert, aldus de politiecommissaris. Hij had tenslotte 113 extra agenten ingezet, dus blijkbaar had hij verwacht dat er toch wel het een en ander zou misgaan.

Judy wist ook te vertellen dat het publiek tot wel achthonderd meter van het podium had gezeten. Ter ere van mijn Italiaanse afkomst hadden ze niet zoals anders bier en chips meegenomen, maar wijn en kaas. Bovendien hadden ze zelf hun rommel opgeruimd. De zestien vuilophalers die Judy had ingehuurd om het strand de volgende dag weer schoon te maken, hadden niet veel te doen gehad. Er hadden zich niet alleen geen problemen voorgedaan, maar bovendien waren zelfs de mensen die zo ver van het toneel zaten dat ze nauwelijks iets konden zien, muisstil geweest tijdens ons optreden. De kranten stonden er de volgende dag vol van.

De conclusie die Judy hieruit trok, vond ik geweldig. Volgens haar was het voorbeeldige gedrag van het publiek duidelijk een bewijs dat kunst een beschavende invloed heeft. Dat is een van de dingen die ik zo leuk vind van Judy. Ze denkt na over wat ze om zich heen ziet, en vraagt zich bovendien af wat daarachter zit. Ze weet dat er bij een evenement als ons optreden op het strand meer aan de hand is dan alleen een concert. Judy is een filosoof.

Er was nog iets wat haar heel gelukkig had gemaakt. Ze vertelde me dat Miami Beach in haar de drijvende kracht achter mijn komst zag, wat deels ook zo is, hoewel het idee voor het strandconcert van Tibor kwam. Om haar dankbaarheid te tonen had de stad 15 februari uitgeroepen tot Judy Druckerdag. Is het niet fantastisch?

Bill belde ook, om te zeggen dat Miami nog helemaal in hoger sferen was dank zij het concert, en dat de stad met moeite overging tot de orde van de dag. 'Hurricane Andrew heeft afgedaan, Luciano. Ze hebben het nu alleen nog maar over Hurricane Pavarotti.' Ik ben blij dat ik niet ziek ben geworden, ook al weet ik niet wie ik daarvoor dankbaar moet zijn: Onze Lieve Heer of dokter Gottlieb.

# 13

## Mijn fantastische familie

In interviews krijg ik regelmatig vragen over mijn privé-leven.
Vooral op de televisie wil je dan toch in elk geval iets zeggen. Er
zitten tenslotte een heleboel mensen naar je te kijken, en als je
weigert antwoord te geven loop je het risico de sfeer van het gesprek te bederven. Op vragen die ik eigenlijk onbeleefd vind, reageer ik meestal met een grap. Op een persconferentie in Miami
vroeg bijvoorbeeld een verslaggeefster: 'Mr. Pavarotti, is het waar
dat u gescheiden bent, en dus weer vrij?'
Ik begreep natuurlijk drommels goed waar die vraag op sloeg.
Ik word vaak gezien in het gezelschap van knappe vrouwen, en ik
flirt met elke vrouw die ik tegenkom, of ze nu zeventien is of zeventig. Tegelijkertijd ben ik al heel lang erg gelukkig getrouwd. Ik
zei tegen de verslaggeefster, en tegen de verzamelde pers: 'Ik ben
niet gescheiden, maar ik ben wèl vrij.' Dat antwoord had ze niet
verwacht. Volgens mij was het haar bedoeling om me in verlegenheid te brengen. Vandaar dat ik op mijn beurt hetzelfde probeerde.
Er is één vraag over mijn fanmail die regelmatig wordt gesteld.
Het gerucht gaat dat ik een stroom van brieven krijg van vrouwen
die zichzelf aanbieden. Volgens mij slaat bij sommige journalisten
hun verbeelding op hol als ze over beroemdheden moeten schrijven. Er was ooit eens een verslaggever die me vroeg of het waar
was dat ik net zoveel huwelijksaanzoeken kreeg als popsterren.
'Als dat zo is, dan heb ik met al die popsterren te doen,' zei ik, om
een rechtstreeks antwoord uit de weg te gaan. Als ik eerlijk ben
moet ik bekennen dat ik wel eens zulke brieven krijg, maar zelden
zo vrijmoedig en recht op de man af als door de journalist werd
verondersteld.
Zo heb ik wel eens een brief gekregen van een bewonderaarster
die schreef dat ze zo verrukt was van mijn stem, dat ze tot alles
bereid was om haar dankbaarheid te tonen. Nu kan 'alles' een heleboel betekenen. Maar ik denk dat deze dame diep geschokt zou
zijn geweest als ik haar op een oneervolle manier aan haar aanbod
had gehouden. Het kan natuurlijk ook zijn dat ik me vergis. Dat
ze me inderdaad het liefst zo snel mogelijk tussen de lakens had

gehad. Hoe dan ook, ik ben niet van plan om ooit uit te vinden wat ze nu precies bedoelde. Het mysterie moet vooral een mysterie blijven. Een zoet raadsel, zo u wilt.

Er wordt door anderen voortdurend gewezen op de aantrekkelijke jonge secretaresses met wie ik me pleeg te omringen. Het is waar dat ik graag vrouwen om me heen heb. Als ze ook nog intelligent zijn en aantrekkelijk om te zien, des te beter. Terwijl ik opgroeide was ik voortdurend omringd door vrouwen. Ik was het enige jongetje bij de zestien families in ons appartementengebouw, en de mannen waren de hele dag aan het werk. De vrouwen moederden allemaal over me, dus zolang ik me kan herinneren was ik heer en meester in mijn eigen harem. Dat maakt het leven erg aangenaam, en ik ben bang dat ik daardoor verwend ben.

In zekere zin heb ik alles aan vrouwen te danken. Er zijn er zoveel geweest die een belangrijke rol in mijn leven hebben gespeeld: mijn moeder, mijn zuster, mijn fantastische grootmoeder Giulia. En dan natuurlijk Adua en mijn dochters, om wie mijn hele leven draait. Maar ook in mijn carrière zijn er veel vrouwen geweest die me hebben geholpen. Mirella Freni heeft me laten zien dat je ook met een eenvoudige afkomst als de onze een succes kan worden in de internationale operawereld. Van Joan Sutherland heb ik heel veel over zingen geleerd, en Joan Ingpen bracht me naar Covent Garden, mijn doorbraak naar de operatop.

Nog een reden waarom ik graag vrouwen om me heen heb, is mijn overtuiging dat vrouwen doorgaans fijngevoeliger zijn, meer alert op het gevoel dan mannen. Voor een kunstenaar is dat belangrijk. Vrouwen zijn snel van begrip. Ze weten waar je over loopt te piekeren zonder dat je het hun hoeft te vertellen, en in een wereld als de mijne, met alle spanningen die het optreden met zich brengt, is dat heel waardevol.

Bovendien hebben vrouwen de neiging je te beschermen. Andere mannen denken misschien dat ik – tenslotte ook een man – geen bescherming nodig heb. Maar dat is niet waar. Vrouwen zien dat meteen. Zodra ze in de gaten hebben dat je behoefte hebt aan bescherming, veranderen ze in leeuwinnen die ervoor zorgen dat niemand je te na komt, en dat niemand de kans krijgt je pijn te doen. Als het om mijn bescherming gaat, geef ik te allen tijde de voorkeur aan een vrouw boven een man.

Voor een man als ik, die zo zwaar steunt op de vrouwen in zijn leven, is er één ding waar hij voor moet oppassen. Vrouwen hebben er een handje van om de baas te gaan spelen en een man naar hun pijpen te laten dansen. In Italië hebben we een spreekwoord over vrouwen die een man twee zeer vitale lichaamsdelen ontnemen. Die uitdrukking geeft het precies weer, want er zijn inderdaad vrouwen die een man zo weten te behandelen dat hij zich geen man meer voelt. Het is duidelijk dat je het als man niet zover moet laten komen.

Gelukkig wagen mijn secretaresses zelden een poging in die richting. Ze zorgen goed voor me en zijn een heel belangrijk deel van mijn leven geworden. Ze houden mijn agenda bij, ze helpen me met mijn dieet, en ze blijven desnoods tot drie uur 's nachts op om met me te kaarten. Soms moeten ze me twee uur eerder wakker maken dan anders, omdat we een vliegtuig moeten halen of naar een belangrijke vergadering moeten. Ze helpen me met mijn kleren en zorgen ervoor dat mijn haar gekamd is en mijn overhemd dichtgeknoopt wanneer ik voor tienduizend mensen moet verschijnen.

Deze jonge vrouwen en ik maken samen heel wat mee. Als ik denk dat ik te ziek ben om op te treden staan ze me bij in mijn wanhoop. Ze vluchten met me langs de brandtrap van een hotel om aan een grote menigte te ontsnappen. Onderweg zijn mijn secretaresses tevens manager, bodyguard en gezelschapsdame. Ze worden min of meer familie van me. En het kan me niet schelen wat de buitenwereld daarvan denkt.

Als mijn secretaresse moeten ze zich helemaal op mijn leven concentreren. Ze moeten ervoor zorgen dat ik doe wat er van me wordt verwacht. Maar tegelijkertijd wil ik ook weten hoe hùn leven eruitziet. Ik ben erg geïnteresseerd in de mannen met wie ze uitgaan, de problemen thuis, eigenlijk alles.

Deze jonge vrouwen spelen een belangrijke rol in mijn leven. Niet alleen zijn ze toeschouwer bij alles wat ik meemaak, ze moeten het ook met me meebeleven. Daardoor raak je heel erg met elkaar verbonden, en om die reden wil ik niet dat ze te lang bij me blijven. Dan zou ik te afhankelijk van hen worden, en omgekeerd bestaat hetzelfde risico. In de afgelopen twintig jaar heb ik acht secretaresses gehad, en ik beschouw ze nog allemaal als mijn vriendinnen.

Wanneer Adua wordt geïnterviewd, worden ook haar altijd vragen over ons privé-leven gesteld. Net als ik is ze heel handig geworden in het ontwijken van dit soort pogingen om onderwerpen aan de orde te stellen die je niet met vreemden wenst te bespreken of in de krant wilt teruglezen. Maar je wilt ook niet onaangenaam worden, want daardoor kan een interview veranderen in een bijzonder onprettige ervaring voor alle betrokkenen.

Toen het modeblad *Womens Wear Daily* Adua vroeg naar de jonge vrouwen in mijn leven, diende ze de nieuwsgierige vragenstelster perfect van repliek. Ze antwoordde dat ik nu eenmaal voortdurend op reis ben, en dat ik onderweg misschien wel eens naar een andere schaal met pasta kijk, of naar een knap gezichtje, maar, voegde ze eraan toe: 'Er is hier thuis nog altijd nog meer dan genoeg *linguine*.' Adua is een intelligente sterke vrouw. Het lukt een krant of een tijdschrift niet gauw om haar van haar stuk te brengen of haar iets te laten zeggen waar ze later spijt van heeft.

De relatie tussen Adua en mij is altijd een heel bijzondere geweest. We werden verliefd toen we tieners waren, en we zijn zeven jaar verloofd geweest. Voor de meeste jonge Italianen betekent verloofd zijn niet zoveel. Het is eigenlijk niet meer dan een formaliteit, waardoor je samen uit kunt zonder dat er een chaperonne bij hoeft te zijn. Het verbreken van een verloving is dan ook geen probleem. Doorgaans valt er weinig te verbreken. Iedereen weet dat. Maar bij Adua en mij was het anders. We hebben allebei van meet af aan geweten dat we zouden trouwen zodra we genoeg geld hadden, of zodra ik voldoende zicht op inkomen had.

Helaas duurde dat zeven jaar. Toen ik door het winnen van het Achille Peri-concours in 1961 de kans kreeg om in Reggio Emilia te zingen in *La bohème*, had dat ook meteen het eind van mijn carrière kunnen zijn. Ik zong goed die avond, maar zolang nog niemand je kent ben je ook weer snel vergeten, hoe goed je ook zingt. Ik had het uitzonderlijke geluk dat er die avond een belangrijke Milanese impresario, Alessandro Ziliani, in de zaal zat. Hij kwam eigenlijk voor een andere zanger, maar toen hij me onder contract nam en engagementen voor me begon te regelen, had ik eindelijk het gevoel dat er genoeg muziek in mijn toekomst zat om te trouwen. 1961 was een belangrijk jaar voor me. Ik maakte mijn operadebuut, ik trouwde, en wat het allerbelangrijkste was, ik kocht mijn eerste auto.

Dat is natuurlijk een grapje (net als de auto, trouwens). Misschien kwam het door dit soort grapjes dat Adua en ik voortdurend ruzie hadden. Onze verlovingstijd van zeven jaar was één lange ruzie. Op de ochtend van mijn trouwdag zei ik tegen mezelf: 'Luciano, waar begin je aan? Wil je de rest van je leven ruziënd doorbrengen?' Ik dacht dat ik een grote fout maakte, maar ik kon er niet meer onderuit. Daarvoor was het te laat. Natuurlijk bleek later dat mijn huwelijk met Adua het beste is dat ik ooit heb gedaan. Na ons huwelijk hadden we nog steeds vaak ruzie, maar toen als volwassenen. De ruzies gingen tenminste ergens over.

Voor die tijd waren het meer krachtmetingen tussen twee geliefden die hun energie kwijt moesten.

Er zijn maar weinig vrouwen die het leven met een operatenor aankunnen, laat staan op de manier zoals Adua zich erdoor slaat. Er zijn bij ons thuis, zowel in Modena als in Pesaro, altijd mensen over de vloer. Vaak zijn dat vreemden voor mijn vrouw en mijn dochters. Sommigen komen me helpen om een rol voor te bereiden, anderen komen een interview afnemen, de laatste jaren zijn er voortdurend vergaderingen over mijn concours hippique of het vocalistenconcours. Door al dit soort activiteiten is het net een circus bij ons thuis, maar Adua klaagt nooit.

Bijna vanaf het begin van mijn carrière was ik veel van huis. Aanvankelijk ging Adua met me mee als ik op reis moest. Maar toen onze dochters groter werden vond ze dat ze hen niet alleen kon laten, ook al waren onze ouders en haar zuster er altijd om op hen te letten. Adua wilde fulltime moeder zijn.

Dus bleef ze thuis om voor het gezin te zorgen en onze zaken te behartigen. In de loop der jaren zijn die zaken steeds meer aandacht gaan vergen. Hetzelfde geldt voor onze dochters, hoewel ze gelukkig in geen enkel opzicht voor problemen zorgen. Adua belegde ons spaargeld, en toen we een huis kochten in Modena – en later ook in Pesaro – hield zij toezicht op de onderhandelingen, en zij regelde alles wat er verder geregeld moest worden. Ze is heel goed met cijfers, en ik helemaal niet. Tot voor kort vloog ze één keer per jaar naar New York om mijn administratie in Amerika te controleren. Omdat ik daar twee appartementen heb begint die situatie ook nogal ingewikkeld te worden. Een paar jaar geleden heeft mijn dochter Cristina een boetiek in Modena geopend. Adua doet de boekhouding.

Met haar enorme energie en haar vele talenten was het onvermijdelijk dat Adua meer zou willen zijn dan alleen de vrouw van een tenor. In 1987, toen onze dochters volwassen waren, begon ze haar eigen zaak, een impresariaat, Stage Door. Ze vestigde zich in de voormalige stallen bij ons huis in Modena. Het gebouw was al gedeeltelijk gemoderniseerd toen we er een aantal appartementen voor mijn familie in hadden laten maken. Aan de andere kant bevindt zich Adua's kantoor dat eruitziet als het hoofdkwartier van de Fiat-fabriek: een en al glas, marmer en staal. Ze heeft van meet af aan geweten dat het bedrijf groot zou worden, en ze heeft gelijk gekregen.

Ook voordat ze met haar impresariaat begon beschikte Adua al over een ruime kennis van de zakelijke kant van het zingen. Tot

Herbert Breslin in 1968 mijn manager werd regelde zij de meeste contracten voor mijn optredens. Bovendien heeft ze verstand van zingen. Iemand die zoveel opera's heeft bezocht als zij moet haast wel een scherp oor voor goede zang ontwikkelen. Gezien al deze kennis en gezien haar zakelijke talenten was het ondenkbaar dat haar bedrijf geen succes zou worden.

Stage Door heeft nu negen mensen in dienst en meer dan tachtig cliënten, voor het merendeel zangers en zangeressen, maar ook een paar regisseurs en andere talentvolle mensen in de produktie-sfeer. Ze heeft het meestal ongelooflijk druk – drukker dan ik, volgens mij – maar ze heeft geweldig veel energie, en ze houdt van het werk. Dank zij al die jaren met mij weet ze hoe ze met de lastigste artiesten moet omspringen en heeft ze begrip voor hun problemen. Ze doet het geweldig, en ik ben erg trots op wat ze heeft bereikt.

Wanneer mensen haar complimenteren met haar succes, hoor ik haar vaak zeggen dat het bepaald geen nadeel is om Pavarotti te heten. Hoewel ze daar ongetwijfeld gelijk in heeft vind ik het toch niet prettig wanneer ik haar dat hoor zeggen. Als ze geen goede zangers vertegenwoordigde, en als ze zelf geen goede manager was, zou geen enkele achternaam haar kunnen helpen.

Dat geldt ook voor de jonge artiesten die ik de kans geef om tijdens mijn concerten op te treden. Voor een beginner is het altijd een enorme kans om te zingen met een gevestigde naam, maar als ze het publiek niet weten te boeien wordt het niets. Wanneer ze me bedanken zeg ik altijd: 'Ik ben er niet bij als je op het toneel staat. Daar moet je het helemaal alleen doen.'

Iedereen weet hoe belangrijk familie is voor een Italiaan, maar er zijn tekenen dat dit begint te veranderen. Ik vind het verdrietig, maar voor sommige van mijn landgenoten is de familieband niet meer zo sterk als vroeger. Dat geldt niet voor mij. Mijn familie is nog altijd heel belangrijk voor me, en volgens mij geldt dat voor de andere leden ook. Ondanks een carrière waarvoor ik een belangrijk deel van het jaar de wereld rondvlieg, zijn we erin geslaagd om bij elkaar te blijven.

Toen ik in 1978 het grote huis buiten Modena kocht, was het meteen al mijn bedoeling om er woonruimte te creëren voor die leden van onze familie die daar belangstelling voor hadden. In de bestaande gebouwen op het terrein maakten we een appartement voor mijn vader en mijn moeder, voor mijn zuster Lela en haar zoon Lucca, en voor Adua's zuster Giovanna Ballerini en haar gezin. Elk gezin heeft zijn eigen domein, en we leven allemaal apart, onafhankelijk van elkaar. Alleen bij bijzondere gelegenheden eten we samen. Tegelijkertijd zijn we toch allemaal bij elkaar. Het is net een klein dorpje, met alleen maar Pavarotti's en Ballerini's.

In ons zomerhuis in Pesaro leven we in nog grotere saamhorigheid, omdat we daar ook allemaal samen eten. Mijn dochters hebben het druk met hun eigen bezigheden, dus die komen alleen maar af en toe, en Adua komt alleen in augustus twee weken, wanneer haar impresariaat gesloten is. Maar de rest van de tijd blijft er nog genoeg familie over: mijn ouders, mijn zuster, mijn schoonouders, nichten en neven, hun kinderen.

Toen Bill en ik vorig jaar augustus aan dit boek werkten, herinnerde hij me eraan dat onze uitgever, Betty Prashker, door Pesaro zou komen en met me wilde lunchen. Ik stelde voor om haar mee te nemen naar een restaurant. Bill vroeg waarom. Volgens hem zou ze het veel leuker vinden om thuis met de familie te lunchen. Ik lag in mijn hangmat en keek om me heen naar al die mensen op het terras.

'Waarom zou ze bij me thuis willen langskomen?' vroeg ik Bill. 'Moet je kijken, een, twee, drie, vier, víjf families. Het is hier een chaos.' Bill verzekerde me dat Betty de voorkeur zou geven aan de chaos. Net als ik, natuurlijk.

Mijn vader is een tobber. Hij heeft altijd wel iets waarover hij zich opwindt. Mijn moeder moet voortdurend haar best doen om hem op te vrolijken. In gedachten hoor ik het haar zeggen: 'Wat wil je nou nog meer? De familie is bij elkaar, we wonen naast onze zoon en onze dochter. Als Luciano thuiskomt van een reis, is het eerste dat hij doet "Mama! Papa!" roepen.' Dat is inderdaad een van de eerste dingen die ik doe. Ik hou niet alleen zielsveel van mijn familie, zij vormen ook mijn band met de werkelijkheid. Volgens hen ben ik de afgelopen vijftien jaar niet veranderd, en ik hoop van harte dat ze gelijk hebben. Maar eigenlijk zijn we geen van allen veranderd. Misschien heeft het feit dat we samen zijn ervoor gezorgd dat we dezelfde zijn gebleven.

Hoewel, nu ik erover nadenk, kom ik tot de conclusie dat mijn vader is veranderd. In positieve zin. Mijn vader, Fernando Pavarotti, is een fantastische, ongelooflijke man, en ik hou erg veel van hem. Ik heb al vaak gesproken over zijn prachtige zangstem – zelfs nu nog, op zijn tweeëntachtigste – en over zijn liefde voor zingen, waardoor mijn belangstelling al ontwaakte toen ik nog een klein jongetje was. Andere mensen ontdekken dat ze een goede stem hebben, gaan muziek studeren, en pas daardoor ontwaakt hun interesse. Bij mij ging het andersom en kwam de interesse in de muziek en het zingen eerst. Pas vele jaren later ontdekte ik dat ik een stem had. Deze hartstocht voor de muziek en voor de traditie van het zingen maakt me in belangrijke mate tot de artiest die ik ben.

Dat heb ik aan Fernando te danken, en misschien een beetje aan mijn Italiaanse bloed. De droevige waarheid is echter dat veel Italianen, zelfs van mijn generatie, niet om opera geven of om de traditie van het belcanto. Dat zou met een vader als Fernando onmogelijk zijn geweest. Natuurlijk is hij erg trots op mij en mijn carrière, hoewel hij zich in dat opzicht soms niet al te zeer wil laten kennen.

Toen hij bijvoorbeeld vorig jaar naar New York vloog om me *Tosca* te horen zingen, beweerde hij bij voorbeeld dat hij om een heel andere reden was gekomen. Ik vond het al verbazend dat hij de reis had aangedurfd. Hij is tenslotte niet zo jong meer, en hij spreekt geen Engels, maar hij vloog helemaal alleen van Modena naar New York. Na al die inspanningen vertelde hij vrienden in Amerika doodleuk dat hij niet was gekomen om zijn zoon in de Met te horen zingen, maar om zijn tandarts te bezoeken! Maar omdat ik nou toevallig een van zijn favoriete rollen zong was hij nog een paar dagen langer gebleven om naar me te luisteren.

Ik heb ook al eerder verteld dat mijn vader nog elke dag oefent met zijn stem. Hij wordt nog steeds gevraagd om bij bijzondere gelegenheden, zoals bruiloften en begrafenissen, te komen zingen, en daar wordt hij ook voor betaald. Hij doet het financieel lang niet slecht. Wat maar weinig mensen weten, is dat hij ervan overtuigd is dat zijn stem beter is dan de mijne. Misschien heeft hij gelijk, maar in het belang van de huiselijke vrede zou ik liever willen dat hij zei dat zijn stem net zo goed is als de mijne. Maar dat is niet wat hij denkt. Hij is te beleefd om het zo bot te zeggen, maar het is duidelijk uit zijn woorden op te maken.

Hij heeft een echte studie gemaakt van de techniek en het repertoire van de tenor en is in dat opzicht een autoriteit. Hij kent de stem van iedere tenor van de afgelopen zeventig jaar, hij weet waarin ze uitblonken, en waarin ze minder goed waren. Hij kent hun glansrollen, en van de tegenwoordige tenoren weet hij exact te vertellen welke rollen ze in hun repertoire zouden moeten opnemen.

Wanneer hij naar een tenor luistert is hij bijzonder kritisch. Een paar jaar geleden had een van mijn collega's, een uitstekende tenor en een gevestigde naam in de internationale operawereld, problemen met zijn stem. Mijn vader en ik zaten met een stel anderen te kaarten, terwijl de radio vanuit de Met een live-optreden van de bewuste collega liet horen. Hij zong bedroevend slecht, en ik had oprecht met hem te doen. Ik wist dat hij anders beter zong. Mijn vader begon er grapjes over te maken en maakte een paar zeer kritische opmerkingen. Ik kon het niet uitstaan, stond op en zette de radio uit. Voor mijn vader is zingen te belangrijk om zelfs maar een greintje medelijden of begrip te tonen.

Omdat Fernando zo'n diepgaande kennis van het zingen heeft, kent hij natuurlijk ook het enorme belang van het op de juiste manier studeren en oefenen, en hij weet dat daar jaren en jaren mee gemoeid zijn. Zelf heeft hij die kans nooit gekregen. Hij heeft me vaak gezegd dat hij me benijdt om al die jaren zangles die ik heb gehad. Hij is ervan overtuigd dat alleen gebrek aan oefening hem van een grote operacarrière heeft afgehouden.

Maar er was nog iets dat zo'n carrière onmogelijk maakte: zijn zenuwen. Hij wordt ongelooflijk nerveus wanneer hij voor publiek moet zingen. Soms al een week van tevoren. Iedereen die moet optreden is nerveus, maar Fernando heeft het wel heel erg. Ik heb er uiteindelijk mee leren omgaan, maar hij is er nooit in geslaagd om zijn zenuwen de baas te worden of, beter nog, ze om te zetten in positieve energie. Vanwege deze twee problemen – zijn zenuwen en het ontbreken van zangles – is Fernando een zangcarrière misgelopen. Tot voor kort had ik me nooit gerealiseerd hoe hoog mijn vader heeft gedacht te kunnen komen.

Op een dag, nog niet zo lang geleden, ging hij iets verder dan zijn gebruikelijke klaagzang over het feit dat hij nooit echt zangles had gehad. Nadat ik hem had gecomplimenteerd met een muziekstuk dat hij voor me had gezongen, zei hij: 'Ach, Luciano, stel je toch eens voor hoe jouw carrière eruit zou hebben gezien als je mijn stem had gehad.'

Ik was te verrast om hem te zeggen dat ik zelfs met een stem als de mijne toch meer dan genoeg werk had. Toch had ik een opmerking als deze kunnen verwachten. Niet lang daarvoor zaten we met zijn allen bij elkaar in ons huis in Modena toen de telefoon ging. Een van mijn dochters kwam terug met de mededeling dat de een of andere instelling uit de stad wilde weten of signore Pavarotti bij hen kon komen zingen. Mijn vader keek me aan en zei met een brede glimlach: 'Ik ken die mensen. Ze moeten mij hebben. Niet jou.'

Volgens mij leeft mijn vader, bijna nog meer dan ik, in een wereld van opera en zang. Er is een dromerige kant aan zijn karakter, en hij gaat vaak helemaal op in zijn eigen wereld van muziek. Wanneer hij alleen is hoor ik hem soms zacht een aria of een klassiek lied zingen, meestal met een kopstem. Ook al is hij zijn zangcarrière dan misgelopen, toch denk ik dat hij volmaakt gelukkig is wanneer hij wegdroomt in een wereld vol muziek en prachtige tenorzang.

Mijn ouders zijn stapelgek op elkaar, maar mijn moeder is heel anders dan mijn vader. Ze is altijd opgewekt en vrolijk, en bij alles ziet zij vooral de positieve kant. Ze zegt altijd dat ik zo goed voor haar ben, dat ik haar het gevoel geef dat ze mijn dochter is in plaats van mijn moeder. Nog niet zo lang geleden heb ik een groot feest georganiseerd voor haar verjaardag en haar een prachtige jas gegeven met een bijpassende hoed in Tiroler stijl. Ik had ze gevonden in de bergen in het uiterste noorden van Italië, waar dergelijke kleding nog als folkloristische dracht wordt gedragen. Ze was er erg blij mee en ze zag er geweldig uit toen ze zich in haar cadeau aan haar bezoek presenteerde. Zelfs na de operaties aan haar knieën, die een vreselijke beproeving voor haar geweest moeten zijn, heeft ze nog niets van haar oude pit en levenslust verloren.

Mijn zuster Gabriella – wij noemen haar Lela – is een fantastische vrouw voor wie ik diep respect heb. We hebben veel plezier samen, en ze is altijd even opgewekt, terwijl ze toch klap op klap heeft gekregen in haar leven. Haar dochtertje verloor ze toen het pas drie maanden oud was, en haar enige overlevende kind, Lucca, is verlamd en veroordeeld tot een rolstoel. Hoewel Lucca niet kan praten is hij erg intelligent. Als je het alfabet voor hem opzegt en een letter weglaat, heeft hij het meteen in de gaten.

Dit is de manier waarop we met elkaar praten. Je geeft een letter aan, en als het de goede is maakt hij je dat duidelijk met zijn ogen. Hij begrijpt alles wat er omgaat. Toen ik terugkwam van het drie-tenorenconcert in Los Angeles, spelde Lucca: 'Je zong beter, en je hart was groter.' We kregen er allemaal kippevel van. Hij verstaat Italiaans, maar ook wat Engels, en hij is geïnteresseerd in de natuur en alles wat daarmee te maken heeft. Op een avond in Pesaro wees hij me op de maan, die op dat moment als een dunne sikkel aan de hemel stond.

Lela is onderwijzeres, maar ze brengt ieder vrij minuutje met Lucca door. Hij heeft erg veel aandacht nodig en moet in en uit zijn stoel worden getild. Lela heeft een stel jonge knullen uit Modena ingeschakeld om haar te helpen, want ze wil haar zoon geen moment alleen laten. Nog niet zo lang geleden heb ik Lucca in New York uitgenodigd, want ik vond dat hij er eens uit moest. Om Lela wat tijd voor zichzelf te geven had ik in haar plaats haar jonge helpers uit Modena meegevraagd.

Lucca houdt natuurlijk intens veel van zijn moeder, maar hij vond het ook erg leuk om eens zonder haar op reis te gaan. Hij wilde graag zien waar ik woonde, en hij wilde mijn Newyorkse vrienden leren kennen en een bezoek brengen aan de Metropolitan Opera. Het was opmerkelijk hoeveel hij zich nog van een vorige reis herinnerde. Op een dag namen de jongens en ik hem mee voor een ritje met zijn rolstoel door het zuidelijke gedeelte van Central Park, en Lucca vroeg meteen of we in de buurt waren van hotel Navarro. Daar logeerde ik altijd voordat ik mijn appartement kocht. Blijkbaar wist hij nog dat ik wel eens had verteld over mijn uitzicht op het park.

Mijn drie dochters – Cristina, Lorenza en Giuliana – zijn inmiddels volwassen jonge vrouwen, en voor mij zijn ze prachtige godsgeschenken. Ze zijn geweldig; gevoelig, zachtmoedig, ontwikkeld, intelligent. Als ik onbescheiden mag zijn, zoals de meeste mensen dat in dit opzicht zijn, dan zeg ik dat ze bovendien erg goed zijn opgevoed. Wat ik vooral fantastisch vind, is dat ze zo nuchter zijn en met hun beide benen op de grond staan. Net als hun moeder, en – naar ik hoop – hun vader. Het was niet gemakkelijk voor hen om op te groeien met zo'n beroemde achternaam. Toen Adua en ik jong waren hadden we dat probleem nog niet. Maar mijn dochters hebben er uitstekend mee leren omgaan, en dat is de eigenschap waarvan ik het meest onder de indruk ben.

Als zusters hebben ze een hechte band, terwijl ze toch alle drie volkomen verschillend zijn. Cristina is geïnteresseerd in mode en heeft haar eigen boetiek in Modena: Titi Pavarotti, naar het vogeltje uit de strip. Ze werkt keihard, en ze doet het heel goed.

Lorenza heeft een hart van goud. Ze houdt van mensen en is altijd in iedereen geïnteresseerd. Door haar zorgzaamheid en de manier waarop ze met ons allemaal meeleeft, is zij eigenlijk het hoofd van ons gezin.

Giuliana, onze jongste, heeft vele talenten. Volgens mij zou ze carrière kunnen maken als popzangeres, als ze dat zou willen. Ze zingt goed en ze heeft er de persoonlijkheid voor. Maar op dit moment heeft ze andere interesses. Ze heeft lichamelijke opvoeding gestudeerd, en op dit moment is ze bezig met haar diploma gymnastieklerares. Daarnaast heeft ze een cursus fysiotherapie gedaan.

Mijn dochters zijn nog niet getrouwd, maar ze hebben wel vriendjes, dus ik geef de hoop nog niet op dat ik over niet al te lange tijd grootvader zal zijn.

Italianen hebben een sterke familieband, en de Pavarotti's helemaal. Door de zware druk die mijn carrière met zich meebrengt, is mijn familie nog belangrijker voor me geworden. Al mijn familieleden zijn me uitzonderlijk dierbaar, zoals ik in dit hoofdstuk hoop te hebben duidelijk gemaakt. Ieder voor zich zijn het geweldige mensen – mijn ouders, mijn vrouw, mijn zuster, mijn dochters – en ze hebben allemaal hun eigen manier om van me te houden en me te steunen. Ik zou niet zonder hen kunnen.

# 14

## 'Ah, mes amis'

Na mijn familie zijn mijn vrienden de belangrijkste mensen in mijn leven. Ik ben nog altijd bevriend met een groot aantal mensen uit mijn jonge jaren, mensen met wie ik ben opgegroeid, en daar ben ik erg trots op. Wanneer ik van mijn optredens over de hele wereld terugkeer naar mijn stad, zoek ik altijd mijn oude vrienden op. Dat betekent dat we elkaar niet echt vaak zien, maar dat komt niet doordat ik zo vaak weg ben. We hebben het allemaal druk, ook de thuisblijvers. Iedereen heeft zijn familie en zijn eigen leven, maar af en toe komen we bij elkaar om te praten en te kaarten.

Ik heb ook veel vrienden buiten Italië, mensen die ik al ken sinds de begindagen van mijn carrière. Vrienden van recenter datum hebben zich daar wel eens verbaasd over getoond. Ze zeggen dat het natuurlijk is wanneer oude vriendschappen meer op de achtergrond raken naarmate je hoger klimt in je vak en steeds meer interessante mensen leert kennen. Als dat al waar is, dan geldt dat zeker niet voor mij. De meeste van mijn vrienden stammen nog uit de tijd voordat ik bekend werd.

Misschien heb ik daar onbewust wel een reden voor. Van mijn dochters hoor ik dat ze wel eens de indruk krijgen dat mensen met hen proberen aan te pappen vanwege hun beroemde vader. Dat is hun al regelmatig overkomen, zeggen ze. Ik vind dat een treurige manier om je vrienden te kiezen, en ik ben blij dat mijn dochters zulke mensen doorzien.

Zelf sta ik er eigenlijk niet zo bij stil, maar bij mensen met wie ik al bevriend was voordat ik beroemd werd hoeft dat ook niet. Van hen weet ik zeker dat het echte vrienden zijn. Dus misschien heb ik ergens in mijn achterhoofd ook wel een zeker wantrouwen tegenover de mensen die ik nu leer kennen, net als mijn dochters, en misschien is dat de reden waarom ik mijn oude vriendschappen zo koester.

Een typisch voorbeeld van zo'n oude vriendschap zijn Bob en Joan Cahen in San Francisco. Bob heeft van alles gedaan, maar toen ik hem leerde kennen in de jaren zestig, was hij net bezig een carrière als beroepsfotograaf op te bouwen, met opera als specialisatie. Zowel hij als zijn vrouw zijn enorme operafans, en Bob was een van de eersten die profiteerde van de nieuwe – uiterste gevoelige – kleurenfilms die het mogelijk maakten om operaprodukties ondanks de kunstmatige belichting optimaal en in hun volle pracht vast te leggen. Hij levert schitterend werk af. De omslagfoto op de Amerikaanse uitgave van mijn eerste boek, waarop ik met een tennishoedje ben vereeuwigd, is van hem.

Kort nadat ik Bob had leren kennen, begonnen in San Francisco de repetities voor mijn debuut in *Un ballo in Maschera*, met Martina Arroyo. De repetities vonden plaats in de Old North Gym, en Bob kwam foto's maken. Ik had mijn eerste aria gezongen, en op het moment dat ik langs zijn stoel kwam sprong hij op. 'Als ik zo kon zingen, gooide ik al mijn camara's morgen het raam uit,' zei hij. Ik keek hem aan. 'Dat is precies wat ik heb gedaan toen ik fotograaf was.'

We werden vrienden, en al gauw werd ik bij de Cahens te eten gevraagd. Als ik een paar dagen vrij had logeerde ik soms ook bij hen, om even weg te zijn uit de onpersoonlijke sfeer van een hotel. In die tijd reisde ik alleen, en ik sprak verschrikkelijk slecht Engels. Daarom was ik dolblij met zulke hartelijke behulpzame vrienden. Wanneer ik naar San Francisco kwam, stonden Bob en Joan me altijd op het vliegveld op te wachten. Ze hielden me gezelschap, en wanneer de spanning steeg bij het naderen van de openingsvoorstelling, hielpen zij me om te zorgen dat alle voorbereidingen naar wens verliepen. We aten vaak samen en hadden veel plezier wanneer ze me de stad lieten zien.

Bob vond het leuk om met me door San Francisco te rijden, en daar was ik erg blij mee. Hij kende de stad, en ik niet. Maar naarmate ik San Francisco beter leerde kennen begon ik te beseffen dat zijn gevoel voor richting niet echt geweldig was. Op een dag reden we vanuit zijn huis in Burlingame naar de stad. De route is heel simpel: vanuit Burlingame pak je een van de grote snelwegen, en je blijft naar het noorden rijden tot je een afslag krijgt naar het centrum. Op de een of andere manier nam hij een verkeerde afslag, zodat we naar het oosten reden en de San Francisco Bay overstaken. Aan draaien viel boven het water niet te denken, dus moesten we helemaal doorrijden naar Oakland, waardoor we kilometers uit onze route raakten.

Doordat ik in slaap was gevallen had ik de fout niet opgemerkt. Later vertelde hij me dat hij had gehoopt dat ik zou blijven slapen tot hij de Oakland Bridge weer was overgestoken en terug was in de stad. Want hij wist drommels goed dat ik hem genadeloos zou plagen als ik merkte dat hij een verkeerde afslag had genomen. Op onze terugweg over de baai werd ik wakker, net op tijd om het bord EINDE OAKLAND te zien.

'Sinds wanneer moet je vanuit Burlingame via Oakland om in San Francisco te komen?' vroeg ik.

Toen ik in 1974 in San Francisco was om voor het eerst Verdi's *Luisa Miller* te zingen, nodigden Bob en Joan me uit om *Thanksgiving* bij hen te komen vieren. Ik had een drukke week achter de rug. Behalve de operavoorstellingen had ik op maandag een concert gegeven. Op woensdag was ik naar Los Angeles gevlogen voor mijn eerste optreden in de Johnny Carsonshow, waarna ik er was gebleven om José Carreras in *Un ballo in Maschera* te zien. Behalve mij hadden de Cahens ook mijn tegenspeelster in *Luisa*, Katia Riccarelli, uitgenodigd, en ik had José gevraagd om ook naar San Francisco te komen.

We hadden een geweldige avond. Alle traditionele Amerikaanse gerechten kwamen op tafel, en na het diner wist ik het gezelschap over te halen tot een spelletje poker. Dat spelletje liep nogal uit. We waren er bijna de hele avond mee zoet, en terwijl het later en later werd, begon Bob hoe langer hoe onrustiger te worden. De voorstelling van *Luisa Miller* zou de volgende avond rechtstreeks op de radio worden uitgezonden. Bob maakte zich ernstige zorgen dat Katia en ik niet goed zouden zingen, als we niet op tijd naar bed gingen. Hij zag het al voor zich. De uitzending zou een ramp worden, en het zou allemaal zijn schuld zijn. Vandaar dat hij er telkens weer op aandrong dat we zouden stoppen, maar we hadden veel te veel plezier. Vooral ik, want ik won voortdurend.

Toen het spel eindelijk werd gestaakt, hadden we nog maar een paar uur om te slapen. Terwijl Bob en Joan me de volgende avond naar de stad brachten, zei ik dat ik me schuldig voelde omdat ik mijn vrienden bij het pokeren al hun geld had afgetroggeld. Daarom vroeg ik de Cahens of ik Katie en José na de voorstelling weer mee naar huis mocht brengen om hun een kans op revanche te bieden. Bob en Joan vonden het prima, en ik stelde voor dat ze ons zou trakteren op haar verrukkelijke lamsbout.

Ik zeg niet dat het er niet toe doet hoe uitgerust je aan een voorstelling begint. Dat is meestal erg belangrijk. Maar die keer hadden we geluk. Van alle vijf voorstellingen die we in San Francisco deden, werd uitgerekend die avond de beste. Katia en ik waren allebei in topvorm. Volgens mij kon de Opera van San Francisco met die voorstelling goed voor de dag komen, en hebben de luisteraars van ons genoten. Misschien kwam het door het vooruitzicht

239

van de lamsbout en het avondje kaarten in Burlingame dat ik zo geïnspireerd was.

Twee van mijn oudste Amerikaanse vrienden zijn Iglesia Gestone en haar zoon Michael uit New Jersey. Toen ik hen leerde kennen was Michael een jaar of twaalf. Iglesia wilde dat haar zoon kennis maakte met de Italiaanse cultuur, en dat hij deze zou leren waarderen. Vandaar dat ze hem af en toe meenam naar een operavoorstelling. Michael leerde van opera te houden, en hij wist er al gauw uitzonderlijk veel van. Hij beschikt over een fantastisch geheugen en kent elke voorstelling die ik heb gezongen, compleet met de data en de rest van de cast. Iglesia heeft me wel eens verteld dat ze haar zoon alleen maar wilde laten kennis maken met de opera, zodat hij het meest waardevolle in onze Italiaanse erfenis zou leren waarderen. In plaats daarvan, zegt ze, heeft ze een 'operamonster' gecreëerd.

Meteen na onze eerste ontmoeting kwam Michael naar een van mijn voorstellingen in de Met. In de weken daarvoor had ik diverse keren *I puritani* gezongen, gevolgd door een *Bohème*, en de laatste voorstelling was weer een *Puritani*. Dat was de avond waarop Michael naar me kwam kijken. Door het overladen programma was ik uitgeput, en bij een hoge D gebeurde er iets wat bijna nooit gebeurt: mijn stem sloeg over. Toen Michael me na de voorstelling opzocht in mijn kleedkamer, bood ik hem mijn verontschuldigingen aan omdat ik hem had teleurgesteld. Hij was diep getroffen door het feit dat ik zijn oordeel zo serieus nam, en we werden goede vrienden.

Iglesia is een fantastische vrouw, alleen een beetje verlegen. Ze had me al heel lang doorgezaagd over haar bewondering voor Zubin Mehta. Bewondering was eigenlijk nog te zwak uitgedrukt. Ze aanbad hem. Goed, zei ik uiteindelijk, als jij hem zo leuk vindt, dan nodig ik jullie allebei op een diner uit. Iglesia straalde en kon nauwelijks wachten tot het zover was. Bij een etentje aan de lange smalle tafel in mijn Newyorkse appartement zette ik Iglesia recht tegenover Zubin.

Tijdens de maaltijd zijn loop nam, viel het me op dat Zubin wel tegen haar praatte, maar dat ze nauwelijks iets terugzei. Zodra ze zich even excuseerde, liep ik achter haar aan naar de hal, en ik vroeg wat er aan de hand was. Voelde ze zich soms niet lekker, of viel haar held toch een beetje tegen? Maar Iglesia zei dat ze zich uitstekend voelde. Ze vond hem nog steeds geweldig, en hij was erg aardig tegen haar, maar ze was zo onder de indruk dat ze niet wist wat ze moest zeggen.

'Je moet toch echt je mond opendoen als je straks weer aan tafel zit,' zei ik. 'Ik heb het gevoel dat ik naar een stomme film zit te kijken.'

Hoe langer ik mensen ken, en hoe aardiger ik hen vind, des te minder ben ik geneigd om een blad voor de mond te nemen. Ik ben bang dat ik wel eens wat bot kan zijn. Zo stond ik ooit tijdens een drukke party met Iglesia te praten, toen Frank Sinatra naar me toe kwam. Daarop raakte ze zo van de kook dat ze haar glas liet vallen. Het lag aan scherven op de grond. Vanwege mijn knie heb ik moeite met bukken, en Iglesia leek te zijn veranderd in een zoutpilaar. Toen hij begreep dat hij van ons geen actie hoefde te verwachten, begon Frank de scherven uiteindelijk maar op te rapen.

'De volgende keer krijg je een plastic glas,' zei ik tegen Iglesia.

Mijn vrienden moeten absoluut gevoel voor humor hebben en tegen een grapje kunnen, want ik haal soms de vreselijkste streken uit. Zo ben ik nu eenmaal, daar kan ik niets aan doen. Het is misschien kinderachtig, maar ik vind het heerlijk om mensen voor de gek te houden en in verwarring te brengen. Omdat ik dat niet bij iedereen wil doen, heb ik een van mijn vrienden tot mijn voornaamste doelwit gekozen. Blijmoedig en tegelijkertijd serieus als hij is, leek Iglesia's zoon Michael me het meest geschikt voor deze rol. Hij is inmiddels een jaar of dertig, maar ik heb hem nog als klein jongetje gekend, dus ik vind ik dat ik daaraan bepaalde rechten mag ontlenen. Hoe dan ook, Michael heeft zich bij zijn rol neergelegd.

Iets waarmee ik hem voortdurend plaag, is zijn stem. Omdat hij dol is op opera en omdat hij vooral van de tenoren alles weet, zou hij het heerlijk vinden als hij kon zingen, maar helaas... Ik heb ooit een poging gewaagd, maar er is niets aan te doen. Hij heeft een verschrikkelijke stem. Volume is er voldoende, maar de klank is afschuwelijk. Dat geeft hij zelf ook toe.

Tijdens een bezoek van mijn vriend Carlo Bergonzi zijn we bijna een hele middag in mijn Newyorkse appartement bezig geweest om Michael beter te leren zingen. Maar hoe we ook ons best deden, hoe vaak we hem ook toonladders en simpele melodieën lieten zingen, er was geen fatsoenlijke noot uit hem te krijgen. Het was verbijsterend. We bleven het proberen. Tot Michael de hoogste noot van een toonladder wat langer aanhield. 'Stop!' riep Carlo plotseling.

Hij draaide zich naar me om. 'We zijn nu twee uur bezig, Luciano. Maar dit is de eerste noot die hij goed heeft gezongen.'

Achteraf zei ik tegen Michael: 'Ik vind het best als je tegen mensen zegt dat ik je vriend ben. Als je maar niet vertelt dat ik je zangleraar ben.'

Ik ben gefascineerd geraakt door Michaels zingen. Wanneer ik hem bij vrienden introduceer, is het altijd als Michael, de begaafde jonge tenor. Ik heb hem aan diverse van mijn collega's bij de Met voorgesteld, zoals Gwyneth Jones en Teresa Stratas. Toen de beroemde Licia Albanese ooit eens naar mijn kleedkamer kwam, stelde ik Michael aan haar voor als een veelbelovende jonge tenor die aan het begin stond van zijn carrière. Ze was erg verrukt van hem.

'Wat een knappe jonge man,' zei ze. 'En hij heeft ook nog een mooie stem, zeg je? Geweldig!'

Ze vond het fantastisch om dit jonge talent te ontmoeten, en om een reden die ik zelf niet kan verklaren genoot ik van mijn onschuldige bedrog. Ik heb Michael ooit eens voorgesteld om hem tijdens een concert te presenteren. We zouden tegen iedereen zeggen dat ik zou zingen, maar zodra de mensen eenmaal binnen waren, zou blijken dat ze een heel ander programma kregen voorgeschoteld, met Michael als solist.

Ik heb zijn verbijsterende stemgeluid diverse keren voor een grap gebruikt. Op een avond in de Met kwam Michael voor het begin van de voorstelling in mijn kleedkamer langs om me succes te wensen. We zaten nog wat te praten, toen Gildo Di Nunzio binnenkwam om mijn stem op te warmen, zoals hij dat altijd doet. Omdat de piano tegen de muur van mijn kleedkamer stond, zat Gildo met zijn rug naar ons toe toen hij erachter had plaatsgenomen. Terwijl hij het eerste akkoord aansloeg, gebaarde ik naar Michael dat hij in mijn plaats moest zingen. Hij sperde zijn mond wijd open en produceerde het soort lawaai waar hij het patent op heeft, en dat wel iets weg heeft van een misthoorn. Gildo dacht dat er iets verschrikkelijks met mijn stem was gebeurd, en viel bijna van zijn kruk.

Ik ben zelfs zo gemeen geweest om Michael te vragen op feestjes te zingen. Op een avond toen hij een aria uit *Manon Lescaut* vermoordde ten overstaan van mijn gasten, kwam er plotseling een verrukkelijke gedachte bij me op. Ik gebaarde Michael om te zwijgen. Wat is er aan de hand? vroeg hij. Ik vertelde hem dat ik mijn appartement nog niet zo lang geleden aan José Carreras had uitgeleend. De buren zouden denken dat José zijn stem kwijt was.

Het geweldige van Michael is dat hij het niet erg vindt wanneer ik grapjes maak over zijn stem. Hij doet er zelf van harte aan mee.

Volgens mij accepteert hij mijn krankzinnige bedenksels omdat hij weet dat zijn vriend Luciano nu eenmaal een rare snijboon is. Zoals ik al zei, hij heeft zich bij zijn rol neergelegd.

Maar het is niet alleen Michaels stem waarover ik grappen maak. Ik plaag hem eigenlijk met alles. Op een dag belde hij om me te vertellen dat hij jarig was. Ik moest zo hard lachen dat ik even geen woord kon uitbrengen. 'Wat is er, Luciano?' vroeg hij.

'Michael,' zei ik. 'Ik ken misschien wel duizend mensen. Jij bent de enige die me belt om te zeggen dat je jarig bent.'

Soms pakt hij me terug. Michael is maandenlang veel te zwaar geweest. Hij nam zich voor om er iets aan te doen, en het lukte hem om zijn overgewicht kwijt te raken. Hij weet hoezeer ik hem daarom benijd. Alsof dat nog niet erg genoeg is, is hij ook nog beter in tafeltennis. Daar kan ik zo kwaad om worden, dat ik ooit zelfs de stand in zijn nadeel heb vervalst. Desondanks dat wist hij me te verslaan.

Een van de beste grappen die ik ooit met Michael heb uitgehaald, had niets met zijn stem te maken. Het kwam eigenlijk heel toevallig aan het rollen, toen hij me op een dag belde in mijn appartement. Ik had op dat moment Andrea Griminelli en zijn vriendin op bezoek. Toen de telefoon ging, was ik net aan mijn bureau bezig, dus nam Andrea op. Bij het horen van Andrea's stem reageerde Michael verbaasd, en hij vroeg wat Andrea daar deed. Die zei in een impuls dat hij gewoon thuis was, en dat Michael blijkbaar een verkeerd nummer had gedraaid. Meer had ik niet nodig.

Michael hing op en belde nogmaals. Deze keer nam ik de telefoon op, en ik zei met verdraaide stem: 'Met het huis van Andrea Griminelli.' Ik vertelde Michael dat Mr. Griminelli niet thuis was, en dat hij bij Mr. Pavarotti zat. Of ik hem het nummer moest geven? Michael was volkomen in de war. Ik weet niet meer wat we hebben gezegd toen hij na een paar minuten weer belde, maar we hielden vol. Uiteindelijk betrokken we ook Andrea's vriendin in het complot.

We lieten haar Michael bellen in New Jersey, zogenaamd namens de telefoonmaatschappij. 'We willen graag weten waarom u Mr. Pavarotti probeert te bereiken,' zei ze.

Michael dacht dat hij gek werd, maar uiteindelijk kreeg hij argwaan, en hij vroeg haar naar haar identificatienummer. Die vraag had ze niet verwacht, en ze viel uit haar rol. Volgens mij hebben we deze hele komedie wel een half uur weten te rekken. Als dit soort streken bewijst dat ik een gemeen trekje heb, zoals mijn vriend Gildo beweert, dan kan ik daar weinig tegen inbrengen. Ik kan alleen maar zeggen dat mijn dag na die grap niet meer stuk kon.

Ongeveer een week later zou ik met Michael gaan eten bij Shun Lee's, een Chinees restaurant vlak bij de Met. Hij zou me thuis komen halen, maar het schoot me te binnen dat ik eerst nog even in de Met moest zijn. Tijd om te bellen was er niet meer, want hij moest uit New Jersey komen en was dus al onderweg. Daarom liet ik een briefje achter bij de receptie van mijn flat, waarin ik schreef dat ik hem in het restaurant zou ontmoeten. Ik probeer altijd op tijd te zijn, maar die keer was ik een paar minuten te laat. Michael kwam net weer naar buiten. Hij keek boos.

'Wat is er met jou aan de hand?' vroeg ik. 'Ik ben maar vijf minuten te laat.'

Hij had mijn briefje gekregen en was rechtstreeks naar het restaurant gegaan. Daar had hij echter te horen gekregen dat ik niet had gereserveerd, en dat ik ook niet werd verwacht. 'Ik was ervan overtuigd dat het weer een van je grappen was, Luciano,' zei Michael.

Ik reageerde verontwaardigd. Hoe kon hij nou toch denken dat ik zoiets met hem zou uithalen? Maar in gedachten noteerde ik het idee. Het zou een geweldige grap zijn, maar dan moest ik eerst een poosje wachten tot Michael dit voorval was vergeten.

In de loop der jaren zijn er heel wat steden geweest die ik regelmatig heb bezocht, en ik heb overal vrienden gemaakt. Daardoor vind ik het altijd weer heerlijk om ernaar toe te gaan. Zo'n stad mag dan niet mijn thuis zijn, ik voel me er toch ook geen vreemde. En wanneer ik er lang niet geweest ben, grijp ik de telefoon om het contact warm te houden en te voorkomen dat mijn vriendschappen verwateren. In al die verschillende vriendenkringen zijn er altijd wel een of twee die de hele groep kennen. Dat zijn dan ook degenen die ik, waar ik ook ben, bel om te horen hoe het met iedereen gaat, en of er nog nieuws is.

In New York vertrouw ik in dat opzicht vooral op Umberto Boeri, met wie ik al dertig jaar bevriend ben. Umberto komt uit San Remo, en hij heeft medicijnen gestudeerd in Modena. Maar daar heb ik hem niet leren kennen. We heb elkaar pas later bij de opera ontmoet, via Mirella Freni. Umberto is kinderarts in New York, maar hij weet ook veel van opera. Na al die jaren is hij een van mijn beste vrienden. Waar ter wereld ik ook zit, op welk uur van de dag ook, ik kan Umberto altijd bellen, wanneer ik wil weten hoe het met al mijn vrienden in New York gaat. Of ze gezond zijn, of alles goed gaat met de studie van hun kinderen, wie er promotie heeft gemaakt op zijn werk.

Wanneer ik in New York ben, nodig ik Umberto en al mijn vrienden in de stad uit om pasta voor hen te koken. Het gebeurt ook wel dat ik bij hen op bezoek ga, maar meestal komen ze bij mij. Tijdens het operaseizoen kan het behoorlijk koud zijn in New York, en als ik het kan vermijden ga ik liever niet de deur uit.

Soms stoort het me dat ik zo weinig weet over het leven van mijn vrienden. Via de telefoon hoor ik weliswaar alle nieuwtjes over hen en hun familie, maar ik weet eigenlijk nauwelijks hoe hun leven eruitziet. Ze komen naar me kijken in de opera, ze komen na de voorstelling naar mijn kleedkamer, maar over hun dagelijks leven krijg ik weinig te horen. Ik kan me geen beeld vormen van hun normale routine, en zo zou het niet moeten zijn wanneer je met elkaar bevriend bent.

Ik wist bijvoorbeeld dat Umberto in een ziekenhuis in Manhattans Upper East Side werkte, maar ik had er geen idee van hoe dat ziekenhuis eruitzag, wat ze er deden, hoeveel patiënten er werden verpleegd. Dus op een dag zei ik tegen Umberto dat ik hem in zijn spreekkamer wilde opzoeken. Hij reageerde verrast, maar kwam meteen met een beter idee. Het was bijna Kerstmis, en dan werd er in het ziekenhuis altijd een feestje gegeven. Waarom kwam ik dan niet? Op die manier zou ik niet alleen zijn werkomgeving kunnen zien, maar ook kennis kunnen maken met zijn collega's.

Het idee sprak me wel aan, maar toch twijfelde ik. Door alles wat er de laatste jaren in mijn carrière is gebeurd – de massale openluchtconcerten, mijn optredens met de drie tenoren – veroorzaakt mijn verschijning tegenwoordig een enorme opwinding. Dat kan een feestje behoorlijk in de war sturen. Dat is voor mij niet zo erg, maar wel voor alle anderen. Ik vind het altijd heerlijk om nieuwe mensen te ontmoeten, maar ik vind het niet prettig wanneer door mij alles in het honderd loopt. Uiteindelijk zei ik tegen Umberto dat ik naar zijn feestje zou komen, op voorwaarde dat hij het tegen niemand zou zeggen. Wanneer ik onaangediend verscheen, zonder dat iedereen al bij voorbaat naar mijn komst had uitgekeken, verwachtte ik dat ze me gewoon als iedere andere gast zouden behandelen. Dat leek ook Umberto een goed idee.

Toen hij me op de dag van het feest kwam halen, zat ik al een kwartier klaar. Hij was ervan overtuigd geweest dat ik inmiddels van gedachten was veranderd, vertelde hij. 'Kom op,' zei ik. 'Waar wachten we nog op.'

Bij het ziekenhuis aangeland liepen we de trap op naar de ruimte waar het feest werd gegeven. Bij de deur werden de gasten welkom geheten door een dame, die Umberto aan me voorstelde als het hoofd van het ziekenhuis. We schudden elkaar de hand, en toen ze mijn gezicht zag reageerde ze verrast. 'Wat leuk dat we u op ons feest mogen begroeten, Mr. Pavarotti,' zei ze, of woorden van gelijke strekking.

Bij het betreden van de feestruimte merkte ik tot mijn genoegen dat er verder nauwelijks aandacht aan me werd besteed. Umberto genoot ervan om naar de gezichten van de andere gasten te kijken. Aanvankelijk hadden ze niets in de gaten, maar langzaam maar zeker zag hij steeds meer mensen onze kant uit kijken, en nog eens kijken, waarna er een verbijsterde uitdrukking op hun gezicht verscheen. Wat doet díe hier? Wat doet een operazanger op het kerstfeest van een ziekenhuis? Uiteindelijk kwam er toch een groepje om me heen staan, maar ze reageerden allemaal erg aardig, en het duurde niet lang of het feest hernam zijn normale loop.

Nadat we met deze en gene hadden gepraat, zei ik tegen Umberto dat ik zijn spreekkamer wilde zien. Zo gezegd zo gedaan, en hij ging me voor naar beneden. Daar ging ik in de stoel achter zijn bureau zitten, en ik vroeg of hij hier zijn patiënten ontving, en waar zijn patiënten zaten wanneer hij met ze sprak.

Hij vond mijn nieuwsgierigheid maar raar en zei dat hij me moest teleurstellen als ik had verwacht dat hij me zijn patiëntendossiers zou laten zien. Maar ik legde hem uit dat het me daar niet om ging. Wanneer ik hem in het vervolg aan de telefoon had vanuit het ziekenhuis, of wanneer hij me vertelde dat hij nog laat aan het werk was, had ik daar nu tenminste een beeld bij. Ik vind het niet prettig wanneer ik me bij het dagelijks leven van mijn vrienden niets kan voorstellen. Zoals ik alles als onprettig ervaar waardoor ik me buitengesloten voel van het gewone leven van gewone mensen.

Umberto had het vaak over een hotel ergens in de bergen ten noorden van New York, waar hij regelmatig een weekend heen ging om te ontspannen. Uit zijn verhalen begreep ik hoe schitterend en hoe vredig het er moest zijn, te midden van een ongerepte natuur. Het grote ouderwetse hotel, het Mohonk Mountain House, lag aan een meer en werd al jaren gedreven door dezelfde familie. Ik was niet alleen nieuwsgierig, ik was ook jaloers, dus ik zei tegen Umberto dat ik er ook wel eens een weekendje heen wilde.

We pakten mijn agenda erbij. Het enige weekend dat ik niet hoefde te zingen of verplichtingen buiten de stad had, was in oktober. Volgens Umberto waren de herfstkleuren dan op hun mooist, dus het zou niet meevallen om nog kamers te krijgen. Hij waagde er een telefoontje aan en zei dat Luciano Pavarotti zoveel over het hotel had gehoord, dat hij wilde komen logeren, maar dat hij zich door zijn drukke agenda alleen dat ene weekend kon vrijmaken. Het hotel reageerde allervriendelijkst en ontving ons in zijn mooiste kamers met een werkelijk spectaculair uitzicht.

Ik vond alles even schitterend: de ruime kamers, de enorme eetzaal, de diverse verblijfsruimten. Het eten was ook prima. De bediening was ouderwets hoffelijk, behalve toen ik onze jeugdige ober vroeg om me wat citroensap te brengen. Hij kwam terug met een klein kommetje sap, dat afschuwelijk bleek te smaken. 'Wat is dit?' vroeg ik.

'Citroensap,' zei hij.

'Dat komt niet uit een citroen, maar uit een blik.'

Hij moest bekennen dat het inderdaad uit een blik kwam, waarop ik hem streng onderhanden nam. In elke supermarkt in heel Amerika kun je het hele jaar door verse citroenen krijgen, zei ik. Voor een of twee kwartjes per stuk. Hoe kon hij zijn gasten in dit prachtige hotel dan zulke afschuwelijke rommel voorzetten die naar blik smaakte?

De arme jongen was danig in verlegenheid gebracht, maar ik vond het echt verschrikkelijk dat zo'n fantastisch hotel zulke rommel serveerde. Vanaf dat moment had hij elke keer als hij de keuken uit kwam, een bordje met schijfjes citroen bij zich. Tegen het eind van de maaltijd stond onze tafel er helemaal vol mee. Dat maakte zijn fout in mijn ogen alleen maar ernstiger. Er waren wel degelijk verse citroenen voorhanden geweest, en toch had hij mij dat aluminiumsap voorgezet.

Ik doe mijn vrienden graag een plezier als dat in mijn vermogen ligt, maar mijn inspanningen worden niet altijd op prijs gesteld. Bijvoorbeeld die keer toen Bryan Miller, de culinair recensent van *The New York Times*, een artikel wilde schrijven over mij en mijn favoriete gerechten. Om hem te helpen bij zijn research nodigde ik hem uit in mijn favoriete restaurant in New York, San Domenico, om al etend over eten te praten. Het restaurant ligt vlak bij mijn appartement aan Central Park South, en het wordt gedreven door een vriend van me, Tony May, een Napolitaan die al jaren in New York woont.

Miller en ik maakten onze eetafspraak een maand van tevoren. Nadat we aan tafel waren geschoven, begon de maaltijd veelbelovend, maar het ging mis toen de ober de wijn inschonk. Ik vroeg wat voor wijn het was. Lambrusco, zei hij. Toen wist ik helemaal zeker dat er iets niet in orde was. Lambrusco is een lichte, enigszins mousserende wijn, afkomstig uit de streek rond Modena. Het is een van mijn favoriete wijnen, dus ik weet hoe hij hoort te smaken. Toen ik de wijn terugstuurde en om een andere fles vroeg, dacht ik dat Tony me zou vermoorden.

Om te beginnen was hij woedend omdat ik dat deed in aanwezigheid van de culinaire medewerker van *The New York Times*. Daar had ik geen moment bij stilgestaan. Alles smaakte me altijd voortreffelijk in San Domenico, en ik was ervan overtuigd dat Tony mij en de recensent van de *Times* niet iets zou willen serveren dat niet voldeed aan de hoge kwaliteitseisen van zijn restaurant. Achteraf begreep ik pas van Tony dat hij me liever met een glimlach azijn had laten drinken, dan dat ik in aanwezigheid van zo'n belangrijke recensent iets negatiefs over de wijn zei.

Wat het allemaal nog erger maakte, was dat Tony de grootste moeite voor deze wijn had gedaan. Hij wist dat Lambrusco een van mijn favorieten was, maar ook dat het niet meeviel om buiten Italië een goede Lambrusco op de kop te tikken. Dat had ik hem nota bene ooit zelf verteld. Om mij een plezier te doen, en om zijn dankbaarheid te tonen voor het feit dat ik de recensent van de *Times* met zijn restaurant kennis liet maken, had Tony speciaal voor deze gelegenheid een kist Lambrusco laten overvliegen. Ik wist niets van al die extra inspanningen, en het speet me heel erg dat ik hem zo'n *brutta figura* had bezorgd. Maar het was toch niet mijn schuld dat de wijn een jetlag had?

Over het algemeen probeer ik goed na te denken bij wat ik zeg, maar als het om muziek, wijn en eten gaat, zeg ik altijd precies wat ik denk. Tony houdt ervan wanneer zijn klanten eerlijk tegen hem zijn. Het gebeurt wel eens dat ze iets niet lekker vinden, maar daar niets over zeggen. Ze betalen zonder commentaar de rekening, en vervolgens ziet hij ze nooit meer terug. Dan heeft hij liever dat ze hem zeggen dat het hun niet smaakt. In zo'n geval krijgen ze een nieuwe portie, of hij maakt iets anders klaar. Als ze dan nog steeds niet tevreden zijn, hoeven ze niet te betalen. Volgens Tony zijn Amerikanen bang om kritiek te leveren, maar de eigenaar van een restaurant krijgt toch liever kritiek dan dat zijn klanten nooit meer terugkomen. Desondanks begrijp ik dat Tony bij die speciale gelegenheid liever had gehad dat ik mijn mond had gehouden.

Omdat ik erg veel geld verdien ben ik in staat om bij te springen wanneer mijn vrienden in financiële moeilijkheden verkeren. Dat vind ik een van de fijnste aspecten van het feit dat ik er zo warmpjes bij zit. Mijn eigen beginjaren, waarin geld een voortdurende zorg was, staan me nog maar al te helder voor de geest, en ik leef dan ook intens mee met de problemen van mijn vrienden. Vaak worden deze veroorzaakt door de enorm gestegen kosten van de gezondheidszorg. Het gebeurt echter ook dat de financiële problemen zo groot zijn, dat ik ze in mijn eentje niet kan oplossen.

Dat laatste overkwam mijn vriendin Judy Drucker in Miami Beach. Een aantal van haar concerten werd niet bijster goed verkocht, maar ze moest de artiesten wel hun volledige gage betalen. Judy ontvangt geen enkele vorm van overheidssubsidie, dus ze bleef met een enorm tekort bleef zitten.

Toen ik over deze problemen hoorde, vroeg ik Herbert om haar te zeggen dat ik een benefietconcert zou geven voor Judy's Miami Concert Association. Ik nam contact op met mijn vrienden Itzhak Perlman en Vladimir Ashkenazy, en we spraken af dat we voor niets zouden optreden. Op die manier kon Judy al het geld dat het concert opleverde, gebruiken om haar schulden af te betalen.

Het concert verliep geweldig, en we hadden er allemaal veel plezier in, zowel in de repetities als in de voorstelling zelf. Het enige probleem was dat Judy me stapelgek maakte met haar dankbaarheid. Ik was haar beste vriend, zei ze. Nog nooit had iemand zoiets geweldigs voor haar gedaan, en zo ging het maar door. Aanvankelijk ging ik er serieus op in. Ik zei dat niemand in de toekomst kon kijken, en dat er misschien ooit een dag kwam waarop ik een beroep op haar zou moeten doen. Daar was ze erg door geroerd. Maar ik zei het niet om iets aardigs te zeggen. Ik meende het serieus. Ik heb altijd erg veel geluk gehad in mijn leven, maar ik ben me ervan bewust dat daar van de ene dag op de andere een eind aan kan komen. Judy begreep dat ik het serieus bedoelde, maar desondanks bleef ze me achtervolgen met haar dankbaarheid.

Uiteindelijk bedacht ik iets om het haar af te leren. Perlman, Ashkenazy en ik stonden op het toneel voor onze generale repetitie. Tijdens een pauze kwam Judy naar ons toe. Zodra ze aan haar zoveelste dankbetuiging wilde beginnen viel ik haar in de rede. 'Zeg, Itzhak,' zei ik tegen Perlman. 'Ben jij eigenlijk ooit met Judy naar bed geweest?'

Hij keek me verbijsterd aan en ontkende.

'En jij?' vroeg ik aan Vladimir. Die ontkende ook.

'Ik ook niet,' zei ik. 'Dus wat doen we hier eigenlijk?'

Ik heb al jaren dezelfde chauffeur in New York: Winston Daley, een geweldige vent. Hij komt uit Jamaica. Als ik naar New York ga verheug ik me altijd op het weerzien met Winston en op het laatste nieuws over zijn liefdesleven. Toen ik hem vertelde dat we in 1995 een grote tournee door Zuid-Amerika zouden maken, vond hij het erg jammer dat we Jamaica niet op ons lijstje hadden staan. Hij kwam er telkens weer op terug. Iedereen op het eiland zou het fantastisch vinden als ik kwam, zijn familie had al zoveel over me gehoord... Hij hield maar niet op.

Ik vroeg Tibor of we Jamaica nog in onze tournee konden opnemen. Hij maakte een berekening en zei dat het eiland te klein was. De kosten van het transport en van de organisatie van een openluchtconcert waren zo hoog, dat hij deze met zo'n beperkt publiek nooit kon terugverdienen. En als ik nu eens afzag van mijn gage, vroeg ik. Dan zag het er ineens heel anders uit, aldus Tibor. En dus gingen we alsnog naar Jamaica. Het spreekt vanzelf dat ik Winston uitnodigde om zich daar bij ons te voegen, en het was zonneklaar dat hij en zijn familie enorm van het concert genoten.

Een van de redenen waarom ik volgens mij zoveel goede vrienden heb, is de manier waarop ik mensen benader. Ik veroordeel nooit iemand, en als ik merk dat iemand iets doet dat niet door de beugel kan, dan neem ik aan dat hij of zij daar een goede reden voor heeft. Nicoletta is met haar twintigplus nog erg jong. Misschien is dat de reden waarom ze zo anders reageert dan ik. Als ze iemand ontmoet heeft ze haar oordeel meteen klaar: wel of niet intelligent, wel of niet aardig. Dat soort dingen.

'Waarom zeg je dat?' vraag ik dan. 'Iedereen heeft zijn goede kanten, en het is aan jou om die te vinden. Het is zonde van je tijd om je blind te staren op negatieve dingen. Die zijn er natuurlijk, meer dan genoeg zelfs. Maar als je daarmee begint, kom je nooit aan de goede dingen toe.'

Volgens mijn zuster ben ik te vergevensgezind. Samen met Nicoletta wijst ze me regelmatig op wat anderen me hebben misdaan, en ze kan zich niet voorstellen dat ik nog aardig kan zijn tegen zulke mensen. Maar volgens mij konden ze op dat moment gewoon niet anders. Ik weiger te geloven dat ze zoveel slechter zijn dan anderen, en ik ben ervan overtuigd dat ze ook hun goede kanten hebben. Toen na afloop van een van mijn paardenconcoursen een van de organisatoren er met een hoop geld vandoor ging, bleef ik met een stapel onbetaalde rekeningen zitten. Toch noem ik hem in ons programmaboekje nog altijd als een van de oprichters, en als ik hem ooit weer tegenkom zal ik hem als een vriend begroeten.

Veel van mijn vrienden zeggen dat ik gek ben. Misschien hebben ze gelijk, maar het leven is zo kort. Sommige mensen hebben meer geluk dan andere, en diep van binnen zijn we allemaal hetzelfde.

# 15

## Een leven in de spotlights

Wanneer je, zoals ik, aan een leven op het toneel begint, kun je niet verlegen of gereserveerd zijn. Veel artiesten werken keihard om de aandacht van het publiek op zich te vestigen. Maar zodra ze deze hebben besluiten ze dat ze daar eigenlijk niet van gediend zijn. Ze zijn jaren bezig om in de belangstelling te komen, maar zodra ze hun doel hebben bereikt willen ze dat het publiek hen met rust laat. Ik doe erg mijn best om niet zo te zijn, en misschien valt dat mij wel minder zwaar dan anderen. Al toen ik heel klein was – als enig jongetje in een flatgebouw vol vrouwen – had ik bepaald niet over aandacht te klagen. Ik moet eerlijk toegeven dat ik het heerlijk vind. Niet te heerlijk, hoop ik.

Sinds de drie-tenorenconcerten en diverse andere internationale televisieoptredens, maar ook sinds mijn concerten in alle delen van de wereld, en dank zij alle publiciteit waarmee dat soort evenementen gepaard gaat, ben ik inmiddels erg bekend. Door de verkoop van mijn platen en videobanden is mijn bereik enorm, maar volgens mij is er nog een reden waarom zoveel mensen me kennen: vanwege mijn omvang vergeten ze me nooit meer als ze me eenmaal hebben gezien.

Wat ook de redenen mogen zijn, ik word overal herkend, waar ik ook ga. En meestal vind ik het heerlijk wanneer mensen op straat naar me toe komen of in een restaurant bij mijn tafeltje komen staan. Ik beschouw het als een teken van hun waardering en hoe zou ik me daaraan kunnen storen? Het schijnt dat mensen makkelijker naar mij toe komen dan naar andere beroemdheden. Als dat zo is, dan ben ik daar blij om. Ik geloof niet dat het komt doordat ze me aardiger vinden. Het heeft er waarschijnlijk meer mee te maken dat ik in het echt net zo blijk te zijn als die zanger die hen op de televisie wel aansprak. Dat ik mezelf ben.

Ik hoop ook dat ze aan me kunnen zien dat ik mezelf niet beter vind dan mensen die niet bekend zijn. Ik ken beroemdheden die er alles aan doen om hooghartigheid en superioriteit uit te stralen, om te voorkomen dat ze worden lastig gevallen. Ik probeer juist het tegenovergestelde te doen en duidelijk te maken dat ik ook maar heel gewoon ben; een gewoon mens met de beste bedoelingen. Als dat de reden is waarom er zoveel mensen op me afkomen wanneer ik me in het openbaar vertoon, dan kan ik me daar natuurlijk niet aan storen. Blijkbaar komt de boodschap goed over.

Soms weten mensen niet zeker of ik het ben, en dan vragen ze: 'Bent u Pavarotti?' of woorden van gelijke strekking.

Meestal zeg ik dan: 'Ja, ik geloof het wel.' Het is geen erg intelligent antwoord, maar wat moet ik dan zeggen? Ik hoorde ooit een verhaal over Elizabeth Taylor. Toen ze ergens uit een auto stapte, kwam er iemand naar haar toe met de vraag of ze het echt was. Blijkbaar was ze in een kwaaie bui, want ze keek de vragensteller aan en zei: 'Wie dacht u dan? Groucho Marx?'

Wanneer mensen me vragen of ik Pavarotti ben, zou een deel van me eigenlijk best willen zeggen dat ik Elizabeth Taylor ben, maar een ander deel, mijn betere ik, glimlacht stralend en laat merken hoe heerlijk ik het vind om te worden herkend.

Het gebeurt wel eens dat ik op een mooie dag in New York uitkijk over Central Park en het binnen niet langer uithoud. Dan moet ik naar buiten, net als iedereen. 'Kom mee,' zeg ik dan tegen Nicoletta. 'We gaan naar buiten om te picknicken.' We lopen het park in, op zoek naar de eerste de beste bank. We hebben wat fruit bij ons, en wat kaas en mineraalwater. Als het goed gaat met mijn dieet, wil ik mezelf nog wel eens twee hotdogs toestaan, want daar ben ik dol op. Het is heerlijk om in de open lucht je lunch te eten. Soms komen er mensen naar me toe, maar vaak ook niet. Newyorkers zijn het gewend om bekende gezichten te zien.

Meestal vind ik het heerlijk als mensen zich om me heen verzamelen wanneer ik me in het openbaar vertoon. Maar niet altijd. Soms zou ik willen dat het niet gebeurde, zoals wanneer ik gezellig met vrienden buiten de deur wil eten en er voortdurend mensen naar mijn tafeltje komen. Dat gebeurt in restaurants vaker dan bij andere gelegenheden, en dat kan ik ook wel verklaren. Ze willen iets eten, en dan zien ze mij zitten. Natuurlijk, denken ze dan, we zijn hier in een eetgelegenheid, en daar zit Pavarotti... te eten. Het is bijna alsof ik hen heb uitgenodigd. Bovendien kan ik niet weglopen als ik aan tafel zit. Wat de reden ook mag zijn, in een restaurant valt het niet mee om alleen met mijn tafelgenoten te zijn.

Wanneer dat soort interrupties tijdens de hele maaltijd doorgaan, kan het erg vervelend worden. Al was het alleen maar omdat ik het niet eerlijk vind tegenover de mensen met wie ik aan tafel zit. Alle gesprekken moeten gestaakt worden, en de hele tafel luistert verplicht mee naar mijn bewonderaar, die uitlegt hoe heerlijk hij of zij het vindt om me te horen zingen. Ik laat echter nooit merken dat ik ongeduldig begin te worden. Degene die naar me toe komt realiseert zich waarschijnlijk niet hoe vaak me dit gebeurt. Maar ook al stoor ik me eraan, ik laat het niet merken.

Zelfs niet op die avond in een restaurant in New Yorks Chinatown, toen er een vrouw naar mijn tafeltje kwam die zei dat ze een enorme fan van me was. Ze sprak onduidelijk en ik geloof dat ze dronken was. Ik bedankte haar glimlachend en wijdde me weer aan mijn maaltijd. Ze bleef echter naast mijn stoel staan, en plotseling zei ze: 'Ik wil dat u voor me zingt.' Ik antwoordde dat het me speet, maar dat ik zat te dineren met vrienden. Toen werd ze boos, en ze zei dat ze pas wegging als ik voor haar had gezongen. Ik wist me geen raad, maar uiteindelijk kwam de manager erbij, die de vrouw vroeg terug te gaan naar haar tafeltje.

Zelfs wanneer mensen zo agressief zijn probeer ik nooit de indruk te wekken dat ik het niet leuk vind om hen te ontmoeten, en ik doe mijn best om een praatje met hen te maken. Dat doe ik niet alleen omdat ik van nature een vriendelijk mens ben, die van zijn medemensen houdt. Ik doe het ook omdat mijn fans me eraan herinneren hoe gelukkig ik me mag prijzen. Ik beschouw al die aandacht van onbekenden als een deel van wie ik ben, een deel van het succes waarvoor ik zo hard heb gewerkt. Als ik me niet goed voel, of als ik niet in de stemming ben om te praten met mensen die ik niet ken, blijf ik thuis.

Als ik aan het werk ben gebeurt het wel eens dat mijn omgeving – mijn secretaresses of mijn vrienden – geïrriteerd raken doordat er weer een mensenmenigte buiten het gebouw is samengestroomd. Maar ik vind het afschuwelijk wanneer mijn vrienden op zulke momenten blijk geven van hun ergernis. Fans zijn belangrijk voor een artiest, leg ik hun dan uit. Ik ben die mensen dankbaar dat ze de moeite nemen om blijk te geven van hun waardering. Ik zeg altijd tegen mijn vrienden dat ze nooit onbeleefd mogen zijn tegen mijn fans. En het is ook een van de eerste dingen die ik een nieuwe secretaresse leer.

Soms heeft de aandacht van bewonderaars ook een komisch effect. In Brazilië is er een man die beroemd is geworden dank zij het feit dat hij beroemdheden kust. Hij rent op ze af, en voordat ze in de gaten hebben wat er gebeurt, geeft hij hun een zoen. Het schijnt dat hij al heel wat filmsterren, sporthelden en zelfs de paus heeft gekust. Ze hebben hem een bijnaam gegeven: Il Bacciaciero, of zoiets.

Toen ik tijdens een concert in Rio van mijn kleedkamer naar het toneel liep, kwam hij zomaar uit het niets te voorschijn, en hij probeerde me te kussen. De veiligheidsmensen sloegen echter meteen toe, en even was de toestand allesbehalve grappig. Want de politie kwam aanstormen in de veronderstelling dat iemand probeerde me te vermoorden. Er ontstond een enorme opschudding, en zelfs toen bleek dat het Il Bacciaciero maar was, kon de politie daar bepaald niet om lachen.

Een van mijn favoriete ontmoetingen met het publiek vond nog niet zo lang geleden in New York plaats. Ik weet eigenlijk niet eens wat ik er zo fantastisch aan vond, misschien de spontaniteit waarmee het gebeurde. Jane Nemeth en ik hadden net een auditie gehouden voor ons vocalistenconcours, in een gebouw aan 57th Street. Er was over geschreven in de kranten, dus toen we naar buiten kwamen werden we opgewacht door een menigte paparazzi en verslaggevers. Ik probeerde beleefd tegen hen te zijn, maar we waren al te laat voor een andere afspraak, een eindje verderop in de straat, dus we drongen ons haastig door de samengedromde mensen en liepen in flink tempo 57th Street af.

Van de andere kant kwam ons een buitengewoon aantrekkelijke negerin tegemoet. Ze was lang en slank, zeer opvallend gekleed, en ze had een opmerkelijke uitstraling. Haar elegante verschijning deed veronderstellen dat ze danseres was, of misschien actrice. Op het moment dat ze me recht in mijn gezicht keek begon ze te schreeuwen. Ik maak geen grapje. Ze zette het werkelijk op een gillen. 'O god!' riep ze, en ze liet zich tegen een gebouw vallen.

Ik dacht aanvankelijk dat ze misschien niet goed was geworden, dus ik hield in. De man die naast haar liep wist zich duidelijk geen raad met de situatie. De vrouw keek me nog altijd aan. Met één hand voor haar mond wees ze met de andere naar mij, en ze riep heel hard: 'O god, het is 'm!' Haar metgezel keek naar haar, toen naar mij. Er bleven nog meer mensen stilstaan. Ik kon mijn lachen niet meer houden, want ik vond het wel een goeie grap.

Maar niet iedereen kent me, zelfs niet in mijn geboorteland Italië. Bij een van de buitenopnamen voor *Pavarotti returns to Naples*, met PBS in 1987, zat ik in mijn auto te wachten tot de locatie in gereedheid was gebracht. Het nieuws van mijn aanwezigheid had zich door de buurt verspreid, en rond de auto had zich een menigte gevormd. Vlakbij stond een jongetje van een jaar of negen met een limonadekarretje. Bij het zien van de oploop rond mijn auto liet hij zijn kraampje in de steek, hij liep naar me toe en gebaarde dat ik mijn raampje open moest draaien. 'Waarom kijken ze allemaal zo naar u?' vroeg hij vervolgens.

'Ik ben Luciano Pavarotti,' zei ik tegen hem.

De jongen haalde zijn schouders op, alsof hij wilde zeggen, dat zegt me niets.

Ik vertelde hem dat ik tenor was, operazanger.

'Ik weet niets van opera,' zei hij. 'Waar zingt u?'

'Overal,' zei ik. 'In Londen, Parijs, Milaan, New York.'

'New York?'

Dat vond hij interessant. 'Ik zing ook hier in Napels,' vertelde ik hem. 'Over drie dagen geef ik een concert. Wil je een kaartje?'

Hij dacht even na, toen zei hij: 'Hoe laat is dat concert?'

Ik zei dat het om acht uur begon.

'Dan kan ik niet,' zei hij. 'Ik moet van mijn moeder van acht uur 's ochtends tot negen uur 's avonds bij mijn karretje blijven.'

Ik begon steeds meer plezier in het jongetje te krijgen. Dus vroeg ik zijn telefoonnummer om met zijn moeder te kunnen praten. Ze hadden thuis geen telefoon, zei hij. En de buren? Hij schreef het nummer op van een van de buren. Ik zei: 'Ik zal wel zorgen dat je moeder het goed vindt.'

Zijn moeder reageerde heel beleefd en bedankte me voor de uitnodiging, maar ze hield vol dat haar zoon niet naar het concert zou kunnen komen. Er was niemand anders die op het kraampje kon letten. Ik deed mijn uiterste best om haar tot andere gedachten te brengen, maar haar besluit stond vast. Er viel niet aan te tornen.

Soms gebeurt er iets waardoor ik ineens weer weet hoe mijn leven eruitzag voordat mijn gezicht dank zij de televisie bij enorme aantallen mensen over de hele wereld bekend werd. Nog niet zo lang geleden was ik in Wenen om een opera te doen. Terwijl ik met Larisa en Nicoletta van een repetitie terugreed naar ons hotel, kwamen we langs een pizzeria. Die verwacht je niet in Wenen. We hadden allemaal trek, dus besloten we iets te gaan eten. Het was nog vroeg, ik denk een uur of zes, en er zat verder nog niemand in het restaurant.

We gingen aan een tafeltje zitten, en de ober ontving ons heel vriendelijk, zonder extra ophef over mijn aanwezigheid te maken. We bestelden onze pizza's. Er kwamen nog wat mensen binnen, maar ook die besteedden geen extra aandacht aan me. De pizza's smaakten uitstekend, en we konden in alle rust van onze maaltijd genieten zonder dat er mensen naar ons tafeltje kwamen. Het was

Als ik tijdens een tournee tijd heb, ben ik graag met paarden in de weer. In Argentinië in 1987 was ik voor een paar uur een echte gaucho. *(Ola Verria)*

Bruce Springsteen is een nieuwe vriend die ik op zijn prachtige boerderij in New Jersey heb bezocht. *(Andrea Griminelli)*

Voor het drie-tenorenconcert in het Dodger-stadion in 1994 waren 600 mensen backstage aan het werk. Ik denk dat iedereen een draagbare telefoon had, net als mijn manager Herbert Breslin. *(William Wright)*

In China heb ik het meest enthousiaste publiek gezien.
*(Hans Boon)*

Niet alle Chinezen waren echter
even enthousiast over mij.
*(AP/Wide World Photos)*

Zelfs nadat ze helemaal verre-
gend was tijdens het concert in
het Hyde Park in 1991, zag prinses Diana er beeldschoon uit.
Prins Charles en ik maken ondertussen een grapje.
*(Doug McKenzie)*

Nemorino in Donizetti's *L'Elisir d'amore* is een eenvoudige boerenzoon die uiteindelijk toch bereikt wat hij wil. Dat is een van de redenen waarom ik een speciale voorkeur heb voor deze rol. *(Robert Cahen)*

Een andere favoriete rol van mij is Riccardo in *Un ballo in Maschera*. Oscar wordt hier gezongen door Harolyn Blackwell. *(Henry Grossman)*

Hoewel ik *I Pagliacci* al had opgenomen op cd en tijdens een concert had gezongen, heb ik deze
rol pas met de première in de Met
in 1994 voor de eerste keer op het
toneel gezongen.
*(Henry Grossman)*

Voor het tweede drie-tenorenconcert in Los Angeles in 1994
werd er een jaar lang zware druk
op ons uitgeoefend. Tegen de tijd
dat Placido, José en ik gingen repeteren, verkeerden we alle drie
in een tenor-shock. *(F. Origlia)*

Bill stelde voor om een foto te maken terwijl hij aan het typen was en ik aan het vertellen. Ik had echter een beter idee: 'Jij zingt, ik typ.'
*(Betty A. Prashker)*

Mijn dochters zijn wondermooi, vindt u niet? Van links naar rechts, Lorenza, Giuliana en Cristina. *(William Wright)*

Ik houd van alles wat met concours hippiques te maken heeft – het sportieve element, de expertise, de fantastische samenwerking tussen paard en ruiter – zelfs van de elegante kostuums.
*(Claire Flamant)*

Als ik tijdens de zomermaanden niet in mijn boot of aan de telefoon zit, dan lig ik in mijn hangmat, lezend over mezelf zoals hier. *(William Wright)*

Mijn vader en moeder zijn twee fantastische mensen die altijd een belangrijk onderdeel van mijn leven zijn geweest. *(William Wright)*

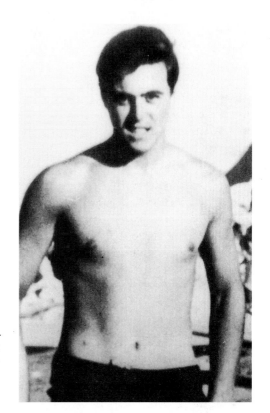

Toen ik achttien was kon ik mij
niet voorstellen wat er in de komende jaren allemaal zou gaan
gebeuren. Nu ik zestig ben en uitkijk over de zee bij Pesaro kan ik
nog steeds niet geloven wat er allemaal is gebeurd.
*(Familie-archief en William
Wright)*

een bijzonder prettige ervaring, maar ik moet toegeven dat zoiets tegenwoordig niet vaak meer voorkomt. Na deze ervaring in Wenen heb ik er een gewoonte van gemaakt om vroeg naar een restaurant te gaan, op een tijdstip dat er nog niet zoveel mensen zitten. Daardoor heb ik een veel grotere kans om in alle rust van mijn maaltijd te genieten. Bovendien geldt bij eten natuurlijk altijd: hoe eerder hoe beter.

Er is één ding waar ik volgens mij voor moet oppassen: doordat ik me heb aangewend om thuis te blijven wanneer ik niet in de stemming ben om met vreemden te praten, loop ik het risico dat ik niet voldoende de deur uit kom. Nicoletta wilde eens een eindje gaan wandelen in New York, en ze vond dat ik mee moest. Volgens haar had ik behoefte aan wat afleiding en beweging. Ik voelde me echter niet erg sociaal, althans niet voldoende om met mensen te praten die ik niet kende.

Ze reageerde geïrriteerd. 'Hoe kun je zo leven? Je lijkt wel een gevangene. Ik vind dat je wel erg veel opoffert.'

Ik vond het niet prettig dat ze dat zei. 'Dat is geen opoffering voor me,' antwoordde ik. 'Mijn werk is mijn leven.'

Toen ik nog last had van mijn knie had ik een goed excuus om thuis te blijven. Ik had mijn privacy, en tegelijkertijd vermeed ik de pijn die ik altijd van te veel lopen kreeg. Maar inmiddels is mijn knie een stuk beter, en ik ben behoorlijk afgevallen. Nicoletta wijst me daar voortdurend op en accepteert dergelijke smoesjes niet langer als excuus om thuis te blijven. Ze staat erop dat ik meer de deur uit ga, en ik denk dat ze gelijk heeft.

Dat geldt niet alleen in steden als New York, wanneer ik aan het werk ben, maar ook als ik ergens voor mijn plezier ben. Vorig jaar ging ik naar Barbados om een paar dagen uit te rusten in een hotel waar ik al diverse keren had gelogeerd. Nicoletta was er nog nooit geweest en vroeg wat op het eiland de moeite van het bezichtigen waard was.

'Buh,' zei ik op zijn Italiaans, hetgeen betekende dat ik het niet wist. Ik legde uit dat ik uitsluitend voor mijn rust naar Barbados kwam. Eenmaal daar bleef ik in mijn hotel. Ik kon me niet herinneren dat ik ooit de deur uit was geweest. Dat vond Nicoletta meer dan verschrikkelijk. 'Hoe kun je? Je bent op een schitterend tropisch eiland, en je kijkt er niet eens naar.'

Ze raadpleegde het hotelpersoneel en kreeg te horen dat er een wildreservaat op het eiland was. We gingen erheen, en ik moet toegeven dat ik erg heb genoten van wat ik daar heb gezien. Bovendien maakten we diverse ritten langs de kust. Ook daar was ik nog nooit geweest, en het was er schitterend. Vanaf dat moment startte Nicoletta een campagne om me het verschil duidelijk te maken tussen reële problemen, waardoor ik inderdaad de deur niet uit kon, en luiheid. Ik ben blij dat ze dat heeft gedaan.

Wanneer je bekend bent moet je extra je best doen om altijd beleefd en hoffelijk te blijven. Wanneer je mensen beledigt, zelfs wanneer het niet met opzet gebeurt, bestaat de kans dat ze zich dieper gekwetst voelen dan anders het geval zou zijn geweest, alleen omdat je bent wie je bent. Ik vlei me met de gedachte dat ik dat soort dingen goed aanvoel, en dat ik *educato* ben, 'netjes opgevoed'. Ik heb altijd sterk rekening gehouden met de gevoelens van anderen, en ik hoop dat daar door mijn succes geen verandering in is gekomen.

Problemen kunnen zich voordoen rond zaken die me na aan het hart liggen. Om te beginnen mijn gezondheid. Als ik het gevoel heb dat er iets van me wordt verwacht waardoor ik last van mijn keel zou kunnen krijgen of zelfs ziek zou kunnen worden, zeg ik het ronduit, ook als ik daarmee het risico loop iemand te kwetsen. Dat zou bijvoorbeeld kunnen gebeuren wanneer ik bloemen krijg aangeboden. Bepaalde soorten, vooral lelies, bezorgen me problemen met mijn keel. Ik weet niet waaròm dat zo is, maar het is zo, dat kunt u gerust van me aannemen. Dus ook al staat de gulle gever recht voor me, dan nog zeg ik: 'Het spijt me, maar ik wil ze hier niet hebben.'

Een ander voorbeeld is muziek. Wanneer ik tijdens mijn werk het gevoel heb dat een van mijn collega's iets verkeerd doet, dan zeg ik het, zelfs wanneer ik weet dat die collega zich misschien beledigd voelt. Ik presenteer mijn afwijkende opvatting altijd als een mening, niet als een feit, maar ik maak van mijn hart geen moordkuil.

Hetzelfde geldt als het om eten gaat. Er zijn een heleboel dingen die ik lekker vind, en ik begrijp dat smaken verschillen. Maar als ik iets krijg voorgezet dat gewoon niet goed smaakt, dan eet ik het niet. En als me ernaar wordt gevraagd zeg ik ook meestal ronduit waarom niet.

Iets dergelijks gebeurde nog niet zo lang geleden in Berlijn, waar ik een *Bohème* deed met de winnaars van het vocalistenconcours. Er was voor ons een diner geregeld in een Italiaans restaurant. Nu ben ik toch altijd al sceptisch ten aanzien van Italiaanse restaurants in het buitenland, en het spijt me te moeten zeggen dat die scepsis vooral in Duitsland niet onterecht is gebleken. De

Duitsers hebben een heel uitgesproken eigen eetcultuur, en daarmee zitten ze op een totaal andere culinaire golflengte dan wij Italianen. De plannen waren echter al gemaakt, dus er was geen ontkomen aan. Ik moest erheen.

In het restaurant zaten we met de hele groep aan één grote tafel. De eerste gang werd gebracht, risotto. Na één hap fluisterde ik Kallen Esperian, die Mimi zong, in haar oor: 'Denk erom dat je dit niet eet. Het is vergif.'

Ik weet niet wat erin zat, maar het smaakte afschuwelijk. Het had niets met de Italiaanse keuken te maken. Met geen enkele keuken trouwens. De volgende gang was nauwelijks beter. Ik was ervan overtuigd dat de kok op een gegeven moment aan onze tafel zou verschijnen om complimenten in ontvangst te nemen, en ik vroeg me af wat ik dan in 's hemelsnaam moest zeggen. Toen hij uiteindelijk uit de keuken kwam deed ik mijn best om zo vriendelijk mogelijk te blijven. Ik prees de sfeer in zijn restaurant, de goede bediening, alles behalve het eten. Maar het was duidelijk dat ik nog geen hap van zijn afschuwelijke brouwsels had gegeten, dus ik maakte wat grapjes, in de hoop zijn aandacht van mijn volle bord af te leiden.

Kallen sprak me later aan op die grapjes. Ze beweerde dat wat ik had gezegd erop neerkwam dat ik dit eten nog niet aan mijn hond zou voorzetten. Dat moet ze verkeerd hebben verstaan. Zoiets zou ik nooit zeggen. Hoewel, misschien ook wel. Ik kan over alles beleefd blijven, behalve over deze drie onderwerpen: mijn gezondheid, muziek en slecht eten. In dit geval waren naar mijn mening de laatste twee in het geding.

Mijn moeder heeft me geleerd dat ik altijd beleefd moet blijven. Je hoeft niet rijk te zijn om goede manieren te hebben. Mijn vriendin Renata Nash heeft me wel eens uitgelachen omdat ze me tè welgemanierd vond. Toen ik haar opzocht in haar appartement aan Central Park West, bleek haar pitbull me wel te mogen. Renata, haar man en ik zaten in haar woonkamer, en plotseling sprong het beest bij me op schoot. Zo te zien was hij niet van plan er weer af te gaan. Ik kende de reputatie van dat soort honden, dus ik voelde me allesbehalve op mijn gemak. Blijkbaar sprak mijn gezicht boekdelen.

'Stuur Schatzi maar gewoon weg, Luciano. Als je hem niet op schoot wilt hebben, moet je hem er gewoon afduwen.'

'Maar Renata, ik ben hier de gast,' zei ik. 'Het is niet aan mij om jouw hond te zeggen wat hij moet doen of laten.'

Ze begreep wat ik bedoelde, en haalde de hond weg, maar ze

vond dat ik veel te beleefd was. Ik vind van niet. Ik vind dat ik moet laten zien dat ik weet hoe het hoort, ook als haar hond dat duidelijk niet weet. Maar los van de vraag wat goede manieren zijn, ik was er niet op uit om een pitbull tegen de haren in te strijken.

In de meeste gevallen ben ik echter een voorstander van eerlijkheid tegenover mijn vrienden. Als iets me stoort, dan zeg ik dat. Het zou oneerlijk zijn, onoprecht, om je naaste vrienden anders te behandelen.

Hoewel ik nu zelf ook bekend ben, zijn er nog altijd heel veel mensen voor wie ik diep ontzag heb. Al toen ik klein was waren er helden in de sportwereld die ik aanbad, vooral autocoureurs en voetballers. Dat doe ik nog steeds. Ik ben bovendien een enorme fan van veel beroemdheden in de wereld van het entertainment – Frank Sinatra bijvoorbeeld, van wie ik blij ben te kunnen zeggen dat hij inmiddels een vriend van me is geworden.

Jarenlang heb ik genoten van de platen van Vic Damone, een zanger met een geweldige frasering. Na een van mijn voorstellingen kwam zijn vrouw, de fantastische zangeres en actrice Diahann Caroll, naar mijn kleedkamer, en ze vertelde me dat Vic me dolgraag wilde ontmoeten. Hij stond voor de deur, zei ze, maar hij was zo'n enorme fan van me dat hij niet goed binnen durfde te komen. Ik zei haar dat ze hem onmiddellijk moest gaan halen, maar dat ik zo'n fan van hèm was dat ik waarschijnlijk geen woord zou kunnen uitbrengen.

Jaren geleden, toen ik in Amerika nog maar net bekendheid begon te krijgen, ontdekte Bob Cahen tijdens een van mijn concerten in San Francisco Burt Lancaster tussen het publiek. Bob wist dat ik een bewonderaar van hem was, en dat ik al zijn films had gezien. Veel van mijn Engels had ik opgestoken door naar films met Burt Lancaster te kijken. Bob ging naar hem toe en vroeg of hij me wilde ontmoeten, waarop Lancaster zei dat hij dat erg leuk zou vinden.

Toen Bob deze legendarische filmster na het concert mijn kleedkamer binnenliet, was ik zo verrast dat ik me nogal heb aangesteld: ik liet me op mijn knieën vallen en maakte een diepe buiging. Daarmee uitte ik mijn dankbaarheid voor alle fantastische films die hij me had gegeven, en waarmee hij me Engels had geleerd. Tegenwoordig reageer ik niet meer zo uitbundig op mijn favoriete beroemdheden. En dat is maar goed ook, want ik zou niet meer zo snel op mijn knieën kunnen vallen. Lancaster was een geweldige man, en we zijn vrienden gebleven tot zijn dood, vorig jaar.

Er is een tijd geweest waarin ik verslaafd was aan de films van Mel Brooks. Ik herinner me nog dat ik in Wenen in de Staatsoper stond, en besloot dat ik een bepaalde film van Mel Brooks wilde zien. Ik had behoefte aan iets wat me zou opvrolijken. Dus stuurde ik mijn arme secretaresse de hele stad door, op zoek naar de film waarin hij een acteur speelt die de nazi's bespioneert: *To Be or Not to Be*. We bekeken de film, en ik genoot er weer net zo uitbundig van als altijd.

Toen gebeurde er iets verbijsterends. Zoals altijd ontving ik ook in Wenen na de voorstelling mensen uit het publiek in mijn kleedkamer, en toen ik op een avond opkeek, stond ineens Mel Brooks in de deuropening. Ik was zo verrast, zo overweldigd, dat ik geen woord kon uitbrengen. Zelfs nadat Brooks en ik aan elkaar waren voorgesteld kostte het me moeite om iets zinnigs uit te brengen. Het was alsof ik een opera van Puccini had gezien, en de componist vervolgens in levenden lijve mijn kleedkamer zag binnenstappen. Diezelfde verwarring heb ik ook gezien bij mensen die mij ontmoetten. Ik kan u verzekeren dat ik weet hoe ze zich voelen.

Dit is een van de leuke dingen van bekend zijn: het wordt gemakkelijker om bekendheden die jij op jouw beurt bewondert, te ontmoeten. Bovendien krijg je vaak heel interessante uitnodigingen. Toen ik aan het eind van de jaren tachtig tijdens de periode Bush in Washington zong, nodigde de president me voor de lunch uit in het Witte Huis. Ik nam mijn secretaresse, Judy Kovacs, mee.

Aan tafel zat ik naast Mrs. Bush en Judy naast de president. Judy is een ontwikkeld intelligent meisje en ze converseert moeiteloos in zeven talen, dus ik maakte me geen zorgen of ze zich wel op haar gemak zou voelen naast zo'n wereldleider. Toen we aan tafel gingen was er meteen iets dat mijn aandacht trok. Naast elk bord stond een schaaltje met zoute pinda's. Ik vroeg Mrs. Bush of ze altijd nootjes op tafel had staan. Ze vertelde me dat de president dol was op zoute pinda's, en dat hij wilde dat zijn gasten altijd een schaaltje binnen hun bereik hadden.

We zaten heel gezellig en ontspannen te eten toen Judy midden onder de lunch plotseling haar vork in haar mond stopte en luidkeels een kreet slaakte. Het leek nog het meest op 'Woeps'. De president keek haar bezorgd aan, alsof hij bang was dat ze misschien niet lekker werd. Het werd doodstil aan tafel en Mrs. Bush zei: 'Voelt Miss Kovacs zich wel goed?'

'Niks aan de hand,' zei ik. 'Dat doet Judy altijd wanneer ze iets eet dat ze erg lekker vindt.'

Ik weet niet of het kwam door dat 'Woeps' van Judy, maar het echtpaar Bush en ik werden vrienden en ik heb hen onlangs bezocht in hun nieuwe huis in Texas.

Door mijn optredens bij benefietconcerten en door mijn concerten tijdens het concours hippique in Modena heb ik diverse populaire zangers, zelfs enkele rocksterren, leren kennen. Hun wereld – zo totaal anders dan de wereld van de opera – fascineert me en het boeit me enorm om te zien hoe deze zangers, die zoveel jonger zijn dan ik, schijnbaar moeiteloos met hun wereldwijde roem omspringen.

Een van de mensen met wie ik bijzonder bevriend ben geraakt is de Britse popster Sting. Die vriendschap is ontstaan in 1993 tijdens een mede door hem georganiseerd benefietconcert in Carnegie Hall ten bate van de regenwouden in het Amazonegebied. In ruil voor mijn optreden tijdens zijn benefietconcert beloofde hij te komen zingen op mijn concours. Ik was bijzonder onder de indruk dat hij bereid was een stukje opera met me te doen. Ik wist dat hij bang was om een modderfiguur te slaan, maar hij deed het toch. Sting is een dapper mens, en bijzonder sportief, en Verdi zong hij natuurlijk groots.

Sindsdien heb ik hem en zijn vrouw bezocht in hun verbijsterende huis even buiten Londen. Het is een enorme, oude steenkolos – eigenlijk meer een kasteel – waarin hij een opnamestudio heeft laten bouwen. Hij en zijn vrouw Trudy – ook een geweldig iemand – vormen met hun drie kinderen, van vier, elf en dertien, een heel gelukkig gezin. Volgens mij is die van elf mijn allergrootste fan.

Sting en Trudy hebben een fantastische sfeer gecreëerd op hun kasteel. Het is een plek waar liefde woont en muziek wordt gemaakt. Ik benijd hem om het feit dat hij zoveel thuis kan zijn, ook al gaat hij natuurlijk ook regelmatig op tournee. Toen hij nog niet zo lang geleden door Zuid-Afrika reisde, zijn Trudy en de kinderen bij mij in New York komen logeren.

Een andere nieuwe vriend op wie ik erg gesteld ben, is Bruce Springsteen. Ik heb zijn manier van zingen altijd bewonderd. Die is zo eerlijk, zo vol vitaliteit. Zijn frasering is heel opmerkelijk, anders dan bij wie ook. Net als ik schijnt hij veel kracht aan het publiek te ontlenen. Ik was dan ook aangenaam verrast toen ik hoorde dat hij me wilde ontmoeten.

Dat ging aldus: Bruce en zijn vrouw brachten een bezoek aan Franco Zeffirelli, de regisseur, in zijn villa in Positano. Ik heb diverse malen met Franco gewerkt, en we kunnen het uitstekend vinden samen. Bij het bezoek was ook een publiciteitsman aanwezig die mij kende, en het gesprek kwam op mij. Daarop vertelde Springsteen dat hij een groot bewonderaar van me was, en dat hij me graag wilde ontmoeten. Zo kwam het dat ik enige tijd later in New York een telefoontje kreeg van de bewuste publiciteitsman. Hij deed verslag van het gesprek, en ik vroeg Bruce en zijn vrouw te eten.

Ik vond hen allebei meteen aardig, en we hadden een geweldige avond samen. Bij het afscheid drukten ze me op het hart hen te komen opzoeken in hun boerderij in New Jersey. Dat deed ik, en het was erg gezellig. De boerderij van de Springsteens ligt erg afgelegen, in een schitterende omgeving. Bruce reed me rond in zijn Jeep, en liet me zijn verzameling exotische dieren zien. Hij heeft zelfs een struisvogel.

Het werd een heerlijke dag. De Springsteens hebben drie kinderen, en Susan Sarandon, die net als ik voor de lunch was uitgenodigd, had haar drietal ook meegenomen. Ik geloof dat er nog meer kinderen waren. Waar je ook keek, overal zag je kinderen. Het liep tegen het eind van de zomer, en we gingen buiten onder de bomen zitten om iets te drinken. Daarna stond er binnen een heerlijke lunch klaar.

Ik zag twee ongebruikelijke stoelen, die ik erg mooi vond. Ze zagen eruit als ouderwetse eikehouten bureaustoelen, maar doordat ze zo hoog op hun poten stonden leken het wel barkrukken. In verband met mijn knie hield ik van dit soort hoge stoelen. Daarop kregen mijn benen rust en ik kon er moeiteloos van opstaan. Ik noteerde de afmetingen, met de bedoeling zelf een paar van dergelijke stoelen te laten maken.

Een paar weken later was ik jarig, en er kwam een telefoontje vanuit de lobby dat er een groot pakket voor me was bezorgd. Het waren de twee stoelen die ik had gezien. 'Hartelijk gefeliciteerd, de Springsteens,' stond er op het begeleidende briefje. Ze staan inmiddels voor het raam, vanwaar ik een prachtig uitzicht heb over Central Park.

Niet lang daarna nodigde ik Bruce en zijn vrouw uit om me te komen zien in *Tosca*, en na de voorstelling gaf ik een klein feestje voor hen in mijn appartement. Daarbij had ik ook mijn vriendin Isabella Rossellini uitgenodigd, en Dolce en Gabbana, twee zeer getalenteerde fantasierijke couturiers. Hun ontwerpen zijn bijzonder in trek, en ze werken voor een groot aantal beroemdheden, onder wie Madonna. Nicoletta haalde me over om hen voor mij ook wat kleding te laten ontwerpen. Ik kleedde me veel te conservatief, vond ze. Dat was ik eigenlijk wel met haar eens, dus ik stemde toe. 'Als er maar geen metaal aan zit,' was mijn enige voorwaarde.

Nicoletta was ook erg enthousiast over mijn idee om een optreden te doen met Bruce Springsteen. We hebben nog geen concrete plannen ontwikkeld, en ik weet niet eens of hij wel wil. Maar ik vind hem een geweldige zanger, en ik zou het erg leuk vinden om samen op te treden.

Wat ik vooral zo heerlijk vind van het bekend zijn, is dat ik me kan inzetten voor projecten die me erg aanspreken. Dat ik iets kan doen voor een zaak die de moeite waard is, zoals bijvoorbeeld het behoud van de regenwouden in het Amazonegebied. Dat was ook mijn motivatie bij het opzetten van het vocalistenconcours in Philadelphia en het concours hippique in Modena. Ik sta nu vijfendertig jaar op het toneel, en ik prijs me enorm gelukkig met de brede erkenning die ik heb weten te verwerven. Wanneer ik word herkend door kleine jongetjes in de achterbuurten van Buenos Aires, en wanneer studenten in Beijing me vragen om hun cd's te tekenen, dan zou het getuigen van valse bescheidenheid om niet te erkennen dat ik erg bekend ben. Mijn wens is om het geluk dat me ten deel is gevallen te gebruiken op een manier zodat ook anderen daarvan kunnen profiteren.

Toen ik aan mijn loopbaan als zanger begon, vroeg ik me nauwelijks af of ik beroemd zou worden. Het was voldoende wanneer ik de kans kreeg om op te treden en genoeg te verdienen om mijn gezin te onderhouden. Zelfs toen ik succes begon te krijgen in de operawereld besefte ik maar al te goed hoe klein die wereld was. Het lag bepaald niet voor de hand dat ik beroemd zou worden op de manier zoals filmsterren dat zijn.

Door een ervaring in de beginjaren van mijn carrière ben ik echter wel aan het denken gezet over het verschijnsel roem. Toen ik in 1965 met Joan Sutherland door Australië reisde, was de pers alleen geïnteresseerd in interviews met Joan. Ze zong natuurlijk ook prachtig, maar dat gold voor mij net zo goed. Vocaal had ik eindelijk de volledige beheersing over mijn stem, in veel opzichten dank zij Joan. Ik was in staat om voorstelling na voorstelling optimaal te zingen. Ik was me ervan bewust dat ik daarmee een bijzondere prestatie leverde, iets dat ik pas na jaren van hard werken had weten te bereiken. Het grote publiek bleef echter volkomen onverschillig.

Na mijn optredens werd ik beloond met een hartelijk applaus, maar buiten het theater zag niemand me staan. Joan daarentegen was alom aanwezig, in de kranten, op de televisie. Het verschil was heel eenvoudig, besefte ik: zij was beroemd en ik niet.

Daardoor begon ik in te zien dat roem je een vorm van respect bezorgt die je niet verwerft door alleen maar goed te zijn in wat je doet. Ik dacht er verder niet te veel over na, omdat ik besefte dat je roem toch niet kon afdwingen. Het publiek mag je, of het mag je niet. Maar toen de gelegenheid zich voordeed om dingen te doen waarmee ik mijn publiek zou kunnen verbreden – zoals bijvoorbeeld televisie-interviews – probeerde ik die zoveel mogelijk in mijn agenda te passen. Als ik de belangstelling van het publiek op mij wilde vestigen, en zo mogelijk hun genegenheid wilde winnen, dan moest ik doen wat in mijn vermogen lag om te zorgen dat ze wisten van mijn bestaan.

Inmiddels heb ik een enorme aanhang, en dat vind ik heerlijk. Iedereen wil dat er van hem of haar wordt gehouden, en misschien heb ik dat wel sterker dan de meeste mensen. Maar in veel opzichten is beroemd zijn ook een enorme schertsvertoning. Het publiek zegt: 'We hebben je beroemd gemaakt. Nu willen we je ook wel eens onderuit zien gaan.'

Dat klinkt misschien bitter, maar zo is het niet bedoeld. Ik begrijp dat dit bij het spel hoort. Wanneer het publiek je eenmaal aan de top heeft gezet, kun je vervolgens alleen nog maar naar beneden. En een heleboel mensen azen dan ook op de eerste tekenen dat die val heeft ingezet. Dat weet ik uit ervaring, want de laatste twintig jaar zijn er mensen die mijn verrichtingen met argusogen volgen, gespitst op bewijzen dat ik op mijn retour zou zijn. Ik zal niet beweren dat ze daarop uit zijn, maar het lijkt wel alsof ze bang zijn om ook maar iets van het einde te missen, wanneer dat zich aandient. Sommige mensen zijn erop gebrand om als eerste de ommekeer in mijn succes te signaleren, en ik ben erop gebrand om hen te laten zien dat ze het bij het verkeerde eind hebben. Ik ga er maar van uit dat dit een heilzaam gevecht is, want daardoor blijf ik gemotiveerd om altijd mijn beste beentje voor te zetten.

In dit opzicht beschik ik over nog een nuttige eigenschap: ik laat me nooit verleiden tot het doen van voorspellingen. Elke voorstelling is voor mij een nieuwe uitdaging, die zowel goed als slecht kan verlopen. Het publiek is me niets verschuldigd, en ik vind niet dat ik me kan beroepen op prestaties in het verleden.

Daaraan ontleen ik geen enkele verwachting omtrent de reactie van mijn huidige publiek. Dat klinkt misschien voor de hand liggend, maar ik ken collega's die vinden dat ze door hun reputatie recht hebben op een bepaalde waardering van het publiek. Dat denk ik nooit. Ik ben me ervan bewust dat ik word beoordeeld op de voorstelling van vandaag, niet op die van gisteren, of van vorig jaar.

Bij de media, vooral bij een rechtstreekse uitzending op televisie, wordt er van een beroemdheid weer een heel ander spel verwacht. Interviewers hebben er een handje van om het gesprek te verlevendigen door te refereren aan vervelende ervaringen, in de hoop je op die manier in verlegenheid te brengen. Ik heb al verteld dat ik ervan houd om mijn vrienden te plagen, en ik ben ervan overtuigd dat ik als televisie-interviewer hetzelfde zou doen. Dit soort kleine steken onder water is bedoeld om door je zelfingenomenheid heen te prikken.

Bij mij zijn mijn overgewicht of een slechte voorstelling altijd dankbare onderwerpen. Volgens mij zijn interviewers nieuwsgierig naar mijn reactie op dit soort gevoelige kwesties. Het gebeurt regelmatig dat me daarnaar wordt gevraagd, maar ik ben heel bedreven geraakt in het spel. Mijn geheim is dat ik mezelf nooit te serieus neem. Wanneer de interviewer een voorzichtige toespeling maakt op een negatieve ervaring, haak ik daar onmiddellijk op in en schilder ik het allemaal nog veel zwarter af.

Bij *Sixty Minutes* bijvoorbeeld, zei Mike Wallace voorzichtig dat ik in de Scala minder vriendelijk was ontvangen. Ik wist dat hij het had over de voorstelling van *Don Carlos*, waarbij het publiek me had uitgejouwd. 'Ik zong inderdaad slecht die avond,' zei ik. 'Het publiek had groot gelijk met zijn boegeroep.' Zolang een interviewer zich aan de werkelijkheid houdt, heb ik er geen problemen mee, en kan ik er meestal wel om lachen. De moeilijkheden ontstaan pas wanneer je jezelf te serieus neemt en doet alsof jou nooit iets vervelends overkomt. Als ze over mijn gewicht willen praten, dan vind ik dat prima, en dan kunnen ze alle kanten met me op. Wat moet ik anders? Ik kan toch moeilijk op de televisie verschijnen en, voor iedereen zichtbaar, doen alsof ik geen problemen heb met mijn gewicht?

Ik heb in dit hoofdstuk gesproken over de voor- en nadelen van bekend zijn. Ik hoop dat het bij de lezer de indruk achterlaat dat ik intens gelukkig en dankbaar ben door de loop die mijn leven heeft genomen. Voor mij betekent het feit dat ik beroemd ben vooral een enorme verantwoordelijkheid. Wanneer mensen je in hun hart sluiten, is het aan jou om hen niet teleur te stellen. Bij elk optreden moet je proberen net zo goed te zingen als op hun favoriete Pavarottiplaat. Telkens wanneer je je publiek in het openbaar ontmoet, moet je vrolijk en vriendelijk zijn, hoe je je op dat moment ook voelt. Of je nu een interview geeft, op de televisie verschijnt, of door de stad loopt, je moet nooit iets doen waardoor je publiek zich zou kunnen schamen voor zijn waardering voor je.

Dat kan een enorme druk betekenen. Bill Wright heeft dit jaar veel met me opgetrokken, en hij heeft gezien hoe ik mijn best doe om mijn publiek niet teleur te stellen. Hoewel hij daar zijn waardering voor uitsprak, vroeg hij zich ook af hoe ik met die druk kon leven. 'Ik heb brede schouders,' was mijn antwoord.

Wanneer ik dreig te worden meegesleept door dit soort serieuze bespiegelingen, gebeurt er altijd wel iets waardoor ik weer met beide benen op de grond kom te staan. Een schitterend voorbeeld daarvan deed zich onlangs voor in New York. Ik belde een vriend, maar kreeg een vrouw aan de telefoon die ik niet kende. Op mijn vraag of ik mijn vriend kon spreken, vroeg ze streng: 'Met wie spreek ik?'

Ik was er inmiddels zeker van dat ik het verkeerde nummer had gedraaid, maar ik zei: 'Met Luciano Pavarotti.'

'Dat treft,' zei ze. 'Ik ben Maria Callas.' Toen hing ze op.

# 16

## Zingen als beroep

Op mijn negentiende heb ik me serieus op het zingen toegelegd. Ik zong natuurlijk al jaren. Op mijn zesde stond ik al op de keukentafel en verkondigde ik tegen iedereen die het wilde horen, dat ik later zanger werd. Toen ik twaalf was ging ik naar een optreden van Beniamino Gigli, de grote tenor, en toen ik hem na de voorstelling ontmoette, vertelde ik hem dat ik later ook tenor wilde worden. Maar als je zes bent, of twaalf, zeg je wel meer. Op mijn negentiende begon ik echter serieus te werken aan een carrière als operazanger, en sindsdien heb ik me aan de studie van het zingen gewijd.

Ondanks al mijn succes ben ik nog dagelijks bezig om mijn zang te verbeteren. Er zijn altijd weer nieuwe dingen die je kunt leren, andere manieren om je adem onder controle te krijgen, om je stembanden te beheersen, om een passage te fraseren.

Wanneer je veertig jaar lang zo intensief met iets bezig bent, is het onvermijdelijk dat je daarover heel uitgesproken opvattingen ontwikkelt. Ik vind dat ik erg veel over de menselijke stem heb geleerd, en dat ik iets van het mysterie daarvan heb leren begrijpen. Ik zou het leuk vinden om iets van die kennis door te geven. De meeste mensen die dit boek lezen, zullen vast niet van plan zijn om zich in het zingen van opera te bekwamen, maar ik hoop dat ze desondanks willen luisteren naar wat ik hun over dat onderwerp te vertellen heb. Daardoor krijgen ze misschien een beter beeld van wat een serieus zangkunstenaar beweegt, en welke inspanningen dit beroep vergt. Misschien weten ze het in de toekomst dan op een andere manier te waarderen, wanneer ze iemand mooi horen zingen.

Toen ik me serieus met het zingen ging bezighouden, heb ik de eerste zes maanden alleen maar klinkers gevocaliseerd. Dag na dag zong ik A, E, I, O, U. Ik weet wel interessantere dingen om een half jaar mee zoet te zijn, maar mijn leraar, Arrigo Pola, was ervan overtuigd dat deze oefeningen essentieel waren, en hij wist mij daar ook van te overtuigen. In de loop der jaren is die overtuiging alleen maar gegroeid. Iedereen die een carrière bij de opera nastreeft, moet niet alleen leren om zijn stem onder controle krijgen, het is ook van wezenlijk belang dat je wóórden leert zingen.

Bij mijn soort muziek wordt het drama verwoord in de tekst die je zingt. De zeggingskracht van de muziek wordt vertaald in woorden. Als je vanaf het begin voornamelijk noten zingt in plaats van woorden, kom je later onherroepelijk in de problemen. Het valt niet mee om daar achteraf nog iets aan te doen. Ik ben ervan overtuigd dat ik me in die eerste zes maanden van alleen maar klinkers zingen een techniek heb eigengemaakt waarvan ik in mijn hele carrière de vruchten heb kunnen plukken.

Voor wie met serieuze zangoefeningen begint is de *passaggio* waarschijnlijk een van de moeilijkste dingen om te leren, maar tevens een van de belangrijkste. Iedereen heeft twee stemmen, een lage en een hoge. Wanneer je laag inzet, en je gaat langs de toonladder omhoog, hoor je op een gegeven moment de overschakeling van je lage naar je hoge register. Het geluid verandert, en om die overgang te maken schakel je over naar een ander gedeelte van je keel.

De professionele zangkunstenaar moet leren om deze overgang ongemerkt te laten plaatsvinden. Voor de luisteraar moet het klinken alsof alle noten in één register liggen, alsof alle noten met één en dezelfde stem worden gezongen. Het overschakelen van het ene register naar het andere moet ongemerkt gebeuren. Je moet als het ware leren zingen als de automatische koppeling van een Cadillac. Voor een jonge zanger is het een van de moeilijkste opgaven om die techniek goed te leren beheersen.

Jonge mensen die zich op het zingen toeleggen, doen dat in veel gevallen omdat ze van hun omgeving hebben gehoord dat ze zo'n mooie stem hebben. Natuurlijk moeten ze het daar wel mee eens zijn, anders zouden ze voor een andere carrière kiezen. Bij het aftasten van hun stembereik testen ze de geluidskwaliteit van hun hoge en lage noten, en daarbij zijn ze tevreden met wat ze horen. Maar een componist schrijft geen muziek voor louter hoge of lage noten. Hij componeert voor het hele muzikale bereik. De stem moet erin getraind worden om van het ene register naar het andere over te schakelen. Om als één instrument te klinken, niet als twee. Ondanks zijn unieke karakter moet de menselijke stem net als elk ander muziekinstrument worden geoefend in constante kwaliteit en wendbaarheid. In dat opzicht is de stem vergelijkbaar met bijvoorbeeld een viool of een klarinet.

Jonge zangers vinden dat vaak moeilijk te begrijpen. Ze weten dat ze een goede stem hebben, en ze willen meteen aria's en liederen gaan zingen. Het leren beheersen van de *passaggio* is erg moeilijk en kost veel tijd en inspanning. Er bestaan diverse technieken voor, en elke zangleraar heeft in dat opzicht zijn eigen voorkeur. Waar het om gaat, is dat je een eenmaal gekozen techniek trouw blijft. Voor de leerling kan zoiets erg ontmoedigend zijn, want ondanks al het harde zwoegen is er geen enkele vooruitgang zichtbaar. Maar op een dag gebeurt het. Ineens beheers je de *passaggio*.

Zelf heb ik zes jaar met dit probleem geworsteld voordat ik kon zeggen dat ik het echt onder controle had. Tijd en herhaling zijn belangrijker dan de gebruikte techniek. Als je uit frustratie van techniek verandert, krijg je de *passaggio* nooit zodanig onder controle dat deze een automatisme wordt. Het resultaat is dat je nooit honderd procent vocale zekerheid zult hebben.

Maar er is nog iets heel belangrijks dat beginnende zangers moeten leren: het volledig ondersteunen van de stem vanuit het middenrif. Het publiek denkt altijd dat je uitsluitend vanuit je keel zingt, maar in werkelijkheid wordt de stem geproduceerd door je keel in samenwerking met je middenrif. Ik was al een paar jaar bezig met mijn carrière, toen ik begreep hoe uitzonderlijk belangrijk deze combinatie is.

Het was Joan Sutherland die me tijdens onze tournee door Australië in 1965, deze belangrijke zangtechniek bijbracht. Door op een briljante manier gebruik te maken van haar sterk ontwikkelde middenrif was ze in staat om avond na avond optimaal te zingen. Bij mij was er daarentegen voortdurend verschil in kwaliteit tussen de ene voorstelling en de andere. Ik vroeg of ze me haar geheim wilde toevertrouwen, en dat deed ze met alle plezier. Haar kracht lag in haar sterk ontwikkelde middenrif en de manier waarop ze het gebruikte.

Het middenrif is niet alleen belangrijk bij hoge noten of bij bravourestukken die het publiek tot een staande ovatie brengen. Het speelt ook een wezenlijk rol bij het zingen van zachte noten. In *La bohème* is voor mijn Rodolfo de aria 'Che gelida manina', die hij Mimi toezingt aan het eind van het eerste bedrijf, het moeilijkste gedeelte. De zachte lage noten moeten een rijke, weidse klank hebben, als een vloedgolf van zuivere tonen die door het theater stroomt. In die fluisterende klanken moet je als zanger toch al je kracht weten te leggen. Ze vereisen dezelfde steun vanuit je middenrif als de noten die je voluit zingt.

Als ik bedenk hoeveel moeilijke dingen een jonge zanger moet leren, besef ik hoezeer ik van geluk mag spreken dat ik altijd de beste leraren heb gehad. Dat kan het verschil betekenen tussen slagen en falen. Soms vergelijk ik mijn eigen gelukkige gesternte met de pech van Mario Lanza. Hij had beslist een schitterende stem, maar veel mensen geloven dat hij niet op de juiste manier is geschoold. De verklaring zou gelegen zijn in het feit dat hij afkomstig was uit een heel arm gezin, ergens in het zuidelijke gedeelte van Philadelphia.

Mijn familie was ook erg arm. Omdat mijn vader bakker was hadden we altijd genoeg te eten, maar geld voor iets extra's zoals zanglessen was er niet. Het verschil tussen Mario Lanza en mij was niet het geld. Rijk of arm was in dit geval niet interessant. Het verschil was dat mijn vader hartstochtelijk veel van zingen hield. En van opera. Het is voor mijn carrière van doorslaggevend belang geweest dat mijn vader verstand had van alles wat met het zingen van opera te maken had. En het allervoornaamste daarbij was dat hij besefte hoe belangrijk een juiste voorbereiding was, toen bleek dat ik een carrière als operazanger ambieerde.

Zodra ik had besloten dat ik het wilde proberen nam mijn vader me mee naar de beste zangleraar in Modena, Arrigo Pola, die ermee instemde om me gratis les te geven. Ik weet zeker dat er in Philadelphia ook goede zangleraren waren die Mario Lanza met alle plezier voor niets les hadden willen geven. En volgens mij moet er ook een muziekschool zijn geweest waar hij een beurs had kunnen krijgen. Amerika kent zoveel mogelijkheden om mensen met talent, maar zonder geld, de helpende hand toe te steken. Ik denk dat de oorzaak lag bij zijn familie. Bij Mario Lanza thuis was er niemand die zich realiseerde hoe belangrijk een goede scholing was, en bij mij wel. Voor een kunstenaar is kennis vaak belangrijker dan geld.

Het is voor een zanger ook heel belangrijk om vanaf het allereerste begin te leren hoe je voor jezelf moet zorgen. De stem is een kwetsbaar instrument, en er zijn nogal wat fysieke aandoeningen die je zang kunnen schaden. Jonge zangers moeten zich aanwennen om zichzelf als een baby te vertroetelen. Toen ik met Kallen Esperian begon te werken, een van de winnaars van ons vocalistenconcours, vertelde ik haar dat het belangrijkste advies dat ik haar kon geven in drie woorden viel samen te vatten. 'Tu sei cantante', zei ik in het Italiaans: 'Je bent zangeres.'

Ik legde uit dat dit betekende dat ze haar leven van nu af aan op een andere manier zou moeten inrichten. Dat ze haar energie moest sparen en niet meer in alles met andere jonge vrouwen kon meedoen. Dat ze erop moest letten dat ze zich altijd warm kleedde, en dat ze extra goed voor zichzelf moest zorgen. Hoe voorzichtig je ook bent, de kans dat je ziek wordt blijft altijd aanwezig. Dat weet ik maar al te goed. Maar wanneer je een zangcarrière ambieert moet je je ervan bewust zijn dat vele mensen afhankelijk zullen zijn van jouw stem. Daarom heb je de plicht om de risico's voor je stem tot een minimum te beperken.

In de loop der jaren heb ik in dat opzicht een aantal theorieën ontwikkeld. Zo geloof ik bijvoorbeeld dat een abrupte overgang in temperatuur erg slecht is voor de stem. Je moet nooit vanuit een warme kamer rechtstreeks de koude buitenlucht ingaan. Om elk risico uit te sluiten moet je dit zo geleidelijk mogelijk doen. Wanneer ik het zo warm heb dat ik transpireer, is het helemaal uit den boze om naar buiten te lopen. Dat is vragen om moeilijkheden. Bovendien haat ik koude voeten. Die leiden bijna altijd tot problemen met mijn keel.

In tegenspraak met dit hele verhaal lijkt een andere opvatting die ik heb over kou: volgens mij zijn koude vloeistoffen, zoals mineraalwater met ijsblokjes, juist heel goed voor de keel. Op de een of andere manier hebben die een heel ander effect dan koude lucht. Dat laatste is ronduit slecht. Vandaar dat ik, zodra het maar een beetje fris is buiten, met een sjaal voor mijn mond loop. U vindt misschien dat ik eruitzie als een woestijnrover, maar ik probeer gewoon mijn stem te beschermen.

Je kunt nooit voorspellen wanneer er iets zal gebeuren dat slecht is voor je stem. Ik reisde ooit met een klein vliegtuigje, en bij het opstijgen kreeg ik plotseling vlagen koude mist in mijn gezicht. Ik vroeg de stewardess wat het was, en ze zei dat het iets met de druk in de cabine te maken had. Ze stelde me gerust door te zeggen dat het niet lang zou duren. Gelukkig heb ik er niets aan overgehouden, maar als ik onderweg was geweest naar een optreden zou ik me geen raad hebben geweten. Ik heb nooit iets gelezen over het effect van koude mist op de keel, maar ik ben ervan overtuigd dat het niet positief is.

Alles waarover ik het tot dusverre heb gehad, heeft te maken met het leren zingen en het beschermen van de keel. Maar er is nog iets dat van wezenlijk belang is voor een succesvolle carrière: je moet zeker zijn van jezelf. Je moet ervan overtuigd zijn dat je het in je hebt om een succes te worden, en daarnaast moet je de vaste wil hebben om anderen daarvan te overtuigen.

Een van mijn oudste en dierbaarste vrienden in de muziekwereld is Leone Magiera, met wie ik zoveel herinneringen deel, zowel in professioneel als in persoonlijk opzicht. Tijdens mijn zangstudie, toen ik hoopte op een kans om voor publiek op te treden, was Leone getrouwd met mijn vriendin Mirella Freni, die destijds ook aan het begin van haar carrière stond. Toen ik voor het eerst meedeed met het Achille Peri-concours in Reggio Emilia, was Leone mijn begeleider. Ik maakte een paar fouten en eindigde als tweede. Hij herinnert zich nog steeds de uitdrukking op mijn gezicht toen de gouden medaille naar een ander ging.

'Je was duidelijk iemand die niet tevreden zou blijven met een tweede plaats, Luciano,' aldus Leone. Het volgende concours won ik, en dat was het begin van mijn carrière.

Ik ben blij dat Leone mijn onvrede van mijn gezicht kon aflezen. Want zelfs op dat moment wist ik wat ik kon, ook al had ik dat die avond dan niet laten zien. Als ik er stralend bij had gestaan, zou ik niet uit het juiste hout gesneden zijn geweest om operazanger te worden. Vanaf het allereerste begin was ik uitzonderlijk vechtlustig, niet zozeer tegenover anderen als wel tegenover mezelf.

Jonge zangkunstenaars die aan het begin van hun loopbaan staan, moeten natuurlijk wel de ambitie hebben om in hun vak beter te zijn dan anderen. Ze moeten in elk geval niet bang zijn om de strijd aan te gaan. Er zijn meestal een heleboel gegadigden voor een operarol, en maar één kan hem krijgen. Hoewel ik me, zoals iedere beginner, in de concurrentieslag moest storten, was ik ervan overtuigd dat alles goed zou komen als ik mijn best deed. Daarom probeerde ik het elke dag beter te doen dan de vorige, en ik piekerde niet over wat anderen deden.

Uiteindelijk breekt het moment aan waarop je voldoende aanbiedingen begint te krijgen, en dan kun je zeggen dat je een zekere mate van succes hebt bereikt. Een paar jaar na het winnen van het Peri-concours in 1961 was het voor mij zover. Toen hoefde ik me niet langer zorgen te maken over mijn collega's. Er werden meer dan genoeg opera's uitgevoerd om ons allemaal aan het werk te houden, dus ik kon me volledig concentreren op het verbeteren van mijn stem en het uitbreiden van mijn bereik als kunstenaar.

De manier waarop ik tegen andere tenoren aankijk is te vergelijken met mijn gevoelens voor beroemde voetballers of ruiters. Ik vind het fantastisch als ze succes hebben. Maar ik heb niet het gevoel dat hun prestaties iets met mij te maken hebben. Zij doen hun werk, ik het mijne. Als ik al een persoonlijke band voel, dan is dat een positieve. Ik voel me verbonden met mijn collega-tenoren omdat ik weet wat ze doormaken tijdens een voorstelling. Volgens mij weet ik dat beter dan wie ook. Zelfs beter dan hun vrouwen.

Hoewel zelfverzekerheid belangrijk is voor een jonge zanger, geloof ik ook dat je er weer niet te veel van moet hebben. Sterker nog, ik ben ervan overtuigd dat het heel goed is om voortdurend in angst te zitten. Zelf ben ik mijn hele carrière nerveus gebleven, wat ik ook doe. Angst kan heel gezond zijn, vooropgesteld dat hij je niet verlamt. De voornaamste reden dat mijn vader ondanks zijn mooie stem geen zangcarrière heeft kunnen opbouwen, is het feit dat hij nooit over die angst is heen gekomen. Dagen voordat hij een solo moet zingen is hij volkomen van de kaart. Door de zenuwen. Een operacarrière, met na iedere voorstelling weer een nieuwe beproeving op de agenda, zou hem doodongelukkig hebben gemaakt.

Hoewel ik geloof dat ik mijn angst onder de knie heb, en hoewel ik vertrouwen heb in mijn kwaliteiten, voorspel ik nooit hoe een concert of een voorstelling zal gaan. Ook al voel ik me nog zo lekker en ook al klinkt mijn stem nog zo goed. De stem blijft een onvoorspelbaar instrument, maar alles wat er verder bij een optreden komt kijken is onvoorspelbaar. Je voelt je goed, je denkt dat je op je best zingt en dan... pats! gebeurt er iets waardoor je helemaal uit je doen raakt. Een concert, of een opera, loopt lekker, maar ineens gaat het verkeerd. Het kan iets onvoorspelbaars in je eigen optreden zijn, maar ook in dat van een collega, of er gebeurt iets waar niemand iets aan kan doen.

Zoiets overkwam de beroemde sopraan Elisabeth Schwarzkopf tijdens een openluchtconcert, ik geloof tijdens de Salzburger Festspiele. Ze pakte een hoge noot, hield hem lang aan, maar op het moment dat ze haar mond wijd opendeed, vloog er een insekt naar binnen, recht haar keel in. Ze kreeg het benauwd en raakte daardoor zo uit haar concentratie dat het een paar minuten duurde voordat ze het concert kon vervolgen.

Omdat ik voor zulke enorme massa's zing denkt iedereen altijd dat ik heel zelfverzekerd ben. Maar dat is niet zo. Ik heb wel lef, maar dat is iets heel anders. Zelfverzekerdheid betekent, dat je erop rekent dat alles geweldig zal gaan. Dat denk ik nooit. Ik ben altijd bang. Sterker nog, ik ben ervan overtuigd dat je voortdurend een beetje bang moet zijn wil je succesvol blijven. Als je dat niet bent, ga je de dingen te gemakkelijk nemen. Daardoor werk je minder hard, en ben je dus minder goed dan je zou kunnen zijn. Talent, iets goed kunnen, dat is natuurlijk allemaal heel belangrijk voor een kunstenaar, maar daarnaast kun je niet zonder een gezonde dosis angst.

Ondanks al mijn succes en ondanks alles wat ik heb bereikt,

ben ik me er voortdurend van bewust dat er altijd iets kan gebeuren waardoor ik van mijn hoge voetstuk kan worden gestoten. Ik
beschouw niets als vanzelfsprekend. Herbert citeert met enige regelmaat Yogi Berra: 'Het is pas voorbij als het voorbij is.' Daar
ben ik het roerend mee eens. Ik houd er altijd rekening mee dat er
een insekt mijn keel in kan vliegen.

De opleiding tot operazanger is zo zwaar, en de kans op succes zo
klein, dat het eigenlijk verbijsterend is dat er nog mensen zijn die
een dergelijke carrière ambiëren. Nog niet zo lang geleden werd
mij de vraag gesteld of iedere beginnende tenor zichzelf ziet als
een toekomstige Caruso. Dat denk ik niet, maar volgens mij toont
die vraag wel duidelijk aan hoeveel onbegrip er bij het publiek bestaat over wat ons ertoe beweegt om een zangcarrière na te streven.

De beginnende jonge zanger gelooft dat hij iets te bieden heeft.
Diep in zijn hart koestert hij de overtuiging dat hij het publiek iets
te geven heeft waardoor de mensen hem aardig zullen vinden,
misschien wel van hem zullen houden. Dat is geen eigendunk. Integendeel. Of in elk geval een heel ander soort eigendunk dan wat
daaronder doorgaans wordt verstaan. De jonge zanger gelooft dat
hij iets in zich heeft. Maar hij beseft tegelijkertijd dat het diep verborgen is; zo diep dat niemand het kan zien. Alleen hij weet dat
het er is. Daarom wil hij dat iets tot ontwikkeling brengen. Hij
wil het naar de oppervlakte halen en anderen laten zien dat het er
is.

Mij verging het net zo toen ik als jonge man zangles nam. Langzaam maar zeker kwam ik tot de overtuiging dat ik dat 'iets' ook
had. Die overtuiging maakte me destijds erg gelukkig, en doet dat
zelfs nu nog. Ik heb keihard gewerkt om mijn verborgen talent zo
goed mogelijk tot ontwikkeling te brengen, en om het zo zorgvuldig mogelijk te koesteren. Inmiddels heb ik veertig jaar zangstudie
achter de rug, en ik werk nog dagelijks aan mijn stem. Maar nu
niet meer met een leraar. Ik weet inmiddels wanneer ik iets goed
doe, of verkeerd. Als ik dat na veertig jaar nog niet zou weten, als
ik nog steeds van een ander zou moeten horen of ik het goed doe,
dan zou dat niet best zijn.

Wat zingen voor mij zo opwindend maakt, is het idee dat je iets
overbrengt: niet alleen de bedoeling van de componist en de emoties van de figuur die je voorstelt, maar ook een deel van jezelf dat
je niet op een andere manier zou kunnen uiten. Van alles wat ik
voor mijn zingen terugkrijg, is het geluk dat ik anderen geef de

mooiste beloning. Na mijn concert in 1993 in Central Park schreef *The New York Times* dat alle vijfhonderdduizend mensen in het park door het concert hun problemen een avond lang waren vergeten. Ook al duurde het dan misschien maar kort, ze waren in elk geval even gelukkig geweest. Niemand kan zich voorstellen hoe gelukkig mij zoiets maakt.

Wanneer je eenmaal een carrière hebt als zanger, is het van het grootste belang dat je aan je stem blijft werken, maar je moet ook heel veel aandacht geven aan je repertoire. Er zijn zangers geweest die hun carrière al in een vroeg stadium hebben geruïneerd door de verkeerde rollen te kiezen. Om te weten welke rollen voor jou geschikt zijn, moet je een duidelijk beeld van je stem hebben. Dit lijkt misschien vanzelfsprekend, maar misschien herinnert u zich nog die jonge vrouw die tijdens haar auditie verkondigde dat ze een mezzo was, terwijl ik duidelijk kon horen dat ze een sopraan was. Als zangers soms al niet eens weten in welke categorie hun stem valt, hoe moeten ze dan bepalen wat voor hen de geschikte rollen zijn?

Ik mag van geluk spreken dat ik mijn carrière begon met het zingen van Rodolfo in *La bohème*. Ik was destijds zo uitgelaten dat ik überhaupt een rol te zingen kreeg – als hoofdprijs van het Peri-concours – dat ik zonder enige aarzeling aan Siegfried zou zijn begonnen. Rodolfo bleek een van de meest geschikte rollen voor mijn stem en voor mijn temperament, dus daar heb ik echt mee geboft. Inmiddels is er waarschijnlijk geen rol die ik zo vaak heb gezongen, en ik hoop het in de toekomst nog vaak te kunnen doen.

Mijn twee andere favoriete rollen zijn onderdeel van Donizetti's *L'Elisir d'amore* en Verdi's *Un ballo in Maschera*. Beide opera's zijn naar mijn mening niet alleen muzikale meesterwerken, ze hebben bovendien allebei een schitterende tenorenrol, zowel muzikaal als dramatisch. Toen bleek dat Bellini's tenorenrollen me ook niet al te veel moeilijkheden bezorgden, heb ik met groot enthousiasme *I puritani* en *La somnambula* aan mijn repertoire toegevoegd. Deze opera's waren in geen jaren meer opgevoerd, gedeeltelijk vanwege de moeilijke muziek voor de tenor. Dat gold vooral voor *I puritani* met naar mijn mening de moeilijkste tenorenrol in de klassieke opera. Ik ben er trots op dat ik deze rollen heb gezongen.

Er wordt altijd enorme druk op een tenor uitgeoefend om zijn repertoire uit te breiden en er nieuwe rollen aan toe te voegen.

Deze druk komt vaak van je grootste bewonderaars, omdat ze je in al hun favoriete rollen willen horen. Anderen proberen je zover te krijgen dat je je grenzen verlegt. Als je *Aida* kunt zingen, zeggen ze, dan willen we je ook wel eens in *Il trovatore* horen. Oké, nu je *Il trovatore* hebt gedaan, moet je eens over *Otello* gaan denken. Ze blijven je net zolang voortdrijven tot je Wagner zingt, of tot je je stem kapotmaakt.

Ik heb inmiddels zevenendertig rollen gezongen, en dit jaar wil ik een nieuwe aan mijn repertoire toevoegen, *Andrea Chénier*. Ik heb deze opera wel op de plaat gezet, maar nog nooit gespeeld. Er zijn veel zangers met een aanzienlijk uitgebreider repertoire dan ik. Ik geloof dat Placido Domingo honderd rollen beheerst. Voor mij is dertig al heel wat, en ik heb het gevoel dat mijn hoofd stampvol muziek zit. Toen ik vorige zomer tijdens een autoritje met Bill Wright een vrij onbekend Italiaans volksliedje begon te zingen, maakte hij een opmerking over de enorme hoeveelheid muziek die ik in mijn hersens moest hebben opgeslagen: opera's, kerkmuziek, traditionele liederen, populaire liedjes uit mijn jeugd.

'Wat probeer je me nu te zeggen, Bill?' vroeg ik glimlachend, de veronderstelling dat hoge noten de hersens van een tenor aantasten, indachtig. Misschien vroeg Bill zich wel af of er nog ruimte was voor iets anders, als mijn hoofd zo vol zat met muziek.

Door een natuurlijk proces krijgt de stem van een tenor bij het ouder worden een donkerder klank. Dit proces wordt versterkt door het zingen van de meer dramatische rollen die een donkerder stem vereisen en de stem gaandeweg verder omlaag halen. Het gevaar bestaat echter dat dit proces onomkeerbaar is, met andere woorden: dat de stem vervolgens niet meer omhoog wil. Wanneer je eenmaal *Otello* gaat zingen, bestaat de kans dat je *I puritani* verder kunt vergeten. Maar misschien had je *I puritani* toch al vaarwel gezegd, gedwongen door de natuurlijke ontwikkeling van je stem.

Binnenkort zal blijken of dat ook voor mij geldt. Ik ben van plan om voor het eerst in jaren Donizetti's *Fille du régiment* te gaan doen. Dat is de tenorenrol met de moordende aria 'Ah, mes amis' met negen hoge c's, en het was de rol die me in 1972 in de Met, waar ik de opera deed met Joan Sutherland, zoveel aandacht opleverde. Iedereen was ervan overtuigd dat de aria in zijn oorspronkelijke versie niet te zingen was, dus toen ik dat toch bleek te kunnen, werd ik behandeld als Lindbergh na zijn solovlucht naar Parijs. Het is inmiddels een kwart eeuw geleden dat ik die rol voor het laatst heb gezongen, dus het is een enorme uitdaging om te zien of ik hem nog beheers.

Veel van mijn vrienden vinden dat ik het niet moet doen. De meeste tenoren wagen zich er nóóit aan, zeggen ze. Ze zijn wel wijzer. 'Maar jij hèbt hem gezongen, Luciano. Dus waarom zou je het nog eens doen?' Omdat ik nu eenmaal niet wijs ben, zeg ik dan.

Anderen zeggen dat al die hoge c's misschien te moeilijk zijn voor een tenor die geen dertig meer is. Mijn antwoord daarop is dat hoge c's ook maar een kwestie van wennen zijn. Het is zuiver een vorm van atletiek om ze te zingen. Als je traint en in conditie bent, dan kun je het. In de vele opera's die ik heb gezongen zijn de hoge noten voor mij nooit het moeilijkste onderdeel geweest. Daarmee wil ik niet zeggen dat ze niet gevaarlijk zijn. In de hoogste registers van je stem ben je doorgaans het kwetsbaarst. Maar ik bedoel dat andere passages veel moeilijker kunnen zijn wanneer je ze echt goed wilt zingen.

Ik heb veel nagedacht over het verschijnsel dat juist de hoogste noten van een tenor het publiek ontroeren en opwinden. Als ik een hele voorstelling keihard werk en het gevoel heb dat ik uitzonderlijk goed zing, dan merk ik dat het publiek dat waardeert. Die waardering valt echter in het niet in vergelijking met de opwinding die het publiek toont wanneer je een hoge c zingt en die ook nog weet vast te houden. Wat zit er achter die reactie?

Iedereen denkt dat van alles wat je zingt de hoge noten het moeilijkst zijn. Dat is ongetwijfeld een deel van de verklaring. Een hoogspringer krijgt meer applaus wanneer hij over twee meter gaat, dan wanneer hij een hindernis van maar één meter met succes weet te nemen. Maar het zingen van hoge noten mag dan een vorm van atletiek zijn, dat geldt bepaald niet voor muziek in het algemeen. Naar mijn mening klinkt het onnatuurlijk wanneer een tenor heel hoog zingt. Het geluid dat hij daarbij voortbrengt, is nauwelijks menselijk, eerder dierlijk. Misschien roept het iets in ons wakker, iets dat heel diep verborgen zit. En misschien is dat de reden waarom veel mensen juist die hoge noten zo opwindend vinden.

Daarmee wil ik niet beweren dat hoge noten de enige manier zijn om het publiek voor je te winnen. Dat kan op een heleboel manieren. Bijvoorbeeld door je vertolking van een bepaalde passage, of door de intensiteit van je toneelspel, precies op het moment dat het publiek die van je verwacht. Je presentatie moet er altijd op gericht zijn om het juiste gevoel op het juiste moment over te brengen.

Onder alle omstandigheden ben ik me ervan bewust dat het aan mij is om met mijn zang het publiek te ontroeren. Dat is mijn taak, mijn verantwoordelijkheid. Dat lijkt misschien vanzelfsprekend, maar ik heb collega's die daar heel anders over denken. Een van hen zei na een geweldige voorstelling: 'Wat mankeert die mensen? Ze hadden minstens op hun stoelen moeten staan. Ik heb fantastisch gezongen.' Hij zei het alsof hij zich aan zijn deel van de afspraak had gehouden, maar het publiek hem in de steek had gelaten.

Dat gevoel heb ik nooit. Als ik wil dat het publiek oprecht ontroerd en opgewonden raakt door mijn optreden, dan ben ik de enige die daarvoor kan zorgen. Als het niet gebeurt is het mijn schuld, nooit de schuld van het publiek.

Ik stel zeer hoge eisen aan mezelf. Dat is ook de reden waarom ik niet al te veel aandacht aan de recensenten besteed. Het is niet zo dat ik hun mening niet respecteer. Ik respecteer mijn eigen mening gewoon meer, althans wanneer het om mijn eigen stem gaat. Als de recensenten negatief over me schrijven, terwijl ik zelf het gevoel heb dat ik goed heb gezongen, dan weet ik me daar geen raad mee. Als ik echt slecht heb gezongen, dan ben ik zelf de eerste die het weet. Daar heb ik de recensenten niet voor nodig.

Het zijn niet alleen de serieuze muziekrecensenten die je het leven zuur kunnen maken. Je moet voorbereid zijn op kritiek uit alle hoeken. Zo ging ik ooit eens lunchen bij mijn vrienden Leona en Nelson Shanks in Pennsylvania. Hun kleinzoon, een peutertje van nog geen twee, zat ook aan de keukentafel. Om mijn stem en de akoestiek te testen, en misschien ook wel om indruk te maken op het kleintje, legde ik mijn hand op mijn oor, en ik zong voluit een paar noten. Het geluid schalde door de keuken. Ik was goed bij stem. Volgens mij begonnen de glazen zelfs te rinkelen.

Het jochie keek me streng aan en stak vervolgens zijn tong uit, waarbij hij een onfatsoenlijk geluid maakte. Een 'lipscheet' noemde Nelson het. Leona en hij waren een beetje in verlegenheid gebracht, maar ik verzekerde hun dat ik altijd dankbaar ben voor spontane kritiek.

De laatste jaren ben ik steeds meer geïnteresseerd geraakt in populaire muziek, zelfs rock. Deze belangstelling is ontstaan vanuit mijn behoefte om het publiek voor mijn muziek door grote concerten en televisie-optredens te verbreden. Toen ik benefietvoorstellingen begon te doen met artiesten als Elton John en Sting, raakte ik gefascineerd door de ongelooflijke populariteit van deze mensen en hun muziek. Er is geen twijfel over mogelijk dat ze een veel groter publiek bereiken dan wij opera-artiesten.

Toen ik enkele van hen uitnodigde voor een optreden tijdens mijn concoursconcert in Modena, leerde ik hen nog beter kennen. Bij die gelegenheid deed ik mijn eerste pogingen om zelf hun muziek te zingen. Twee zeer populaire Italiaanse zangers, Lucio Dalla en Zucchero, hebben allebei een lied voor me geschreven, en tijdens het concert heb ik beide nummers gezongen. De schrijvers waren met opzet niet te ver van het opera-idioom afgeweken, maar hun composities waren duidelijk populair van stijl en, voor mij althans, een uitdaging. Dit hele gebeuren voltrok zich in een sfeer van enorme vrolijkheid, maar het heeft er niet toe geleid dat ik overweeg om op een andere manier te gaan zingen.

Door op te treden met Sting, Bryan Adams en andere populaire zangers probeer ik mijn waardering en respect voor hun muziek te tonen. Maar belangrijker zijn voor mij de jonge mensen in het publiek die niets om opera geven of er niets van weten. Waar het mij om gaat, is hen te laten zien dat hun idolen respect hebben voor mijn muziek. Wanneer jonge mensen hun pophelden *La donna è mobile* zien zingen met deze zwaarlijvige operazanger, zeggen ze misschien: 'Hé, als Sting dat wil zingen, dan is die muziek misschien toch niet zo verschrikkelijk.'

Ik verheug me erop om nog veel meer concerten te doen met populaire artiesten. Daarbij hoop ik door de combinatie van mijn muziek met het populaire genre een grotere belangstelling voor de opera te creëren en de muren tussen deze twee soorten muziek te slechten. Volgens Tibor Rudas bestaat er niet zoiets als klassieke muziek. Er is alleen goede en slechte muziek. Zo ver wil ik niet gaan, maar ik ben er heilig van overtuigd dat de meeste mensen zowel van klassieke als van populaire muziek zouden kunnen houden. Ik denk alleen dat ze zich daar niet van bewust zijn. Veel mensen raken geboeid door een van beide muzieksoorten en sluiten zich vervolgens af voor alles wat daarbuiten valt.

Niemand houdt meer van de traditionele operamuziek dan ik maar daarnaast ben ik ook van sommige hedendaagse populaire muziek gaan houden. Als ik muziek goéd vind dan zeg ik dat ook. Ik ben er alleen nog niet helemaal uit wat voor mij de definitie is van 'goede' muziek. Misschien komt dat nog. Ik geloof oprecht dat ik op deze aarde ben gezet om te leren. Wanneer ik met iets nieuws word geconfronteerd, zoals bij voorbeeld rockmuziek, dan probeer ik niet meteen een oordeel zoals 'mooi' of 'niet mooi' te vellen. Ik probeer eerst om er wat meer over te weten te komen, ook al moet ik me daar soms toe dwingen. Pas wanneer ik een poging in die richting heb gedaan, vind ik dat ik het recht heb om te zeggen of ik iets mooi vind of niet.

Nicoletta komt de eer toe dat ik me oprecht voor populaire muziek ben gaan interesseren. Wanneer we met de auto op weg zijn naar een optreden, gebeurt het regelmatig dat ze een rock 'n' roll-bandje in de cassetterecorder doet. Meestal haal ik het eruit en pak ik een klassiek bandje. In het verleden hadden we daar nog wel eens ruzie over, maar inmiddels heeft ze me ervan overtuigd dat ik moet proberen om ook waardering te hebben voor haar muziek, die niet alleen voor haar, maar voor een heleboel mensen heel belangrijk is. Ik heb ingezien dat ze daarin gelijk heeft.

Mijn belangstelling steeg enorm toen ik enkele bekende populaire artiesten leerde kennen. Daardoor merkte ik hoe serieus deze mensen met hun muziek omgaan en hoe hard ze aan hun carrière werken. Ik besloot me in de achtergronden van rock te gaan verdiepen en tegenwoordig is er een heleboel populaire muziek waarvan ik echt kan genieten. Maar de eerlijkheid gebiedt me te zeggen, dat ik, als Nicoletta er niet is, een operabandje aanzet. En onder de douche zal ik eerder Verdi zingen dan de muziek van Bryan Adams.

Ik ben me ervan bewust dat mijn operacarrière niet eindeloos zal blijven duren. Er komt een moment dat ik er een punt achter moet zetten, en dat moment kan niet al te ver meer weg zijn. Wat ik dan ga doen? Ik verwacht in dat opzicht absoluut geen problemen. Ik vind het heerlijk om les te geven, en het schijnt dat ik er goed in ben. Een paar jaar geleden heb ik een masterclass gegeven aan de Juilliard School of Music in New York, en daar heb ik van genoten. Ook bij de audities voor het vocalistenconcours van Philadelphia probeer ik de deelnemers iets te leren, voor zover de tijd dat toestaat. Volgens mij heb ik een heel goed gehoor, en bij vocale problemen kan ik meestal snel de oorzaak aanwijzen. Dat is van wezenlijk belang om mensen beter te laten zingen. Ik zou het erg bevredigend vinden om jong zangtalent op te sporen en te helpen zich optimaal te ontplooien.

Ik zou het ook leuk vinden om op te treden als impresario voor een middelgroot operagezelschap, maar dat zou ik het liefst met iemand samen doen. Ik wil meer tijd in Italië doorbrengen met mijn familie en de rest van mijn leven niet zo hard hoeven werken als de meeste impresario's. Judy Drucker en ik hebben het er wel eens over gehad om samen een operagezelschap te gaan leiden. Volgens mij zou daar iets heel moois uit kunnen voortkomen. Heeft er soms iemand belangstelling?

# 17

## Augustus in Pesaro

Elke zomer wanneer ik voor mijn jaarlijkse vakantie in augustus naar Pesaro kom, schakel ik over naar een ontspannen versnelling, en dat blijft de hele maand zo. Om uit te rusten van mijn drukke leven gedurende de rest van het jaar, breng ik die weken aan zee voor een groot deel met luieren en lummelen door. Ik kan net zo laat opstaan als ik wil, en ik hoef de hele dag nergens heen. Pesaro is een vakantieoord aan de Adriatische Zee, en 's zomers zitten de stranden vol mensen die niets anders doen dan genieten en vakantie vieren. In de sfeer die daardoor ontstaat wordt het voor mij gemakkelijker om me ook te ontspannen.

Een van mijn vrienden in New York vroeg eens wat ik zoal deed tijdens mijn vakantie in Pesaro. 'Niets,' zei ik. 'Absoluut, helemaal niets. En dat geldt voor ons allemaal. We trekken om de drie weken schoon ondergoed aan. Dat is het enige dat we doen.'

Mijn huis in Pesaro, de Villa Giulia, is genoemd naar mijn grootmoeder. Het ligt op een heuvel aan de rand van de stad, en vanaf het terras kan ik de duizenden zonaanbidders op het strand zien. Dank zij deze locatie heb ik de privacy die ik zoek, maar ik blijf me tegelijkertijd verbonden voelen met de rest van de mensheid.

De toegang naar mijn huis ligt aan het eind van een doodlopende weg langs het strand. De tuin is afgesloten met een elektronisch beveiligd hek, dat ik vanuit mijn auto kan bedienen. Bezoekers melden zich via de intercom, waarna we boven, vanuit het huis, het hek opendoen. De oprijlaan slingert zich langs de heuvel omhoog. Na een heel jaar hard werken is het altijd heerlijk om hier aan te komen en die heuvel op te rijden.

In de herfst en de winter, wanneer alle toeristen weer naar huis zijn, ga ik ook graag naar Pesaro. Het komt echter niet vaak voor dat ik er in die rustige tijd naartoe kan. Het vakantieseizoen loopt hier van juni tot en met september, maar de meeste bezoekers vertrekken eind augustus, vooral aan onze kant van de stad, die wordt beheerst door het strand. 's Winters zijn de straten in de omgeving van mijn huis verlaten. De belichting is schitterend in die tijd van het jaar, en de zee gaat vaak woest tekeer.

Pesaro is natuurlijk het hele jaar door een heerlijke stad. Rossini is er geboren, en in het verrukkelijke kleine operatheater, Il Teatro Rossini, wordt elk jaar in augustus een Rossini-festival gehouden. Uit heel Europa en Amerika komen de mensen naar dit festival, waar uitstekende produkties met eersteklas artiesten te zien zijn. Veel van de optredende vocalisten staan aan het begin van hun carrière, wat het allemaal nog opwindender maakt omdat je de kans loopt een nieuw talent te ontdekken. Voordat Bill Wright naar Pesaro kwam om met me aan dit boek te werken, had hij me gevraagd om kaartjes voor het festival te regelen. Eenmaal hier vroeg hij of ik met hem meeging.

Ik keek hem aan. 'Je maakt zeker een grapje. Ik ben het hele jaar al met opera bezig. Ik zit zo vol met muziek dat ik er bijna door verstopt raak. In de zomer heb ik echt twee of drie maanden jaar nodig om mijn systeem weer schoon te krijgen. Ik pieker er niet over om tijdens mijn vakantie naar de opera te gaan.'

Ik houd vooral van de mensen in Pesaro. Volgens mij behoren ze tot de aardigste in heel Italië. Dat geldt trouwens ook voor de mensen in Modena, wat zeg ik, voor heel Emilia. Daar wonen over het algemeen alleen maar erg aardige mensen. Zoals alle Italianen houd ik het meest van mijn eigen stukje Italië. Wat ook sterk voor de mensen in Emilia pleit, is dat ze stapelgek zijn op tenoren.

Onze villa in Pesaro is niet zo groot. Bovendien wordt één kant van het huis bewoond door het gezin van onze huishoudster, Anna Antonelli. Rond de villa loopt een groot terras, dat over bijna de volle lengte wordt overschaduwd door bomen. Een overdekte veranda maakt deel uit van het terras. Aan de zijkant van het huis liggen een zwembad en een grasveldje. Verder zijn er een fontein en wat bloembedden, die worden verzorgd door Anna's zoon Ferdinando.

Anna kookt alle maaltijden en zorgt ervoor dat alles in de Villa Giulia op rolletjes loopt. Zij en haar gezin woonden al in het huis toen Adua en ik het in 1974 kochten, en we waren erg blij toen ze ermee instemde om te blijven en voor ons te koken. Ze is een fantastische kok. Wanneer ik in Rome of Milaan moet optreden, stuurt Anna me soms wat van haar eigengemaakte tomatensaus. Dan kook ik er wat pasta bij, en ik bedenk voor de zoveelste keer dat Anna zich kan meten met de beste koks van Europa.

Anna is niet alleen een fantastische kok, ze is ook een geweldige vrouw, een van de door mij zo gewaardeerde p.p.'s, positieve personen. Ze is klein van gestalte, niet zo jong meer, en ze heeft een dikke bos wit haar. Wanneer ze over het terras loopt, doet ze dat altijd enigszins gehaast en voorovergebogen, alsof ze tegen een harde wind moet optornen. Ze ziet er energiek en vastberaden uit, en dat is ze ook. Toch lacht ze graag, en ze ziet gauw de humor van iets.

Ik vind Anna een positief iemand omdat ze uit zichzelf ziet wat er gedaan moet worden, en dat dan ook doet. Het valt waarachtig niet altijd mee om voor mij te koken. Soms zeg ik 's ochtends vroeg dat we met zijn zessen zijn bij de lunch, maar dan blijkt later op de dag dat het er geen zes zijn, maar zesentwintig. Nou ja, zo erg ben ik misschien nu ook weer niet, maar wel erg. Ik ben nu eenmaal gastvrij, en mijn activiteiten verlopen niet volgens een strak schema. Er komen voortdurend mensen bij me langs. Wanneer vrienden, kennissen, journalisten of leerlingen naar Pesaro komen, dan betekent dat doorgaans dat ze al een behoorlijke tijd onderweg zijn. Ik vind dat ik mensen die zo'n lange reis hebben gemaakt om me te zien moet uitnodigen om mee te eten.

De meeste koks zouden daar gek van worden. Zo niet Anna. Ze moppert niet, maar zorgt gewoon dat alles in orde komt. Omdat ze vroeger voor een klooster heeft gekookt, weet ze wat het is om een tafel vol mensen te hebben. Bovendien hoeft ze niet alles alleen te doen. Haar twee kleinzoons dekken de tafel en dienen de maaltijd op. Bij het koken zelf dragen we allemaal ons steentje bij, zelfs ik.

We hebben altijd genoeg in huis, meer dan voldoende. Natuurlijk proberen we zoveel mogelijk zelf te verbouwen. Daar zorgt Anna's zoon Ferdinando voor. Onze olijfolie komt van onze eigen olijven. We hebben kippen, en we verbouwen bijna al onze groente en ons fruit zelf: perziken, peren, citroenen, sinaasappels, sla, tomaten. We hebben zelfs artisjokken. Die zijn al rijp in het voorjaar, lang voordat ik kom, maar Anna vriest ze in zodat ik de hele maand augustus artisjokken kan eten. Ze vult ze met van alles en nog wat, en ze smaken verrukkelijk. Anna vriest alles in. Volgens mij heeft ze het hele huis in een diepvriezer veranderd.

In de zomer slaap ik graag uit. 's Winters trouwens ook. Maar 's zomers is het extra heerlijk, wanneer het buiten warm is, met een verkoelend briesje vanaf de Adriatische Zee. Vanaf het terras heb ik een slaapkamer laten uitgraven in de helling waartegen het huis gebouwd staat. Op die manier hoef ik geen trappen op naar mijn slaapkamer. Deze hele verbouwing dateert uit de tijd dat ik nog problemen had met mijn knieën. De kamer heeft één raam en een deur naar buiten, een heel hoog plafond en een minimum aan meubilair. Er is geen airconditioning, hoewel het erg warm kan worden in Pesaro, zoals bijvoorbeeld afgelopen zomer. Omdat de kamer voor het grootste deel ondergronds is, is het er doorgaans aangenaam koel. Maar als het toch te warm wordt zetten we een grote elektrische ventilator aan.

Ik heb er ooit over gedacht om airconditioning te laten aanleggen. Zoals alles wat het huis betreft, besprak ik het idee eerst met Anna. Ze heeft hier langer gewoond dan ik, en het is eigenlijk haar huis. De gedachte dat er airconditioning zou komen stond haar helemaal niet aan. 'Wat moet je met airconditioning, Luciano?' vroeg ze. 'We hebben hier op de heuvel altijd wind van zee.' In de dagen daarop begon ze er telkens weer over. Ze bleef maar herhalen dat ze het een afschuwelijk idee vond, en dat zo'n installatie volslagen onnodig was. Uiteindelijk ben ik voor haar argumenten gezwicht.

Anna is ervan overtuigd dat airconditioning ongezond is. En misschien heeft ze wel gelijk. In Amerika probeer ik in elk geval nooit te gaan slapen met de airconditioning aan. Maar soms kun je echt niet zonder. Een paar dagen geleden reden Bill en ik naar Rimini, waar een privé-vliegtuig voor ons klaarstond dat ons naar het vliegveld van Rotterdam zou brengen. Ik moest een persconferentie geven op het Internationale Springconcours in Den Haag over mijn eigen concours in Modena de maand daarop. Alle belangrijke mensen uit de paardenwereld zouden er zijn, kortom, een ideale gelegenheid om mijn concours onder de aandacht te brengen.

In Rotterdam stond een auto klaar om ons naar Den Haag te brengen. Het was een Mercedes, zo te zien van een ouder bouwjaar dan ik, en zonder airconditioning. Het was die zomer uitzonderlijk heet in heel Europa, ik geloof zelfs een van de heetste zomers in de geschiedenis, en het was in Den Haag al net zo gloeiend heet als in Pesaro. We stapten uit het prettig koele vliegtuig de hitte in, en vervolgens in die verschrikkelijk hete auto. De rit duurde niet lang, maar toch wel zo lang dat we ons behoorlijk onbehaaglijk gingen voelen. De meeste van de auto's die we op de weg tussen Rotterdam en Den Haag passeerden, hadden airconditioning – de raampjes zaten tenminste stijf dicht – maar voor ons was de rit een beproeving. Door de open raampjes sloegen golven hete lucht en uitlaatgassen in ons gezicht.

Tegen de tijd dat we in Den Haag waren was ik drijfnat van het zweet. Ik voelde me allesbehalve schoon, maar de officials en de VIP's stonden me al op te wachten, en ik moest meteen opdraven voor de persconferentie. Ik geloof niet dat ik zo veeleisend ben, maar je vraagt je wel af hoe zoiets kan gebeuren. De organisatoren doen zoveel moeite voor je. Ze sturen een privé-vliegtuig om je te halen. Tijdens het concours krijg je een golfkarretje tot je beschikking, zodat je de honderd meter van het VIP-restaurant, waar je eerst in de watten wordt gelegd, naar de VIP-loge niet hoeft te lopen. Eenmaal in de loge word je bediend door beeldschone Nederlandse meisjes die perfect Engels spreken, mineraalwater met een blokje ijs of champagne serveren, en je verwennen met amandelen, kaasstengels en kleine gebakjes. Je wordt voorgesteld aan alle aanwezige Nederlandse beroemdheden, zelfs aan een Zweedse prinses, die een groot paardenliefhebster blijkt te zijn, in de loge naast de jouwe. Allemaal heel aardig, zij het onnodig, maar tegelijkertijd wordt zoiets wezenlijks als een auto met airconditioning over het hoofd gezien. En dat bij een temperatuur van meer dan veertig graden. Ik zorg ervoor dat zulke dingen bij mijn concours niet gebeuren.

Een van de Nederlandse organisatoren bood zijn excuses aan voor het feit dat hij geen limousine naar het vliegveld had gestuurd. Ik haat limousines, en dat zei ik ook. Limousines zijn voor mij het symbool van de elite, van de rijken, van mensen die denken dat ze beter zijn dan een ander. Dus ik was alleen maar blij dat het geen limo was, maar ik had wel graag airconditioning willen hebben. In New York rijd ik regelmatig in limo's, maar dat is niet mijn eigen keus. Dat gebeurt omdat anderen me daarmee een plezier denken te doen.

In de vroege ochtenduren in Pesaro doe ik het graag heel rustig aan. Ik zit wat in de zon, ik lees de krant, ik doe soms wat aan lichaamsbeweging, bijvoorbeeld een paar rondjes om het huis op de fiets. Het terras is voor het grootste gedeelte gelijkvloers, dus dat is best te doen. Soms neem ik een duik in het zwembad, en ik knoop een praatje aan met wie ik daar toevallig tegenkom: elke aanleiding om nog wat langer in het koele water te blijven, is welkom. Ik ga een poosje op de overdekte veranda zitten, ik babbel wat met mijn familie, ik bespreek met Anna wat we die dag zullen eten, en hoe de weersverwachting eruitziet.

Ik vind het ook heerlijk om te helpen met koken, zolang ik het maar zittend kan doen. Wanneer we veel gasten verwachten, serveren we bijvoorbeeld vaak een grote schaal met een salade van allerlei vruchten. Het is een heerlijk dessert, verrukkelijk van smaak en erg gezond. Ik vind het een feest om aan een van de tafels op het terras te zitten, bijvoorbeeld met mijn schoonzuster Giovanna, of met een van haar zoons, en ondertussen peren en perziken te schillen, in stukken te snijden, en in een schaal te doen.

Vaak komt er tegen het eind van de ochtend iemand langs voor een zakelijke bespreking. Bijvoorbeeld Silvia Galli, de directeur van mijn paardenconcours, die even overwipt uit Modena voor overleg. Of anderen komen praten over het concert dat we organiseren aan het slot van het concours. Een paar dagen geleden kwam Silvia bijvoorbeeld met de informatie dat Ray Charles de volgende maand in Europa is, en dat er misschien een kans bestaat dat hij tijdens ons concert wil optreden. Ze gaf me het telefoonnummer van de manager van Ray Charles en vroeg of ik hem wilde bellen.

Vanuit mijn hangmat op het terras in Pesaro belde ik de manager in New York. Ik legde uit wat de bedoeling was, maar hij begreep niet goed waarom er geen gage aan het optreden verbonden was. Ik vertelde hem wat een fantastisch evenement ons concours was, en hoe belangrijk het voor mij was. Bovendien legde ik hem uit dat ik als tegenprestatie met alle plezier zou optreden voor een zaak die Ray Charles na aan het hart lag. Ik vertelde dat ik dat ook had gedaan voor Sting, en voor anderen die dat jaar tijdens mijn concert zouden optreden. Charles' manager beloofde dat hij erover zou nadenken, maar uiteindelijk werd het niets.

Soms heb ik verschillende vergaderingen tegelijk. Dan wordt er aan één tafel overleg gevoerd over het concours hippique, aan een andere tafel zit een groep die me helpt met de plannen voor en het organiseren van een concert, en aan weer een andere tafel zit een groep van Decca te praten over mogelijke nieuwe opnamen. Leone Magiera is uit Ancona overgekomen om met me aan *Pagliacci* te werken. En Bill zit natuurlijk voortdurend te wachten tot ik een moment vrij heb om met dit boek verder te gaan.

'Ik begrijp niet hoe je ook maar iets tot stand kunt brengen met al die vergaderingen op hetzelfde moment,' zeggen vrienden wel eens. 'Hoe kun je werken met al die mensen om je heen?' Volgens haar ben ik niet in staat om me langdurig op één onderwerp te concentreren. Misschien heeft ze gelijk. Maar wat mij betreft hoeft het ook helemaal niet zo lang te duren om tot een beslissing te komen. Dus terwijl de rest om de tafel zit en de voors en tegens bediscussieert, ga ik door naar de volgende bespreking.

Ik voeg me bij een groep, maak duidelijk hoe ik het probleem zou oplossen, en ga door naar de volgende tafel, terwijl de eerste

groep doorpraat over mijn suggesties. Tegen de tijd dat ik terugkom krijg ik te horen wat ze ervan vinden, en we praten verder.
Al rondlopend zorg ik er ondertussen voor dat iedereen iets te
drinken heeft: koffie of een glas wijn. Met dit hete weer drinkt
bijna iedereen mineraalwater. Anna vertelde me dat er in één dag
honderd literflessen doorheen waren gegaan.

Van mijn vrienden die naar deze besprekingen komen hebben
de meeste een razend druk en jachtig bestaan. Wanneer ik met een
andere groep bezig ben, hebben ze vaak geen tijd om van het uitzicht te genieten terwijl ze wachten tot ik terugkom. Dus als ze
aan tafel onderling niets meer te bespreken hebben, pakken ze
hun zaktelefoon en gaan wat andere zaken regelen. Om de rest
niet te storen staan ze op en beginnen over het terras heen en weer
te lopen. Op een gegeven moment telde ik vijf mensen die met een
telefoon aan hun oor over mijn terras wandelden. Ze gingen zo op
in hun gesprek, dat ik ervan overtuigd was dat ze op elkaar zouden botsen. Maar het ging goed.

Over het algemeen hou ik wel van al die activiteit en ik vind het
een prettige gedachte dat ik mijn tijd in Pesaro niet helemaal ver-
lummel. Maar soms wordt het wel eens te gek. Dan krijg ik het zo
druk dat er van vakantie nauwelijks meer sprake is. Larisa, mijn
secretaresse, die tevens volleerd masseuse is, probeert me elke dag
een massage te geven voor mijn benen en mijn knieën, want die
zijn na alle problemen die ik ermee heb gehad, nog altijd niet helemaal in orde. Ze wordt erg boos als ik daar geen geduld voor heb.
Zij en Bill spannen samen om me toch zover te krijgen dat ik stil
zit en doe wat zij willen.

Hoewel ik het prettig vind om voortdurend mensen om me
heen te hebben, wordt alle drukte me soms wel eens te veel. Dan
moet ik een poosje gaan lopen, over het terras of door de tuin, om
mijn gedachten weer op een rijtje te zetten.

Ondanks al het bezoek en alle activiteiten in mijn huis in Pesaro,
vergeet ik nooit dat ik hier ben om volledig tot rust te komen, om
krachten op te doen voor het komende seizoen. In de zomer van
1994 viel het me echter niet zo gemakkelijk om tot rust te komen.
Ik had er moeite mee om alle opwinding van het drie-tenorenconcert in Los Angeles van me af te zetten.

Daar heb ik eigenlijk geen verklaring voor. Het concert ging
prima. Het was schitterend georganiseerd, zelfs de problemen die
zich op het laatste moment altijd voordoen, waren nauwelijks de
moeite van het vermelden waard, en iedereen was blij en opge-

wekt. Volgens mij heeft het publiek dat ook kunnen zien. Als ik eerlijk ben moet ik bekennen dat het allemaal een stuk beter ging dan ik had verwacht. Toch was ik twee weken na Los Angeles de spanning nog steeds niet kwijt.

Waarom kon ik niet tot rust komen? Volgens mij was het gevoel van spanning een soort gewoonte geworden. Wanneer je je ergens een heel jaar over hebt druk gemaakt, kun je die zorgen niet zomaar van je afzetten, alsof je een knop omdraait. Althans, ik kan dat niet. Iedereen roept dat het toch wel fantastisch moet zijn geweest om op te treden voor het grootste publiek in de geschiedenis van het amusement. Meer dan een miljard mensen hebben het concert live op de televisie gezien. Dat vind ik ook fantastisch. Hoewel, eerlijk gezegd kan ik het maar nauwelijks bevatten. Tijdens het concert in Los Angeles konden kijkers over de hele aardbol ons zien slagen of falen. Je leven lang hoop je op het grootst mogelijke publiek, maar als het dan zover is zou je wensen dat je in een kerk in Modena zong.

Voor operatenoren is elke voorstelling als een stieregevecht. De hoge noten zijn de woedende stieren, met wie je de strijd moet aanbinden, en die je moet zien klein te krijgen. Wie wil er nou ten overstaan van een miljard mensen op de hoorns worden genomen? We waren allemaal zielsgelukkig en intens opgelucht dat we het concert zonder kleerscheuren hadden overleefd. Maar tijdens die eerste weken in Pesaro zag ik mezelf telkens weer voor die enorme menigte staan, terwijl de stieren op me afkwamen. De stierenvechter had gewonnen, maar de tenor verkeerde nog altijd in shock.

De meeste ochtenden in Pesaro verlopen zonder bezoek en vergaderingen. Dan zijn er alleen de leden van mijn familie, en misschien een paar anderen. Op een doorsnee dag in augustus kwam tegen het eind van de ochtend mijn goede vriend Cesare Castallani uit Pesaro op zijn Vespa-scooter de heuvel oprijden om me een bezoekje te brengen. Cesare is een geweldige man van over de zeventig, met een warm hart en een groot gevoel voor humor. Een echte heer. Niet omdat hij zoveel heeft geleerd. Hij is het van nature. Een vriend van me uit New York zei me eens hoe aardig hij hem vond. 'Cesare is van een andere dimensie,' luidde toen mijn antwoord.

Die morgen raakten Cesare en ik verzeild in een discussie over de corruptie waaraan ons hele land mank gaat, zowel in de zakenwereld als bij de overheid. Die zomer was het overal het gesprek van de dag, want Italië kende in die tijd nog meer schandalen dan gebruikelijk. Elke dag meldden de kranten weer nieuwe.

Volgens Cesare was de overheid verantwoordelijk voor alle corruptie. Met al haar regeltjes en belastingen vergde de overheid zoveel van de burgers, aldus Cesare, dat zakenlieden gewoon werden gedwongen om op zoek te gaan naar een manier om de regels te ontduiken. Anders maakten ze geen winst. Ik was het niet met Cesare eens. Volgens mij was onze Italiaanse aard het probleem. We willen allemaal *fulbo* zijn, slim. Wij Italianen houden er niet van om de dingen op de voor de hand liggende, rechtstreekse manier te doen. We hebben allemaal onze eigen, slimmere, maniertjes.

Dat is de oorzaak van alle corruptie, zei ik tegen Cesare. Het is niet zozeer een kwestie van oneerlijkheid, we zijn gewoon allemaal vastbesloten om slimmer te zijn dan een ander. Cesare was het niet met me eens en hield vol dat het allemaal de schuld van de overheid was. Zo praatten we nog wat heen en weer. Wanneer je zes Italianen bij elkaar zet, krijg je zes verschillende politieke opvattingen. Cesare en ik slaagden er geen van beiden in om de ander van gedachten te doen veranderen, maar we werden ook niet boos.

Dat werd ik pas toen hij zei dat hij niet kon blijven lunchen. Ik protesteerde en wees hem erop dat hij als gepensioneerde weduwnaar toch zeker alle tijd van de wereld had. Het mocht niet baten. Hij hield vol dat hij andere dingen te doen had, en even later reed hij op zijn Vespa de heuvel weer af.

Het was bijna middag. Ik begon behoorlijk trek te krijgen, dus ik ging vast aan tafel zitten. Aanvankelijk stond de eettafel op het overdekte deel van het terras, dat langs één kant van het huis loopt, maar voor een feestje hadden we hem ooit naar de uiterste rand van het terras verplaatst, vanwege het ongelooflijke uitzicht op zee. We vonden het daar allemaal zo heerlijk dat de tafel was blijven staan. Het is niet veel verder lopen vanuit de keuken, dus tegenwoordig gebruiken we onze maaltijden recht boven het water. De tafel staat langs de metalen balustrade, waarachter de heuvel steil afdaalt naar het strand diep beneden ons.

Door deze nieuwe opstelling hebben we een schitterend uitzicht op de uitgestrekte zee en de groene heuvels in het noorden. Hoewel we onder de bomen zitten, staan er toch vier of vijf losse parasols boven de tafel, voor het geval de zon door de bomen dringt. Niemand wil in deze verschrikkelijke hitte in de zon eten. Hoewel ik wist dat het nog wel een half uur kon duren voordat Anna de lunch zou serveren, ging ik vast aan tafel zitten. Alleen, met de telefoon.

Nu moet u weten dat ik dol ben op telefoneren. Als ik in New York ben, en het is me te koud om de deur uit te gaan, of het kost me te veel moeite om de buitenwereld onder ogen te komen, kan ik dank zij de telefoon toch in contact blijven met al mijn vrienden, waar ook ter wereld. In Pesaro heb ik twee lijnen, een zaktelefoon en een gewone. Ik vind het een heerlijk idee dat ik met die telefoons iedereen die ik ken kan bereiken, waar hij of zij zich op dat moment ook bevindt.

Ik vind het ook altijd heerlijk als de telefoon gaat. We zijn in Pesaro meestal wel met een man of vijftien: mijn familie, Anna en haar helpers, mijn secretaresses. Maar als de telefoon gaat, ben ik er altijd als eerste bij. Volgens Judy, een van mijn vroegere secretaresses, komt dat voort uit een dwangmatige behoefte aan controle. Dat is niet zo. Ik hoef niet elk telefoontje te beantwoorden om alles onder controle te hebben. Ik wil gewoon graag weten wat er aan de hand is, wat voor nieuws er is. Misschien is het een vriend van wie ik lang niets heb gehoord, of iemand die iets leuks te vertellen heeft. Ik ben verslaafd aan verrassingen, aan het onverwachte.

Uiteindelijk kwamen er nog meer mensen bij me zitten, en er werden flessen mineraalwater en Lambrusco, en manden met brood op tafel gezet. De eersten die zich bij me voegden, waren Bill, mijn zwager Gaetano, en Dino Stefanello, mijn vriend uit Fano, een stadje dat een paar kilometer verder zuidelijk langs de kust ligt. Dino heeft een botenzaak, en hij helpt me met mijn boot, maar de werkelijke reden van zijn bezoek was Larisa. Het was me maar al te duidelijk dat hij haar het hof maakte, en volgens mij ging ze daar graag op in. Zo te zien was er weinig dat hun geluk in de weg stond. (Ze zijn in april van dit jaar getrouwd.)

We praatten wat en schonken onszelf een glas mineraalwater in. Ik deed er wat Lambrusco bij voor de smaak. Na vijf minuten was er nog geen eten. 'Ik heb honger,' riep ik in het Engels naar de keuken, maar er gebeurde niets. Een paar minuten later begon ik weer. 'Waar blijft het eten?' Gaetona viel me bij en begon om zijn vrouw te roepen. Uit de keuken kwam geen reactie.

Dino had wat fijngestampt ijs meegenomen. Ik vulde er een wijnglas mee en schonk het tot de rand toe vol met Lambrusco. Bij de lunch drink ik meestal geen wijn, maar in deze hitte was het heerlijk, *una granita de Lambrusco*. Ik nam er nog een. Nog altijd wees niets erop dat er in de keuken aan de lunch werd gewerkt. Er kwam niemand naar buiten. Er was niets te horen. Het was doodstil. Als ik in een restaurant had gezeten, zou ik hebben gedacht dat er in de keuken gestaakt werd.

'*Ho fame!*' riep ik, in de veronderstelling dat ik met Italiaans misschien meer resultaat zou bereiken. Bill stelde voor om met onze vorken tegen onze wijnglazen te tikken, en we begonnen met zijn allen lawaai te maken. Uiteindelijk kwam mijn schoonzuster, Giovanna, het huis uit met een grote schaal dampende *penne*, een van mijn lievelingsgerechten, met een verse tomatensaus en paprika's: pittig, maar niet te.

'Wat zijn jullie toch een stel baby's,' zei Giovanna boos. 'Kunnen jullie niet vijf minuten wachten?'

Anna's kleinzoon zette een heerlijke zachte kaas, een specialiteit van de streek, op tafel. Ik smeerde wat op een stuk brood en gaf dat aan Bill, niet echt een kenner als het om lekker eten gaat. De *penne* smaakte heerlijk. We spraken over eten, en ik verkondigde mijn stelling dat mensen in dat opzicht elke vijf jaar van smaak veranderen. Als voorbeeld haalde ik aan dat ik in het verleden niet van kalfslever had gehouden, maar dat ik het tegenwoordig heerlijk vond. De hele wereld is dol op *aceto balsemico*, een belangrijk produkt van mijn geboortestad, Modena. Ik vind het alleen lekker op aardbeien, maar ik weet zeker dat ik het over een jaar of twee, als mijn volgende periode van vijf jaar begint, bij alles heerlijk zal vinden, zoals de meeste mensen.

Iedereen smulde van de *penne*. Hoe simpeler hoe beter, is mijn credo als het om pasta gaat. Na deze eerste gang kwam Anna naar buiten met een grote kom sla en schalen met koude gegrilde kip, die nog over was van het diner van de vorige avond. Ik hield me keurig aan mijn dieet en at geen kip, alleen pasta – en niet zoveel als u denkt – en wat sla. Als dessert nam ik fruit. Bill nam zijn laatste slok Lambrusco, en Gaetono legde hem uit hoe je in het bezinksel de toekomst kunt lezen. Bills eerste vraag was of hij in de naaste toekomst een Pavarotti-boek kon zien.

Mijn zaktelefoon ging. Heb ik al verteld dat ik graag grapjes maak met de telefoon? Toen ik de stem aan de andere kant van de lijn herkende – het was Dino's moeder, een goede vriendin van me – begon ik Chinees te praten, althans mijn versie daarvan. Dino's moeder raakte helemaal in de war. Misschien dacht ze dat de satelliet haar met het verkeerde continent had doorverbonden, dus uit angst dat ze zou ophangen, gaf ik de telefoon aan haar zoon.

Andere telefoontjes die mijn kinderlijke kant naar boven brengen, zijn die waarin er met plechtige stem naar 'maëstro Pavarotti' wordt gevraagd, of alleen maar naar *'il maestro'*. Ik besef dat het gebeurt uit beleefdheid en respect, maar ik moet er de draak mee steken. Ik kan er niets aan doen. Dan zeg ik bijvoorbeeld heel ernstig en met diepe stem, dat maëstro Pavarotti op dit moment niet aan de telefoon kan komen omdat hij met drie Noorse schoonheden in een modderbad zit. Volgens mijn vrienden krijg ik ooit mijn trekken thuis als blijkt dat het Vaticaan aan de lijn is met de vraag of ik voor Zijne Heiligheid wil zingen. Maar ik maak zulke grappen niet altijd, en bovendien vertrouw ik op mijn goede gesternte.

Aan de lunch voeren we doorgaans geen al te ernstige of zware gesprekken. We praten over eten, over de vraag of de artisjokken net zo lekker zijn als vorig jaar. We wisselen meningen uit over de hoeveelheid azijn in de sladressing. Iedereen vertelt wat hij die ochtend heeft gedaan, en we hebben het over onze plannen voor de middag. Er worden allerlei voorstellen gedaan. Deze zomer hebben we ook veel over de hitte gepraat.

Op een gegeven moment kwam het gesprek op de zaak O.J. Simpson, die sinds zes weken voortdurend in het nieuws was. Toen mij naar mijn mening werd gevraagd, zei ik dat ik eigenlijk voortdurend op reis was geweest, en dat ik weinig van de bijzonderheden wist, maar dat mijn instinct me zei dat hij onschuldig was. Iedereen was erg verbaasd. Blijkbaar waren de bewijzen tegen O.J. erg overtuigend. Iemand bracht het gesprek op de loyaliteit van zijn fans, die absoluut weigerden te geloven dat hij het had gedaan. Volgens Bill liet het sommige fans zelfs volkomen onverschillig of hij het nu wel of niet had gedaan. Daar was lang niet iedereen aan tafel het mee eens, maar toen zei Bill iets merkwaardigs.

'Het zou net zo gaan als jij van iets dergelijks zou worden beschuldigd, Luciano,' zei hij. 'Er zijn mensen die zoveel van je houden dat ze je alles zouden vergeven, zelfs moord.'

De reacties aan tafel waren nogal heftig. Iedereen viel over Bill heen. Hoe kon hij zoiets denken? Luciano, een moordenaar? Bill weet drommels goed dat ik de laatste ben die een ander kwaad zou kunnen doen, laat staan dat ik iemand zou kunnen vermoorden. Maar ik begreep precies wat hij bedoelde, en dat zei ik ook. Hij had het niet over mij, maar over de toewijding van sommige fans. Die kan soms irrationele, en zelfs angstaanjagende vormen aannemen.

Misschien werd Bill geïnspireerd door een gesprek dat we kort daarvoor hadden gehad. Daarbij had ik hem verteld dat Mickey Rooney me een idee voor een film had gestuurd, waarin Danny DeVito en ik de hoofdrollen zouden spelen. Het was het verhaal van een bendeleider wiens grootste wens het is om te kunnen zingen zoals ik. Dus ontvoert hij me, en hij laat mijn stem in zijn lichaam zetten. 'Danny is een schurk,' legde ik uit. 'Maar diep van binnen is hij een romantisch tenor.' Toen glimlachte ik, want ik kreeg ineens een beter idee. 'Eigenlijk is het andersom. Wij tenoren zijn weliswaar romantici, maar diep van binnen hebben we ook iets van een schurk.'

Daarmee bedoelde ik natuurlijk dat we iets ondeugends, iets duivels hebben. *Cattivo*, zeggen we in het Italiaans. Gelukkig niets moordlustigs.

Ik stal wat *penne* van Adua's bord, terwijl Bill haar vroeg hoe ze het vond dat er voortdurend werd vergaderd op haar terras. En als er geen vergaderingen waren, zat het terras wel vol met journalisten, televisieploegen, vrienden, fans. Kortom, wat vond ze van al die stromen bezoekers?

Ze dacht even na. 'Ach,' zei ze toen. 'Ik weet al jaren niet beter. Het valt me niet eens meer op.' Maar ze had er nog één ding aan moeten toevoegen: ze is net als ik. Ze vindt het heerlijk om het druk te hebben, en ze houdt wel van een beetje leven in de brouwerij.

Soms komt het gesprek tijdens de lunch op zwaardere onderwerpen, zoals bijvoorbeeld de politiek. We hebben in Pesaro altijd veel buitenlanders te eten, en tijdens de zomer van 1994 vroegen ze me allemaal naar onze premier, Silvio Berlusconi, die op dat moment veel aandacht kreeg van de internationale pers. Daarop luidde steevast mijn antwoord dat hij als kandidaat op mij een diepe indruk had gemaakt.

Naar mijn mening beschikte hij over een drang naar efficiëntie, over een gedrevenheid om dingen gedaan te krijgen, die ik eerder als een Amerikaanse eigenschap beschouw dan als iets typisch Italiaans. Het valt niet te ontkennen dat hij een ongelooflijk succesvol zakenman is en dat er op overheidsniveau in Italië ingrijpende veranderingen nodig zijn. Berlusconi en zijn volgelingen zijn gekozen op dat programma van verandering. De mensen om hem heen riepen om het hardst dat ze het met die veranderingen eens waren. En dus werden ze gekozen.

Maar toen ze dank zij Berlusconi eenmaal op het regeringspluche zaten, maakten ze hem meteen duidelijk dat ze niet geïnteresseerd waren in verandering. Maar dan ook helemaal niet. Toen ze in de gaten kregen dat het menens was, dat hij serieus van plan was om dingen te veranderen, begonnen ze zich tegen hem te keren, en toen was het met hem gedaan. Althans, zo zie ik het. Daarbij wees ik mijn Amerikaanse bezoekers er altijd op dat, terwijl in Italië Berlusconi in de problemen zat, in de Verenigde Staten iedereen tegen president Clinton was. Maar dat er een groot verschil bestaat tussen het Italiaanse systeem en het Amerikaanse. Wij kunnen onze premier heel gemakkelijk naar huis sturen, terwijl dat in Amerika bijna onmogelijk is. De Amerikanen geven hun president de kans om zich te bewijzen, wij Italianen doen dat niet. Eén staking, en weg ben je. Sinds de Tweede Wereldoorlog heeft Italië tweeënvijftig kabinetten gehad.

Maar die dag vond ik het veel te heet om over politiek te praten. Bovendien had ik dank zij Cesare mijn dosis politiek al gehad. Met een voldaan gevoel in mijn maag keek ik naar het strand diep beneden me, dat op deze augustusmiddag stampvol zat. Ik vind het heerlijk om al die mensen te zien genieten. Sommige vrienden vragen me wel eens of ik me tijdens mijn vakantie niet meer zou willen afzonderen. Of ik niet liever een huis ver weg van de bewoonde wereld zou willen hebben. Gezien het leven dat ik de rest van het jaar leid – omringd door tientallen mensen, met alle bijbehorende verwarring, drukte, lawaai – denken ze dat ik mijn medemens in mijn vakantie het liefst zo ver mogelijk op afstand houd. Ze vragen me waarom ik geen huis op een berg heb gekocht, of op een eiland waar in de wijde omtrek geen mens te zien is.

Maar zo ben ik niet. Ik vind het heerlijk om op mijn heuvel te zitten, buiten de drukte, in alle rust en privacy, maar met uitzicht op mensen, een heleboel mensen zelfs, recht onder me. Ik kan ze ook horen. Op mijn terras is het heel stil en vredig, maar van beneden klinkt altijd een zwak rumoer: de kreten van een balspel, een gil als iemand in het water wordt gegooid, de geluiden van mensen die plezier maken op het strand. Wanneer ik in Pesaro tot rust kom, luister ik bijna nooit naar muziek, behalve natuurlijk wanneer ik met jonge zangers en zangeressen werk. Voor mijn plezier luister ik er nauwelijks naar. Die strandgeluiden van mensen die genieten en plezier maken, zijn voor mij de mooiste muziek, althans gedurende een maand per jaar. Vergelijk het maar met iemand die het hele jaar de lekkerste dingen eet en de mooiste wijnen drinkt. Hij geniet ervan, maar één keer per jaar moet hij gaan kuren in Montecatini en mineraalwater drinken om het lichaam van binnen te zuiveren. Dat geldt voor mij ook, maar dan met muziek.

Nadat ik het huis had gekocht heeft de stad het strand groter gemaakt, en ze hebben met enorme blokken stenen golfbrekers gebouwd, die misschien wel tachtig meter de zee inlopen. Een groepje jongens dook van een van die pieren het water in. Ik keek ernaar en zei hardop wat ik dacht: 'Wat zou ik het heerlijk vinden om daar te zwemmen, net als die jongens. Maar dat kan ik niet doen.'

Dino begreep wat ik bedoelde. 'Dat kun je best, Luciano. Ik kan je met je boot naar een plek brengen waar niemand komt. Het is een heel eind het water op. Er is niemand die je daar ziet.' 'Weet je dat zeker?' vroeg ik. 'Geen paparazzi? Geen toeristen met telelenzen, die dit verschrikkelijke lijf op de foto zetten? Kun je dat garanderen?'

'Ik beloof het,' zei Dino. 'Er komt daar niemand.'

'En er zijn ook geen reusachtige tonijnen die me belagen?'

'Maak je geen zorgen,' zei Dino. 'Ik weet precies het goede plekje.'

Die middag had hij geen tijd, maar een paar dagen later voeren we met mijn boot naar een pier, die een heel eind bij de andere vandaan lag. Zoals Dino had beloofd, was het daar inderdaad volkomen verlaten. Ik spetterde een uur in het water en genoot. Zonder fotografen, zonder tonijnen.

Wanneer we klaar zijn met eten blijven we meestal nog heel lang aan tafel zitten met een kopje espresso of een glas mineraalwater, en soms wat fruit. Als ik vind dat ik me erg braaf aan mijn dieet heb gehouden, ga ik naar de keuken om wat Häagen Dazs te halen. De eerste keer dat ik dat deed vroeg Bill me verbijsterd of ik het ijs soms had meegenomen uit New York. 'Het spijt me dat ik het moet zeggen,' antwoordde ik. 'Maar je kunt het tegenwoordig ook in Italië krijgen. Volgens mij is er op de hele wereld geen beter ijs te krijgen. En geloof me, van ijs weet ik alles.'

De tafel begon nu snel leeg te raken, en ik voelde dat het moment was aangebroken. Ik stond op en liep naar mijn hangmat die ongeveer vijftien meter verderop tussen twee bomen hangt. Ook al zou de president van Frankrijk in hoogsteigen persoon bij me aan tafel zitten, als het tijd is voor mijn dutje stap ik in die hangmat, en ik ben vertrokken. Van het strand beneden me klonk het geluid van spelende kinderen.

# 18

## De zomer is voorbij

Meestal houd ik na de lunch een siësta van een uur of twee in mijn hangmat. Zo ook die dag. Het was heerlijk om wakker te worden terwijl beneden me de zon nog hoog boven het strand stond. Het was nog altijd erg heet – ik kan me niet herinneren dat het hier ooit zo heet is geweest – maar een zachte bries bracht wat verkoeling. Zodra Larisa zag dat ik wakker was, kwam ze me een glas koud mineraalwater brengen.

Daarbij vertelde ze dat er een taxi met drie Japanse meisjes bij het hek stond. Ze hadden via de intercom uitgelegd dat ze helemaal uit Tokyo waren gekomen met een cadeautje voor maëstro Pavarotti. Of ze boven mochten komen om me dat te geven? Ze komen misschien wel helemaal uit Tokyo, zei ik bij mezelf, maar ik weet zeker dat ze niet alleen voor mij zijn gekomen. Nu ze hier toch zijn gaan ze ongetwijfeld ook naar Rome en Florence. Desondanks zei ik tegen Larisa dat ze hen maar boven moest laten komen.

Het waren drie allerliefste, charmante meisjes, met een schitterende zelfgemaakte kimono. Het materiaal was zijde, en de kleuren waren werkelijk prachtig. Ik was diep geroerd. Tot mijn verrassing bleek de maat te kloppen! Japanners zijn slim. Misschien hadden ze wel een computer die aan de hand van het televisiescherm mijn ontzagwekkende afmetingen kon bepalen.

Er kwam een telefoontje van een vriend in Fano, een stukje verderop langs de kust. Ze waren uit vissen geweest en hadden een tonijn gevangen van bijna tweehonderd kilo. Ik kon mijn oren niet geloven en zei tegen Bill dat we later wel verder gingen met het boek. Eerst wilde ik die vis zien. We stapten in mijn Mercedes en reden in een kwartier naar Fano. In de haven zijn een heleboel commerciële visbedrijven gevestigd, en ik kon dan ook een heel eind de kade oprijden.

Op de plek waar mijn vriend had gezegd dat we hem konden vinden, had zich al een kleine menigte gevormd, en ik kon de vis aan zijn staart zien hangen. Het was een fantastisch beest, ongeveer drie meter lang, met een schitterend lijf. Eén voor één lieten we ons ermee op de foto zetten. 'Kijk eens aan, de drie tonijnen,' zei iemand enige tijd later toen hij de foto van Bill, mij en de vis zag. Die avond kwam mijn vriend ons een grote moot brengen. Het was het staartstuk. Anna sneed het roze vlees heel dun en serveerde het rauw, met *pesto*: *carpaccio di tonna*. Verrukkelijk!

Voordat we naar Fano waren vertrokken had ik met een aantal leden van de familie afgesproken bij mijn boot in de haven van Pesaro. Bill had erop aangedrongen om meteen na de vis weer naar huis te gaan, zodat we verder konden met het boek. Maar het was een bewolkte dag, en ik zei dat het een treurig boek zou worden als we eraan werkten wanneer de zon niet scheen. Inmiddels was de bewolking helemaal verdwenen, maar ik denk dat Bill de moed voor die dag had opgegeven. Hij zei tenminste niets meer over werken.

Terwijl we vanuit Fano weer omhoogreden naar Pesaro passeerden we duizenden auto's die langs het strand geparkeerd stonden. Het gebeurt regelmatig dat er een auto niet oplet bij het achteruitrijden en tegen je opbotst wanneer je langskomt. Het is altijd erg spannend. Omdat er zoveel ongelukken gebeuren wordt dit stuk weg *La Strada degli Morti* genoemd, de Straat van de Doden. We kwamen er heelhuids doorheen en reden rechtstreeks naar de ligplaats in Pesaro, waar mijn boot op ons wachtte. Larisa zat al aan boord, samen met mijn neef Vittorio, mijn nicht Carmen en haar verbijsterende vijfjarige zoontje Nicola, een prachtig klein jongetje, meester van alle zeeën. Als mensen denken dat ik 's zomers de baas ben in Villa Giulia, dan hebben ze het mis. Dat is Nicola.

We voeren de haven uit, en eenmaal in open zee gaf ik vol gas en zette koers in noordelijke richting, weg van Pesaro. Ik vind het altijd heerlijk om vanaf het water mijn huis te zien liggen. De heuvel is heel duidelijk zichtbaar, vooral dit jaar, want we hebben honderden zonnebloemen geplant op de helling tussen de villa en het strand. Het huis zelf gaat grotendeels schuil achter de bomen, dus daar is bijna niets van te zien.

We overlegden of we de Banaan te voorschijn zouden halen. Dat is een nieuw speeltje dat ik me had aangeschaft: een lange rubberen koker gevuld met lucht die je achter de boot aan trekt, en waarop je met een heel stel schrijlings achter elkaar kunt zitten. Het ding is heldergeel en heeft de vorm van een banaan. Er zitten handvaten op om je aan vast te houden, maar je voeten bungelen los in het water, dus als je niet oppast val je eraf. Adua is dol op de Banaan, en ze weet zich altijd fantastisch in het zadel te houden, hoe hard ik ook ga en hoeveel bochten ik ook maak.

Maar Adua was er niet bij, en er wilde verder niemand op de Banaan. Wat moesten we dan doen?

Ik vroeg Bill of hij kon waterskiën. Hij zei van niet.

'Zal ik het je leren?' vroeg ik.

'Kun je dat dan?' vroeg hij.

'Ik ben een uitstekende leraar,' verklaarde ik, waarop Bill zei dat hij het wel eens wilde proberen.

Hij verdween in de kajuit, maar kwam vervolgens niet meer terug. 'Wat doe je?' riep ik naar beneden. Hij riep terug dat hij niet wilde waterskiën met zijn contactlenzen in, en dat hij op zoek was naar iets om ze in te bewaren.

Ik wachtte weer een minuut of twee. 'Zeg luister eens,' riep ik toen naar beneden. 'Wat gaat er nou gebeuren? Doe je het of doe je het niet?'

Hij had twee lege koffiekopjes voor zijn lenzen gevonden, trok zijn zwembroek aan en liet zich in het water zakken. Ik riep hem vanaf de boot instructies toe. Hij trok de ski's aan en liet de punten omhoog wijzen. Toen gebaarde hij met zijn duim dat hij er klaar voor was, en ik gaf gas. Ik zag een heleboel water omhoogkomen, maar geen Bill. Toen de mist weer was gaan liggen bleek hij een heel eind achter ons in het water te drijven. Ik keerde. Hij schreeuwde ons toe dat hij de halve Adriatische Zee binnen had gekregen, en dat hij de sleepbeugel was kwijtgeraakt. Maar hij wilde nog een poging wagen.

'Je moet je beter vasthouden,' riep ik. 'En misschien is het raadzaam om je mond dicht te houden. Dan krijg je niet zoveel water binnen.'

Hij maakte zich klaar, zette zijn ski's in positie, en weer gaf ik flink gas. Deze keer hield Bill het langer vol, maar zodra hij probeerde rechtop te gaan staan, schoot een van zijn ski's opzij, met zijn been erachteraan. Even later ging hij kopje onder, en zo te zien was hij in moeilijkheden. Ik keerde weer.

'Er is iets met mijn been, Luciano,' riep hij. 'Ik heb het de verkeerde kant op gebogen, en het doet verschrikkelijk pijn.'

'Wil je het nog een keer proberen?' vroeg ik.

'Nog een keer? Ik mag blij zijn als ik ooit weer kan lopen.'

Hij hees zich aan boord en verontschuldigde zich voor zijn bedroevende prestaties. We bezwoeren hem dat hij zich daar niet voor hoefde te schamen. Zo verging het iedereen de eerste keer. Carmen verzekerde hem dat hij ware leeuwemoed had getoond. Dat vond ik nogal overdreven, maar Bill knapte er zichtbaar van op. Larisa ging op zoek naar een badjas en kwam terug met een

exemplaar van mij. Daarna zorgden we dat hij het zich gemakkelijk maakte op het zachte bankje in het achterschip.

Bill vroeg de anderen naar hun eerste keer op waterski's en
kreeg tot zijn verrassing te horen dat we het geen van allemaal
ooit hadden gedaan. Hij had gedacht dat hij zou worden toegelaten tot onze exclusieve club van waterskiërs.

'Zelfs jij niet, Luciano?' vroeg hij. 'Heb jij het ook nog nooit gedaan?'

'Je denkt toch niet dat ik gek ben?' zei ik.

Om helemaal volledig te zijn moet ik vertellen dat er iemand in
ons gezelschap was die zich er wel aan had gewaagd. Larisa had
een paar dagen daarvoor bij haar eerste poging een spier verrekt.
Dat bleek bij Bill ook het geval te zijn. Toeval, volgens mij. Larisa
liet Bill de achterkant van haar been zien. Ze was werkelijk helemaal bont en blauw. Hij vroeg zich angstig af of hij er ook zo ging
uitzien. 'Niet meteen,' zei ze. 'Dat duurt een paar dagen.'

'Zeg, Luciano,' zei Bill. 'Als je me kwijt wilt, hoef je echt niet al
die moeite te doen. Zeg dan gewoon dat je dat boek niet wilt
schrijven, en ik ben vertrokken. Je hoeft me geen poot uit te trekken en me midden op de Adriatische Zee voor dood achter te laten.'

Ik bezwoer Bill dat ik hem helemaal niet kwijt wilde. Om de
skiër in staat te stellen uit het water omhoog te komen moet je nu
eenmaal flink gas geven.

Toen Bill de volgende dag naar mijn huis kwam liep hij mank.
Hij zei dat zijn been alleen pijn deed bij het lopen, en dat hij geen
problemen had gehad met slapen. Toen we even later aan het
werk waren, kwam hij erop terug. 'Ik heb nog eens nagedacht
over gisteren, Luciano. Ik heb wel eens films gezien met mensen
op waterski's, maar die gaan niet meteen zo hard. Ze bouwen hun
snelheid langzaam op.' Het was duidelijk dat ik in de beklaagden-
bank zat. 'Larisa is jong en lenig, maar desondanks heeft ze ook
een spier verrekt toen jij haar leerde waterskiën. Dus er is maar
één conclusie mogelijk: je gaat te snel.'

Mijn dochters beweren altijd dat ik mijn ongelijk niet kan toegeven. Volgens mij is dat niet zo. Je moet alleen oppassen dat je
dat tegenover je dochters niet te vaak doet. Toch moet ik bekennen dat Bill erg verrast reageerde toen ik zei: 'Misschien heb je gelijk. Misschien ging ik inderdaad te snel.'

Hij had zich vast voorgenomen om te leren waterskiën, aldus
Bill, en dus zou hij op zoek gaan naar een leraar in Pesaro. Zodra
hij het kon wilde hij het wel weer met mij proberen. 'Waarom zou

je op zoek gaan naar iemand anders?' vroeg ik. 'Ik ben een uitstekende leraar.'

Tegen het eind van de middag kwamen er drie jonge mensen langs, met wie ik aan hun zang zou werken. Een van hen was een bijzonder goede Italiaanse sopraan. Ze was nog heel jong; een slanke, charmante verschijning met een volle, rijke stem. De tweede was de zoon van een vriend van me, die bariton wilde worden. Toen ik hem een paar liederen had horen zingen, besefte ik dat hij niet bijster goed was. Sterker nog, hij was eigenlijk vrij slecht. Terwijl hij zong stond mijn zwager achter hem op het terras lelijke gezichten naar me te trekken.

Toch raadde ik hem aan om de eerstvolgende zes maanden hard aan de slag te gaan met stemoefeningen. Meer mocht hij niet doen, en daarna moest hij bij me terugkomen om me zijn vorderingen te laten horen. Later werd me gevraagd waarom ik iemand aanmoedigde die zo slecht zong. Ik antwoordde naar waarheid dat je nooit honderd procent zekerheid had of er toch geen sprake was van een verborgen talent. Deze jonge man wilde bovendien zo graag zanger worden dat ik vond dat hij in elk geval een poging moest wagen.

De derde was een jonge tenor die door Jane Nemeth, de manager van het vocalistenconcours in Philadelphia, naar me was doorverwezen. Zijn naam was Michael Belnap en hij kwam uit Indiana. Samen met zijn vrouw was hij naar Pesaro gekomen, waar ze hun intrek hadden genomen in een van de kleine hotelletjes bij het begin van mijn oprijlaan. Elke middag wanneer ik daarvoor in de gelegenheid was, werkte ik een poosje met Michael. Hij had een krachtige stem met een mooie klank. Toch had hij een ernstig probleem: hij was net zo zwaar als ik. Ik zei hem dan ook dat hij zou moeten afvallen. Ik was pas zo zwaar geworden toen ik eenmaal een gevestigde naam in de operawereld was. Met mijn latere gewicht had ik niet graag willen proberen om daar een voet aan de grond te krijgen. Ik denk niet dat ik een kans zou hebben gekregen.

Michaels vrouw was ook te zwaar. Deze twee jonge Amerikanen kwamen in die verschrikkelijke hitte elke dag de heuvel opgeklommen, en eenmaal boven zette ik Michael onmiddellijk aan het werk. Misschien kon ik hem helpen met zijn zang en hem tegelijkertijd laten afvallen. Op een dag uitte Michael zijn bewondering voor mijn Hawaïaanse shirt, een ruimvallend comfortabel kledingstuk in vrolijke kleuren. Hij vroeg waar ik dat shirt had gekocht, maar ik vertelde hem dat ik ze liet maken bij een vriend. Ik heb er wel vijftig, en in de zomer draag ik ze dagelijks. Omdat hij het zo heet had en zo transpireerde gaf ik hem er een. Ik had hem aanvankelijk laten weten dat hij moest rekenen op een week in Pesaro, maar omdat ik zo enthousiast was over zijn vorderingen werden het uiteindelijk drie weken.

Volgens mij ben ik een uitstekende leraar. Wanneer ik iemand hoor zingen weet ik meteen wat het probleem is, of tenminste, wat volgens mij het probleem is. Het bewijs van mijn gelijk wordt geleverd wanneer mijn leerlingen mijn aanwijzingen opvolgen. Meestal hoor ik dan inderdaad het verschil waar het me om te doen was. En mijn leerlingen vertellen me regelmatig dat het hun net zo vergaat. Bovendien heb ik uitgesproken opvattingen over de manier waarop de muziek moet klinken; wanneer een frase moet worden benadrukt of juist niet, wanneer een noot zacht of hard moet worden gezongen. Meestal komt het erop neer dat je je exact aan de partituur moet houden. Als ik een opera ken, als ik hem een paar keer heb horen vertolken, weet ik zelfs wanneer ik met een sopraan aan haar aria's werk – muziek die ik dus zelf nooit heb gezongen – nog precies hoe ze haar rol moet zingen. Als mijn jonge leerlingen een passage niet juist vertolken hoef ik niet in de partituur te kijken om te weten dat ze een fout maken.

Aan het begin van de avond werkten Bill en ik nog een poosje aan ons boek, maar ik was te moe om me op mijn verleden te concentreren. Bovendien vind ik het altijd erg vermoeiend om over mezelf te praten. Bill zou waarschijnlijk een stuk gelukkiger zijn wanneer ik een egotripper was die voortdurend over zichzelf praatte. Zoals sommige beroemdheden doen, volgens hem.

Ik stelde voor om er maar mee te stoppen voor die dag en vóór het eten nog wat televisie te kijken. We zaten in de woonkamer, waar ook de televisie staat. Ik heb een heel groot scherm en een schotelontvanger, hoewel ik niet veel televisie kijk als ik thuis ben. Dat doe ik de rest van het jaar al zoveel, wanneer ik in hotels verblijf. Op mijn televisie in Villa Giulia kan ik volgens mij elk kanaal uit de hele wereld ontvangen.

Het beeld flitste aan. Er bleek een film aan de gang te zijn. 'Amarcord van Fellini,' zei ik meteen. Bill was verrast dat ik de film zo snel herkende, maar ik ben een groot bewonderaar van Fellini, en vooral die film is me dierbaar, omdat hij me zo aan mijn jeugd doet denken. Ik heb Amarcord diverse keren gezien, dus het was niet zo verbazend dat ik hem meteen herkende. Het beeld liet een menigte zien die zingend door de straten van de stad marcheerde. Ik vertelde Bill dat ze het fascistenlied zongen. Weer uitte hij zijn verbazing, omdat ik het lied al na twee noten had herkend. 'Dat soort dingen maken diepe indruk als je een jaar of acht, negen bent,' zei ik. 'Die blijven je de rest van je leven bij.'

Even later zagen we een man in een metalen badkuip. Daarnaast stond een vrouw die water over hem heen goot. Allerlei herinneringen aan mijn jeugd kwamen bij me boven. Gedurende de eerste negentien jaar van mijn leven was ik elke zaterdagavond op dezelfde manier in bad gegaan als de man op het scherm. Mijn moeder kookte teilen vol water, en de hele familie gaf elkaar beurtelings een stortbad. Ik vertelde dit aan Bill. 'Nou heb je toch nog iets voor je boek,' zei ik.

Maar volgens Bill had dit verhaal in ons eerste boek, over mijn jeugd, moeten staan.

Ik doe het ook nooit goed bij die man.

Tijdens mijn vakantie in Pesaro zijn er vaak nog meer projecten waar ik aan werk. Een paar dagen later arriveerde mijn oude vriend Christopher Raeburns uit Londen, met een ploeg technici van Decca Records, dat in Amerika London Records heet. Decca heeft al mijn platen uitgebracht, en Christopher heeft de meeste daarvan geproduceerd. Hoewel hij inmiddels met pensioen is, ben ik erg blij dat hij mijn nieuwe opnamen nog wil doen. Er zijn maar weinig mensen die zoveel van zang weten, en ik heb een enorm respect voor Christophers mening. Dat dit respect terecht is, bewees hij nog niet zo lang geleden weer eens toen hij Cecilia Bartoli ontdekte bij een groepsauditie en haar onmiddellijk aantrok voor de rol van Rosina in zijn opname van *De barbier van Sevilla*. Op dat moment was ze nog volledig onbekend.

Christopher was naar Pesaro gekomen om met me te werken aan een opname van *Il trovatore* die we – ik schaam me dat te moeten bekennen – al vier jaar eerder hadden opgenomen. Decca legt elke opname aan mij ter goedkeuring voor, voordat hij wordt uitgebracht. In deze opname zaten een paar passages die me niet aanstonden. Maar we hadden de afgelopen vier jaar niet de tijd kunnen vinden om die passages door te nemen en te verbeteren.

Hoe verbeteren we die? Tijdens de repetities met het volledige orkest wordt elke aria, elk gedeelte van een opera diverse malen herhaald en op band opgenomen. Dus wanneer de repetities achter de rug zijn bestaan er wel vier of vijf verschillende versies van elke noot in de partituur, allemaal opgenomen met hetzelfde orkest, dezelfde dirigent en dezelfde vocalisten. Wanneer er in de uiteindelijke versie een passage voorkomt die niet goed klinkt, kunnen Christopher en zijn technici die passage eruit halen en vervangen door een van de eerdere versies die door iedereen beter wordt bevonden.

Ik zie daar niets verkeerds in. Het is in alle gevallen jouw stem, en we doen ons best om het publiek een zo goed mogelijke registratie van de opera te bieden. Het is geen live-optreden waarbij je wordt beoordeeld op je vermogen om het in één avond allemaal prachtig te doen. Het gaat erom de beste *Trovatore* op de plaat te zetten die er met de betrokken stemmen mogelijk is, en dus gebruik je de beste versie die voorhanden is. Het gaat in dit soort gevallen trouwens altijd maar om een beperkt aantal passages.

Het enige dat er in mijn ogen verkeerd aan zou kunnen zijn, is dat ik nu elke keer wanneer ik voor publiek zing het gevoel heb dat ik net zo goed moet zijn als op de plaat. Omdat door het bewerken de slechte stukken eruit gaan, heb ik het gevoel dat ik altijd een vlekkeloze voorstelling moet geven, en dat is natuurlijk onmogelijk. We doen deze bewerking in mijn slaapkamer, de kamer die in de heuvel is gebouwd en daardoor aan drie kanten dicht is. De ervaring heeft geleerd dat dit in het hele huis de ruimte is met de beste akoestiek. Christopher en zijn mensen zijn in de loop der jaren regelmatig voor dit soort klusjes in Pesaro geweest, en elke keer moesten ze hun loodzware luidsprekers en opname-apparatuur meesjouwen. Uiteindelijk heeft Decca me een volledige uitrusting geschonken, die nu hier staat opgeslagen, klaar om te worden gebruikt wanneer Christopher langskomt met zijn ploeg. Terwijl ik na de lunch mijn dutje deed, zetten de technici de geluidsapparatuur op.

Toen alle voorbereidingen waren getroffen gingen we allemaal op een rij aan een lange tafel zitten, recht tegenover de muur waarlangs de luidsprekers stonden opgesteld. Christopher had in de partituur de passages aangegeven die me niet aanstonden, en hij had ze op de band dan ook snel gevonden. We beluisterden de eerste onbevredigende passage, een duet tussen Manrico, mijn rol, en Azucena, zijn moeder. Deze rol was gezongen door Shirley Verrett. Alleen al door haar prachtige stem werd het karwei een genoegen voor me, in plaats van werk. 'Wat zingt ze toch schitterend,' zei ik tegen Christopher. 'Ik wil met haar blijven zingen tot een van ons beiden er niet meer is.'

Wanneer ik een opname na lange tijd weer hoor, gebeurt het wel eens dat ik alsnog besluit dat er niets aan mankeert. Maar vandaag klonk een bepaalde hoge noot in het duet me wat krampachtig. Ik vroeg om de andere versies te laten horen. We beluisterden ze stuk voor stuk diverse malen, en uiteindelijk vond ik er een die ik beter vond. Christopher was het met me eens wat betreft de hoge noot. Maar hij zei dat beide versies uitstekend waren, en in de opname waaraan ik de voorkeur gaf klonk mijn stem in de aanloop naar de hoge noot iets minder vol en robuust. Daarom vond hij de definitieve versie toch beter. We beluisterden hem nogmaals. Ik bleef bij mijn voorkeur voor de repetitie-opname. Toen ik zag dat Christopher er niet gelukkig mee was, zei ik: 'Je bent het met me eens dat die hoge noot beter is in de versie die ik mooi vind? Waarom gebruik je je trucendoos dan niet om me in de aanloop wat robuuster te laten klinken?'

Christopher glimlachte. 'O ja, onze keukengeheimen.'

We gingen door met de volgende passage, het trio aan het eind van het eerste bedrijf. Terwijl we naar de drie stemmen luisterden – de sopraan, de bariton en ik – zei ik tegen Christopher: 'Ik zing hier de belangrijkste stem, maar ik ben amper te horen. De balans is helemaal verkeerd.' Dat probleem was gemakkelijk te verhelpen, verzekerde hij me. Hij zou er in Londen voor zorgen. Zo werkten we nog diverse uren door, en uiteindelijk hadden we een *Trovatore* die we allemaal mooi vonden.

Toen we klaar waren vroeg Bill hoe ik het vond om naar mijn eigen opnamen te luisteren. Hij voegde eraan toe dat hij het afschuwelijk vond om zijn eigen werk terug te lezen. 'Daar heb je je antwoord,' zei ik. 'Volgens mij vindt iedere zanger het afschuwelijk om zichzelf terug te horen, want je bent er altijd van overtuigd dat je beter had gekund.'

Ik dacht even na en voegde er vervolgens aan toe: 'Maar je moet gewoon geduld hebben. Over tien jaar klinkt het fantastisch!'

Mijn dochter Cristina is in augustus jarig, en aangezien we zeker weten dat ik die maand in Italië ben, maken we er altijd een groot feest van in Villa Giulia. Het is haar verjaardag, maar eigenlijk is het een groot familiefeest. Mijn dochters hebben ieder hun eigen activiteiten, en ze kunnen niet de hele zomer in Pesaro doorbrengen, zoals ze dat deden toen ze nog op school zaten. Maar rond Cristina's verjaardag zorgen ze allemaal dat ze vrij zijn. Adua, die de rest van de zomer op en neer reist tussen Modena en Pesaro, sluit haar kantoor een paar weken en begint haar vakantie met het verjaarsfeest.

Mijn ouders vinden de zomers in Villa Giulia vaak te druk en te chaotisch, maar voor Cristina's verjaardag komen ze altijd over. Ze vinden het hier heerlijk, vooral het uitzicht op zee, dus ze blijven meestal wel een poosje hangen. Maar ze hebben hun eigen vakantieroutine ontwikkeld. Ze zoeken een plaatsje op het terras, in de schaduw en veilig uit de route van alle mensen die rondwandelen met zaktelefoons, en genieten van elkaars gezelschap en van het uitzicht op zee, zonder veel aandacht te besteden aan de drukte een paar meter verderop. Allebei hebben ze hun hele leven hard gewerkt, en ik vind het heerlijk om hen zo te zien zitten, uitkijkend over zee, genietend van het feit dat ze samen zijn.

Toen het verjaarsfeest dichterbij kwam zeiden we tegen Anna dat we ongeveer dertig mensen voor het diner verwachtten. Daar draaide ze haar hand niet voor om, en we kozen een menu waarvan we wisten dat Cristina het lekker zou vinden. Een groter probleem ontstond toen bleek dat tweeëntwintig van onze gasten ervan uitgingen dat ze konden blijven slapen. We hebben maar zes slaapkamers, maar volgens Anna zou het allemaal wel lukken. Ze regelde wel wat. Anna is geweldig.

De gasten begonnen al om vier uur binnen te druppelen. Toen Cristina arriveerde lag ik nog in mijn hangmat, dus ze kwam bij me zitten voor een vader-dochtergesprek. In de dagen dat mijn dochters hier zijn heb ik altijd ten minste één zo'n gesprek met hen, ongeacht of er iets speciaals te bespreken valt. Ik vind het gewoon fijn om te horen wat ze doen, met wie ze omgaan, wat hen interesseert.

Volgens Nicoletta heb ik een erg ongebruikelijke relatie met mijn dochters. Ze heeft gezien hoe openhartig en eerlijk we met elkaar omgaan. Ik ben meer een vriend voor mijn dochters, aldus Nicoletta, geen Italiaanse vader. Tot Nicoletta's verbazing vertellen mijn dochters me bijvoorbeeld over hun liefdesleven, soms tot in de details. Bill heeft aan Giuliana gevraagd of dat waar was. 'Ja,' zei ze. 'Hij is onze vriend. Maar hij is ook een Italiaanse vader, dus we vertellen hem niet alles.'

Terwijl de gasten één voor één arriveerden, besloten Adua en haar zuster Giovanna dat ze zin hadden in een verkleedpartij. Ze hulden zich in een Hawaïaans shirt van mij en bonden de overtollige stof om hun middel. Daaronder trokken ze een korte broek aan met witte kniekousen, en ze zetten een hoedje op hun hoofd. Ik weet eigenlijk niet wat ze moesten voorstellen. Hawaïaanse motormeisjes? Of gewoon twee gekke Italiaanse zussen. Ik wilde een foto van hen maken, maar ik vond dat ze er maar stijfjes bij stonden. 'Lach eens,' zei ik. Het bleef er geforceerd en onoprecht uitzien. 'Denk eens aan die keer dat jullie allebei in je broek hebben geplast,' zei ik. Dat hielp.

Mijn dochters hebben een vriend, een componist uit Barcelona. Een grote kerel, erg zwaar, met een donkere baard. Volgens iedereen leek hij op mij. Vanwege die gelijkenis besloten we ons net zo uit te dossen als Adua en Giovanna. Met onze Hawaïaanse shirts, kniekousen en hoedjes leken we inderdaad verbijsterend veel op elkaar. Ik weet niet waar we verder op leken. Met deze zwaarlijvige componist achter me op de motor reed ik een paar rondjes over het terras, terwijl een van de anderen foto's maakten: Pavarotti en zijn tweelingbroer op de motor.

Als het om verkleedpartijen gaat is er in onze familie geen betere te vinden dan mijn zuster Lela. Ze heeft ooit iedereen voor de gek gehouden door zich te vermommen als katholieke priester, compleet met baard. Op dit verjaarsfeest was ze echter net terug van een vakantie in Zwitserland, dus ze was te moe om haar gebruikelijke act op te voeren. Terwijl ik met Bill zat te praten kwam ze naar me toe. Ze gaf me een kus en zei tegen Bill: 'Mijn broer is een open boek, en ik aanbid hem. Schrijf dat maar op.' We waren thuis maar met zijn tweetjes, en we hebben samen heel wat meegemaakt.

Het diner was spectaculair. Anna en ik waren dagen met de voorbereidingen bezig geweest. We begonnen met *prosciutto* met verse vijgen, daarna *tagliatelle* met ragoût. De hoofdschotel was een grote schaal met allerlei soorten gegrilde vis en grote schalen hete spinazie met citroen en knoflook. Daarna volgden tomatensalade, gewone sla en koude sperziebonen, geserveerd met diverse kaassoorten uit de streek.

Tijdens de koffie, terwijl we wachtten op de verjaardagstaart waar Anna de hele ochtend mee bezig was geweest, kwam het gesprek op mijn vriend Gildo Di Nunzio, die doorgaans bij dit soort feestjes aanwezig is. Gildo heeft zeventien zomers in Pesaro doorgebracht om me te helpen bij de voorbereiding van een nieuwe rol, en hij is in de loop der jaren bij onze familie gaan horen. Dat jaar viel er echter niet zoveel te studeren. Mijn nieuwe rol in het aankomende seizoen was die van Canio in *Pagliacci*, waarvan ik al een concertuitvoering had opgenomen met Riccardo Muti. Alle vrienden en familie aan tafel zeiden dat ze Gildo zo misten.

Bill, die altijd een kleine cassetterecorder bij zich heeft voor het geval dat ik iets interessants zeg, kreeg een idee. Gildo was zijn buurman in Pennsylvania, zei hij, en ze zouden elkaar over een paar weken zien. Hij stelde voor om de bandrecorder rond te laten gaan zodat iedereen Gildo de groeten kon doen.

Mijn familie vond het een geweldig idee, en iedereen greep naar het apparaat. Om beurten zouden we onze naam zeggen en vervolgens iets als 'Caro Gildo, wat jammer dat je er niet bent.' Iedereen deed mee, zelfs degenen die Gildo helemaal niet kenden. Het apparaatje ging van hand tot hand de tafel rond. Alles ging goed tot het bij mijn vader kwam. Fernando heeft nog wel eens problemen met dit soort moderne snufjes. Hij dacht dat het een zaktelefoon was, en verwachtte dat Gildo antwoord zou geven.

Terwijl we hem uit de droom hielpen verscheen Anna met de grote verjaardagstaart die ze had gebakken. Ze zette de taart voor Cristina op tafel, de jarige blies de kaarsjes uit, en het hele gezelschap zong haar toe, terwijl Anna's kleinzoons de champagne inschonken. Het was inmiddels pikdonker, en dat betekende dat het tijd was voor mijn verrassing. Ik gaf een teken, en van onder het terras schoten vuurpijlen en lichtkogels de lucht in, waar ze zorgden voor een spectaculaire voorstelling boven het strand. We konden de mensen aan het water horen juichen. De hele show duurde minstens twintig minuten.

Na het vuurwerk stond iedereen van tafel op om over het terras te slenteren en in kleine groepjes verder te praten. Ik bleef als enige zitten. Cristina stond een eindje verderop met iemand te kletsen, en ik zag hoe Giuliana, mijn jongste dochter, naar haar toe kwam en haar knuffelde. Zomaar, zonder speciale reden. Het maakt me zo gelukkig als ik zie hoeveel liefde er in onze familie heerst.

Aan het eind van het feestje kwam Bill nog even bij me zitten. 'Ik had je dochters dertien jaar niet gezien, Luciano, maar het zijn schitterende jonge vrouwen geworden. Wat moet jij gelukkig zijn.'

Ik ben razend trots op al mijn dochters, maar op dat moment kon ik niet meer uitbrengen dan: 'Ja, dat ben ik.'

Terwijl de zomer ten einde liep, begon ik langzaam maar zeker te denken aan wat me in het komende seizoen te wachten stond. Na mijn concours hippique in september, zou ik naar New York gaan voor de repetities van I pagliacci, die eind oktober in de Met zou openen. Later die maand was ik weer in Italië voor de repetities van Un ballo in Maschera, die met ingang van 4 december een aantal avonden te zien zou zijn in het San Carlo.

Na Kerstmis in Modena met mijn gezin vloog ik naar Portland in Oregon voor een oudejaarsconcert. Op 4 januari zou ik weer een concert in Los Angeles geven, en daarna begon er een tournee door Zuid-Amerika, georganiseerd door Tibor Rudas. Daarvoor had ik echter op 7 januari nog een concert in Mexico-Stad. Er stonden concerten op de agenda in Peru en Chili, en daarna zou ik naar Miami vliegen voor een reusachtig concert op het strand, georganiseerd door Tibor Rudas en Judy Drucker. Na Miami volgden concerten in Rio de Janeiro, Bogotá en Buenos Aires.

Na concerten in Dallas, Barbados en Jamaica zou ik eindelijk een paar weken rust krijgen in New York, waar ik op 12 maart een concert zou geven in de Metropolitan Opera House, gevolgd door vier optredens in *Tosca*. In april vloog ik naar Londen voor een reeks *Ballo*'s in Covent Garden, en daarna volgden er concerten in Wenen, Chicago en Antibes. Op 9 juli zou ik een concert zingen in Wales, ter ere van de veertigste verjaardag van mijn eerste optreden voor publiek.

Alleen aan tafel, op mijn terras, liet ik mijn programma de revue passeren. Het terras was verder leeg, een onmiskenbaar teken dat de zomer bijna voorbij was. De telefoon was al een tijdje niet gegaan, en het was doodstil om me heen. Ik keek uit over de zee, die lag te schitteren in de late middagzon, en ik dacht aan wat er allemaal ging gebeuren voordat ik naar dit verrukkelijke plekje zou terugkeren. Ik strekte mijn armen boven mijn hoofd en groette de zee, zoals ik mijn publiek begroet. Toen liep ik naar binnen om mijn koffers te pakken.

# Discografie

## Complete operaregistraties

Bellini, Vincenzo. *Beatrice di Tenda*. Sutherland, Veasey, Opthof,
Bonynge, London Symphony (London/Decca), 1966
Bellini, Vincenzo. *Norma*. Sutherland, Caballé, Ramey, Bonynge,
Welsh National Opera (London/Decca), 1984
Bellini, Vincenzo. *I puritani*. Sutherland, Cappuccilli, Ghiaurov,
Bonynge, London Symphony (London/Decca), 1973
Bellini, Vincenzo. *La sonnambula*. Sutherland, Ghiaurov, Bonynge,
National Philharmonic (London/Decca), 1980
Boito, Arrigo. *Mefistofele*. Caballé, Freni, Ghiaurov, De Fabritiis,
National Philharmonic Orchestra (London/Decca), 1980, 1982

Donizetti, Gaetano. *L'Elisir d'amore*. Sutherland, Cossa, Malas,
Bonynge, English Chamber Orchestra (London/Decca), 1970
Donizetti, Gaetano. *L'Elisir d'amore*. Battle, Nucci, Dara, Upshaw,
Levine, Metropolitan Opera Orchestra (Deutsche Grammophon),
1990
Donizetti, Gaetano. *La favorita*. Cossotto, Bacquier, Ghiaurov,
Bonynge, Teatro Comunale di Bologna (London/Decca), 1974
Donizetti, Gaetano. *La fille du régiment*. Sutherland, Malas, Sinclair,
Bonynge, Covent Garden (London/Decca), 1967
Donizetti, Gaetano. *Lucia di Lammermoor*. Sutherland, Milnes,
Ghiaurov, Bonynge, Covent Garden (London/Decca), 1971
Donizetti, Gaetano. *Maria Stuarda*. Sutherland, Tourangeau, Morris,
Soyer, Bonynge, Teatro Comunale di Bologna (London/Decca), 1974,
1975

Giordano, Umberto. *Andrea Chénier*. Caballé, Nucci, Chailly,
National Philharmonic (London/Decca), 1982, 1984

Leoncavallo, Ruggero. *I pagliacci*. Freni, Saccomani, Wixell, Patana,
National Philharmonic (London/Decca), 1977
Leoncavallo, Ruggero. *I pagliacci*. Dessi, Pons, Coni, Muti,
Philadelphia Orchestra (Philips), 1992

Mascagni, Pietro. *Cavalleria rusticana*. Varady, Cappuccilli, Gavazzeni, National Philharmonic (London/Decca), 1976

Mascagni, Pietro. *L'Amico Fritz*. Freni, Gavazzeni, Covent Garden (EMI/Angel), 1969

Mozart, Wolfgang Amadeus. *Idomeneo*. Popp, Baltsa, Gruberova, Nucci, Pritchard, Wiener Philharmoniker (London/Decca), 1983

Ponchielli, Amilcare. *La gioconda*. Caballé, Baltsa, Milnes, Ghiaurov, Bartoletti, National Philharmonic (London/Decca), 1980

Puccini, Giacomo. *La bohème*. Freni, Ghiaurov, Von Karajan, Berliner Philharmoniker (London/Decca), 1972

Puccini, Giacomo. *Madama Butterfly*. Freni, Ludwig, Kerns, Von Karajan, Wiener Philharmoniker (London/Decca), 1974

Puccini, Giacomo. *Manon Lescaut*. Freni, Croft, Bartoli, Taddei, Vargas, Levine, Metropolitan Opera Orchestra (London/Decca), 1992

Puccini, Giacomo. *Tosca*. Freni, Milnes, Rescigno, National Philharmonic (London/Decca), 1978

Puccini, Giacomo. *Turandot*. Sutherland, Caballé, Ghiaurov, Mehta, London Philharmonic (London/Decca), 1972

Rossini, Gioacchino. *Guillaume Tell*. Freni, Milnes, Chailly, National Philharmonic (London/Decca), 1978, 1979

Verdi, Giuseppe. *Aida*. Chiara, Dimitrova, Nucci, Burchuladze, Maazel, La Scala Orchestra (London/Decca), 1985, 1986

Verdi, Giuseppe. *Un ballo in Maschera*. M. Price, Bruson, Solti, National Philharmonic (London/Decca), 1982, 1983

Verdi, Giuseppe. *Un ballo in Maschera*. Nucci, Millo, Levine, Metropolitan Opera Orchestra (London/Decca), 1982, 1983

Verdi, Giuseppe. *Luisa Miller*. Caballé, Milnes, Maag, National Philharmonic (London/Decca), 1975

Verdi, Giuseppe. *Macbeth*. Souliotis, Fischer-Dieskau, Ghiaurov, Gardelli, London Philharmonic (London/Decca), 1971

Verdi, Giuseppe. *Otello*. Kanawa, Nucci, Solti, Chicago Symphony (London/Decca), 1991

Verdi, Giuseppe. *Rigoletto*. Sutherland, Milnes, Talvela, Bonynge, London Symphony (London/Decca), 1971

Verdi, Giuseppe. *Rigoletto*. Wixell, Gruberova, Weikl, Chailly, Wiener Philharmoniker (London/Decca), 1980, 1981

Verdi, Giuseppe. *Rigoletto*. Anderson, Nucci, Ghiaurov, Verrett, Chailly, Teatro Comunale di Bologna (London/Decca), 1989

Verdi, Giuseppe. *La traviata*. Sutherland, Manuguerra, Bonynge, National Philharmonic (London/Decca), 1979

Verdi, Giuseppe. *La traviata*. Studer, White, Kelly, Pons, Laciura, Levine, Metropolitan Opera Orchestra (Deutsche Grammophon), 1992

Verdi, Giuseppe. *Il trovatore*. Sutherland, Horne, Bonynge, National Philharmonic (London/Decca), 1976

Verdi, Giuseppe. *Il trovatore*. Banaudi, Verrett, Mehta, Maggio Musicale Fiorentino (London/Decca), 1990

### Religieuze muziek

Berlioz, Hector. *Requiem*. Ernst Senff Chor, Levine, Berliner Philharmoniker (Deutsche Grammophon), 1992

Donizetti, Gaetano. *Requiem*. Cortez, Bruson, Washington, Fackler, Orchestra of the Arena of Verona (London/Decca), 1979

Rossini, Gioacchino. *Petite messe solennelle*. Freni, Valentini-Terrani, Raimondi, Gandolfi, La Scala Chorus (London/Decca), 1977

Rossini, Gioacchino. *Stabat Mater*. Lorengar, Minton, Sotin, Kertesz, London Symphony (London/Decca), 1971

Verdi, Giuseppe. *Requiem*. Studer, Zajic, Ramey, Muti, La Scala Orchestra (Angel) 1987

Verdi, Giuseppe. *Requiem*. Sutherland, Horne, Talvela, Solti, Wiener Philharmoniker (London/Decca), 1967

# ROLDEBUTEN

## (en belangrijke operaprodukties)

Rodolfo in *La bohème* (Puccini)
  Reggio Emilia, 28 april 1961 (Covent Garden 1963; La Scala   1965; San Francisco 1967; Metropolitan 1968)

De hertog in *Rigoletto* (Verdi)
  Carpi 1961 (Palermo 1961; Wenen 1963; La Scala 1965; Covent Garden 1971)

Alfredo in *La traviata* (Verdi)
  Belgrado 1961 (La Scala 1965; Covent Garden 1965; Metropoli   tan 1970)

Edgardo in *Lucia di Lammermoor* (Donizetti)
  Amsterdam 1963 (Miami 1965; San Francisco 1968; Metropoli   tan 1970; Chicago 1975; La Scala 1983)

Pinkerton in *Madama Butterfly* (Puccini)
  Reggio Calabria 1963 (Palermo 1963; Dublin 1963)

Idamante in *Idomeneo* (Mozart)
  Glyndebourne 1964

Idomeneo in *Idomeneo* (Mozart)
  Metropolitan 1983

Elvino in *La sonnambula* (Bellini)
  Covent Garden 1965

Nemorino in *L'Elisir d'amore* (Donizetti)
  Australië 1965 (San Francisco 1969; La Scala 1971; Metropoli   tan 1974)

Tebaldo in *I Capuletti e i Montecchi* (Bellini)
  La Scala 1966

Tonio in *La fille du régiment* (Donizetti)
Covent Garden 1966 (La Scala 1968; Metropolitan 1972)

Arturo in *I puritani* (Bellini)
Catania 1968 (Philadelphia 1972; Metropolitan 1976)

Oronte in *I Lombardi* (Verdi)
Rome 1969

Des Grieux in *Manon* (Massenet)
La Scala 1969

Riccardo in *Un ballo in Maschera* (Verdi)
San Francisco 1971 (La Scala 1978; Metropolitan 1979)

Fernando in *La favorita* (Donizetti)
San Francisco 1973 (La Scala 1974; Metropolitan 1978)

Rodolfo in *Luisa Miller* (Verdi)
San Francisco 1974 (La Scala 1976; Covent Garden 1978)

Manrico in *Il trovatore* (Verdi)
San Francisco 1975 (Metropolitan 1976; Wenen 1978)

Operazanger in *Der Rosenkavalier* (Strauss)
Metropolitan 1976 (Hamburg 1977)

Calaf in *Turandot* (Puccini)
San Francisco 1977

Cavaradossi in *Tosca* (Puccini)
Chicago 1976 (Covent Garden 1977; Metropolitan 1978)

Enzo in *La gioconda* (Ponchielli)
San Francisco 1979

Don Carlos in *Don Carlos* (Verdi)
La Scala 1992

Canio in *I pagliacci* (Leoncavallo)
Philadelphia/New York (concertant) 1992; Metropolitan 1994

Chénier in *Andrea Chénier* (Giordano)
Metropolitan 1996 (gepland)